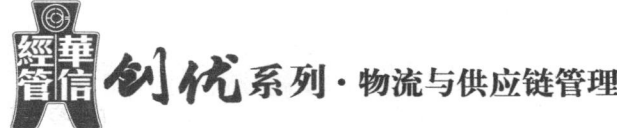

华信经管创优系列·物流与供应链管理

配送与配送中心
(第2版)

Distribution and Distribution Center
Second Edition

王 转 编著

電子工業出版社
Publishing House of Electronics Industry
北京·BEIJING

内 容 简 介

配送与配送中心是基于物流合理化需要而发展起来的现代物流模式与设施，它很好地解决了用户的小批量多样化需求和企业的大批量专业化生产的矛盾，成为现代化物流的标志。本书系统介绍了配送与配送中心的基本知识、作业方法、管理策略和实际应用，主要内容包括配送与配送中心的基础知识、输配送系统、配送中心设施与设备、配送中心仓储系统、配送中心分拣系统、配送中心信息化技术及应用、配送中心规划资料分析以及配送中心系统规划。本书每章均附有"案例思考题"，章末有"本章小结"和"思考与练习"，以帮助读者加深理解。同时，本书还提供电子课件，读者可登录华信教育资源网 www.hxedu.com.cn 下载使用。

本书可作为高等院校物流工程专业、物流管理专业、工业工程专业等本科生或研究生的教材或教学参考书，也可作为物流规划设计人员、企业物流运营管理人员的工作指南或手册，还可作为企业培训高级物流管理和运作人员的培训教材。

未经许可，不得以任何方式复制或抄袭本书之部分或全部内容。
版权所有，侵权必究。

图书在版编目（CIP）数据

配送与配送中心 / 王转编著. —2 版. —北京：电子工业出版社，2015.8
（华信经管创优系列）
ISBN 978-7-121-26836-6

I. ①配… II. ①王… III. ①物流—配送中心—企业管理—高等学校—教材 IV. ①F253

中国版本图书馆 CIP 数据核字（2015）第 176442 号

策划编辑：秦淑灵
责任编辑：苏颖杰
印　　刷：北京七彩京通数码快印有限公司
装　　订：北京七彩京通数码快印有限公司
出版发行：电子工业出版社
　　　　　北京市海淀区万寿路 173 信箱　　邮编：100036
开　　本：787×1092　1/16　印张：18　字数：461 千字
版　　次：2010 年 8 月第 1 版
　　　　　2015 年 8 月第 2 版
印　　次：2023 年 8 月第 9 次印刷
定　　价：39.00 元

凡所购买电子工业出版社图书有缺损问题，请向购买书店调换。若书店售缺，请与本社发行部联系，联系及邮购电话：(010)88254888。
质量投诉请发邮件至 zlts@phei.com.cn，盗版侵权举报请发邮件至 dbqq@phei.com.cn。
服务热线：(010)88258888。

前　言

配送是现代物流服务模式，通过整合储存、加工、分类、分拣和输送等功能环节，将原来单纯保管、储存货物的仓库变成了向社会提供多种服务的配送中心。配送中心是基于物流合理化和发展市场两个需要发展起来的，是以组织配送式销售和供应、执行实物配送为主要功能的流通型物流节点。它很好地解决了用户的小批量多样化需求和企业的大批量专业化生产的矛盾，成为现代化物流的标志。

许多大中型企业纷纷进行物流整合，引入配送服务模式，筹建现代化的配送中心，满足下游和用户的多样化需求，提高企业物流服务水平，增强市场竞争力。目前我国配送与配送中心的管理与运作经验还较少，配送中心的运营和管理技术也明显滞后于西方发达国家，成为配送与配送中心发展的瓶颈。我们在总结大量国内外配送与配送中心文献的基础上，结合多年来从事配送中心规划与研究的实践经验，编写了本书，以期为我国配送与配送中心的发展提供技术和理论支持。

本书围绕配送与配送中心的基本知识、作业方法、管理策略和实际应用，深入浅出地介绍了配送与配送中心的产生与发展、配送系统规划，以及配送中心仓储系统、分拣系统、信息系统的技术要点和规划方法。

本书在第1版基础上，结合近5年的教学实践和配送与配送中心的最新发展，对全书结构进行了优化，对各章节内容进行了修订，使其更加丰富、精准和完善。

本书内容共10章。第1章介绍配送与配送中心的发展及国内外现状；第2章系统介绍配送的概念、功能流程、服务模式及合理化途径；第3章介绍输配送系统构成及规划方法；第4、5章阐述了配送中心的基本知识、常用的设施设备及选择方法；第6~8章以配送中心的仓储、分拣、信息等主要子系统为主线，分别介绍了配送中心仓储系统（第6章）、配送中心分拣系统（第7章）、配送中心信息化技术及应用（第8章）；第9章系统介绍配送中心的订单资料分析方法；第10章系统阐述配送中心的系统规划方法。本书注重各章节之间的衔接，注重技术理论与实际案例的结合，在各章节中都嵌入了大量案例和实践分析，以供读者进行实战分析与深入研究。

本书由王转进行全书规划与统稿，第3章由程国全编写，第8章由张庆华编写，其余章节由王转编写。在本书修订过程中，得到了彭豆等研究生的大力帮助，在此表示衷心的感谢。

本书可作为高等院校物流工程、物流管理、工业工程等专业本科生或研究生的教材或教学参考书，也可作为物流规划设计人员、企业物流运营管理人员的工作指南或手册，还可作为企业培训高级物流管理和运作人员的培训教材。

配送与配送中心的理论、方法与实践仍在发展之中，有待不断地充实完善。由于编者水平有限，不足之处在所难免，恳请广大读者批评指正。

编　者

目　录

第1章　绪论 ……………………………… 1
1.1　配送的产生与发展 …………………… 1
　1.1.1　配送的产生 …………………… 1
　1.1.2　配送的发展 …………………… 2
　1.1.3　配送中心的发展 ……………… 3
1.2　国外配送与配送中心的发展 ………… 4
　1.2.1　美国配送中心的实践 ………… 4
　1.2.2　日本配送中心的实践 ………… 5
　1.2.3　欧盟主要成员国配送中心的实践 …………………………… 6
　1.2.4　发达国家配送系统特点 ……… 7
1.3　我国配送与配送中心的发展 ………… 7
　1.3.1　我国配送的发展 ……………… 7
　1.3.2　我国配送中心的建设 ………… 8
1.4　案例分析 ……………………………… 9
　1.4.1　日本物流配送中心的特色 …… 9
　1.4.2　联华生鲜食品加工配送中心 …………………………… 11
本章小结 …………………………………… 13
思考与练习 ………………………………… 14

第2章　配送 …………………………… 15
2.1　配送的概念与作用 …………………… 15
　2.1.1　配送的概念 …………………… 15
　2.1.2　配送与物流的关系 …………… 16
　2.1.3　配送的作用及意义 …………… 17
2.2　配送的功能环节及流程 ……………… 17
　2.2.1　配送的基本环节 ……………… 17
　2.2.2　配送的流程 …………………… 19
2.3　配送的种类 …………………………… 20
　2.3.1　按配送主体所处的行业分类 ……………………………… 20
　2.3.2　按实施配送的节点分类 ……… 21
　2.3.3　按配送商品的特征分类 ……… 22
　2.3.4　按配送的时间及数量分类 …… 22
　2.3.5　按配送服务的环节分类 ……… 24
　2.3.6　按加工程度分类 ……………… 25

　2.3.7　按配送企业专业化程度分类 ……………………………… 25
2.4　配送的经营模式 ……………………… 26
　2.4.1　自营配送 ……………………… 26
　2.4.2　共同配送 ……………………… 26
　2.4.3　互用配送 ……………………… 27
　2.4.4　第三方配送 …………………… 28
2.5　配送合理化 …………………………… 31
　2.5.1　配送合理化的基本思想 ……… 31
　2.5.2　不合理配送的表现形式 ……… 31
　2.5.3　配送合理化的判断标志 ……… 32
　2.5.4　配送合理化的途径 …………… 34
2.6　案例分析 ……………………………… 35
　2.6.1　摩纳哥的共同配送 …………… 35
　2.6.2　京阪神的百货店共同配送 …… 36
本章小结 …………………………………… 36
思考与练习 ………………………………… 37

第3章　输配送系统 …………………… 38
3.1　输配送系统概述 ……………………… 38
　3.1.1　输送与配送的定义 …………… 38
　3.1.2　输配送系统的构成 …………… 39
　3.1.3　车辆输配送服务要点 ………… 40
　3.1.4　提高输配送运行效率的方法 ……………………………… 41
3.2　输配送系统规划 ……………………… 43
　3.2.1　输配送系统规划问题 ………… 43
　3.2.2　配送规划与决策 ……………… 47
　3.2.3　行车路线和时刻表的制订 …… 49
3.3　输配送路线优化 ……………………… 54
　3.3.1　运输线路优化 ………………… 54
　3.3.2　制订配送计划的 0-1 规划法 ………………………… 57
　3.3.3　制订配送计划的节约法 ……… 59
本章小结 …………………………………… 63
思考与练习 ………………………………… 64

· V ·

第 4 章 配送中心基本知识 …………65
4.1 配送中心概述 ……………65
4.1.1 配送中心的概念 …………65
4.1.2 配送中心的功能 …………66
4.1.3 配送中心的构成 …………67
4.1.4 配送中心的作用及意义 …69
4.2 配送中心的分类 …………71
4.2.1 按配送中心的经济功能分类 …………71
4.2.2 按配送中心的拥有者分类 …72
4.2.3 按服务范围分类 …………73
4.2.4 按配送货物的属性分类 …73
4.2.5 按自动化、信息化程度分类 …74
4.3 配送中心的作业系统 …………75
4.3.1 配送中心的功能框架 …………75
4.3.2 配送中心的作业流程 …………76
4.4 案例分析——JT 的东京流通基地 …………77
4.4.1 背景 …………77
4.4.2 功能 …………77
4.4.3 物流系统的构成 …………78
4.4.4 从入库到发货流程 …………79
4.4.5 结束语 …………80
本章小结 …………80
思考与练习 …………81

第 5 章 配送中心设施与设备 …………82
5.1 储存设备 …………82
5.1.1 储存货架概述 …………82
5.1.2 托盘货架 …………83
5.1.3 立体自动仓储货架 …………84
5.1.4 双深位货架 …………85
5.1.5 流动式货架 …………85
5.1.6 后推式货架 …………86
5.1.7 驶入式货架 …………87
5.1.8 旋转式货架 …………87
5.1.9 升降货柜 …………88
5.1.10 移动式货架 …………89
5.1.11 轻型货架 …………90
5.1.12 悬臂式货架 …………90
5.1.13 阁楼式货架 …………90
5.1.14 储存设备的选用 …………91
5.2 搬运设备 …………93
5.2.1 搬运设备的分类 …………93
5.2.2 手推车 …………93
5.2.3 低举升的托盘搬运车 …………96
5.2.4 高举升的叉车 …………97
5.2.5 搬运设备的选用 …………98
5.3 输送设备 …………100
5.3.1 输送设备概述 …………100
5.3.2 无动力输送机 …………101
5.3.3 动力输送机 …………102
5.3.4 积存输送机 …………108
5.3.5 输送设备的选用 …………110
5.4 站台设施与设备 …………110
5.4.1 站台类型 …………110
5.4.2 站台设备 …………112
5.5 案例分析——奥得巴克斯公司西日本物流中心 …………115
5.5.1 奥得巴克斯公司概况 …………115
5.5.2 奥得巴克斯公司物流战略 …………115
5.5.3 西日本物流中心概况 …………116
本章小结 …………123
思考与练习 …………123

第 6 章 配送中心仓储系统 …………124
6.1 配送中心仓储系统概述 …………124
6.1.1 仓储系统的构成 …………124
6.1.2 仓储系统的分类 …………126
6.1.3 储存保管的目标 …………127
6.2 仓储作业策略 …………128
6.2.1 储放策略 …………128
6.2.2 储位指派原则 …………130
6.3 仓储系统规划 …………132
6.3.1 仓储能力规划 …………132
6.3.2 仓储作业空间规划 …………134
6.3.3 库房高度规划 …………135
6.4 自动仓库 …………136
6.4.1 自动仓库概述 …………136
6.4.2 自动仓库的规划设计 …………141
6.4.3 管理控制系统 …………149
6.5 案例分析 …………152
本章小结 …………154
思考与练习 …………154

第7章 配送中心分拣系统……155
7.1 分拣系统概述……155
7.1.1 分拣作业的概念及重要性……155
7.1.2 分拣系统的作业流程……156
7.1.3 分拣作业合理化的原则……157
7.2 拣选作业方法……158
7.2.1 拣选作业的分类……158
7.2.2 拣选作业方法……159
7.2.3 拣选作业信息……160
7.3 拣选策略……165
7.3.1 分区策略……165
7.3.2 订单分割策略……166
7.3.3 订单分批策略……166
7.3.4 分类策略……168
7.4 拣选系统典型模式及设备……168
7.4.1 拣选系统典型模式……168
7.4.2 拣选系统设备配置……171
7.4.3 拣货车系统实例……173
7.5 分拣系统规划……175
7.5.1 拣选单位……175
7.5.2 分拣方式的确定……177
7.5.3 拣选策略的运用……179
7.5.4 拣选信息的处理……182
7.5.5 分拣设备的选用……183
7.6 分拣系统案例分析……184
7.6.1 POLA 西日本物流中心……184
7.6.2 捷盟公司中圻物流中心……187
本章小结……190
思考与练习……190

第8章 配送中心信息化技术及应用……191
8.1 概述……191
8.1.1 自动化立体仓库……191
8.1.2 自动分拣系统……192
8.1.3 信息导引技术……193
8.1.4 物流定位技术……193
8.1.5 信息交换技术……193
8.2 物流标识与条码技术……194
8.2.1 条码的概念……194
8.2.2 物流编码与物流条码……195
8.2.3 条码在配送中心中的应用……197
8.2.4 条码识别技术……198
8.3 电子标签技术及应用……199
8.3.1 电子标签技术概述……199
8.3.2 电子标签……199
8.3.3 电子标签系统组成与工作原理……199
8.3.4 电子标签技术在配送中心的应用……200
8.4 RF 技术及其应用……201
8.4.1 RF 技术的优越性与应用……201
8.4.2 无线局域网的工作原理……202
8.4.3 RF 技术在配送中心的应用……202
8.5 GIS/GPS 技术……203
8.5.1 GIS 技术……203
8.5.2 GPS 技术……203
8.5.3 GIS/GPS 技术在物流领域的应用……204
8.6 EDI 技术及其应用……205
8.6.1 电子数据交换技术概述……205
8.6.2 EDI 的工作流程……205
8.6.3 EDI 的通信方式……206
8.6.4 EDI 系统在物流中的应用……207
8.7 配送中心信息系统……208
8.7.1 配送中心信息系统概述……208
8.7.2 信息系统功能模型……209
8.7.3 配送中心信息系统功能结构……211
8.7.4 配送中心计算机网络规划……213
本章小结……213
思考与练习……214

第9章 配送中心规划资料分析……215
9.1 配送中心规划资料分析概述……215
9.1.1 规划基础资料……215
9.1.2 规划资料分析内容……217
9.2 物品特性与储运单位分析……219
9.2.1 物品特性分析……219
9.2.2 储运模式分析……219
9.2.3 PCB 分析……220
9.3 EIQ 分析方法……221
9.3.1 订单数据分解……221
9.3.2 EIQ 数据取样……222

9.3.3 数据分析方法…………223
9.3.4 EIQ 分析用途…………224
9.4 EIQ 分析判读与应用…………225
9.4.1 订单变动趋势分析………225
9.4.2 EIQ 图表分析…………226
9.4.3 EIQ 分析在规划中的应用…………231
9.5 EIQ 分析案例…………232
9.5.1 数据收集和取样…………232
9.5.2 制作分析图表…………232
9.5.3 EIQ 分析数据应用………233
本章小结…………235
思考与练习…………236

第 10 章 配送中心系统规划…………237
10.1 配送中心系统规划概述…………237
10.1.1 配送中心系统规划的内容…………237
10.1.2 配送中心的规划程序…………238
10.1.3 配送中心的规划要素…………240
10.2 配送中心定位与规划目标…………244
10.2.1 配送中心定位与策略…………244
10.2.2 配送中心规划目标…………247
10.2.3 规划限制因素…………248
10.2.4 确定基本规划条件…………248
10.3 配送中心区域设置与工艺流程…………248
10.3.1 配送中心功能区设置…………248
10.3.2 配送中心储区配置…………252
10.3.3 配送中心储运模型…………254
10.3.4 配送中心的工艺流程…………255
10.4 配送中心能力规划…………256
10.4.1 配送中心能力分析原理…………256
10.4.2 配送中心能力指标体系…………257
10.4.3 基于 EIQ 分析的能力指标分析方法…………258
10.5 配送中心平面布置…………261
10.5.1 区域布置的基本步骤…………261
10.5.2 物流相关性分析…………262
10.5.3 活动相关性分析…………263
10.5.4 功能区空间规划…………264
10.5.5 区域布置…………265
10.5.6 物流动线分析…………269
10.5.7 实体限制的修正…………270
10.6 作业规范与人力需求规划…………272
10.6.1 组织机构及人员配置…………272
10.6.2 作业时序的安排…………273
10.6.3 作业规范…………274
10.7 案例分析…………274
本章小结…………278
思考与练习…………278

参考文献…………279

第1章 绪 论

引言

随着经济发展速度的加快，货物运输量急剧增加，商品市场竞争日趋激烈，如何才能让企业生存并得到进一步的发展呢？首要解决的问题就是不断地缩短流通时间和减少库存资金。20世纪60年代发展起来的配送就是把保管、储存、加工、分类、分拣和输送等连成了一个整体，原有的单纯保管、储存货物的仓库变成了向社会提供多种服务的配送中心。配送目标就是从整体上减少运作成本，提高服务质量。

目前，国外配送与配送中心已呈现系统化、规模化、多功能化、信息化、社会化的发展趋势。随着我国经济的快速发展，我国物流配送与配送中心的应用也有了快速的发展，物流配送体系越来越完善、配送规模越来越大、配送范围越来越广，配送和配送中心技术也有了长足的进步。

本章将系统介绍配送的产生与发展、国内外配送与配送中心的发展及现状、配送中心在现代商品流通中的作用及意义。

学习目标

➢ 了解配送的产生与发展；
➢ 了解国外配送与配送中心的发展现状；
➢ 了解我国配送与配送中心的现状与发展途径；
➢ 了解配送中心的作用及意义。

1.1 配送的产生与发展

1.1.1 配送的产生

与其他新生事物一样，配送（或配送方式）是伴随着生产的不断发展而发展起来的。第二次世界大战后，为了满足日益增长的物资需求，西方工业发达国家逐步发展了配送中心，加速了库存物资的周转，打破了仓库的传统观念。

配送作为一种新型的物流手段，是在变革和发展仓库业的基础上开展起来的。因此，从某种意义上来说，配送是仓库功能的扩大化和强化。传统的仓库业是以储存和保管货物为主要职能的，其基本功能是保持储存货物的使用价值，为生产的连续运转和生活的正常进行提供物质保障。但是在生产节奏加快，社会分工不断扩大，竞争日趋激烈的情况下，企业迫切要求缩短流通时间和减少库存资金的占用，因此，急需社会流通组织提供系列化、一体化和多项目的后勤服务。许多经济发达国家的仓库业开始调整内部结构，扩大业务范围，转变经营方式，以适应市场变化对仓储功能提出的新要求。很多老式仓库转变成了商品流通中心，其功能由货物"静态储存"转变为"动态储存"，其业务活动由原来的单纯保管、储存货物变成了向社会提供多种服务，并且把保管、储存、加工、分类、分拣和输送等连成了一个整体。从服务方式看，变革以后的仓库可以做到主动为客户提供"门到门"的服务，可以把货物从仓库一直运送到客户的仓库、车间生产线或营业场所。这样，配送就形成和发展起来了。

具体而言，现代配送的雏形最早出现于20世纪60年代初期。在这个时期，物流运动中的一般性送货开始向备货、送货一体化方向转化。从形态上看，初期的配送只是一种粗放型、单一性的活动。这时的配送活动范围很小，规模也不大，企业开展配送活动的主要目的是为了促进产品销售和提高其市场占有率。因此，配送主要是以促销手段的职能来发挥其作用的。

20世纪60年代中期，在一些发达国家，随着经济发展速度的逐步加快，以及由此带来的货物运输量的急剧增加和商品市场竞争的日趋激烈，配送得到了进一步发展。在这个时期，欧美一些国家的实业界相继调整了仓库结构，组建或设立了配送组织或配送中心，普遍开展了货物配装、配载及送货上门服务。不但配送的货物种类日渐增多（除了种类繁多的服装、食品、药品、旅游用品等日用工业品外，还包括一些生产资料），而且配送服务的范围也在不断扩大。例如，在美国，已经开展了洲际配送；在日本，配送的范围则由城市扩大到了省际。从配送形式和配送组织上看，这个时期曾试行了"共同配送"，并且建立了配送体系。

1.1.2 配送的发展

20世纪80年代以后，受多种社会及经济因素的影响，配送有了长足的发展，而且以高技术为支撑手段，形成了系列化、多功能的供货活动。具体表现在以下几个方面。

1. 配送区域进一步扩大

近几年，实施配送的国家已不限于发达国家，许多次发达国家和发展中国家也按照流通社会化的要求实行了配送制，并且积极开展了配送。就发达国家而言，20世纪80年代以后，配送的活动范围已经扩大到了省际、国际和洲际。例如，以商贸业立国的荷兰，配送的范围已扩大到了欧盟诸国。

2. 配送的发展极为迅速

无论是配送的规模和数量，还是配送的方式方法都得到了迅猛发展。首先，配送中心数量增加，规模扩大。在日本，各大城市建立了多个流通中心，仅东京就建立了5个流通中心。同时，由于经济发展带来的货物急剧增加，消费向小批量、多品种转化，销售行业竞争激烈，传统的做法被淘汰，销售企业向大型化、综合化发展，使配送的数量也迅速增加。而且，配送的品种也是全方位面向社会，涉及方方面面的货物种类。其次，随着配送货物数量的增加，配送中心除了自己直接配送外，还采取了转承包的配送策略。而且，在配送实践中，除了存在独立配送、直达配送等一般性的配送形式外，又出现了共同配送、即时配送等配送方式。这样，配送方式就得到了进一步发展。

3. 配送的技术水平提高，手段日益先进

这是成熟阶段配送活动的一个重要特征。进入20世纪80年代以后，各种先进技术特别是计算机的应用，使配送基本上实现了自动化，发达国家普遍采用了诸如自动分拣、光电识

别、条码等先进技术，并建立了配套的体系，配备了先进的设备，如无人搬运车、分拣机等，使配送的准确性和效率大大提高。有的工序因采用先进技术和先进设备，工作效率提高了5～10倍。

4. 配送的集约化程度明显提高

20世纪80年代以后，随着市场竞争日趋激烈及企业兼并速度明显加快，配送企业的数量在逐步减少。但是，总体的实力和经营规模却在增长，配送的集约化程度不断提高。

5. 配送服务质量提高

在激烈的市场竞争中，配送企业必须保持高质量的服务，否则就可能倒闭。配送服务质量可以归纳为准确和快速，即不出差错和供货周期短，保证物流在时间和速度两个方面的要求。

1.1.3 配送中心的发展

配送中心是在仓库基础上发展起来的。仓库的功能，几千年来都是作为保管物品的设施，我国近年出版的《现代汉语词典》中仍把"仓库"解释成"储藏粮食和其他物资的建筑物"，完全只有静态功能。有些专业词典多少做了些动态的解释，例如，《中国物资管理词典》中把"仓库"解释成："① 专门集中贮存各种物资的建筑物和场所；② 专门从事物资收发保管活动的单位和企业。"从收、发两方面赋予了仓库一定的动态功能。但是，这些定义完全没有包含配送的本质内涵。

在社会经济不断的发展过程中，生产总量逐渐扩大，仓库功能也在不断地演进和分化。在我国，早在闻名于世的中华大运河进行自南向北的粮食漕运时期，就已经出现了以转运职能为主的仓库设施，明代出现了有别于传统的以储存、储备为主要功能的新型仓库，并冠之以所谓的"转搬仓"之名，其主要职能已经从"保管"转变为"转运"。在新中国成立以后，为了服务于计划经济的分配体制，我国出现了大量以衔接流通为职能的"中转仓库"。随着中转仓库的进一步发展和这种仓库业务能力的增强，出现了相当规模、相当数量的"储运仓库"。

在国外，仓库的专业分工使仓库形成了两大类型，一类是以长期贮藏为主要功能的"保管仓库"，另一类是以货物的流转为主要功能的"流通仓库"。

流通仓库以保管期短、货物出入库频度高为主要特征，这和我国的中转仓库有类似之处，其功能与传统仓库相比，有很大区别。货物在流通仓库中处于经常运动的状态，停留时间较短，有较高的进出库频度。流通仓库的进一步发展，使仓库和连接仓库的流通渠道形成了一个整体，起到了对整个物流渠道的调节作用，为了和传统仓库进行区别，越来越多的人称之为物流中心或流通中心。

现代社会产业的复杂性、需求的多样性和经济总量的空前庞大，作为生产过程的延续，决定了流通的复杂性及多样性。这种状况又决定了流通中心的复杂性及多样性，流通中心各有侧重的职能，再加上各领域、各行业自己的习惯用语和相互之间的用语不规范，就出现了各种各样的叫法，如集运中心、配送中心、存货中心、物流据点、物流基地、物流团地等。在20世纪70年代石油危机之后，为了挖掘物流过程中的经济潜力，物流过程出现了细分，再加上市场经济体制造就的普遍的买方市场环境，以服务来争夺用户的竞争结果是，企业出现了"营销重心下移"、"贴近顾客"的营销战略，贴近顾客一端的所谓"末端物流"便受到了空前的重视，配送中心就是适应这种新的经济环境，在仓库不断的进化和演变过程中出现的创新的物流设施。

1.2 国外配送与配送中心的发展

1.2.1 美国配送中心的实践

1. 美国配送中心的发展概况

从20世纪60年代起，货物配送的合理化在美国普遍得到重视。在经济复苏和经济高速发展时期，针对物流分散、道路拥挤、运输效率低、流通费用高等流通领域存在的问题，为实现物流的合理化，美国企业界人士率先把"战时后勤"的概念引用到了企业的经营管理活动中，推出了新的供货方式，将物流中的装卸、搬运、保管、运输等功能一体化和连贯化，取得了较为明显的成效。同时改革不合理的流通体制，使原有仓库得以改造。在这种物流的变革中，美国企业采取了以下主要措施：

(1) 将老式的仓库改造为配送中心。20世纪60年代，美国将原来的老式仓库大部分合并改造成配送中心，使老式仓库减少了90%。

(2) 引进计算机管理网络，对装卸、搬运、保管实行标准化操作，提高作业效率。

(3) 连锁店共同组建配送中心，促进连锁店效益的增长。

2. 美国配送中心的类型

美国连锁店的配送中心有多种类型，主要有批发型、零售型和仓储型三种。批发型配送中心主要依靠计算机管理，业务部通过计算机获取会员店的订货信息，及时向生产厂家和储运部发出订货指示单。零售型以美国沃尔玛商品公司的配送中心为典型，一般为某零售商独资兴建，专为本公司的连锁店按时提供商品，确保各店稳定经营。美国福来明公司的食品配送中心是典型的仓储型配送中心，它的主要任务是接受独立杂货商联盟的委托业务，为该联盟在该地区的若干家加盟店实现商品配送。

3. 美国配送中心的特点

(1) 变革观念。优质服务美国超市、平价俱乐部等连锁经营的出现，引起了美国社会专业分工的细化和思想观念的转变，带来了物流的变革。与之相适应，美国的一些配送中心将供货方和购货方不但看成服务对象，而且看成经营伙伴，把客户满意度摆在公司指标和工作重心的首位，力争提供百分之百的可靠性服务，使配送中心各个环节的业务都能使客户满意。

(2) 配送正确率高。配送中心一般要经过收货、验货、输入收货记录、归档、发货、编制装运单、调整库存记录、装车、配送、交货等环节的作业。每个环节的工作人员必须将外包装上的条码与货架条码同计算机存储的信息核对，同时要求部门经理定期对其所管辖区域的存货做一次全面盘点，以提高配送的正确率。

(3) 即时服务。每个配送中心均有一个运输部，当运输部接到订单的运输通知时，即由该部负责根据客户要求的时间，制订计划，落实运输队。无论是配送中心拥有自备卡车，还是委托其他运输公司，都有责任为客户提供高效率的服务，做到客户要求什么时候送到，配送中心就保证什么时候送到。

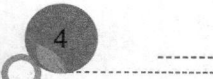

(4)通过先进的技术和设施降低作业成本。美国企业认为，只有最大限度地把成本降下来，才能以更优质的服务和低廉的价格参与市场竞争，才能获得更大的利润。美国的配送中心主要通过三个途径来降低成本：第一，广泛应用计算机管理和条码技术，一些大型配送中心甚至使用卫星通信、射频识别装置来指挥运行的车辆；第二，选择和使用合适的机械设备，讲求实效，不盲目追求机械化、自动化；第三，利用发达的交通网络选择合理的配送线路，降低运输费用。

1.2.2 日本配送中心的实践

在日本，商业连锁化经营步伐的加快，对社会化配送组织提出了更高的要求。客户在货物处理、时间和服务上都提出了更高的要求，为了满足客户的这些要求，建立正确、迅速、安全、廉价的作业体制，日本运输业界的大部分企业都建立了配送中心。企业界也对物流中存在的问题积极寻求解决办法，推行共同配送制度。日本的配送中心发展趋势为：系统内自建的配送中心逐步缩小，而配送的社会化物流设施和共同配送趋势日益显著。

1. 日本配送中心的类型

实践中，日本配送中心主要有以下几种运作类型。

(1)大型商业企业自设的配送中心。一般由资金雄厚的商业销售公司或连锁超市公司投资建设，主要为本系统内的零售店铺配送，同时也进行社会中小零售店的商品配送业务。配送的商品主要有食品、酒类、生鲜食品、香烟、衣物、日用品等。

(2)批发商投资，小型零售商加盟组建的配送中心。为了与大型连锁超市公司竞争，由一些小型零售企业和连锁超市加盟合作，自愿组合，接受批发商投资建设配送中心的进货与配送。这种以批发商为龙头、由零售商加盟的配送中心，实际上实现的是商品的社会化配送。这样既可解决小型零售商因规模小、资金少而难以实现低成本规模经营的问题，也提高了批发商自身的市场占有率，同时实现了充分利用物流设施的社会效益。

(3)接受委托，为连锁商店服务的配送中心。这种类型的物流企业在完成对本系统的配送外，还对大量的小型化便利店或超市实施配送，双方以合同为约束手段，开展稳定的业务合作。

2. 日本配送中心的特点

(1)实行计算机网络管理。日本的配送中心不仅分拣系统和立体仓库等采用计算机控制，库存管理和业务经营等也普遍实现电子化。在配送中心，采用计算机联网订货、记账、分拣、配货等，使整个物流过程衔接紧密、准确、合理，零售商店的货架存量压缩到最小限度，直接为零售店服务的配送中心库存很少，大大降低了缺货率，缩短了要货周期，加速了商品周转，使商品配送及时准确，保证了物流经营正常进行，给企业带来了可观的经济效益。

日本的大型物流企业比较注重网络的发展。例如，在日本物流配送行业排名第五的日立物流株式会社，1998年总资产达155亿日元，销售收入2040亿日元，毛利润43亿日元。它在日本国内设有124个网点，在海外15个国家设有62个网点，在中国的上海和香港都设有合资公司或办事处。由于拥有比较完善的物流配送网络，其在发展和承揽业务、满足客户需要、降低物流成本等方面就具有较大优势。

(2)执行严格的规章制度。严格的规章制度使商品配送作业准确有序地进行，真正体现了优质服务。一套严格的规章制度可使配送中心的各个作业环节安排周密，按规定时间完成，并且有详细的作业记录。例如,配送中心对从商店订货到送达之间的时间都有严格规定,一般规定:保鲜程度要求高的食品今天订货明天送到,其他如香烟、可乐、百货等今天订货后天送到。如果送货途中因意外不能准时到达,必须立刻与总部联系,由总部采取紧急补救措施,确保履行合同。

(3)实现物流一体化配送。当前日本的配送中心基本上都能满足厂商和销售商对物流全过程提出的高速化、高效化的要求,具备从收货、验货、储存、装卸、配货、流通加工、分拣、发货、配送、结算到信息处理等多种功能,实现了物流一体化。

(4)使用先进的物流设施。日本配送中心的物流设施都比较先进,一是自动化程度高,节约人力;二是对冷藏保鲜控制温度要求高,可保证商品新鲜。例如,收货和发货只要按相应按键,计算机会自动记录,并将信息分别送至统计、结算、配车等有关部门。高架仓库的冷冻库和冷藏库设计科学合理,钢货架底座设有可移动的轨道,使用方便,大大提高了冷库的面积利用率和高度利用率。此外,送货冷藏车上可同时容纳三种温度的商品,以确保各类商品的不同温度要求,并在整个物流过程中都能控制温度。先进的物流设施的使用,节约了运作成本,并可保证提供优质的商品。

1.2.3 欧盟主要成员国配送中心的实践

欧盟自全球一体化进程加快以来,物流发展迅速,形成了新的产业。很多成员国家的配送中心的业务活动主要以运输货物为主,围绕着运输进行货物的配送。

1. 欧盟配送中心的类型

(1)运输业配送中心。在欧洲一些国家,配送中心的业务活动主要以运输货物为主,围绕着运输进行配送。这样的物流配送中心运输能力较强,可调动的运输设备比较多。但是,并非所有的运输车辆都是物流配送中心自备的,有些物流配送中心拥有的运输设备很少,它们向客户配送货物或运送货物主要是依靠租用社会上众多运输公司的车辆来完成的。英联邦运输公司集配中心为了使货物分拣、配送作业趋于合理化及实现集约化经营,实行了集中运输、集中分拣、集中管理运输车辆的物流体制。货物集配中心拥有自动分拣设备、运输设备、车辆维修工厂的设施设备。

(2)零售业配送中心。这类配送中心隶属于零售公司,既是提供物流服务的组织,同时又是商品销售中心。

(3)批发业配送中心。这类配送中心主要向多家超市和商店配送各种货物,如加工食品、冷冻食品、服装、日用品、建材等,其库存能力强,配送规模大、速度快,各类设施比较完善,适应各种配送需求。例如,芬兰 sEsKO 公司中央配送中心,是垄断芬兰商品批发和零售市场的五大集团之一。它把芬兰划分成 13 个区域,按区域配置分店和设立仓库,它直接经营的商店有 800 家,公司的地方仓库储存着 400~2000 种畅销商品。

(4)汽车制造业配送中心。在英、法等国家,随着汽车制造业的不断发展和竞争加剧,汽车配件的供给和需求不断增加,先后建立了许多供应汽车配件的组织,即配件中心。从职能上看,这些配件中心既负责向客户供应和销售汽车配件,也从事货物的存储、分拣、输送等物流活动,向客户提供系列化的后勤服务,起着配送中心的作用。

2. 欧盟配送中心的特点

(1)配送中心集中化。近年来,欧盟各成员国物流发展呈进一步集中化的趋势。许多跨国

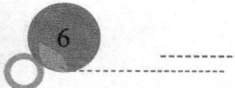

公司形成联盟，将过去分散在各国的多个配送中心、物流中心逐步削减和整合，进一步简化中间环节，加快配送速度，降低总成本，提高物流效益。

(2) 配送中心业务以运输为主，促进运输企业向物流服务企业转化。各种运输企业，不论是陆运、海运还是空运企业，都不同程度地向物流服务企业转化，扩展运输的功能，实现以运输为主的配送活动。一些世界级的运输企业，在最近的几年里，都已完成了向物流业的转化，成为各国物流发展的重要力量。从发达国家的情况看，许多成功的第三方物流服务企业都是从运输企业发展转化而来的。

1.2.4 发达国家配送系统特点

尽管发达国家的物流配送中心依国情不同各具特点，但总体来说都有相似之处，突出表现在以下几方面。

(1) 配送中心种类繁多。根据性质和行业的不同，大致分为直属运输业的配送中心、批发业配送中心、零售业配送中心、汽车制造业配送中心及其交货代理服务业配送中心。

(2) 配送中心网点布局合理。日本的配送中心大多选址合理、规模适中，多在商业中心附近，尽量靠近公路、海港，以便能迅速调运商品。欧洲各国的配送中心则在欧盟的统一协调下布局。

(3) 配送中心硬件设施先进。配送中心大部分具备自动化、半自动化机械设备，采用计算机控制，物流运转速度很快。

(4) 配送方式和手段先进、科学。例如，采用先进的自动分拣系统和无线通信设备跟踪货品的流转情况，采用卫星定位系统跟踪货品的运输等。

发达国家的配送模式对我国的物流配送体系的建设和发展带来很多启示，应借鉴国外配送中心的运作经验促进和推动我国物流配送体系的完善。

1.3 我国配送与配送中心的发展

1.3.1 我国配送的发展

20 世纪 80 年代，随着生产资料市场的开放搞活，物资流通格局发生了很大变化，市场竞争日趋激烈。物资企业为了自身的发展，提高市场占有率，广泛开展物资配送业务，如天津储运公司唐家口仓库的"定时定量配送"，河北省石家庄市物资局"三定一送"的物资配送，以及上海、天津等地的煤炭配送等。从总体分析，20 世纪 80 年代是我国从自发运用配送阶段向自觉运用配送阶段的过渡时期。

20 世纪 90 年代，我国很多行业和企业都建立了配送中心，配送得到了很大发展，彻底改变了传统的流通模式和方式。过去流通企业等人上门买货，如今迈出家门主动上门送货，为生产企业配送急需的产品。

进入 21 世纪以来，随着我国经济的快速发展和国家对物流的重视，配送逐渐成为现代物流的主导模式，产成品的分销配送中心，原辅料、零配件的 JIT 配送中心，电商物流中心等得到快速发展，配送成为完善终端物流体系、提高物流效率的核心。尤其在烟草、医药、IT、服装、连锁商业、电商等行业，现代化的配送中心已成为企业物流系统的管理控制和运作中心，配送中心的自动化物流设备和管理软件得到普遍应用，配送中心的数量、建设规模、自动化信息化程度有了长足的进步。

目前，我国经济已初步具备了发展物流与配送的经济环境和市场条件。从长远来看，在不断推进改革的条件下，我国物流与配送的发展将进入一个新阶段，其前景十分可观。

1.3.2 我国配送中心的建设

我国经济的稳步发展和电子商务的热潮促进了我国配送中心的快速发展，社会对配送中心的需求急剧增加，配送中心机械及设备需求也越来越大，这也成为物流设备市场需求的一个新的增长点。

近年来，各行各业配送中心的建设，特别是连锁商业和电商企业，各种形式的配送中心如雨后春笋般发展起来。据不完全统计，目前全国共有各种类型的物流配送中心1000多家。其中上海和广东数量最多，发展也最为成熟。此外，日本、美国、英国等国家在我国北京、上海、南京等地均建有自己的物流配送中心。

我国配送中心的建设主要集中在烟草、医药、服装、商业连锁和电子商务等行业。

1．烟草配送中心

烟草行业是配送中心建设最早的行业，包括烟草制造企业的配送中心、分销领域的配送中心等。各省市烟草专卖局(公司)均建设了现代化的物流配送中心。例如，北京烟草物流中心隶属于北京市烟草专卖局(公司)，负责全市卷烟仓储配送工作。物流中心占地面积78亩，总建筑面积31000 m²。库房采用现代化高架立体库存储和激光定位堆垛机入出库，满足年销量70万箱和平均储量4万箱的营销需求。工程项目总投资预算约为1.8亿元，于2006年5月正式投入运行。该配送中心将成为一个覆盖城乡、设备先进、流程科学、统一管理、统一访销、统一仓储、统一配送的现代化物流中心，满足全市近4万名零售户的配送需求。

由于烟草本身的价值很高，因此其配送中心也成为自动化信息化程度最高的配送中心。

2．医药配送中心

医药配送中心主要用于医药品的储存和分拨、配送，是配送中心应用最广泛的领域之一，包括医药生产企业的配送中心、医药分销企业的配送中心和连锁经营企业的配送中心。

20世纪初开始的现代医药物流中心建设，体现了自动化、信息化两个重要特征，引入了全新的医药物流配送理念。到目前为止，国控集团已建成上海、天津、广州、深圳、长沙、沈阳七个物流配送中心；上海医药也建成了上海物流中心并计划建设全国物流体系；还有很多地方医药商业企业已经完成或正在建设医药物流配送中心，如北京嘉事堂、科园信海、云南白药、江苏亚邦、山东瑞康等。医药连锁药店也正在建设现代化物流配送中心，如国大药房、哈药物流等。除传统医药商业企业建设外，医药工业投资建设的医药商业企业也在积极建设现代医药物流配送中心，如哈药物流、石药中诚、陕药物流等。随着我国医疗改革进程的加快，医药物流体系的建设也得到飞速的发展。

3．服装配送中心

中国服装行业从2007—2008年开始进入消费高增长期，服装消费品牌化，品牌服装企业

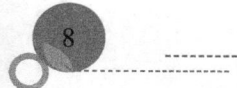

快速成长。耐克、李宁等一批品牌服装企业在中国市场的年销售额已经突破百亿元，大部分品牌服装企业的年销售额都在20亿元以上，并且出现了凡客和麦考林等大型电子商务服装品牌零售企业，服装和家纺行业的上市公司也迅速增加；与之对应，大部分品牌服装企业从2008年起都对物流仓储进行了大力度的投资，以提升其物流服务能力，具体表现在对供应链分销网络重新优化和新的物流中心投资建设，增大物流吞吐能力和客户服务水平。

服装具有季节性、品类尺码多、时效性强等特点，这使得服装配送中心具有建设规模大、储存品规多、分拣工作复杂、作业不均衡等特点。我国近年来，服装物流中心建设如火如荼，李宁、耐克、苏宁、美特斯邦威、柒牌、七匹狼等服装企业都已建成现代化配送中心。例如，七匹狼翔安物流中心为两栋多层平库建筑，2014年投入使用，是一个面向服装物流配送、可支持三方物流和电子商务的综合性服装物流配送中心，可满足企业未来5~10年的发展需求。其建设成功，对于我国服装物流的建设具有示范作用。

4. 电商配送中心

随着电子商务的快速发展，电商物流也发生了质的飞越。电商物流具有货量规模较大、波峰波谷明显、订单小且发货频次高、配送服务要求更加多样性和严格等特点，使得电商物流中心具有不同于其他配送中心的特点。电商配送中心一般建设规模大，储存品规多，而且非常注重分拣与打包效率的提升。

目前，一些大型电商企业都在建设或准备建设自己的配送中心。例如，京东位于上海的亚洲1号物流中心是京东电商物流中心之一，其一期工程于2014年10月正式投入使用。该物流中心位于上海嘉定，共分两期，规划的建筑面积为20万平方米，其中投入运行的一期定位为中件商品仓库，总建筑面积约为10万平方米，分为4个区域——立体库区、多层阁楼拣货区、生产作业区和出货分拣区。利用自动存取系统（AS/RS系统），实现了自动化高密度的储存和高速的拣货能力；多层阁楼拣货区采用各种现代化设备，实现了自动补货、快速拣货、多重复核手段，实现了京东巨量品规的高密度存储和快速准确的拣货和输送能力；出货分拣区采用了交叉带式自动分类系统，分拣处理能力达到16 000件/h，大大提高了分拣效率和分拣准确率。

1.4 案例分析

1.4.1 日本物流配送中心的特色

在日本，随着国民经济的高速发展，国内消费结构发生了极大变化，市民不断对商品的品种、样式、规格、质量等方面提出更高要求，市场竞争日趋激烈。一方面，为了满足消费者的需求，工厂生产朝着小批量、多品种、新款式的方向发展；另一方面，为了适应不同层次的消费需求，零售业中便利连锁店、时装专卖店、跳蚤市场、百元廉价店铺销售等各具特色的业态应运而生，这些新的业种为商品流通提供了多样化的渠道。生产销售结构的变化，推动了流通环节的高效化和重新组合，厂商和批发商越来越重视改善面向消费者的物流设施，以实现物流配送中心的现代化。

1. 多功能化

在日本，由于方便食品产业的崛起，许多配送中心增加了食品的加工功能。例如，日本神奈川生协的濑咨配送中心，设有鱼、肉等生鲜食品的小包装生产流水线，在储存、配送过程中，配置了冷藏、冷冻仓库和保温运输卡车。当前日本的配送中心基本上都能满足厂商和销售商对物流全过程提出的高速化、高效化的要求，具备了从收货、验货、储存、装卸、配货、流通加工、分拣、发货、配送、结算到信息处理等多种功能，实现了物流一体化。

2．系统化

日本的配送中心十分重视内部的系统管理，它们认为，一个配送中心的设计，首先应着重于系统设计，要求各个环节互相配合，使物流的全过程处于一个均衡协调的系统之中。例如，日本的许多配送中心，在研究物流流程和具体操作过程中，对经营的商品进行排队分析，分成三大类。第一类是使用频率高的畅销商品，这类商品在流通过程中，首先是整批进货和储存，然后再按订货单配货送到零售店。由于这类商品以出厂价购入，再以零售价售出，减少了流通环节，降低了物流费用，获利丰厚，因而这类商品的储存本身就是创利的。第二类是配送中心按照客户的订货单汇总后统一向工厂整箱订货的商品。配送中心收到货后不需要储存，直接进行分拣作业，再配送到零售店，这样可以节省储存费用。第三类是需要一定保鲜措施的商品，如牛奶、面包、豆腐等，通常不再经过配送中心停留处理，而是由配送中心直接从生产厂家送往零售店。总之，日本配送中心的物流工艺流程系统设计是十分成功的，获得的经济效益也是十分可观的。

3．规模化

规模就是效益，这已成为日本物流界人士的共识。日本的配送中心规模大的比较多，如东京流通中心(TRC)坐落在距东京都市中心10km的和平岛上，经过几十年的建设，形成了很大规模，占地150 703 m^2，建筑面积481 237 m^2，由流通中心、汽车运输中心、普通仓库和冷藏仓库4部分组成。东京流通中心设施先进，功能齐全，共拥有两栋7层高、一栋5层高的仓库，共计483 247 m^2，各层和层顶都设有停车场；一栋6层立体停车场，共计11 838 m^2；一栋10层多功能办公室，共计14 366 m^2；一栋13层的综合服务楼，共计59 541 m^2；3个商品展示厅，共计12 215 m^2。这些先进设施均采用计算机等现代化管理手段。

4．自动化

为了提高商品处理速度，减轻作业强度，使不熟练的人员也能准确作业，日本配送中心广泛采用了计算机控制的拣选操作系统。只要将客户要货单输入计算机，货位指示灯和数量显示器就立即显示出拣选单上的商品在货架上的位置及数量，作业人员即可从货架上拣取商品，放入配货箱内，由胶带输送机送至自动分拣系统。该自动分拣系统从结算、抄单到库存管理均由计算机进行，还可几人同时作业，实现了无纸化。日本在物流运行中采用计算机控制的拣选操作系统，其突出的特点是在医药品和化妆品等物流费用承受能力强的行业发展较快，而在物流费用承受能力差的日用百货品等行业发展较慢。无论如何，日本当前已较广泛地采用了拣选操作系统。

5．立体化

由于日本城市化程度较高，地价的上涨给配送中心的选址带来了极大困难，物流设施在大城市及其周边地区明显减少，转移到更偏远的地方，而原先坐落在市区的仓库也因地价上涨而在经营上入不敷出，被改建成办公大楼或其他设施。为了提高土地的利用率，日本大多

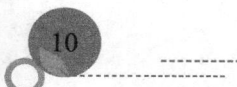

数物流企业纷纷建立起自己的立体化配送中心，其中大型的自动化立体式货架仓库，高20多米，库容量大，装卸货都使用巷道堆垛机，由计算机控制，商品出入库速度很快，但要求必须选择储存对路的商品。日本的立体式仓库都比较高，大都在15层左右，从2层起，所有的楼面提供给货主作储存和流通加工用；而底层作为大型分拣作业场，使用分拣机等自动化设备与楼的功能配套。

6. 集成化

由于只有保管功能的营业仓库无法实现多品种、少批量商品的物流管理，日本将其改成集成化的配送中心，把配送中心、冷藏冷冻仓库、货物集散中心、办公室、展示厅、会议室等设施集中在一起，共同使用。生产厂家的产品、批发和零售商采购的商品，都可直接储存在该综合性的配送中心里。零售店配送商品时可采用共同配送体制，以保证物流活动的高效化。例如，日本东京近郊就建有4个超大型流通中心。这些规模巨大的流通中心由政府统一规划和开发，分别由私营企业投资经营，组织海、陆、空运输配套成网，构建成大型公共流通中心。可见，政府的统筹规划、全面安排、积极扶持是配送中心迅速发展的重要因素。

7. 信息化

计算机的广泛应用促进了物流系统管理的现代化，加快了商品流通的速度。日本流通领域应用计算机的数量占全国的50%左右，这一比例居世界首位。

案例思考题

(1) 结合案例，试分析物流配送中心现代化的背景。
(2) 日本物流配送中心有哪些特点？
(3) 该案例对我国物流配送中心的规划有什么启示？

1.4.2 联华生鲜食品加工配送中心

连锁经营利润源的重点在物流，物流系统好坏的评判标准主要有两点：物流服务水平和物流成本。联华生鲜食品加工配送中心就是在这两个方面都做得比较好的一个物流系统。

联华生鲜食品加工配送中心是我国目前设备最先进、规模最大的生鲜食品加工配送中心，总投资6000万元，建筑面积35 000 m^2，年生产能力20 000吨，其中肉制品15 000吨，生鲜盆菜、调理半成品3000吨，西式熟食制品2000吨，产品结构分为15大类约1200种生鲜食品；在生产加工的同时，配送中心还从事水果、冷冻品及南北货的配送。

生鲜商品按其秤重包装属性可分为定量商品、秤重商品和散装商品；按物流类型可分为储存型、中转型、加工型和直送型；按储存运输属性可分为常温品、低温品和冷冻品；按商品的用途可分为原料、辅料、半成品、产成品和通常商品。生鲜商品大部分需要冷藏，所以其物流流转周期必须很短，以节约成本；生鲜商品保质期很短，客户对其色泽等要求很高，所以在物流过程中需要快速流转。归结起来就是"快"和"准确"，联华生鲜食品加工配送中心的具体做法如下。

1. 订单管理

门店的要货订单通过联华数据通信平台，实时传输到生鲜配送中心，在订单上指定各商品的数量和相应的到货日期。生鲜配送中心接收到门店的要货数据后，立即在系统中生成门店要货订单,按以下不同的商品物流类型进行不同的处理。

(1)储存型商品。系统计算当前的有效库存,比对门店的要货需求及日均配货量和相应的供应商送货周期,自动生成各储存型商品的建议补货订单,采购人员根据此订单再结合实际情况做一些修改即可形成正式的供应商订单。

(2)中转型商品。此种商品没有库存,直进直出,系统根据门店的需求汇总,按到货日期直接生成供应商的订单。

(3)直送型商品。根据到货日期,分配各门店直送经营的供应商,直接生成供应商直送订单,并通过 EDI 系统直接发送到供应商。

(4)加工型商品。系统按日期汇总门店要货,根据各产成品、半成品的 BOM 表计算物料耗用,比对当前有效的库存,系统生成加工原料的建议订单,生产计划员根据实际需求做调整,发送至采购部,生成供应商原料订单。

各种不同的订单在生成完成或手工创建后,通过系统中的供应商服务系统自动发送给各供应商,时间间隔在 10min 内。

2. 物流计划

在得到门店的订单并汇总后,物流计划部根据第二天的收货、配送和生产任务制订物流计划。

(1)线路计划。根据各线路上门店的订货数量和品种,做线路的调整,以保证运输效率。

(2)批次计划。根据总量和车辆人员情况设定加工和配送的批次,实现循环使用资源,提高效率;在批次计划中,将各线路分别分配到各批次中。

(3)生产计划。根据批次计划,制订生产计划,将量大的商品分批投料加工,设定各线路的加工顺序,保证和配送运输协调。

(4)配货计划。根据批次计划,结合场地及物流设备的情况,做配货的安排。

3. 储存型物流运作

商品进货时先要接受订单的品种和数量的预检,预检通过方可验货,验货时需要进行不同要求的品质检验,终端系统检验商品条码和记录数量。在商品进货数量上,定量的商品的进货数量不允许大于订单的数量,不定量的商品提供一个超值范围。对于需要按重量计量的进货,系统和电子秤系统连接。

拣货采用播种方式,根据汇总取货,汇总单标出从各个仓位取货的数量,取货数量为本批配货的总量,取货完成后系统预扣库存,被取商品从仓库转移到待发区。配货分配人员在待发区根据各路线各门店配货数量对各门店进行播种配货,并检查总量是否正确,如果不正确则向上校核;如果商品的数量不足或其他原因造成门店的实配量小于应配量,配货人员通过手持终端调整实发数量,配货检验无误后使用手持终端确认配货数据。

在配货时,冷藏和常温商品被分置在不同的待发区。

4. 中转型物流运作

供应商送货类似于储存型物流,先预检,预检通过后方可进行验货配货。供应商把中转商品卸货到中转配货区,中转商品配货员使用中转配货系统按商品中转路线及门店的顺序分配商品,根据系统配货指令的指定数量分配,贴物流标签。将配完的商品采用播种的方式放到指定的路线门店位置上,配货完成统计单个商品的总数量,根据配货的总数量生成进货单。

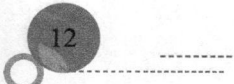

中转商品以发定进，没有库存，多余的商品由供应商带回；如果不足，在门店间进行调剂。

5．加工型物流运作

生鲜的加工按原料和成品的对应关系可分为两种类型：组合和分割。这两种类型在 BOM 设置和原料计算及成本核算方面都存在很大的差异。在 BOM 中每个产品设定一个加工车间，只属于唯一的车间，在产品上区分为最终产品、半成品和配送产品，商品的包装分为定量和不定量的加工；对于秤重的产品和半成品，需要设定加工产品的换算率(单位产品的标准重量)，原料的类型分为最终原料和中间原料，设定各原料相对于单位成品的耗用量。

生产计划任务中需要对多级产品链计算嵌套的生产计划任务，并生成各种包装生产设备的加工指令。对于生产管理，在计划完成后，系统按计划内容出标准领料清单，指导生产人员从仓库领取原料及生产时的投料。在生产计划中考虑产品链中前道与后道的衔接，各种加工指令、商品资料、门店资料、成分资料等下发到各生产自动化设备。

加工车间人员根据加工批次和加工调度，协调不同量的商品间的加工关系，满足配送要求。

6．配送作业

商品分拣完成后，都堆放在待发区，按正常的配送计划，这些商品在晚上送到各门店，门店第二天早上将新鲜的商品上架。在装车时按计划依路线门店顺序进行，同时抽样检查准确性。在货物装车的同时，系统能够自动算出包装物(笼车、周转箱)的各门店使用清单，装货人员也据此来核对差异。在发车之前，系统根据各车的配载情况出各运输车辆的随车商品清单、各门店的交接签收单和发货单。

商品到门店后，由于数量具有高度准确性，在门店验货时只要清点总的包装数量，退回上次配送带来的包装物，完成交接手续即可，一般一个门店的配送商品交接只需要 5min。

案例思考题

(1) 结合案例，试分析联华生鲜食品加工配送中心的运作流程。
(2) 联华生鲜食品加工配送中心的不同运作模式流程有何区别？
(3) 联华生鲜食品加工配送中心的运作模式有什么启示？

本 章 小 结

本章从配送中心的形成和发展入手，阐述了配送中心的概念，配送中心是配送业务的聚集地，主要为客户提供高水平的配送服务。配送中心的功能已从传统的保管功能扩展为集散功能、储存功能、分拣功能、包装功能、配送功能、衔接功能、流通加工功能、信息处理功能等。为适应客户需求的多样化，配送中心可按服务适应性、服务区域、经济功能、隶属关系等标准进行分类。

为发挥配送中心的作用，适应物流发展的需要，必须对配送中心进行科学合理的规划设计，包括配送中心设立的时机选择、所有者决策、地址选择、规模设计、组织结构和岗位设置等方面。

本章分析了发达国家配送中心的运作模式和特点。连锁经营的发展，促进了美国物流的变革，提供一流的服务，重视降低作业成本。日本随着商业连锁化经营步伐的加快，对社会化配送组织提出了更高的要求,其发展趋势是:系统内自建的配送中心逐步缩小,配送的社会化物流设施和共同配送趋势日益显著。欧盟物流发展迅速,很多国家的配送中心的业务活动以运输货物为主,围绕着运输而进行货物的配送。

 思考与练习

1. 什么叫配送?配送与送货的区别和联系。
2. 简述配送中心对于国内外物流行业的作用与意义。
3. 简要分析我国配送中心的发展途径。
4. 简述企业建立配送中心的作用与意义。

第2章 配　　送

引言

到底什么是配送呢？虽然不同国家对于配送的文字定义不尽相同，但是对于其本质的理解不外乎三个重点：根据客户的要求；在物流据点内进行分拣、配货等工作；将配好的货物送交收货人。配送作为物流系统的最末端，在庞大的物流系统中具有重要作用和意义。另外，配送不是只有单一的模式，行业不同、企业不同、环境不同，配送的种类也是多种多样的，为满足具体情况的要求，可以采用各种形式的配送。

近半个世纪以来，各国对配送合理化的追求从未停止过，配送活动各种成本之间经常存在着此消彼长的关系，因此从配送总成本的角度权衡得失，力求成本最小、服务最佳才是实现配送合理化的最终途径。

本章将系统介绍配送的概念、各功能环节、分类与现行的4种经营模式，在详细分析配送系统要素的基础上，提出配送合理化的建议。

学习目标

➢ 掌握配送的概念及功能环节；
➢ 了解配送的分类；
➢ 掌握配送的4种经营模式；
➢ 掌握配送合理化的基本思想原则并了解合理化的途径。

2.1　配送的概念与作用

"配送"一词是日本引进美国物流科学时，对英文原词 delivery（也说 distribution）的意译，我国转学于日本，也直接使用了"配送"这个新词汇。

2.1.1　配送的概念

我国国家质量技术监督局在2007年5月颁布的《中华人民共和国国家标准——物流术语》中，对"配送"的定义为：在经济合理区域范围内，根据客户要求，对物品进行分拣、加工、包装、分割、组配等作业，并按时送达指定地点的物流活动。

另外一个被广泛认同的定义是：根据客户的要求，在物流节点内进行分拣、配货等工作，并将配好的货送交收货人的过程。

配送是从发送、送货等业务活动中发展而来的。原始的送货是作为一种促销手段而出现的。随着商品经济的发展和客户多品种、小批量需求的变化，原来那种有什么送什么和生产什么送什么的发送业务已不能满足市场的要求，从而出现了"配送"这种发送方式。

概括而言，以上关于配送的概念反映出如下信息：

(1) 配送是接近客户资源配置的全过程。

(2) 配送的实质是送货。配送和一般送货又有所区别：一般送货可以是一种偶然的行为，而配送却是一种固定的形态，是一种有确定组织、确定渠道、装备和管理力量、技术力量以及制度的体制形式。所以，配送是高水平的送货形式。

(3) 配送是一种"中转"形式。配送是从物流节点至客户的一种特殊送货形式。从送货功能看，其特殊性表现为：从事送货的是专职流通企业，而不是生产企业；配送是"中转"型送货，而一般送货尤其从工厂至客户的送货往往是直达型送货；一般送货是生产什么送什么，有什么送什么，配送则是企业需要什么送什么。所以，要做到需要什么送什么，就必须在一定中转环节筹集这种需要，从而使配送必然以中转形式出现。当然，广义上，许多人也将非中转型送货纳入配送范围，将配送外延从中转扩大到非中转，仅以"送"为标志来划分配送外延，也是有一定道理的。

(4) 配送是"配"和"送"的有机结合。配送与一般送货的重要区别在于，配送利用有效的分拣、配货等理货工作，使送货达到一定的规模，以便利用规模优势取得较低的送货成本。如果不进行分拣、配货，有一件运一件，需要一点送一点，就会大大增加劳动力的消耗，使送货并不优于取货。所以，追求整个配送的优势，分拣、配货等工作是必不可少的。

(5) 配送以客户要求为出发点。在定义中强调"按客户的定货要求"，明确了客户的主导地位。配送是从客户利益出发，按客户要求进行的一种活动，因此，在观念上必须明确"客户第一"、"质量第一"。配送企业的地位是服务地位而不是主导地位，因此不能从本企业利益出发，而应从客户利益出发，在满足客户利益的基础上取得本企业的利益。更重要的是，不能利用配送损伤或控制客户，不能利用配送作为部门分割、行业分割、割据市场的手段。

概念中"根据客户要求"的提法需要基于这样一种考虑：过分强调"根据客户要求"是不妥的，客户要求受客户本身的局限，有时会损害自我或双方的利益。对于配送者来讲，必须以"要求"为依据，但是不能盲目，应该追求合理性，进而指导客户，实现双方共同受益的商业目的。近些年国外的研究著作也常提到这个问题。

2.1.2 配送与物流的关系

配送是物流系统中由运输派生出的功能，是短距离的运输。它具有如下特点。

(1) 配送的距离较短，位于物流系统的最末端，处于支线运输、二次运输和末端运输的位置，即是到最终消费者的物流。

(2) 在配送过程中，也包含其他的物流功能(如装卸、储存、包装等)，是多种功能的组合。

(3) 配送是物流系统的一个缩影，也可以说是一个小范围的物流系统。

配送是物流中一种特殊的、综合的活动形式，是商流与物流的紧密结合，既包含了商流活动和物流活动，也包含了物流中的若干功能要素。

从物流来讲，配送几乎包括了所有的物流功能要素，是物流的一个缩影或在某个小的范围中全部物流活动的体现。一般的配送集装卸、包装、保管、运输于一身，通过这一系列活动完成将货物送达的目的。特殊的配送则还要以加工活动为支撑，所以包括的方面更广。配送的主体活动与一般物流不同。一般物流是运输及保管，而配送则是运输及分拣配货。分拣配货是配送的独特要求，也是配送中有特点的活动。以送货为目的的运输则是最后实现配送的主要手段。从这一主要手段出发，常常将配送简单地看成运输中的一种。

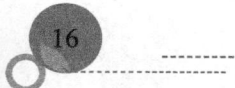

从商流来讲，配送和物流的不同之处在于，物流是商物分离的产物，而配送则是商物合一的产物。配送本身就是一种商业形式。在配送具体实施时，虽然也有以商物分离形式实现的，但从配送的发展趋势看，商流和物流越来越紧密的结合是配送成功的重要保障。

2.1.3 配送的作用及意义

配送的作用及意义体现在以下几个方面。

1．完善和优化了物流系统

第二次世界大战之后，大吨位、高效率运输力量的出现，使干线运输无论在铁路、海运或公路方面都达到了较高水平，长距离、大批量的运输实现了低成本化。但是，在所有的干线运输之后，往往都要辅以支线运输和小搬运，这成了物流过程的一个薄弱环节。这个环节有和干线运输不同的许多特点，如要求灵活性、适应性、服务性，致使运力利用不合理、成本过高等问题难以解决。采用配送方式，从范围来讲，将支线运输及小搬运统一起来，加上上述的各种特点，使输送过程得以优化和完善。

2．提高末端物流的效益

采用配送方式，通过增大经济批量来实现经济地进货，又通过将各种商品客户集中在一起进行一次发货，代替分别向不同客户小批量发货来实现经济地发货，使末端物流经济效益提高。

3．通过集中库存使企业实现低库存或零库存

实现了高水平的配送之后，尤其是采取准时配送方式之后，生产企业可以完全依靠配送中心的准时配送而不需要保持自己的库存。或者，生产企业只需要保持少量保险储备而不必留有经常储备。这就可以实现生产企业多年追求的"零库存"，将企业从库存的包袱中解脱出来，同时解放出大量储备资金，从而改善企业的财务状况。实行集中库存后，其库存总量远低于不实行集中库存时各企业分散库存的总量，同时增加了调节能力，提高了社会经济效益。此外，采用集中库存可利用规模经济的优势，使单位存货成本下降。

4．简化事务，方便客户

采用配送方式，客户只需要在一处订购，或者与一个进货单位联系就可订购到以往需要去许多地方才能订到的货物，只需要组织对一个配送单位的接货便可代替现有的高频率接货，因而大大减轻了客户的工作量和负担，也节省了事务性开支。

5．提高供应保证程度

生产企业自己保持库存、维持生产时，供应保证程度很难提高（受到库存费用的制约）。采取配送方式，配送中心可以比任何单位企业的储备量更大，因而对每个企业而言，中断供应、影响生产的风险便相对降低，使客户免去了货物短缺之忧。

2.2 配送的功能环节及流程

2.2.1 配送的基本环节

配送是由备货、储存、理货、配装和送货5个基本环节组成的，如图2-1所示，而每个环节又包括若干项具体的作业活动。详细内容分述如下。

图 2-1 配送的基本环节

1. 备货

这是配送的准备工作和基础环节。备货工作包括组织货源、订货、采购、进货、验货、入库及相关的质量检验、结算等一系列作业活动。备货的目的在于把用户的分散需求集合成规模需求,通过大批量的采购来降低进货成本,在满足用户要求的同时提高了配送的效益。

2. 储存

储存是进货的延续,是维系配送活动连续运行的资源保证。它包括入库、码垛、上架、上苫下垫、货区标识及货物的维护、保养等活动。

在配送活动中,储存有暂存和储备两种形态。

(1) 暂存形态的储存是指按照分拣、配货工序的要求,在理货场地的少量货物储存。这种形态的储存是为了适应"日配"、"即时配送"的需要而设置的;其数量的多少只会影响下一步工序的方便与否,而不会影响储存的总体效益,因此在数量上并不进行严格控制。

在分拣、配货之后,还会出现一种发送货物之前的暂存。这种形式的暂存时间一般不长,主要是为调节配货和送货的节奏而设置的。

(2) 储备形态的储存是按一定时期的配送经营要求和货源到货情况而设置的,它是配送持续运作的资源保证。这种形态的储备数量大、结构较完善。可根据货源和到货情况,有计划地确定周转储备及保险储备的结构与数量,因为货物储备合理与否,会直接影响配送的整体效益。

储备形态的储存可以在配送中心的自有库房和货场中进行,也可以在配送中心以外租借的库房和货场中进行。

3. 理货

理货是配送活动中必不可少的重要内容,也是区别于一般送货的重要标志。理货通常包括分类、拣选、加工、包装、配货、粘贴货运标识、出库、补货等作业。

理货是配送活动中不可或缺的重要环节,是不同配送企业在送货时进行竞争和提高自身经济效益的重要手段。所以从某种意义上说,理货环节处理的好坏,直接关系到配送企业所创造的附加效益的好坏。

4. 配装

配装是送货的前奏,是根据运载工具的运能,合理配载的作业活动。在单个用户的配送量达不到运载工具的有效载荷时,为了充分利用运能和运力,往往需要把不同用户的配送货物集中起来搭配装载,以提高运送效率,降低送货成本。所以配装也是配送系统中不可或缺的环节,是现代配送区别于传统送货的标志之一。

配装一般包括粘贴或悬挂货物重量、数量、类别、物理特性、体积、送达地、货主等的标识,登记、填写送货单,以及装载、覆盖、捆扎固定等作业。

5. 送货

送货是配送活动的核心,也是配送的最终环节。要求确保在恰当的时间,将恰当数量的恰当货物以恰当的成本送达恰当的用户。由于配送中的送货(或运输)需要面对众多的用户,

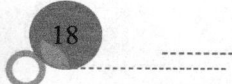

大多数运送是多方向的。因而，在送达过程中，必须对运输方式、运送路线和运送工具做出规划和选择，选择时要贯彻经济合理、力求最优的原则。在全面计划的基础上，制订科学的、运距较短的货运路线，选择经济、迅速、安全的运输方式，采用适宜的运输工具。一般而言，城市或区域内的送货，由于距离较短、规模较小、频率较高，往往采用汽车、专用车等小型车辆作为交通工具。

送货一般包括运送路线、方式、工具的选择，卸货地点及方式的确定，移交、签收和结算等活动。

2.2.2 配送的流程

在配送活动中，无论配送企业的规模大小，以及配送物品的形状、表现形态如何，都在按照一定的顺序运作。这种配送运作顺序也称配送的流程。一般而言，把工艺流程较为复杂，具有典型性的多品种、多批次、多用户、少批量的货物配送流程确定为一般的、通用的、标准配送流程，如图2-2所示。

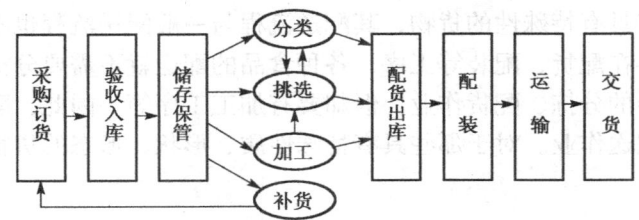

图 2-2　配送的一般流程

图2-2所示的只是配送的一般流程，而每个流程又有下述不同的内容要求。

1．进货入库

进货即组织货源。货源主要来自两个方面：一是由配送企业向生产商订货或购货，生产商负责供应货物；二是由配送企业接收货主所订购的货物。前者的货物所有权转移到了配送企业，而后者的货物所有权则归属货主。在订购或委托代理的货物到达之后，要对货物的数量、质量、包装情况等进行验收、登记，在与发货单据核对无误后方可入库。

2．储存保管

储存作业要按货物的性质、形状、类别的不同，分门别类地存储于相应的设施或场所之中。有的要利用库房，有的则利用货棚，有的还要利用露天场地。对于液态、气态、易燃、易爆等特殊货物，更要按其特殊要求存储于特制的设施或设备之中。

存储的原则是先进先出。要根据企业的实力，尽量采用科学的先进存储技术和设备，如堆垛机、贯通式货架、高层重力货架、托盘货架、集装单元货架、计算机控制的自动存取系统、自动输送系统等，来提高存储作业的机械化和自动化程度，进而提高作业效率。

3．分拣、加工、配货

这三项作业是同一个工艺流程中密不可分的经济活动。大多数货物只需要分拣、配货作业，而不需要加工作业。在进行分拣、配货作业时，多数情况下采用机械化、半机械化操作，也有极少数情况下采用手工操作。特别是自动化分拣技术及设备的广泛采用，为配送企业快速响应用户的配送需求奠定了良好的基础。

在配送过程中，根据货物的特点或用户的要求，有时需要在配送之前先对货物进行加工处理，如钢板的剪切、下料，木材、玻璃的套裁、开片，煤炭的配煤及其他商品的改包装、涂敷保护层等，以提高用户的满意度，增加货物的附加价值。

4．配装

为了确保所送货物安全、顺利地送达目的地，配装作业除了如前所述要进行搭配装载之外，还要注意装载货物的重心应处于运载工具的中心位置，不得超高、超宽、超重；货件的标识要向外，易于看见；同时要尽量按照不同用户的货物到达的先后次序码放，即先到的货物放在上面或后面，后到的货物置于下面或前面，以便卸货；最后予以适当的遮盖并捆扎固定。

5．送货

在送货流程中，包括运输、交货、签收、结算。送货是配送的终结，而运输则是这道工序中主要的经济活动。在运输方式上，应尽量选择直线或配载运输。在货物送达之后除了及时卸货移交以外，还必须及时办理签收或费用结算。

在实践中，某些具有特殊性的货物，其配送流程与一般配送流程也不尽相同，如液体状态的货物配送就不存在配货、配装等工序，各种食品的配送就不需要分拣工序，而长尺寸材料的配送就没有复杂的分拣、配货作业，但却要有加工工序等。因此，配送的一般流程并不能涵盖所有物品的配送作业。对于那些具有特殊性质、形状、形态的货物的配送而言，其配送流程应因物而异。

2.3 配送的种类

为满足不同产品、不同企业、不同流通环境的要求，可以采用各种形式的配送。配送的种类可划分如下。

2.3.1 按配送主体所处的行业分类

1．制造业配送

制造业配送是围绕制造业企业所进行的原材料、零部件的供应配送，各生产工序上的生产配送及企业为销售产品而进行的对客户的销售配送。制造业配送由供应配送、生产配送和销售配送三部分组成，各个部分在客户需求信息的驱动下连成一体，通过各自的职能分工与合作，贯穿于整个制造业配送中。

2．农业配送

农业配送是一种特殊的、综合的农业物流活动，是在农业生产资料、农产品的送货基础上发展起来的。农业配送是指在与农业相关的经济合理区域范围内，根据客户要求，对农业生产资料、农产品进行分拣、加工、包装、分割、组配等作业，并按时送达指定地点的农业物流活动。

3．商业配送

商业企业的主体包括批发企业和零售企业，二者对于配送的理解、要求、管理等都不相同。

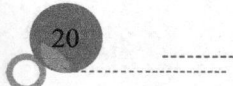

批发企业配送的客户不是流通环节的最终消费者,而是零售商业企业。因此,批发商业企业必然要求配送系统不断满足其零售客户多批次、少批量的订货及流通加工等方面的需求。而对于零售企业来说,其配送的客户是流通环节终点的各类消费者,因此,一方面,由于经营场所面积有限,希望上游供应商(包括批发企业)能向其提供小批量的商品配送;另一方面,为了满足各种不同客户的需要,又都希望尽可能多地配备商品种类。

4．物流企业配送

物流企业是专门从事物流活动的企业,它的配送并不像前面三类企业一样拥有货物的所有权,而是根据所服务客户的需求,为客户提供配送支持服务。现在,比较常见的物流企业配送形式是快递业提供的门到门的物流服务。

2.3.2 按实施配送的节点分类

1．配送中心配送

组织者是专职配送的配送中心,规模较大,有的配送中心需要储存各种商品,储存量也比较大。有的配送中心专职于配送,储存量较小,货源靠附近的仓库补充。

配送中心专业性较强,和客户有固定的配送关系,一般实行计划配送,需要配送的商品有一定的库存量,一般很少超越自己的经营范围。配送中心的设施及工艺流程是根据配送需要专门设计的,所以配送能力强,配送距离较远,配送品种多,配送数量大,承担工业生产用主要物资的配送及向配送商店实行补充性配送等,配送中心配送是配送的重要形式。从实施配送较为普遍的国家看,配送中心配送是配送的主体形式,不但在数量上占主要部分,而且是某些小配送单位的总据点,因而发展较快。

配送中心配送覆盖面较广,配送规模大。因此,必须有配套的大规模实施配送的设施,如配送中心建筑、车辆等,一旦建成便很难改变,灵活机动性较差,投资较高,在实施配送时难以短时间内大量建设配送中心。因此,这种配送形式有一定的局限性。

2．仓库配送

仓库配送是以一般仓库为据点进行的配送形式。可以把仓库完全改造成配送中心;也可以以仓库原功能为主,在保持原功能的前提下,增加一部分配送职能。由于不是专门按配送中心的要求设计和建立的,所以,仓库配送规模较小,配送的专业化程度低。但它可以利用原仓库的储存设施及能力、收发货场地、交通运输线路等,开展中等规模的配送,并且可以充分利用现有条件而不需要大量投资。

3．商店配送

组织者是商业或物资的门市网点,这些网点主要承担商品的零售,规模一般不大,但经营品种较齐全。除日常零售业务外,还可根据客户的要求将商店经营的品种配齐,或者代客户订购一部分本商店平时不经营的商品,和商店经营的品种一起配齐送给客户。这种配送组织者实力有限,往往只是小量、零星商品的配送。这种配送是配送中心配送的辅助及补充。商店配送有以下两种形式。

(1)兼营配送形式。商店在进行一般销售的同时兼有配送的职能。商店的备货,可用于日常销售及配送,因此有较强的机动性,可以将日常销售与配送相结合,互为补充。这种形式在一定铺面条件下,可取得更多的销售额。

(2)专营配送形式。商店不进行零售销售而专门进行配送。一般情况是商店位置条件不好，不适于门市销售而又有某方面经营优势及渠道优势，可采取这种方式。

4．生产企业配送

组织者是生产企业，尤其是进行多品种生产的生产企业，可以直接由本企业进行配送而无须再将产品发运到配送中心进行配送。生产企业配送由于避免了一次物流中转，所以有一定优势。但是生产企业，尤其是现代生产企业，往往进行大批量、低成本生产，品种较单一，因而不能像配送中心那样依靠产品凑整运输取得优势。实际上，生产企业配送不是配送的主体。

生产企业配送在地方性较强的产品生产企业中应用较多，如就地生产、就地消费的食品、饮料、百货等，在生产资料方面，某些不适于中转的化工产品及地方建材也可采取这种方式。

2.3.3　按配送商品的特征分类

1．单(少)品种、大批量配送

工业企业需要量较大的商品，单独一个品种或几个品种就可达到较大输送量，可实行整车运输，这种商品往往不需要再与其他商品搭配，可由专业性很强的配送中心实行这种配送。由于配送量大，可使车辆满载并使用大吨位车辆。配送中心内部设置、组织、计划等工作也较简单，因此配送成本较低。如果从生产企业将这种商品直接运抵客户，同时又不致使客户库存效益下降，采用直送方式往往有更好的效果。

2．多品种、少批量配送

现代企业生产除了需要少数几种主要物资外，从种类数来看，处于 B、C 类的物资品种数远大于 A 类主要物资。B、C 类物资的品种数多，但单品种需要量不大，若采取直送或大批量配送方式，由于一次进货批量大，必然造成客户库存增大等问题，类似情况也存在于向零售品商店补充一般生活消费品的配送，所以这些情况适合采用多品种、少批量配送方式。

多品种、少批量配送是按客户要求，将所需的各种物品(每种需要量不大)配备齐全，凑整装车后由配送据点送达客户。这种配送作业水平要求高，配送中心设备复杂，配货送货计划难度大，必须有高水平的组织工作来保证。这是一种高水平、高技术的配送方式。

多品种、少批量配送也正符合了现代"消费多样化"、"需求多样化"的新观念，所以，是许多发达国家推崇的方式。

多品种、少批量配送往往伴随多客户、多批次的特点，配送频度往往较高。

3．配套成套配送

按企业生产需要，尤其是装配型企业的生产需要，将生产每台设备所需全部零部件配齐，按生产节奏定时送达生产企业，生产企业随即可将此成套零部件送入生产线装配产品。这种配送方式下，配送企业承担了生产企业大部分的供应工作，使生产企业专注于生产，与多品种、少批量配送效果相同。

2.3.4　按配送的时间及数量分类

1．定时配送

定时配送是指按规定时间间隔进行配送，如数天或数小时一次等，每次配送的品种及数

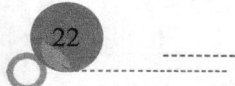

量可按计划执行，也可在配送之前以商定的联络方式(如电话、计算机终端输入等)通知配送品种及数量。这种方式时间固定，易于安排工作计划，易于计划使用车辆，对客户来讲，也易于安排接货力量(如人员、设备等)。但是，由于配送物品种类经常变化，配货、装货难度较大，在要求配送数量变化较大时，也会使配送运力安排出现困难。定时配送包括日配、隔日配送、周配送、旬配送、月配送、准时配送等。下面介绍其中两种比较重要的具体形式。

(1) 日配(当日配送)。日配是定时配送中实行较广泛的方式，尤其在城市内的配送，日配占了绝大多数。

日配的时间要求大体上是，上午的配送订货下午送达，下午的配送订货第二天早上送达，送达时间在订货后的24h之内；或者是客户下午的需要保证上午送到，上午的需要保证前一天下午送到，在实际投入使用前24h之内送达。

日配方式广泛而稳定地开展，可使客户基本上无须保持库存，不以传统库存作为生产或销售经营的保证，而以日配方式实现这一保证。

日配方式特别适合以下情况：

① 消费者追求新鲜的各种食品，如水果、点心、肉类、蛋类、菜蔬等。

② 客户是多个小型商店，追求周转快，随进随售，因而需要采取日配形式快速周转。

③ 由于客户条件的限制，不可能保持较长时期的库存，如已采用零库存方式的生产企业、黄金地段的商店以及缺乏储存设施(如冷冻设施)的客户。

④ 临时出现的需求。

(2) 准时配送——看板方式。这是使配送供货与生产企业生产保持同步的一种方式。这种方式比日配方式和一般定时方式更为精细准确，配送每天至少一次，甚至几次，以保证企业生产的不间断。

这种方式追求的是供货时间恰好是客户生产所用之时，从而货物不需要在客户仓库中停留，而可直接运往生产场地。和日配方式比较，它连"暂存"这种方式也可取消，可以绝对地实现零库存。

准时配送-看板方式要求有高水平的配送系统来实施。由于要求迅速反应，因而不太可能对多客户进行周密的共同配送计划。这种方式适合装配型的重复大量生产的客户，这种客户所需配送的物资是重复、大量且无大变化的，因而往往是一对一的配送，即使时间要求不那么精确，也难以集中多个客户的需求实行共同配送。

2．定量配送

定量配送是指按规定的批量在一个指定的时间范围内进行配送。这种方式数量固定，备货工作较为简单，可以按托盘、集装箱及车辆的装载能力规定配送的定量，能有效利用托盘、集装箱等集装方式，也可做到整车配送，配送效率较高。由于时间不严格限定，可以将不同客户所需物品凑整车后配送，运力利用情况也较好。对客户来讲，每次接货都处理同等数量的货物，有利于人力、物力的准备。

3．定时定量配送

定时定量配送是指按照规定配送时间和配送数量进行配送。这种方式兼有定时、定量两种方式的优点，但特殊性强、计划难度大，适合采用的对象不多，不是一种普遍的方式。

4. 定时定路线配送

在规定的运行路线上制订到达时间表,按运行时间表进行配送,客户可按规定路线和规定时间接货及提出配送要求。

采用这种方式有利于安排车辆及驾驶人员。在配送客户较多的地区,也可免去过分复杂的配送要求所造成的配送组织工作及车辆安排的困难。对客户来讲,既可对一定路线、一定时间进行选择,又可有计划地安排接货力量。但这种方式的应用领域也是有限的。

5. 即时配送

即时配送是完全按客户突然提出的配送要求的时间和数量随即进行配送的方式,是有很高灵活性的一种应急的方式。采用这种方式的品种可以实现保险储备的零库存,以即用即时配送代替保险储备。

2.3.5 按配送服务的环节分类

1. 销售配送

销售配送是指销售性企业作为销售战略的一环所进行的促销型配送。这种配送的配送对象往往是不固定的,客户也往往是不固定的,配送对象和客户依据对市场的占有情况而定,配送的经营状况也取决于市场状况,配送随机性较强而计划性较差。各种类型的商店配送多属于销售配送。

用配送方式进行销售是增加销售数量、提高市场占有率、获得更多销售收益的重要方式。由于是在送货服务前提下进行的活动,所以也受到客户的欢迎。

2. 供应配送

供应配送是指客户为了自己的供应需要所采取的配送形式,往往由客户或客户集团组建配送据点,集中组织大批量进货(取得批量优惠),然后向本企业或向本企业集团的若干企业配送。这种以配送形式组织对本企业的供应在大型企业、企业集团或联合公司中采用较多。例如,商业中广泛采用的连锁商店,就常常采用这种方式。

用配送方式进行供应,是保证供应水平、提高供应能力、降低供应成本的重要方式。

3. 销售供应一体化配送

销售企业对于基本固定的客户和基本确定的配送产品可以在自己销售的同时承担客户有计划的供应者的职能,既是销售者,同时又起到客户供应代理人的作用。对某些客户来讲,这就可以减除自己的供应机构,而委托销售者代理。

这种配送对销售者来讲,能获得稳定的客户和销售渠道,有利于本身的稳定持续发展,有利于增加销售数量;对于客户来讲,能获得稳定的供应,可大大节约本身为组织供应所耗用的人力、物力、财力。销售者能有效控制进货渠道,这是任何企业供应机构难以做到的,因而对供应保证程度可大大提高。

销售供应一体化配送是配送经营中的重要形式,这种形式有利于形成稳定的供需关系,有利于采取先进的计划手段和技术手段,有利于保持流通渠道的畅通稳定,因而受到关注。

4. 代存代供配送

代存代供配送是客户将属于自己的货物委托配送企业代存、代供,有时还委托代订,然

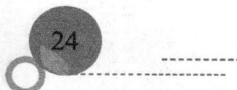

后组织对本身的配送。这种配送，在实施时不发生商品所有权的转移，配送企业只是客户的委托代理人。商品所有权在配送前后都属于客户，所发生的仅是商品物理位置的转移。配送企业仅从代存、代送中获取收益，而不能获得商品销售的经营性收益。

2.3.6 按加工程度分类

1．加工配送

加工配送是指和流通加工相结合的配送。在配送据点中设置流通加工环节，或者流通加工中心与配送中心建立在一起。当社会上现成的产品不能满足客户需要，客户根据工艺要求需要使用经过某种初加工的产品时，可以在加工后通过分拣、配货再送货到户。

流通加工与配送相结合，使流通加工更有针对性，减少了盲目性，配送企业不但可以依靠送货服务、销售经营取得收益，还可通过加工增值取得收益。

2．集疏配送

集疏配送是只改变产品数量、组成形态而不改变产品本身物理、化学性的与干线运输相配合的配送方式。例如，大批量进货后小批量、多批次发货，零星集货后以一定批量送货等。

2.3.7 按配送企业专业化程度分类

1．综合配送

综合配送是指配送商品种类较多，不同专业领域的产品在一个配送网点中组织对客户的配送。这类配送的综合性较强。

综合配送可减少客户为组织所需全部物资进货的负担，只需要和少数配送企业联系，便可解决多种需求。因此，它是客户服务意识较强的配送形式。

综合配送的局限性在于，由于产品性能、形状差别很大，在组织时技术难度较大。因此，一般只是在性状相同或相近的不同类产品方面实行综合配送，差别过大的产品难以综合化。

2．专业配送

专业配送是按产品性状不同适当划分专业领域的配送方式。专业配送并非越细分越好，实际上，同一性状而类别不同的产品，也是有一定综合性的。

专业配送的主要优势是可按专业的共同要求优化配送设施，优选配送机械及配送车辆，制订适用性强的工艺流程，从而大大提高配送各环节工作的效率。现在已形成的专业配送形式主要有以下几种。

(1) 中、小件杂货的配送。大部分按标准规格包装的不同类别的中、小产品，由于涉及领域较广，也可看成是一种综合性配送，是当前开展较广泛的一种配送。中、小件杂货包括各种百货、小机电产品、轴承、工具、标准件、中小零件、中小包装的化工产品、中小包装的建材产品、土产品、图书、仪器仪表、电工器材等。

(2) 金属材料的配送。包括各种金属材料及金属制品。

(3) 燃料煤的配送。包括各种煤炭和煤制品。

(4) 水泥的配送。包括各种包装形式的水泥。

(5) 燃料油的配送。包括各种燃油成品。

(6) 木材的配送。包括原木及加工木。
(7) 平板玻璃的配送。包括各种规格的平板玻璃及制品。
(8) 化工产品的配送。包括各种液体及固体化工产品。
(9) 生鲜食品的配送。包括各种保质期较短的食品。
(10) 家具及家庭用具的配送。包括各种家具及家用大件用具。

2.4 配送的经营模式

根据国内外的发展经验及我国的配送理论与实践，配送主要包括自营配送、共同配送、互用配送和第三方配送4种经营模式。

2.4.1 自营配送

自营配送模式是指企业物流配送的各个环节由企业自身筹建并组织管理，实现对企业内部及外部货物配送的模式。这种模式有利于企业供应、生产和销售的一体化作业，系统化程度相对较高，既可满足企业内部原材料、半成品及成品的配送需要，又可满足企业对外进行市场拓展的需求。其不足之处表现在，企业为建立配送体系的投资将会大大增加，在企业配送规模较小时，配送的成本和费用也相对较高。

一般而言，采取自营配送模式的企业大都是规模较大的集团公司。有代表性的是连锁企业的配送，其基本上都是通过组建自己的配送系统来完成企业的配送业务的，包括对内部各场、店的配送和对企业外部顾客的配送。

2.4.2 共同配送

1. 共同配送模式的含义

共同配送是物流配送企业之间为了提高配送效率以及实现配送合理化所建立的一种功能互补的配送联合体。共同配送的优势在于有利于实现配送资源的有效配置，弥补配送企业功能的不足，促进企业配送能力的提高和配送规模的扩大，更好地满足客户需求，提高配送效率，降低配送成本。

2. 共同配送模式的原则

共同配送的核心在于充实和强化配送的功能，提高配送效率，实现配送的合理化和系统化。因此，作为开展共同配送的联合体成员，首先要有共同的目标、理念和利益，这样才能使联合体有凝聚力和竞争力，才能有利于共同目标和利益的实现。开展共同配送、组建联合体要坚持以下几个原则：①功能互补；②平等自愿；③互惠互利；④协调一致。

需要注意的是，在开展共同配送、组建联合体的过程中，要避免行政干预，谨防"拉郎配"的做法。

3. 共同配送的可行性论证

企业在树立了共同配送的理念之后，要进行共同配送，组建共同配送联合体，就必须进行共同配送的可行性论证。论证的内容主要包括以下几方面。

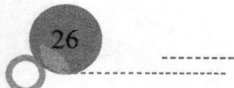

（1）环境分析。主要包括宏观环境和微观环境分析。宏观环境主要包括经济环境、法律环境和自然环境等，应以经济环境为主，主要包括交通、通信及仓储等。微观环境主要是对合作对象的分析，在共同配送的目标范围内，是否有可供选择的合作对象，着重在功能、区域及配送理念上进行分析。

（2）服务对象论证。主要从组建共同配送联合体，开展共同配送所提供的服务、形成的配送网络和竞争优势等方面来分析探讨，确定自己的目标市场及所要达到的目标。

（3）组织论证。主要分析开展共同配送的组织管理模式、方法以及组织保证。

（4）技术论证。主要包括与共同配送有关的技术及企业间资源、设备和管理技术的论证。同时，还包括与电子商务相关的安全技术、支付技术及网络技术的论证。

4．共同配送的实施步骤

共同配送的实施步骤如下。
(1)选择联合对象。
(2)组建谈判小组，做好谈判准备。
(3)签订合作意向书及合同，并进行公证。
(4)组建领导班子，拟订管理模式。
(5)正式运作。

5．共同配送的运作方式

在实际运作过程中，由于共同配送联合体的合作形式、所处环境、条件及客户要求的服务存在差异，因此，共同配送的运作过程也存在着较大的差异。在电子商务条件下，共同配送的一般流程如图 2-3 所示。

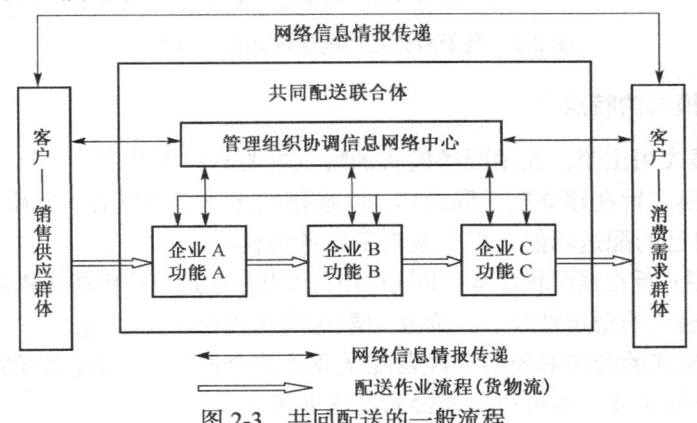

图 2-3　共同配送的一般流程

6．共同配送的类型

在实际运行过程中，共同配送的种类很多，大体可归纳为紧密型、半紧密型和松散型，资源型和管理型，功能型，集货型、送货型和集送型等。

2.4.3　互用配送

1．互用配送模式的含义

互用配送模式是几个企业为了各自利益，以契约的方式达成某种协议，互用对方配送系统而进行的配送模式。其优点在于企业不需要投入较多的资金和人力，就可以扩大自身的配送规模和范围，但需要企业有较高的管理水平以及与相关企业的组织协调能力。

2．互用配送模式的形式

一般来说，互用配送模式的基本形式如图2-4所示。

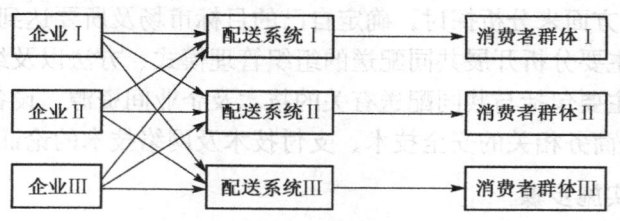

图2-4 互用配送模式的基本形式

在电子商务条件下，企业与消费者之间可直接通过网络进行信息交流与订货，此时，互用配送模式的形式就转换成为以网络控制为主的配送形式，如图2-5所示。

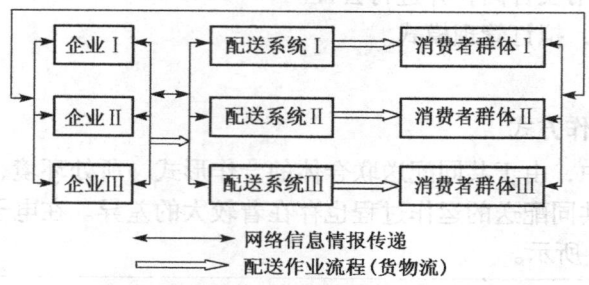

图2-5 电子商务互用配送模式的基本形式

3．互用配送模式的特点

与共同配送模式相比较，互用配送模式的特点主要有以下几个。

（1）共同配送模式旨在建立配送联合体，以强化配送功能为核心，为社会服务；而互用配送模式旨在提高自己的配送功能，以企业自身服务为核心。

（2）共同配送模式旨在强调联合体的共同作用，而互用配送模式旨在强调企业自身的作用。

（3）共同配送模式的稳定性较好，而互用配送模式的稳定性较差。

（4）共同配送模式的合作对象需要经营配送业务的企业，而互用配送模式的合作对象既可以是经营配送业务的企业，也可以是非经营配送业务的企业。

2.4.4 第三方配送

第三方就是为交易双方提供部分或全部配送服务的一方。第三方配送模式就是指交易双方把自己需要完成的配送业务委托给第三方来完成的一种配送运作模式。随着物流产业的不断发展以及第三方配送体系的不断完善，第三方配送模式应成为工商企业和电子商务网站进行货物配送的首选模式和方向。第三方配送模式的运作方式如图2-6所示。

随着物流管理的理念在中国企业内逐步被认知，第三方物流作为有着较新物流理念的产业正在逐步形成。中国原有的运输企业、仓储企业、电子商务企业经过改造和合并，形成了新兴的第三方物流企业。第三方物流企业在对企业的服务中逐步形成了一种战略关系，随着JIT管理方式在中国的普及，不论制造企业还是商业企业，普遍应用JIT管理的理念，采用拉动方式，减少库存，降低库存储备，适应市场变化。JIT管理方式的应用，使服务于制造企业和商业企业的第三方物流企业，采取小批量、多频次的JIT运输。组合配送(Assembly Distribution)是第三方物流企业为适应JIT运输提出的一种运输方式。

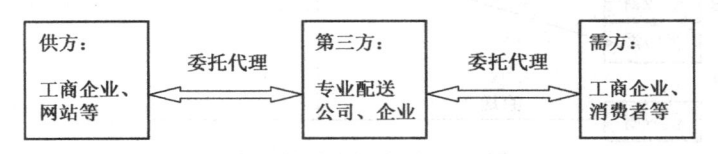

图 2-6　第三方配送模式的运作方式

1．组合配送的概念

第三方物流企业根据采购方的小批量和多频次的要求，按照地域分布密集情况，决定供应方的取货顺序，并应用一系列信息技术和物流技术，保证JIT取货和配送。

组合配送的实施的目的和基本要求有以下几方面：

(1) 经营模式的改变，推动(预测为基础)模式转变为拉动(响应为基础)模式。

(2) 小批量、多频次取货。

(3) 设定取货和到货窗口时间，有计划的、在窗口时间内的多次运送可减少购方与供方库存量，达到准时生产，从而降低储备资金，节约仓储面积。其理念是将运输车辆作为一个流动的仓库，用运输的时间和空间来代替仓储的时间和空间。

(4) 提高生产保障率，减少待料时间。

(5) 减少中间仓储搬运环节，做到门对门的服务，节约仓储费用和人员物力。

(6) 通过组合，达到最佳经济批量，从而降低运输成本。

(7) 通过GPS(Global Position System，全球定位系统)及信息反馈系统，全程监控货物的到货时间和数量。

(8) 增加订单处理的增值服务功能，通过电子网络系统实现订单采购和确认结算。

2．组合配送的基本模型

根据目前第三方物流的发展情况和组合配送的完善情况，多家取货、一家配送的模式比较完善，多家取货、多家配送的模式尚未形成。这里仅介绍多家取货、一家配送的模式。

根据供应商的分布和供应数量要求，可以分为以下三种运输方式。

(1) 对较小、较远且分布较分散的供应商，确定一个聚合点，以便将小车里的零部件转配入大车，运送到工厂。

(2) 对主要供应商，一天中需要多次运送的，直接送到工厂。

(3) 对较小但地理位置较接近的供应商采用Milk Run(多点停留，即多个停留点的固定集配路线)模式将零部件集结起来运输。

组合配送的基本模型如图2-7所示。

3．组合配送和传统运输的比较

组合配送和传统运输的比较如表2-1所示。

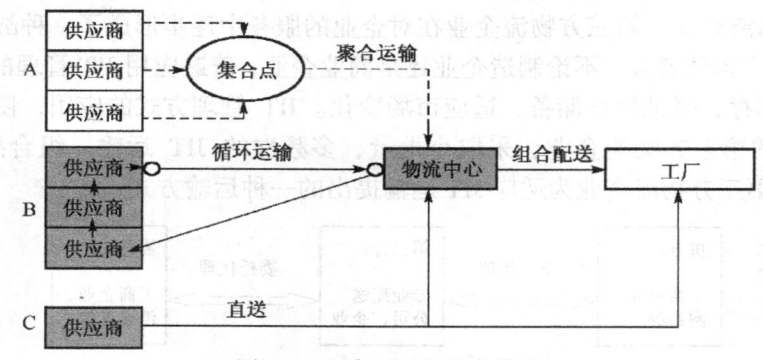

图 2-7 组合配送的基本模型

表 2-1 组合配送和传统运输的比较

传统运输的特点	组合配送的特点
供应商对运输独立管理	第三方物流企业管理
分散操作，缺乏合作及可见性	整合操作，完全的可见性和管理
分散复杂的流动	简单集中的流动
低货物空间利用率	优化车辆利用率
库存水平不均	有效的库存控制
无 IT 解决方案平台	有一体化的 IT 平台支持

4．组合配送的推广

组合配送是一种适应市场发展的新型的运输配送模式，但其发展和推广又有一定的条件和前提。

(1)市场化需求程度。消费者需求的变化是导致市场需求变化的主要因素，对消费品本身的可变性和带动性需要进行分析，如对计算机市场和大米市场进行分析(如表 2-2 所示)。

表 2-2 对计算机市场和大米市场的分析

序 号	特 点	计算机市场	大米市场
1	消费者	个性化需求，进行电子商务 BTOC	大众化需求
2	消费品	技术更新快，产品升级快	消费稳定
3	供应链	供应链复杂，配送体系需要整合	供应链简单

通过以上分析，可以清楚地认识到，只有产品供应链复杂、需求变化较快的产品，才适合用组合配送模式。

(2)供应链体系的建立。供应链体系的建立是组合配送模型实施的前提，作为第三方物流企业，掌握了一定的主导企业和配套企业的机密信息，没有战略性的合作伙伴关系，第三方物流企业无法深入到供应链管理体系当中。作为第三方物流企业，在没有建立战略性伙伴关系时，为供应链服务无形中会增加交易成本和沟通成本，导致整个供应链成本上升和供应链体系的不稳定，无法发挥整合物流的优势。

(3)信息技术和物流标准的推广。依托 Internet 和企业内部局域网有效实施信息共享是建立组合配送的基础。供应链企业利用电子数据交换系统(EDI)、电子邮件系统等通过 Internet 在企业之间进行快速信息交换，完成订单下达和处理工作，减少了前置时间(Lead Time)。第

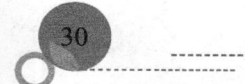

三方物流企业建立自己的物流管理系统，与供应链主导企业和配套企业的信息系统进行有效连接，完成提货通知、发运状态、线路设定、发运结算等信息的交换，对配送指令进行快速反应。通过集装化运输、GPS 跟踪控制、条码技术等的应用，有效控制运输，减少货物的操作时间，适应快速的供给体系。

总之，组合配送作为适应物流发展的一种模式，有着其产生的条件和适用的范围，本节就组合配送的概念、目的和要求，以及其市场化分析进行了一定的阐述。综合分析，组合配送作为一种配送模式，符合企业发展和供应链发展的要求，对今后物流体系发展有着一定的引导作用。

2.5 配送合理化

配送合理化，就是对配送设备配置和配送活动组织进行调整改进，实现配送系统整体优化的过程。它具体表现在兼顾成本与服务上。配送成本是配送系统为提高配送服务所投入的活劳动和物化劳动的货币表现；配送服务是配送系统投入后的产出。合理化是投入和产出比的合理化，即以尽可能低的配送成本获得可以接受的配送服务，或者以可以接受的配送成本达到尽可能高的服务水平。

2.5.1 配送合理化的基本思想

配送活动各种成本之间经常存在此消彼长的关系，配送合理化的一个基本思想就是"均衡"，从配送总成本的角度权衡得失。不求极限，但求均衡，均衡造就合理。例如，对配送费用的分析，均衡的观点是从总配送费用入手，即使某一配送环节要求高成本的支出，但如果其他环节能够降低成本或获得利润，就认为是均衡的，即是合理可取的。在配送管理实践中，切记配送合理化的原则和均衡的思想，这将有利于防止"只见树木，不见森林"，做到不仅注意局部的优化，更注重整体的均衡。这样的配送管理对于企业最大经济效益的取得才是最有成效的。

2.5.2 不合理配送的表现形式

配送决策的优劣，不能简单判断，也很难有一个绝对的标准。例如，企业效益是配送的重要衡量标志，但在决策时常常考虑各个因素，有时要做赔本买卖。所以，配送决策是全面、综合的决策。在决策时要避免由于不合理配送所造成的损失。但有时某些不合理现象是伴生的，要追求大的合理，就可能派生小的不合理，所以，这里只单独论述不合理配送的表现形式，但要防止绝对化。

1. 资源筹措不合理

配送是利用较大批量筹措资源，通过筹措资源的规模效益来降低资源筹措的成本，使配送资源筹措成本低于客户自己筹措资源成本，从而取得优势。如果不是集中多个客户需要进行批量筹措资源，而是仅仅为某一两个客户代购代筹，对客户来讲，不仅不能降低资源筹措费用，相反还要多支付一笔配送企业的代筹代办费，因而是不合理的。

资源筹措不合理还有其他表现形式，如配送量计划不准，资源筹措过多或过少，在资源筹措时不考虑建立与资源供应者之间长期稳定的供需关系等。

2. 库存决策不合理

配送应充分利用集中库存总量低于各客户分散库存的总量的优势，从而大大节约社会财富，同时降低客户实际平均分摊的库存负担。因此，配送企业必须依靠科学的管理来实现低的总量库存，否则就会出现只是库存转移，而未解决库存降低的不合理现象。

配送企业库存决策不合理还表现在储存量不足，不能保证随机需求，失去了应有的市场。

3. 价格不合理

总的来讲，配送的价格应低于不实行配送时，客户自己进货时产品购买价格加上自己提货、运输、进货之成本的总和，这样才会使客户有利可图。有时候，由于配送有较高的服务水平，价格稍高客户也是可以接受的，但这不是普遍的原则。如果配送价格普遍高于客户自己进货的价格，将会损伤客户的利益，是一种不合理的表现。

价格过低，使配送企业在无利或亏损状态下运行，这将损害销售者的利益，也是不合理的。

4. 配送与直达的决策不合理

一般的配送总是增加环节，但是环节的增加可降低客户的平均库存水平，这样不但抵消了由于增加环节而多付出的支出，而且还能取得剩余效益。但是如果客户需要的货物批量大，则可以直接通过社会物流系统均衡批量进货，这比通过配送中转送货可能更节约费用，所以在这种情况下，不直接进货而通过配送，就属于不合理范畴。

5. 送货中的不合理运输

配送与客户自提相比，尤其对于多个小客户来讲，可以集中配装一车送几家，这比一家一户自提，可大大节省运力和运费。如果不能利用这一优势，仍然是一户一送，而车辆达不到满载（即时配送过多、过频时会出现这种情况），就属于不合理运输。

此外，不合理运输的若干表现形式在配送中都可能出现，会使配送变得不合理。

6. 经营观念不合理

在配送实施中，由于有许多经营观念不合理，使配送优势无从发挥，损坏了配送的形象。这是在开展配送时尤其需要注意的不合理现象。例如，配送企业利用配送手段，向客户转嫁资金、库存困难；在库存过大时，强迫客户接货，以缓解自己的库存压力；在资金紧张时，长期占用客户资金；在资源紧张时，将客户委托的资源挪作他用以获利等。

2.5.3 配送合理化的判断标志

对配送合理化的判断，是配送决策系统的重要内容，但目前国内外尚无一定的技术经济指标体系和判断方法。按一般认识，有以下若干标志。

1. 库存标志

库存是判断配送合理与否的重要标志。具体指标有以下两方面。

(1) 库存总量。库存总量在一个配送系统中，从分散的各个客户转移给配送中心，配送中心的库存数量加上各客户在实行配送后库存量之和，应低于实行配送前各客户库存量之和。

此外，从各个客户的角度判断，把各客户在实行配送前后的库存量相比较，也是判断配送合理与否的标准。某个客户的库存量上升而总量下降,也是一种不合理。

库存总量是一个动态的量,上述比较应当在一定经营量的前提下进行。在客户生产有所发展之后,库存总量的上升反映了经营的发展,必须排除这一因素,才能对总量是否下降做出正确判断。

(2) 库存周转。由于配送企业的调剂作用,以低库存保持高的供应能力,库存周转一般总是快于原来各企业的库存周转。

此外,从各个客户的角度进行判断,把各客户在实行配送前后的库存周转相比较,也是判断配送合理与否的标准。

为取得共同的比较基准,以上库存标志都以库存储备资金计算,而不以实际物资数量计算。

2. 资金标志

总的来讲,实行配送应有利于降低资金占用及资金运用的科学化,具体判断标志如下。

(1) 资金总量。用于资源筹措所占用的流动资金总量,随着储备总量的下降及供应方式的改变,必然有较大幅度的降低。

(2) 资金周转。从资金运用来讲,由于整个节奏加快,资金充分发挥了作用,对同样数量的资金,过去需要较长的时间才能满足一定的供应要求,实行配送之后,在较短的时间内就能达到此目的。所以资金周转是否加快,也是衡量配送合理与否的标准。

(3) 资金投向的改变。资金分散投入还是集中投入,是资金调控能力的重要反映。实行配送后,资金必然应当从分散投入改为集中投入,以便增加调控作用。

3. 成本和效益

总效益、宏观效益、微观效益、资源筹措成本等都是判断配送是否合理的重要标志。对于不同的配送方式,可以有不同的判断侧重点。例如,配送企业、客户都是各自独立的以利润为中心的企业,不但要看配送的总效益,而且要看对社会的宏观效益及两个企业的微观效益,忽视任何一方,都必然会出现不合理。又如,如果配送是由客户集团自己组织的,配送主要强调保证能力和服务性,那么效益主要从总效益、宏观效益和客户集团企业的微观效益来判断,不必过多顾及配送企业的微观效益。

由于总效益及宏观效益难以计量,在实际判断时,常以是否按国家政策进行经营、完成国家税收情况及配送企业和客户的微观效益来判断。

对于配送企业而言(在投入确定的情况下),企业利润反映了配送合理化的程度。

对于客户企业而言,在保证供应水平或提高供应水平(产出一定)的前提下,供应成本的降低反映了配送的合理化程度。

衡量成本及效益是否合理,还可以具体到储存、运输和具体配送环节。

4. 供应保证标志

实行配送后,客户的最大担心是供应保证能力是否会降低。

配送必须提高而不是降低客户的供应保证能力,只有这样,配送才是合理的。供应保证能力可以从以下几方面来判断。

(1) 缺货次数。实行配送后,对各客户来讲,该到货而未到以致影响客户生产及经营的次数必须减少,配送才算是合理的。

(2)供应能力。对每个客户来讲，配送企业的集中库存量所形成的保证供应能力高于实施配送前单个企业的保证供应能力，从保证供应的角度来看才算是合理的。

(3)即时配送的能力及速度是客户出现特殊情况的特殊供应保障方式，它必须提高未实行配送前客户紧急进货的能力及速度。

特别需要强调一点，配送企业的供应保障能力是一个科学的合理的概念，而不是无限的概念。具体来讲，如果供应保障能力过高，超过了实际的需要，则属于不合理。所以追求供应保障能力的合理化也是有限度的。

5．社会运力节约标志

末端运输是目前运能、运力使用不合理，浪费较严重的领域，因而人们寄希望于配送来解决这个问题。这也成了配送合理化的重要标志。

运力使用的合理化是依靠送货运力的规划和整个配送系统的合理流程，以及与社会运输系统合理衔接来实现的。送货运力的规划是任何配送中心都需要花力气解决的问题，而其他问题有赖于配送及物流系统的合理化，判断起来比较复杂。可以简化判断如下。

(1)社会车辆总数减少，而承运量增加为合理。
(2)社会车辆空驶减少为合理。
(3)一家一户自提自运减少，社会化运输增加为合理。

6．客户企业仓库、供应、进货人力和物力节约标志

配送的重要观念是以配送服务于客户，因此，实行配送后，各客户库存量、仓库面积、仓库管理人员减少为合理；用于订货、接货、从事供应的人减少为合理。真正解决了客户的后顾之忧，则可以说配送的合理化程度达到了较高水平。

7．物流合理化标志

配送必须有利于物流合理。这可以从以下几方面判断：
(1)是否降低了物流费用。
(2)是否减少了物流损失。
(3)是否加快了物流速度。
(4)是否发挥了各种物流方式的最优效果。
(5)是否有效衔接了干线运输和末端运输。
(6)是否不增加实际的物流中转次数。
(7)是否采用了先进的技术手段。

物流合理化的问题是配送要解决的大问题，也是衡量配送本身是否合理的重要标志。

2.5.4 配送合理化的途径

国内外推行配送合理化，有一些可供借鉴的办法，简介如下。

(1)推行一定综合程度的专业化配送。通过采用专业设备、设施及操作程序，可以取得较好的配送效果，并降低配送过分综合化的复杂程度及难度，从而追求配送合理化。

(2)推行加工配送。把加工和配送结合起来，可以充分利用本来应有的中转，而不增加新的中转，以求得配送合理化。同时，借助于配送，加工目的更明确，和用户联系更紧密，避免了盲目性。

(3) 推行共同配送。通过共同配送，可以以最近的路程、最低的配送成本完成配送，从而追求合理化。

(4) 实行送取结合。配送企业与客户建立稳定、密切的协作关系。配送企业不仅成了客户的供应代理人，而且成了客户货物储存的承担者，甚至成为产品的代销人。在配送时，将客户所需的物资送到，再将该客户生产的产品用同一车辆运回，这种产品也成了配送中心的配送产品之一，或者作为代存代储，免去了生产企业的库存包袱。这种送取结合使运力充分利用，也使配送企业发挥更大的作用，从而追求合理化。

(5) 推行准时配送。准时配送是配送合理化的重要内容。配送做到了准时，客户才有资源把握，可以放心地实施低库存或零库存，可以有效地安排接货的人力、物力，以追求最高效率的工作。另外，保证供应能力，也取决于准时供应。从国外的经验看，准时供应配送系统是现在许多配送企业追求配送合理化的重要手段。

(6) 推行即时配送。即时配送是最终解决客户企业担心断供之忧，大幅度提高供应保证能力的重要手段。即时配送是配送企业快速反应能力的具体化，是配送企业能力的体现。即时配送成本较高，但它是整个配送合理化的重要保证手段。此外，客户要实行零库存，即时配送也是重要保证手段。

2.6 案例分析

2.6.1 摩纳哥的共同配送

摩纳哥是面向地中海人口约 3.2 万、面积为 1.95 km² 的小国，受惠于良好的气候，是著名的观光旅游地。其中心区保留着古老的街道，道路狭窄，交通拥挤。为了解决交通拥挤问题，摩纳哥政府于 1989 年开始在中心区实施"物流卡车的通行规制"和"共同配送业务"。

在通行规制中，除极少部分干线道路以外，基本禁止总质量 8.5 吨以上的卡车通行；进一步在支线道路上，分别禁止 6 吨、3.5 吨的卡车通行。同时，在中心区有 100 个左右的停车位，允许进行 15 min 以内的停车。并且，商品的集配货限制在上午 8:00~11:30、12:30~13:45、14:15~16:30。这样的规定对于部分特殊商品不适用，如需要保温管理的食品等。

这一措施的直接支持是政府的共同配送业务，但并不是由政府直接提供服务，而是全面委托当地的运输企业。图 2-8 显示了这一情况。

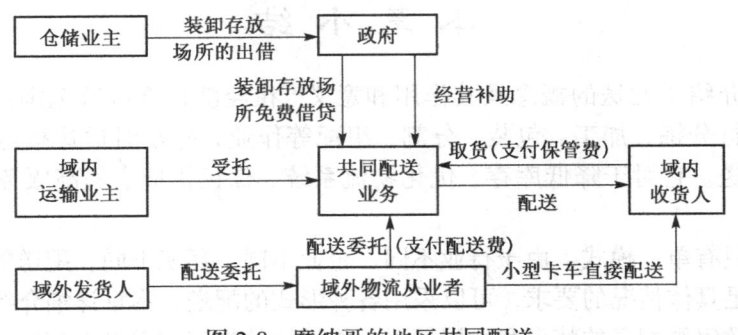

图 2-8 摩纳哥的地区共同配送

案例思考题

(1) 结合当地情况，试分析摩纳哥的地区共同配送的运作方式。
(2) 分析摩纳哥地区配送管制的优缺点，并对缺点提出改正意见。
(3) 结合案例，试分析共同配送模式实施时要遵循的原则与需要注意的方面。

2.6.2 京阪神的百货店共同配送

京阪神地区的12家百货公司从1989年开始，采用交换配送型的共同配送，日本的研究者曾经对此进行了访问调查和问卷调查。访问调查中，对于共同配送效果现场营业所列举了如下3点。

(1) 驾驶员的劳动条件得到大幅度改善。
(2) 通过增加配送次数，提高了服务水平。
(3) 获得了配送时间的稳定及缩短。

同时，根据问卷调查，共同配送的效果如表2-3所示。与实施前相比，实施后在正常期配送车辆数减少为原来的93%，超过勤务时间减少为48%，配送距离减少为72%，配送时间减少为89%。

表2-3 共同配送的效果

	正 常 期	繁 忙 期
配送车辆数变化率	93%	94%
勤务人员数变化率	100%	88%
超过勤务时间变化率	48%	65%
配送距离变化率	72%	90%
配送时间变化率	89%	101%

参加共同配送的企业将原来视为企业秘密的数据也相互公开，在进行共同化时，这种意识的改变是十分重要的。

案例思考题

(1) 结合案例，试分析交换配送型的共同配送的运作方式。
(2) 结合案例，试分析共同配送的优点。
(3) 该案例对我国城市配送经营模式的规划有什么启示？

本 章 小 结

本章首先介绍了配送的概念及其作用和意义。在经济合理区域范围内，根据客户要求，对物品进行分拣、加工、包装、分割、组配等作业，并按时送达指定地点的物流活动，这就是配送。它对于降低库存、优化物流系统、保证供应、提高服务质量具有重要意义。

配送不是只有单一模式，由于行业不同、企业不同、环境不同，配送的种类也是多种多样的，为满足具体情况的要求，可以采用各种形式的配送，本章详细介绍了配送按照不同方式的分类及每类配送的特点和适用情况。将长期的物流配送发展与实践总结起来，配送主要包括自营配送、共同配送、互用配送和第三方配送 4 种经营模式。

根据配送活动各种成本之间经常存在此消彼长关系的特点，本章详细分析了不合理配送的多种表现形式，并针对这些不合理方面提出了判断一个配送系统是否合理、还有哪些方面需要改进的判断标准，最后提出了使配送系统整体不断趋于合理化的途径建议。

思考与练习

1. 什么叫配送？说明配送与物流的关系。
2. 说明配送的基本环节与一般作业流程。
3. 按配送的时间及数量分类，配送分为哪几种形式？
4. 按配送服务环节分类，配送分为哪几种形式？
5. 配送的经营模式有哪些？试分析自营配送、共同配送和第三方配送的优缺点。
6. 配送合理化的基本思想是什么？
7. 简述配送合理化的途径。

第 3 章　输配送系统

引言

高效的输配送系统对提高企业物流效率、降低物流成本至关重要。输配送系统成本占物流系统总成本的 50%以上，是物流效率化和效果化的集中体现，也是配送中心的核心作业环节，因此科学合理地进行输配送系统的分析和规划显得尤为重要。

本章将介绍输配送系统的概念和服务目标，阐述输配送系统规划的内容和方法，并重点介绍输配送线路优化的典型方法。

学习目标

- 掌握输配送的概念；
- 了解输配送系统的构成；
- 掌握输配送服务的要点和合理化途径；
- 掌握输配送规划内容与决策思路；
- 了解行车路线和时刻表的制订方法；
- 了解输配送路线优化的常用方法。

3.1　输配送系统概述

输送与配送是完成货物流通的基本作业方式，也是构成物流网络的基本要素。运输是指货物在主要据点间的运输服务，而配送是指货物在运输单位基地或主要据点与客户间的运输服务。也有人将运输称为主线运输，将配送称为集散运输。对于连锁企业而言，一次完整的货物运输是经过配送（综合配送中心集货）—运输（将货物运至地区配送中心）—配送（地区配送中心配货）的基本程序而完成的一项物流作业。

3.1.1　输送与配送的定义

运输一般分为输送和配送。关于它们的区分，有许多不同的观点。一般认为，所有物品的移动都是运输，输送是指利用交通工具一次向单一目的地长距离地运送大量货物的移动；而配送是指利用交通工具一次向多个目的地短距离地运送少量货物的移动。输送与配送的比较如表 3-1 所示。

综上所述，货物的移动可总称为输送，而其中短距离的少量输送称为配送，一般配送的有效距离最好在 50 km 以内。若以配送中心作据点划分，由工厂将货物送至配送中心的过程是输送，属于少品种、大量、长距离的运送；而由配送中心将货品送到客户手中的活动是配送，属于多频率、多品种、少量、短距离的运送。当然，两者若能兼顾效率、服务原则，可得最佳绩效。但如果无法兼顾，则输送较重视效率，即尽可能以装载率为优先，每次装载越多越有利；而配送则多以服务为目标，在许可能力下以满足客户服务要求为优先。

表 3-1　输送与配送的比较

项目	内容
输送	● 长距离、大量货物的移动； ● 与距离无关的据点间货物的移动； ● 区域间货物的移动； ● 一台货车对一个送货地点进行一次往返送货
配送	● 短距离少量货物的移动； ● 从企业送达顾客处的移动； ● 区域内货物的移动； ● 一台货车对多处客户点进行巡回送货

随着经济活动范围的扩大，以及降低运输成本的要求，货物运输流程也适应需要而日益改善，以提高运输效率。对于两地间的短程运输作业，输送与配送作业可以由单一运送者来完成；对于货物量大而路程长的运输，则需要输送和配送两段作业，并分由不同的运送者来完成，以提高运输效率，降低运输成本。

输送与配送是为达成货物分配目的而进行的基本运输形态，通过对车辆、路线与管理方式的合理安排，形成输配送系统。良好的输配送系统不但可以提高物流效率、降低物流成本，还可以提高运输服务的品质，提高顾客对运输服务的满意度。

输送与配送手段的适当选择与应用，可以降低物流成本。当然，在选择输配送系统时，也要同时考虑，与其相关的配车计划及配送线路的最优化，以提升装载率，并缩短距离及减少营运成本。

3.1.2　输配送系统的构成

输配送系统是由运输网络中的运输路线和集散站构成的。各种货物在运输网络中流动。在输配送网络中流动的货物，不管是原材料还是产成品，只要是在两点间移动的，均需要靠运输服务来完成。同时，由于运输范围越来越大以及有效经营理念的提升，两地间的运送方式逐渐增加了运转作业，货物流通网络也逐渐复杂，而输送和配送这两段运输更加分明。输配送系统由配送—运输—配送的基本框架来完成货物的运输，如图3-1所示。

由于顾客逐渐增加，顾客分布的范围逐渐扩大，需要运输服务的数量也不断增加，因此为了使运输作业更加经济、有效，输配送系统必须根据环境的变化进行调整，除了必须增加集散中心外，转运站应运而生，从而构成更复杂且更有效的现代化的输配送系统，如图 3-2 所示。

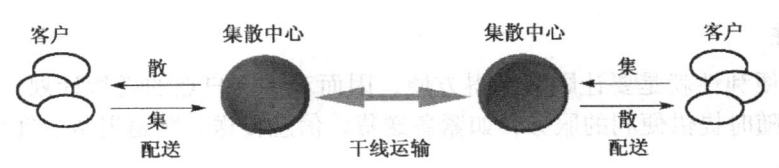

图 3-1　输配送系统基本框架

运输包括干线运输和集散运输。干线运输是指运转站间的运输，而集散运输是指转运站将货物送至各门店的运输，两者都不与顾客直接接触。至于所谓的集配，则是指营业所与顾客间的集货与配送作业。这种物流作业方式的改变，显示出运输作业较细的分工，也提高了运输效率。

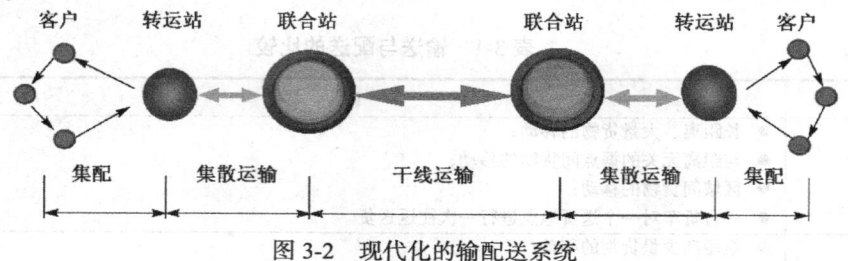

图 3-2 现代化的输配送系统

3.1.3 车辆输配送服务要点

车辆输配送是物流中心作业最终及最具体直接的服务体现，其服务要点有如下几个方面。

1. 时效性

时效性是流通业客户最重视的因素，也就是要确保能在指定的时间内交货。由于输配送是从客户订货至交货各阶段中的最后一个阶段，也是最容易无计划性延误时程的阶段（配送中心内部作业的延迟较易掌握，可随时与客户协调），一旦延误便无法弥补。即使在配送中心内部稍稍延迟，若能规划一个良好的配送计划则仍能补救延迟的时间，因而输配送作业可说是掌控时效的关键点。

一般未能掌握输配送时效性的原因，除驾驶员本身的问题外，不外乎所选择的配送路径路况不良、中途客户点卸货不易以及客户未能及时配合等问题。因此，只有合理选择配送路径或增派配送员卸货，才能让每位客户都能在期望时间收到期望的货物。

2. 可靠性

可靠性指将货品完好无缺地送达目的地，这一点与配送人员的素质有很大关系。以输配送而言，要达成可靠性目标的关键在于：装卸货时的细心程度；运送过程中对货品的保护；对客户地点及作业环境的了解；配送人员的职业道德。

如果输配送人员能随时注意这几项原则，货品必能以最好的品质送到客户手中。

3. 沟通性

配送人员是将货品交到客户手中的负责人，也是客户直接接触的人员，因而其表现出的态度、反应会给予客户深刻的印象，无形中便成为公司形象的体现，因而配送人员应与顾客做好沟通，具备良好的服务态度，才能维护公司的形象，并巩固客户的忠诚度。

4. 便利性

输配送的便利性就是要让顾客觉得方便，因而对于客户点的送货计划，应采取弹性的系统，才能够随时提供便利的服务，如紧急送货、信息传送、顺道退货、辅助资源回收等。

5. 经济性

满足客户的服务需求，不仅品质要好，价格也是客户非常重视的方面。因而如果能让配送中心高效运作，且成本控制得当，对客户的收费比较低廉，就更能以经济性来抓住客户了。

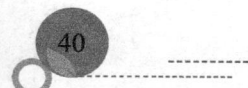

3.1.4 提高输配送运行效率的方法

在交通拥挤不堪的城市中，制造商渐渐改用汽车来运货，以实施 Just In Time 的目标。但是由于产品包装、托盘容器及运货卡车还没有标准化，致使产品配送变得更为困难。为降低配送难度，使产品包装适合卡车尺寸的要求已成为未来的趋势。另外，由于都市中的高楼大厦越来越多，客户交货点也逐渐往高楼层延伸，为了使驾驶员或送货员将货品搬运至高处，小包装必须逐渐增加。所以产品要按照卡车车厢大小及驾驶员搬送意愿来决定配送车。为了降低风险，许多日本公司除了将部分产品交由运输公司配送外，自己也成立一家运输公司来配合，尤其类似化学仪器等的搬运，一定要由具有专门知识技术的搬运公司负责。随着交通环境及安全的要求的变化，以专门知识配合产品形状特征来配送的时代已经来临。以日本 YAMATO 运输公司为例，为提高服务品质及企业竞争力，该公司提出了全国统一价格、全国各地 24h 送达及配送人员为专业人员的三大特点。

美国自 1960 年起，运费即不断地上升，尤其 1980 年下半年，运送公司的配送倾向变得明显，配送成本升高许多，工商界更是希望提高运配效率。以美国的福特汽车公司为例，其目标为在生产区域、任何时间购买零件及供给皆不超过 8h，同时尽量做到最高的物流效率及弹性，但绝不向产品寿命及品质妥协。

综上所述，"距离最小"、"时间最少"、"成本最小"可说是达成输配送效率化的三大诉求。而在此三大诉求目标之下，最基本的方向应由提高每次输配送量、提高车辆运行速率、削减车辆使用台数、缩短输配送距离及适当配置物流设施据点着手考虑，并同时注意下列几点限制：满足顾客的要求；各配送路线的货量不能超过车辆能力；不可超过车辆的配送时间；不可超过配送点的收货时间。

为实现距离、时间、成本最小化，可采用的手段包括以下几项。

1. 消除交错输送

消除交错输送，可采用缓和交错输送的方式。例如，将原直接由各工厂送至各客户的零散路线以配送中心来做整合并调配转送，这样可缓解交通网路的复杂程度，且可大大缩短输配送距离，如图 3-3 所示。

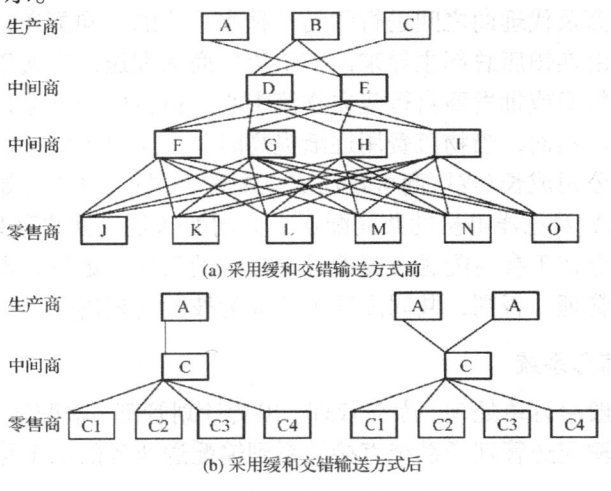

图 3-3 缓和交错输送方式

2. 直配、直送

美国由于大型零售店很多，所以厂商多与零售商做直接交易。以加工食品为例，厂商将产品直接送至零售商的比例约占 68%，通过一次批发作业的占 32%。

而在日本，传统的商业流通系统大多采取从厂商经总代理商、二次批发、三次批发才到零售店的形态，其中，总代理和批发商中又分为全国性、地区性、全部承销或部分承销、专属某一特定厂商或同时销售不同厂商产品等不同类型。据统计，日本批发业企业约有 44 万家之多。由此可见，日本的产品销售通路显得格外复杂，如图 3-4 所示。

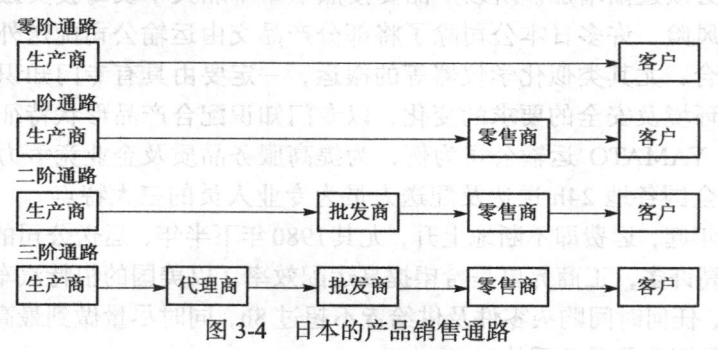

```
零阶通路
生产商 ──────────────────────────────→ 客户

一阶通路
生产商 ──────────────────→ 零售商 ──→ 客户

二阶通路
生产商 ──────→ 批发商 ──→ 零售商 ──→ 客户

三阶通路
生产商 ──→ 代理商 ──→ 批发商 ──→ 零售商 ──→ 客户
```

图 3-4　日本的产品销售通路

以往商品由各工厂汇总到地区性配送中心，再根据代理商与销售公司的订单，交货到各自的配送中心，然后依二次批发、三次批发的订单顺序交货至指定地点。如今由于"商物分离"，订购单仍可通过信息网络直接传给厂商，因此各工厂的产品可从厂商的物流中心直接交货到各零售店。这种利用直配、直送的方式可大幅简化物流的层次，使中间的代理商和批发商不设存货，下游信息也能很快地传达到上游。如图 3-5 所示是龟甲万公司的直送系统。

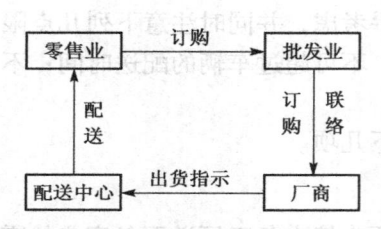

```
零售业 ──订购──→ 批发业
  ↑               │
  │配送          订购 联络
  │               ↓
配送中心 ←出货指示── 厂商
```

图 3-5　龟甲万公司的直送系统

3. 共同配送

日本自 1950 年即开始考虑"共同配送"的方式。所谓"共同配送"，是指多家企业共同参与只由一家运输公司独自进行的配送作业。共同配送的形式很多，其中在批发商及代理商之间进行的是一种水平式的共同配送；而由制造商主导来汇整批发业的配送，或由连锁店总部主导来汇整供货厂商的配送，则属于垂直式的共同配送。以往大型制造商、零售商或批发商自行建立物流中心，执行配送作业，目的不外乎降低物流成本，掌握配送时效。然而，当物流费用逐渐提高时，为应对多频率、少批量的交货方式，同时也让信赖的运输公司成长(或厂商可自己成立配送公司)，日本开始致力于共同配送来降低成本，如日本 SONY 及三洋电机的共同配送。共同配送是一种共存共荣的双赢发展策略，但这种模式的形成要点在于参与配送者要能看清自身的条件、定位、需求及成长的目标，并加强各自体系的经营管理，否则，共同配送可能成为彼此的阻碍。

4. 建立完善的信息系统

物流信息系统一般由订单处理、库存管理、出货计划管理、输配送管理 4 个子系统构成，其中出货计划管理及输配送管理子系统直接关系到输配送业务的效率化问题，因而最好能具有以下功能。

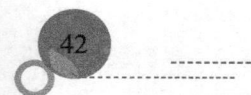

(1) 最适合的输送手段的自动检索。根据交货配送时间、车辆最大积载量、客户的订货量、个数、重量选出一个最经济的输配送方法。

(2) 配车计划的自动形成。根据货物的形状、体积、重量及车辆的载货能力等，由计算机自动安排车辆或装载方式。

(3) 配送路线的自动生成。在信息系统中输入每个客户点的位置，计算机便会依最短距离找出最便捷路径。

5. 改善运行车辆的通信状况

由于人手不足，日本企业在海外设厂的比例越来越高，国际间的输送问题就显得尤其重要。以船运来说，日本已能利用无线电传输通知商船某港口有罢工必须绕道，避免延误行程；至于铁路运输，货物归属哪一班火车哪一节车厢都早已在计算机中决定，以节省时间及人力。移动体的通信设置必须要能具备并掌握以下信息及状况：

- 把握车辆及驾驶员的状况；
- 传达道路信息或气象信息；
- 把握车辆作业状况及装载状况；
- 进行作业指示；
- 传达紧急的信息；
- 提高运行效率及安全运转；
- 把握运行车辆的所在地。

不论何时何地，如果有什么特殊状况或特别需求，即使是短距离的配送，驾驶员也能即时与总公司保持联系，同样，总公司也能够随时把紧急信息通过通信装置通知驾驶员。

6. 控制出货量

若能有效控制顾客的出货量，将其尽量平准化，则更能提高整个输配送效率。此策略的采用方式有以下 4 种：

- 给予大量订货客户折扣；
- 制订最低订货量；
- 调整交货时间；
- 对于季节性的变动尽可能引导客户提早预约。

3.2 输配送系统规划

3.2.1 输配送系统规划问题

由于在整个物流成本中运输成本占 1/3～2/3，因而最大化地利用运输设备和人员，提高运作效率是人们关注的首要问题。货物运输在途时间的长短可以通过运输工具在一定时间内运送货物的次数和所有货物的总运输成本来反映。其中，最常见的决策问题就是，找到运输工具在公路网、铁路线、水运航道和航空线运行的最佳路线，以尽可能地缩短运输时间或运输距离，从而在运输成本降低的同时，使客户服务也得到改善。

尽管路线选择问题种类繁多，但可以将其归为几个基本类型：一是起讫点不同的单一路径规划；二是多起讫点的路径规划；三是巡回（起点和终点相同）路径的规划。

1. 起讫点不同的单一路径规划问题

这类运输路径规划问题可以通过特别设计的方法很好地加以解决。最简单、最直接的方法就是最短路径法(Shortest Route Method)。

最短路径法是运筹学中动态规划旅行者最短路线问题的典型方法。如图 3-6 所示，要找到城市 A 与城市 E 之间行车时间最短的路线。节点之间的每条链上都标有相应的行车时间(单位：min)，节点代表公路的连接处城市 A~J。

上述问题为旅行者最短路线问题，是一个多阶段优化问题。

为求出最短路线，一种简单的方法是可以求出所有从 A 至 E 的可能走法的路长，并加以比较，即穷举法。可以看出，随着问题的段数的增多，各段的状态也很多时，这种方法的计算量会大大增加，甚至使得求优成为不可能。

动态规划中的最短路径法是从过程的最后一段开始，用逆序递推方法求解，逐步求出各段各点到终点 J 的最短路线，最后求得 A 点到 J 点的最短路线。详细内容请参考动态规划理论。

上述问题的求解步骤如表 3-2 所示。

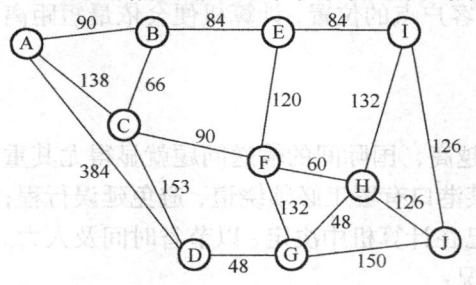

图 3-6 单一路径问题

表 3-2 最短路径法的求解步骤表

步骤	直接连接到未解节点的已解节点	与其直接连接的未解节点	相关总时间/min	第 n 个最近节点	最短时间/min	最新连接
1	A	B	90	B	90	AB[①]
2	A	C	138	C	138	AC
	B	C	90 + 66 = 156			
3	A	D	348			
	B	E	90 + 84 = 174	E	174	BE
	C	F	138 + 90 = 228			
4	A	D	348			
	C	F	138 + 90 = 228	F	228	CF
	E	I	174 + 84 = 258			
5	A	D	348			
	C	D	138 + 156 = 294			
	E	I	174 + 84 = 258	I	258	EI*
	F	H	228 + 60 = 288			
6	A	D	348			
	C	D	138 + 156 = 294			
	F	H	228 + 60 = 288	H	288	FH
	I	J	258 + 126 = 384			
7	A	D	348			
	C	D	13 S + 156 = 294	D	294	CD
	F	C	288 + 132 = 420			
	H	G	288 + 48 = 336			
	1	J	258 + 126 = 384			
8	IJ	J	288 + 126 = 414			
	I	J	258 + 126 = 384	J	384	IJ[①]

注：① 成本最小路径。

第一个已解的节点就是起点 A，与 A 点直接连接的未解的节点有 B、C 和 D 点。由第 1 步可以看到，B 点是距 A 点最近的节点，记为 AB。由于 B 点是唯一选择，所以它成为已解的节点。

随后，找出距 A 点和 B 点最近的未解的节点。列出距各个已解的节点最近的连接点，有 A→C 和 B→C，记为第 2 步。注意，从起点通过已解的节点到某一节点所需的时间，应该等于到达这个已解节点的最短时间加上已解节点与未解节点之间的时间。也就是说，从 A 点经 B 点到达 C 点所需的总时间是 AB+BC，即 (90+66) min = 156 min。比较到达未解节点的总时间，最短时间是从 A 点直接到 C 点的 138 min，这样 C 点就成为已解节点。

第 3 步要找到与各已解节点直接连接的最近的未解节点。如表 3-2 所示，有 3 个候选节点，从起点到这 3 个候选节点的总时间分别是 348 min、174 min 和 228 min。最短时间产生在路径 B→E 上，因此 E 点就是第 3 步的结果。

重复上述过程，直到到达终点 J，即第 8 步。最短路径的时间是 384 min，连接各段路径，得到的最佳路径为 A→B→E→I→J。

最短路径法非常适合利用计算机进行求解。把网络中链和节点的资料都存入数据库中，选好某个起点和终点后，计算机很快就能算出最短路径。绝对的最短距离路径并不说明穿越网络的最短时间，因为该方法没有考虑各条路线的运行质量。因此，对运行时间和距离都设定权数就可以得出比较具有实际意义的路线。

2. 多起讫点的路径规划问题

如果有多个货源地可以服务多个目的地，那么面临的问题是，要指定各目的地的供货地，同时要找到供货地、目的地之间的最佳路径。该问题经常发生在多个供应商、工厂或仓库服务于多个客户的情况下。如果各供货地能够满足的需求数量有限，则问题会更复杂。解决这类问题常常可以运用一类特殊的线性规划算法，就是所谓的运输问题。

例如，某玻璃制造商与 3 个位于不同地点的纯碱供应商签订合同，由其供货给 3 个工厂，条件是不超过合同所定的数量，但必须满足生产需求，其中各运输线路上每吨货物的运输费率如图 3-7 所示。这些费率是每个供应商到每个工厂之间最短路径的运输费率。供求都以吨(t)为单位进行计算。利用直达运输问题解法解决这个问题，最优货运计划如下：

从供应商 A 运输 400 t 到工厂 1；
从供应商 B 运输 200 t 到工厂 1；
从供应商 B 运输 200 t 到工厂 2；
从供应商 B 运输 300 t 到工厂 3；
从供应商 C 运输 100 t 到工厂 2。

该运行线路计划的成本最低，为 5600 美元。

3. 巡回路径的规划问题

物流管理人员经常会遇到起讫点相同的路径规划问题。当企业自己拥有运输工具时，该问题是相当普遍的。人们熟悉的例子有，从某仓库送货到零售点然后返回的路线(从中央配送中心送货到食品店或药店)；从零售店到客户配送的路线设计(商店送货上门)；校车、送报车、垃圾收集车和送餐车等的路线设计。这类路径问题是起讫点相同的问题的扩展形式，但是由于要求车辆必须返回起点行程才结束，问题的难度提高了。这里的目标是找出途经点的顺序，使其满足必须经过所有点且总出行时间或总距离最短的要求。

供应商 A 供给≤400 t

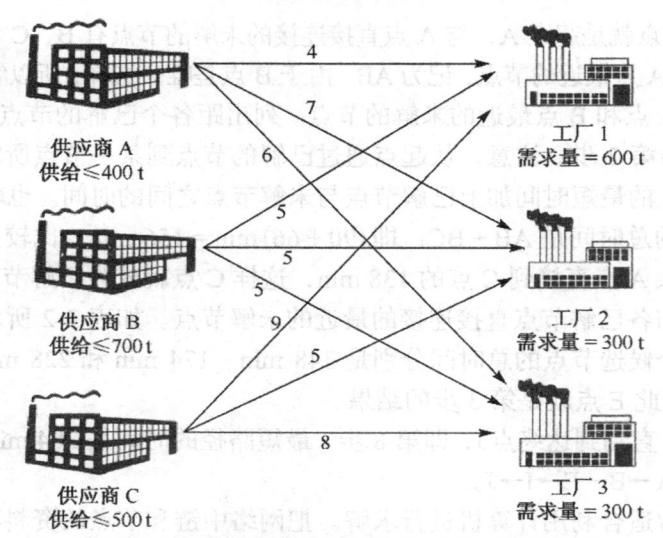

工厂 1 需求量=600 t

供应商 B 供给≤700 t

工厂 2 需求量=300 t

供应商 C 供给≤500 t

工厂 3 需求量=300 t

注：供应商到工厂的最佳路径的运输费率以美元/t 为单位计算。

图 3-7　多起讫点路径问题

起讫点相同的路径问题一般称为"流动推销员"问题，人们已提出不少方法来解决这类问题。如果某个问题中包含很多个点，要找到最优路径是不切实际的，因为许多现实问题的规模太大，即使用最快的计算机进行计算，求最优解的时间也非常长。感知式和启发式求解方法是求解这类问题的好办法。

(1) 各点空间相连。实际生活中，可以利用人类的模式认知能力很好地解决"流动推销员"问题。合理的经停路线中，各条线路之间是不交叉的，并且只要有可能路径就会呈凸形或水滴状。图 3-8 举例说明了合理和不合理的路线规划。根据这两条原则，分析员可以很快画出路线规划图，而计算机可能要花许多小时才能得出。

另外，也可以使用计算机模型来寻找进货途中经停的顺序。如果各停车点之间的空间关系并不代表实际的运行时间或距离，那么利用计算机模型方法比采用感知法好。当途中有关卡、单行线或交通拥堵时，尤其如此。但是，尽可能明确各点的地理位置(如使用坐标点)能够减少需要采集的数据量，从而简化问题。然而，一个简单的问题可能就需要上千个距离或时间的数据。计算机的任务就是估计这些距离或时间。目前，人们已开发出的计算机程序可以迅速解决空间位置描述问题，并得到接近于最优解的结果。

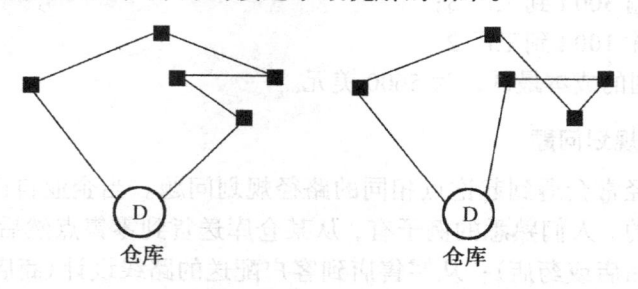

(a) 合理的路线规划——线路不交叉　(b) 不合理的路线规划——线路交叉

图 3-8　合理路线和不合理路线对比

(2) 空间上不相连的点的问题。如果无论是将行程中的各经停点绘制在地图上还是确定其

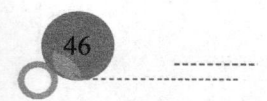

坐标位置，都难以确立各点之间的空间关系，或者各点之间的空间关系由于前文所提到的实际原因而被扭曲，则应该具体说明每对点之间的确切距离或时间。这里，感知法基本上不适用，必须借助各种数学方法来解决这类问题。虽然可以得到想要的各点间的准确距离或运行时间，但计算程序给出的一般是近似结果。

例如，图 3-9 所示是一个以某仓库为基地，包括 4 个经停站点的小型配送问题。要得到点与点之间的运行时间，首先要选择最合适的路径，然后除以运行速度就可以算出走行该距离所需的时间。这里假定每对站点之间往返的运行时间是一样的，因此该问题是对称性的。

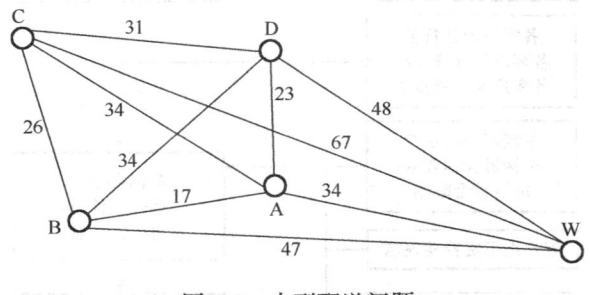

图 3-9 小型配送问题

利用 STORM 中的流动推销员模块可以得到整个行程经过站点的顺序 W→D→C→B→A→W，全程的总运行时间是 156 min。

3.2.2 配送规划与决策

1. 配送规划内容

配送作业在配送中心的物流成本中占有重要地位，因而配送规划合理与否将直接影响运输成本与效率。

在实际配送过程中，包括许多动态与静态的影响因素，静态因素指配送客户的分布区域、道路交通网络、车辆通行限制（单行道、禁止转弯、禁止货车进入等）、送达时间的要求等，而动态因素是指车流量变化、道路施工、配送客户的变动、可供调度车辆的变动等。这些因素使配送规划的决定变得困难。实际上，配送规划所能运用的前置时间仅有 1～2h 而已，必须依赖计算机系统的辅助完成规划。最好的方式是引入一套以人判断为主、计算机辅助配合的配送规划决策支援系统，其目的在于取得即时可用的可行性配送手段及路线。

配送规划决策支援系统主要的决策项目应包括配送区域划分、车辆安排、每辆车负责客户、配送路径选择、配送顺序决定、车辆装载方式。

2. 配送规划要素

配送系统决策项目的影响因素很多，而且是在配送规划进行中最需要去做分析与整合的部分。虽然这些因素与各决策项目的关系可能因物流中心本身性质及客户、货品性质而有所不同，但大致可归纳为如图 3-10 所示的基本关系。

3. 配送决策方法

（1）划分基本配送区域。为了让整个配送有一个可循的基础，配送中心通常会先按客户所在地点的远近、关联状况进行区域上的基本划分，如上海市的徐汇区、长宁区、南市区等。当然，如果遇突发情况，这些分区也应能弹性调整。

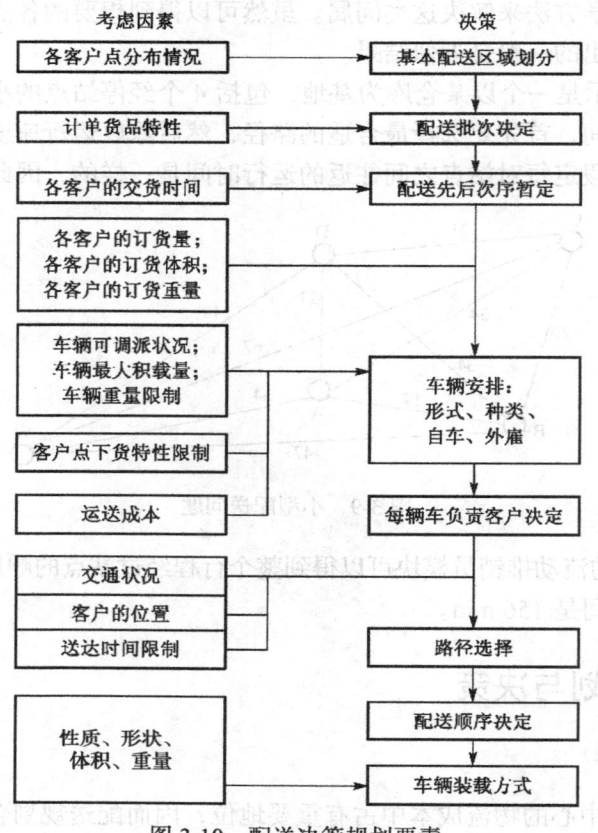

图 3-10　配送决策规划要素

（2）决定配送批次。当配送中心的货品性质差异很大，有必要分批配送时，就要根据每张订单的货品特性进行优先的划分。例如，生鲜食品与一般食品的运送工具不同，需分批配送；化学物品与日常用品的配送条件有差异，也要分开配送。

（3）确定配送先后次序。信用是创造后续客源的要素，因而在客户要求的时间准时送货非常必要，在考虑其他因素做出确定的配送顺序前，应先按各客户的叫货时间初步掌握配送的先后次序。

（4）车辆安排。

究竟要安排什么形式、种类的配送车，是使用自用车还是外雇车，要从客户方面、车辆方面及成本方面来共同考虑。在客户方面，必须根据各客户的订货量，订货体积、重量，以及客户点的卸货特性限制；在车辆方面，要知道到底有哪些车辆可供调派，以及这些车辆的积载量与重量限制；在成本方面，必须根据自用车的成本结构及外雇车的计价方式来考虑选择何种更划算。只有三方面的信息配合，才能做出最合适的车辆安排。

（5）确定每辆车负责客户。既然已做好配送车辆的安排，对于每辆车所负责的客户点数自然也已有了决定。

（6）路径选择。知道了每辆车负责的客户点后，如何以最快的速度完成这些客户点的配送，要根据各客户点的位置关联性及交通状况来做路径的选择。除此之外，对于有些客户或所在环境有其送达时间的限制也要参与考虑,如有些客户不愿中午收货,或者有些巷道在高峰时间不准卡车进入等,都必须尽量在选择路径时避开。

(7)确定配送顺序。做好车辆的调配安排及配送路径的选择后,根据各车辆的配送路径先后即可将客户的配送顺序确定。

(8)确定车辆装载方式。决定了客户的配送顺序,接下来就是如何将货品装车、以什么次序装车的问题。原则上,知道了客户的配送顺序后,只要将货品依"后送达先上车"的顺序装车即可,但有时为妥善利用空间,可能还要考虑货物的性质(怕震、怕撞、怕湿)、形状、容积及重量进行弹性置放。此外,对于这些出货品的装卸方式也有必要依货品的性质、形状等来决定。

在上述规划考虑过程中,必须注意的要点是:订单内容的检查,订单紧急程度确认,送货处所确认,配送路径如何顺路,货品送至客户手中时间的估计,考虑装卸货时间以做调整,出发时刻调整,配送手段的选定,路径不同的重量、个数、体积的确认,配送费用。

3.2.3 行车路线和时刻表的制订

行车路线和时刻表的制订问题是运输路径问题的扩展形式。其中更接近实际的限制条件包括:

(1)每个站点既要取一定量的货,又要送一定量的货。
(2)使用多部车辆,每部车的载货重量和容积不同。
(3)驾驶员的总驾驶时间达到一定上限时,就必须休息至少 $8\,h$(运输部门的安全限制)。
(4)每个站点每天只允许在特定的时间内取货和/或送货(称为时窗)。
(5)途中只有在送货后才能取货。
(6)允许驾驶员每天在特定的时间休息和用餐。

这些限制条件增加了问题的复杂性,也使求解最优解成为难题。但是,运用制订合理路线和时刻表的原则或启发式求解法仍然可以得到该类问题比较好的解。这里要讨论的路线和时刻表问题是针对有多辆卡车从仓库出发,送货到若干个站点,然后在当天返回仓库的这种情况的。

1. 行车路线和时刻表的制订原则

为制订出合理行车路线和时刻表,运输调度人员往往运用以下 8 条原则。

(1)安排车辆负责相互距离最接近的站点的货物运输。卡车的行车路线围绕相互靠近的站点群进行计划,以使站点之间的行车时间最短。图 3-11(a)所示是安排车辆装运时应避免的不合理的划分方案,图3-11(b)所示是合理的划分方案。

(2)安排车辆各日途经的站点时,应注意使站点群更加紧凑。如果一周内各日服务的站点不同,就应该对一周内每天的路线和时刻表问题分别进行站点群划分。各日站点群的划分应避免重叠。这样可以使为所有站点提供服务所需的车辆数降至最低,同时使一周内卡车运行的时间和距离最少。图3-12列举了合理与不合理划分方式的例子。

(3)从距仓库最远的站点开始设计路线。要设计出有效的路线,首先要划分出距仓库最远的站点周围的站点群,然后逐步找出仓库附近的站点群。一旦确定了最远的站点,就应该选定距该核心站点最近的一些站点形成站点群,分派载货能力能满足该站点群需要的卡车;然后，从还没有分派车辆的其他站点中找出距仓库最远的站点，分派另一车辆。如此往复，直到所有的站点都分派有车辆。

(a) 不合理的划分方案　　(b) 合理的划分方案

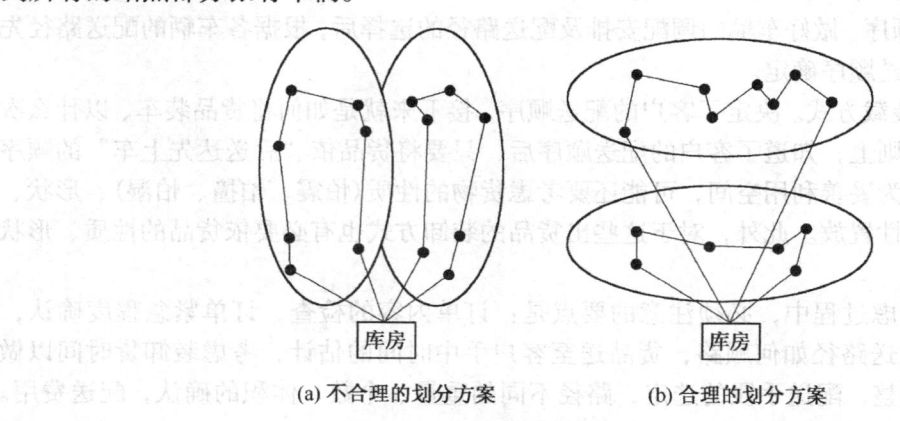

图 3-11　用划分站点群的方式分派车辆

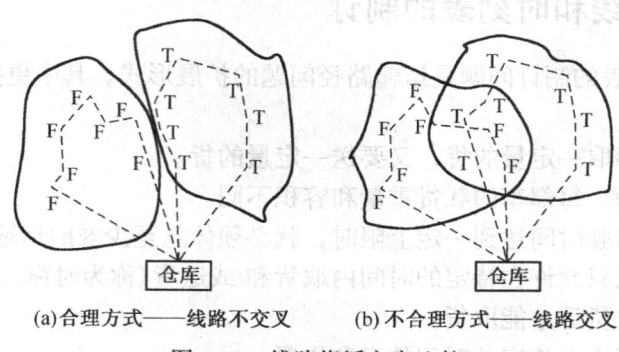

(a) 合理方式——线路不交叉　　(b) 不合理方式——线路交叉

图 3-12　线路指派方案比较

(4) 卡车的行车路线应呈水滴状。安排行车路线时各条线路之间应该没有交叉，且呈水滴状。时间窗口和送货之后才能取货的限制条件可能会造成线路交叉。

(5) 尽可能使用载重量最大的车辆进行运送，这样设计出的路线是最有效的。理想状况下，用一辆足够大的卡车运送所有站点的货物将使总的行车距离或时间最小。因此，在车辆可以实现较高的利用率时，应该首先安排车队中载重量最大的车辆。

(6) 取货、送货应该混合安排，不应该在完成全部送货任务之后再取货。应尽可能在送货过程中安排取货以减少线路交叉的次数（如果在完成所有送货任务之后再取货，就会出现线路交叉的情况）。线路交叉的程度取决于车辆的结构、取货数量和货物堆放对车辆装卸出口的影响程度。

(7) 对过于遥远而无法归入群落的站点，可以采用其他配送方式。那些孤立于其他站点群的站点（特别是货运量较小的站点），为其提供服务所需的运送时间较长，运送费用较高。考虑到这些站点的偏僻程度和货运量，采用小型卡车进行服务可能更经济。此外，利用外租的运输服务也不失为一个很好的选择。

(8) 避免时间窗口过短。各站点的时间窗口过短会使行车路线偏离理想模式。因为时间窗口的限制常常不是绝对的，所以如果某个站点或某些站点的时间窗口限制导致整个路线偏离期望的模式，就应该重新协商时间窗口的限制，最好放宽该限制。

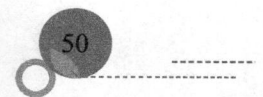

这些原则操作人员很容易掌握，他们可以从现实中的路线和时刻表制订中找到比较合理（尽管不一定是最优）的解决办法。

这些原则只是提供了合理路线设计的准则，但操作人员有时还是要处理一些这些原则中没有考虑到，而车辆运作中可能出现的限制或例外情况（紧急订单、绕行等）。采用这些方法设计的路线和时刻表比采用其他未经仔细推敲的方法制订的计划有实质性改进。

2. 行车路线和时刻表的制订方法

随着限制条件的增加，寻求行车路线和时刻表最优解的工作变得越来越困难。时间窗口、载重量和容积各不相同的车辆、驾驶员途中总驾驶时间的上限要求、不同地区对速度的不同要求、途中的障碍（湖泊、迂回的道路、山脉）、驾驶员的休息时间等都是实际路线设计中需要考虑的因素。有许多方法可以处理这类复杂的问题，这里主要介绍其中两种。一种很简单（扫描法），另一种则较复杂、准确且处理能力较强（节约法）。

(1) 扫描法（The Sweep Method）。路线设计中的扫描法很简单，即使问题规模很大，也可以通过手工计算得出结果。如果利用计算机程序计算，则能够很快求出结果，所需的计算机内存也不大。对于各类问题，该方法的平均误差率预计约为 10%。如果需要很快得出结果，且只要求结果是合理的（而不是最优的），那么该误差水平还是可以接受的。实际上，调度员常常要在接到有关站点和各站点货运量的最新数据后 1h 内设计出路线。该方法的缺陷与路线构成的方式有关。求解过程分为两步：第一步是分派车辆服务的站点；第二步是决定行车路线。因为整个过程分成两步，所以对在途总运行时间和时间窗口等时间问题处理得不好。

扫描法可阐述如下：

① 在地图或方格图中确定所有站点（含仓库）的位置。

② 自仓库开始沿任一方向向外画一条直线。沿顺时针或逆时针方向旋转该直线直到与某站点相交。考虑如果在某线路上增加该站点，是否会超过车辆的载货能力，如果没有，继续旋转直线，直到与下一个站点相交。再次计算累计货运量是否超过车辆的运载能力（先使用最大的车辆），如果超过，就剔除最后的那个站点，并确定路线。随后，从不包含在上一条路线中的站点开始，继续旋转直线以寻找新路线。继续该过程，直到所有的站点都被安排到路线中。

③ 排定各路线上每个站点的顺序使行车距离最短。排序时可以使用"水滴"法或求解"流动推销员"问题的任何算法。

如图 3-13 所示就是某个扫描法的具体示例。

(2) 节约法（The Savings Method）。

节约法是一种颇为出色的方法，它能够灵活处理许多现实中的约束条件，对站点数量不太多的问题能较快算出结果，且结果与最优解很接近。比较研究显示，对仅有几个约束条件的小型问题，利用节约法得到的结果，其目标函数值平均只比最优解高 2%。该方法能够处理有众多约束条件的实际问题，主要因为它可以同时确定路线和经过各站点的顺序。

节约法的目标是使所有车辆行驶的总里程最短，进而使为所有站点提供服务的卡车数量最少。该方法首先假设每个站点都有一辆虚拟的卡车提供服务，随后返回仓库，如图 3-14(a) 所示。这时的路线里程是最长的，等于 $d_{oa} + d_{ao} + d_{ob} + d_{bo}$。下一步，将两个站点合并到同一条行车路线上，如图 3-14(b) 所示，合并后的路线里程等于 $d_{oa} + d_{ab} + d_{bo}$。这样做不仅减少了一辆运输车，而且也相应地缩短了路线里程。在决定哪些站点要合并到一条线路时，需要计算合并前后节约的运输距离。与其他任何点不在一条运输路线上的两站点（a 和 b）合并所节约的距离就是图 3-14(a) 中路线的里程减去图 3-14(b) 中路线的里程，即 $S = d_{ao} + d_{bo} - d_{ab}$。

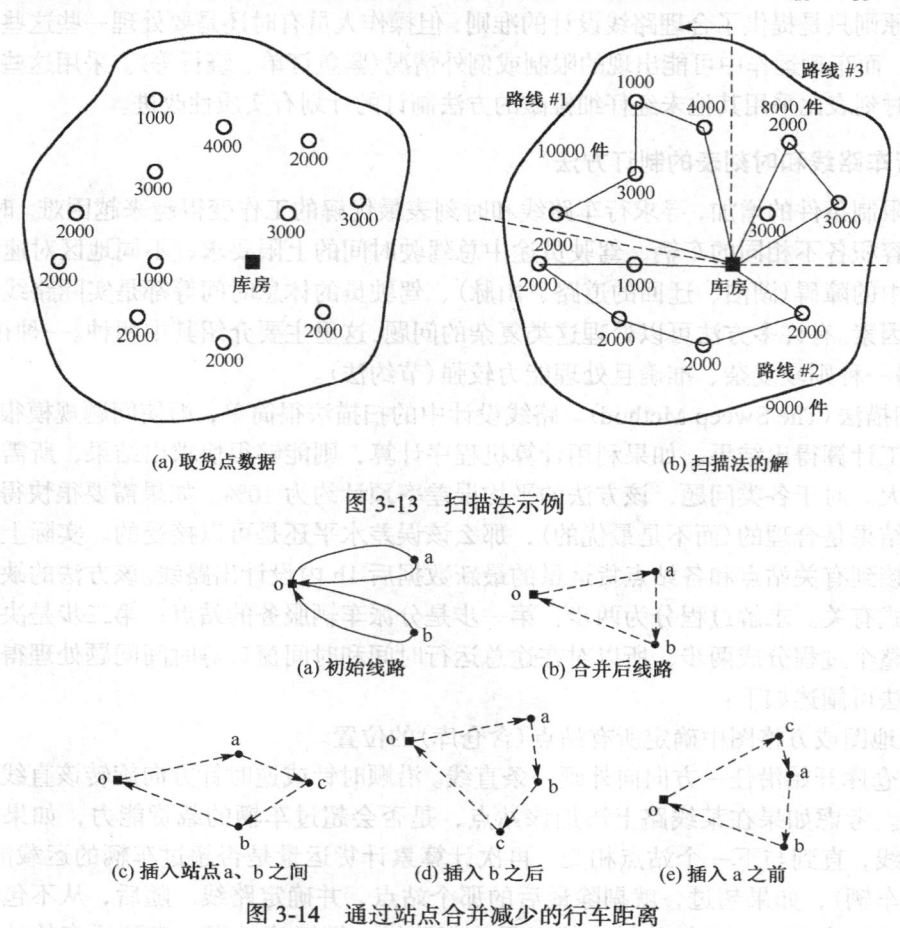

(a) 取货点数据　　　　　　　　　(b) 扫描法的解

图 3-13　扫描法示例

(a) 初始线路　　　　(b) 合并后线路

(c) 插入站点 a、b 之间　　(d) 插入 b 之后　　(e) 插入 a 之前

图 3-14　通过站点合并减少的行车距离

继续合并过程。除了将单个站点合并在一起外，还可以将某站点并入已经包含多个站点的路线上。例如，如图 3-14(c) 所示，假如将某站点 c 并入位于同一路线上两站点 a 和 b 之间，节约的距离为 $S = d_{oc} + d_{co} + d_{ab} - d_{ac} - d_{cb}$。如果如图 3-14(d) 所示，站点 c 排在线路最后一个站点 b 之后，则节约的距离为 $S = d_{bo} - d_{bc} + d_{oc}$。相反，如果如图 3-14(e) 所示，站点 c 排在站点 a 之前，则节约的距离为 $S = d_{co} - d_{ca} + d_{ao}$。每次合并时都要计算所节约距离，节约距离最多的站点就应该纳入现有路线。假如由于某些约束条件（如路线太长、无法满足时间窗口的要求或者超过车辆的承载能力），节约距离最多的站点不能并入该路线，就要考虑节约距离次多的站点。重复该过程，直到所有站点的路线设计都完成。

节约法强大的处理能力使它能够包含实际应用中许多重要的约束条件。该方法可以在指定各路线途经站点的同时确定站点的先后顺序。因此，在将站点归入某条路线之前，应该预先考察加入新站点后路线的情况。此外，还要考虑一系列有关路线规划的问题，如行车时间是否超过允许的最长驾驶时间，是否满足驾驶员休息时间的要求，是否有足够载运量的车辆装载所有的货物，各站点时间窗口的要求是否满足等。不满足这些条件可能导致该站点不能并入这条路线，或者说明该站点在新路线中的排列顺序不当。接着就要按照最大节约值原则选取下一个站点，重复考虑上述问题。因为扩展问题的难度较大，节约法不能保证得到最优解，但能够获得合理解。

3．运输路线的排序

在利用上述行车路线和时刻表的制订方法指定路线时，假设对每条线路都只分派一辆车，如果路线较短，那么在剩余的时间里这辆车的利用率就很低。但在实际中，如果完成一条路线后开始另一条路线，那么就可以安排同一辆车负责第二条路线。因此，将所有运输路线首尾相连按顺序排列，使车辆的空闲时间最短，就可以决定所需车辆数。假设某行车路线问题中，卡车的载重量都相同，有如表 3-3 所示的路线时刻表。

表 3-3　路线时刻表

路线	发车时间	返回时间	备注	路线	发车时间	返回时间	备注
1	8:00AM	10:25AM		6	3:03PM	5:13PM	
2	9:30AM	11:45AM		7	12:04PM	2:22PM	
3	2:00PM	4:53PM		8	1:33PM	4:43PM	
4	11:31AM	3:21PM		9	8:00AM	10:34AM	
5	8:12AM	9:52AM		10	10:56AM	2:25PM	

将这些路线在一天内按时间进行排序，就可以使车辆的空闲时间最短，据此制订的计划如图 3-15 所示。按照该种方式对行车路线进行排序就能够尽量减少服务所有线路所需的车辆数。

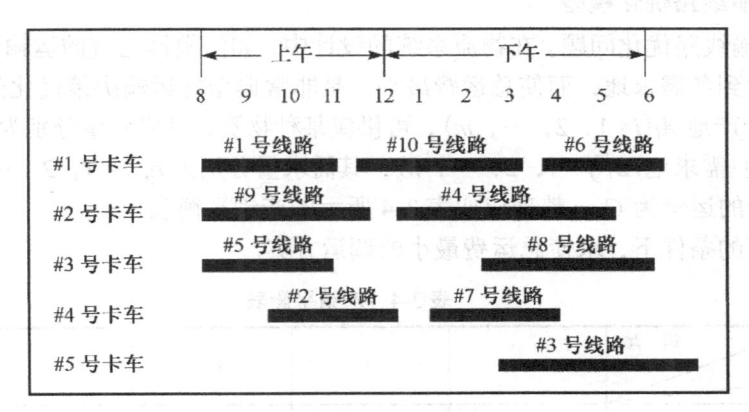

图 3-15　行车路线排序

4．行车线路和时刻表制订方法的应用

行车路线和时刻表问题的种类繁多，其约束条件的数量和种类也不计其数，如网络中各站点间的零担货物运输问题就与校车或个体应答运输服务的路径问题大不相同。此外，在日常运作中，总会有一些例外情况也需要进行处理，研究人员在努力应付每个行车路线和时刻表规划问题带来的难题时，似乎针对每个问题都需要有特别的方法来解决。即使这样，这些方法也不能彻底解决所有问题，要想将这些方法应用于实践，实施时一定要小心谨慎。

在运作环境中应用定量分析的可行方法之一是三阶段法（即预览—求解—审核）。假设要求在合理时间内解决问题，且要求解达到一定的质量标准，就可以建立起一个尽量切合实际问题的模型。由于那些最难处理的内容没有包含在模型之中，因而常常可用最优法求解。解决实际问题的过程分三步：第一步，分析人员预览实际问题，考察有无例外情况（需要特别处理的进货）或明显无须求解的送货、取货（满载运输）；第二步，通常要求助于计算机对简化后的问题求解并将结果呈送分析人员；第三步，分析人员对数学求解的结果进行审核，根据实际情况对结果加以修正。

3.3 输配送路线优化

配送是为了满足用户多样化的需求，是提高物流系统效益的手段。配送由于运输距离近，它所采用的主要是短途运输工具——汽车。由于运往每一用户的物资数量很小，对每一用户单独派车送货显然是不合适的，因此配送系统一般都采用巡回送货方式。如何调度车辆和确定车辆巡回路线，是配送时要解决的主要问题。这类问题就叫作配送计划。

配送问题根据物流网点的数目不同分为单网点配送和多网点配送两种类型。在按经济区划组织物资流通时，一般网点的供货范围已经确定，这时的配送活动即为单网点配送问题。我国多属此种情况。下面仅讨论单网点配送计划制订的常用方法。

3.3.1 运输线路优化

1. 直达运输线路优化模型

(1) 直达运输线路优化问题。在物流系统的设计中，如何根据已有的运输网络，制订调运方案，将货物运到各需求地，而使总运费最小，是非常典型的运输决策优化问题。

已知有 m 个产地 $A_i(i=1, 2, \cdots, m)$，可供应某种物资，其供应量分别为 $a_i(i=1, 2, \cdots, m)$。有 n 个销地（需求地）$B_j(j=1, 2, \cdots, n)$，其需求量分别为 $b_j(j=1, 2, \cdots, n)$，从 A_i 到 B_j 运输单位物资的运价为 C_{ij}。整理成如表3-4所示的产销平衡表。

在产销平衡的条件下，求使总运费最小的调运方案。

表3-4 产销平衡表

运价\销地\产地	1	2	...	n	供应量
1	C_{11}	C_{12}	...	C_{1n}	a_1
2	C_{21}	C_{22}	...	C_{2n}	a_2
⋮	⋮	⋮	⋮	⋮	⋮
m	C_{m1}	C_{m2}	...	C_{mn}	a_m
需求量	b_1	b_2		b_n	

(2) 直达运输优化模型。直达运输路线优化是一个产销平衡的运输模型，即 m 个产地的总供应量等于 n 个销地的总需求量，运输问题满足供需平衡。这时，由各供应点 A_i 调出的物资总量应等于它的供应量 $a_i(i=1, 2, \cdots, m)$，而每个销地 B_j 调入的物资总量应等于它的需求量 $b_j(j=1, 2, \cdots, n)$。

若用 x_{ij} 表示从 A_i 到 B_j 的运量，其数学模型如下：

$$\min z = \sum_{i=1}^{m}\sum_{j=1}^{n} C_{ij} x_{ij}$$

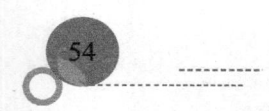

$$\text{s.t.} \begin{cases} \sum_{i=1}^{m} x_{ij} = b_j & j=1,2,\cdots,n \\ \sum_{j=1}^{n} x_{ij} = a_i & i=1,2,\cdots,m \\ x_{ij} \geq 0 & \end{cases} \qquad (3\text{-}1)$$

直达运输问题模型求解方法有很多，表上作业法是常用的手工求解方法。

利用表上作业法寻求运费最少的运输方案，有 3 个基本步骤：

① 依据问题列出运输物资的供需平衡表及运价表。

② 确定一个初始的调运方案。

③ 根据一个判定法则，判定初始方案是否为最优方案。

当判定初始方案不是最优方案时，再对这个方案进行调整。一般来说，每调整一次得到一个新的方案，而这个新方案的运费比前一个方案要少一些，如此经过几次调整，就会得到最优方案。

2．中转运输线路优化模型

(1) 问题的提出。前面讨论的运输问题，都是假定任意产地和销地之间都有直达路线，可直接运输物资，并且产地只输出货物，销地只输入货物，但实际情况可能更复杂一些。例如，可考虑下列更一般的情况：

① 产地与销地之间没有直达路线，货物由产地到销地必须通过某中间站转运。

② 某些产地既输出货物，也输入一部分货物；某销地既输入货物，又输出部分货物，即产地或销地也可以起中转站的作用，或者既是产地又是销地。

③ 产地与销地之间虽然有直达路线，但直达运输的费用或运输距离分别比经过某些中转站还要高或远。

存在以上情况的运输问题，统称为转运问题。

(2) 约束分析与数学模型。解决转运问题的思路是先把它化为无转运的平衡运输问题。为此，进行如下假设：

① 根据具体问题求出最大可能中转量 Q（Q 是大于总产量 $\sum_{i=1}^{m} a_i$ 的一个数）。

② 纯中转站可视为供应量和需求量均为 Q 的一个产地和销地。

③ 兼中转站的产地 A_i 可视为一个需求量为 Q 的销地及一个需求量为 a_i+Q 的产地。

④ 兼中转站的销地 B_j 可视为一个供应量为 Q 的产地及一个需求量为 b_j+Q 的销地。

在以上假设的基础上，列出各产地的供应量、各销地的需求量及各产销地之间的运价如表 3-5 所示，最后用表上作业法求解。

设有 m 个产地 $A_i(i=1,2,\cdots,m)$，其供应量分别为 $a_i(i=1,2,\cdots,m)$；有 n 个销地 $B_j(j=1,2,\cdots,n)$，其需求量分别为 $b_j(j=1,2,\cdots,n)$，且 $\sum a_i = \sum b_j$；有 p 个纯中转站 T_i $(i=1,2,\cdots,p)$；单位物资的运价为 $C_{xy}(x=1,2,\cdots,m+p+n$；$y=1,2,\cdots,m+p+n)$。

表 3-5 中，产地 A_i 可视为产地，供应量为 $a_i+\sum a_i$；B_j 可视为销地，需求量为 $\sum b_j$；兼中转站的销地 B_j 可视为一个供应量为 $\sum b_j$ 的产地、一个需求量为 $b_j+\sum b_j$ 的销地。

表 3-5 中转运输系统运价表

运价\产地\销地	A_1	A_2	...	A_m	T_1	T_2	...	T_p	B_1	B_2	...	B_n	供应量
A_1	0	C_{12}	...	C_{1m}	$C_{1(m+1)}$	$C_{1(m+2)}$	...	$C_{1(m+p)}$	$C_{1(m+p+1)}$	$C_{1(m+p+2)}$	...	$C_{1(m+p+)}$	$a_1 + \Sigma a_i$
A_2	C_{12}	0	...	C_{2m}	$C_{2(m+1)}$	$C_{2(m+2)}$	...	$C_{2(m+p)}$	$C_{2(m+p+1)}$	$C_{2(m+p+2)}$	...	$C_{2(m+p+)}$	$a_2 + \Sigma a_i$
...	...	...	...	...	...	...	...	...	...	...	...	...	...
A_m	C_{m1}	C_{m2}	...	0	$C_{m(m+1)}$	$C_{m(m+2)}$	...	$C_{m(m+p)}$	$C_{m(m+p+1)}$	$C_{m(m+p+2)}$	...	$C_{m(m+p+)}$	$a_m + \Sigma a_i$
T_1	$C_{(m+1)1}$	$C_{(m+1)2}$	...	$C_{(m+1)m}$	0		...		$C_{(m+1)(m+p+1)}$	$C_{(m+1)(m+p+2)}$	...	$C_{(m+1)(m+p+)}$	Σa_i
T_2			...				...				...		
...	...	...	...	...	...	...	...	...	...	...	...	...	...
T_p			...				...				...		
B_1			...				...				...		
B_2			...				...				...		
...	...	...	...	...	...	...	...	...	...	...	...	...	...
B_n	$C_{(m+p+)1}$	$C_{(m+p+)2}$	...				...				...		
需求量	Σb_j	Σb_j	...	Σb_j	Σb_j	Σb_j	...	Σb_j	$b_1 + \Sigma b_j$		...	$b_n + \Sigma b_j$	

纯中转站 T_i 可视为需求量、供应量均为 $\sum a_i$ 的一个产地和一个销地。于是，可建立下列数学模型：

$$\min Z = \sum_{x=1}^{m+n+p} \sum_{y=1}^{m+n+p} C_{xy} X_{xy} \tag{3-2}$$

$$\text{s.t.} \begin{cases} \sum_{y=1}^{m+n+p} X_{xy} = a_i + \sum a_i & (x=1,2,\cdots,m) \\ \sum_{y=1}^{m+n+p} X_{xy} = \sum a_i & (x=m+1+p,\cdots,m+n+p) \\ \sum_{x=1}^{m+n+p} X_{xy} = b_j + \sum b_j & (y=m+p+1,\cdots,m+n+p) \\ \sum_{x=1}^{m+n+p} X_{xy} = \sum b_j & (y=1,\cdots,m+p) \\ X_{xy} \geq 0 \end{cases}$$

3.3.2 制订配送计划的 0-1 规划法

单网点配送问题中，物流网点向所属用户送货，各用户的需求量为 $b_j(j=1, 2, \cdots, n)$。假定以汽车作为发送工具，每辆汽车的载重量为 Q，若满足

$$\sum_{j=1}^{n} b_j \leq Q \tag{3-3}$$

则该网点只需要派一辆汽车巡回送货即可。显然，在这种情况下制订配送计划只需要进行巡回路线的选择，这时配送问题变成所谓的"旅行推销员"问题。解这类配送问题，实际上就是安排汽车对客户的送货次序，保证送到每个客户，并使总行程最短。

设 B_0 为物流网点，$B_j(j=1, 2, \cdots, n)$ 为需求用户。显然，一个可行的循回路线应由 $n+1$ 段路线构成，以 $X_{ijr}(i=0, 1, 2, \cdots, n; j=0, 1, 2, \cdots, n; r=1, 2, \cdots, n+1, i \neq j)$ 表示 $i-j$ 段路线作为某巡回路线中第 r 段行程的决策变量，当 $X_{ijr}=1$ 时表示该段行程在巡回路线上；当 $X_{ijr}=0$ 时表示该段行程不在巡回路线上。

对一个可行方案，为保证巡回路线不间断，即各段路线依次衔接，应有以下等式成立：

$$\sum_{i=0}^{n} x_{ijr} = \sum_{k=0}^{n} x_{jkr+1} \quad r=1, 2, \cdots, n; \quad j=1, 2, \cdots, n; i \neq j, j \neq k \tag{3-4}$$

同时，用以下方程保证发货车离开一个点只能到另外一个点，并且各点在巡回路线上只出现一次：

$$\sum_{j=0}^{n} \sum_{r=1}^{n+1} x_{ijr} = 1 \quad i=0, 1, 2, \cdots, n, i \neq j \tag{3-5}$$

式(3-5)表明，以 i 为起点的路段在巡回路线中必须而且只出现一次，这就保证了发货车离开点 i 只能到另外一个点 j。由式(3-5)可知式(3-4)的右边等于1，所以左边也应为1。这时，由式(3-5)可以看出，以 j 为起点的路段如果作为巡回路线中的 $r+1$ 段行程而存在，那么必有

以 j 为终点的路段作为 r 段行程存在于巡回路线中。这就保证了各段路线依次衔接而不间断。

设 C_{ij} 为各点之间的最短距离(假定各点之间均有直达路线),以总行程最短为目标。考虑上述两组约束,可写出如下求配送路线的数学模型:

$$\min F = \sum_{r=1}^{n+1} \sum_{i=0}^{n} \sum_{j=0}^{n} C_{ij} X_{ijr}$$

$$\sum_{i=0}^{n} X_{ijr} = \sum_{k=0}^{n} X_{jkr+1} \quad r=1, 2, \cdots, n; j=1, 2, \cdots, n; i \neq j, j \neq k$$

$$\sum_{j=0}^{n} \sum_{r=1}^{n+1} X_{ijr} = 1 \quad i=1, 2, \cdots, n$$

$$X_{ijr} = \begin{cases} 0, i-j \text{ 作为巡回路线中的第 } r \text{ 段行程不存在} \\ 1, i-j \text{ 作为巡回路线中的第 } r \text{ 段行程存在} \end{cases}$$

这是一个 0-1 规划模型。解 0-1 规划模型可用穷举法和隐枚举法,前者需要检查变量取值 0 或 1 的每一种组合,并比较目标函数值。采用隐枚举法只需要检查变量取值组合的一部分,如果这一取值组合的部分集合选择得当,将使计算工作量大幅度减少。因此。如何构造变量取值组合的部分集合,使检查的次数尽可能少,是解这类配送问题的关键。

由 X_{ijr} 的设定容易知道,在有 n 个需求用户的系统中,包括的物流网点就有 $n+1$ 个点,共有 0-1 型变量 $(n+1)^3$ 个,对于一个可行的配送方案则有 $n+1$ 个变量等于 1,其他均为 0。若 $n=3$,就有 64 个 0-1 变量,可行解中 4 个变量取值为 1,其余 60 个为 0。如果对所有变量进行全部枚举,将要检查 C_{64}^4 个取值为 1 的组合,这是一个相当大的数,即使用增加滤波条件的办法也是很麻烦的。下面根据配送问题的特点,提出构造变量取值组合部分集合的办法,并举例说明。

[例 3-1] 设由配送点 B_0 向用户 B_1、B_2、B_3 发送货物,满足

$$\sum_{j=1}^{3} b_j \leq Q$$

式中,$b_j (j=1, 2, 3)$ 为用户的需求量;Q 为发送车的载重量。各点之间的运输距离如表 3-6 所示。

不难知道,发货车从 B_0 出发,经过每个用户各一次,然后回到 B_0 只可能有 6 条巡回路线,它们分别是:

表 3-6 运输距离表

	B_0	B_1	B_2	B_3
B_0	0	12	25	23
B_1	12	0	17	14
B_2	25	17	0	30
B_3	23	14	30	0

① B_0—B_1—B_2—B_3—B_0;
② B_0—B_1—B_3—B_2—B_0;
③ B_0—B_2—B_1—B_3—B_0;
④ B_0—B_2—B_3—B_1—B_0;
⑤ B_0—B_3—B_1—B_2—B_0;
⑥ B_0—B_3—B_2—B_1—B_0。

6 条巡回路线实际是对需求点的不同排列,即

$$P_3 = 3 \times 2 \times 1 = 6$$

观察 6 条巡回路线,其中有一半是相同的,只是行车方向不同罢了。例如,B_0—B_1—B_2—B_3—B_0 与 B_0—B_3—B_2—B_1—B_0 这两条路线只是一条路线的正反两种走法。当然,如果两点间的距离与行程方向有关时,则不能这样认为。

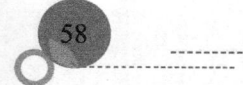

为了使可能存在的巡回路线既不遗漏，也不重复，可借助画树状图的办法将所有巡回路线描述出来。本例巡回路线的树状图如图 3-16 所示。

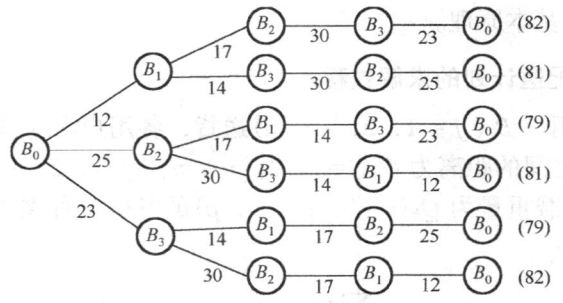

图 3-16　巡回路线的树状图

图 3-16 中的 6 条巡回路线，每条由 4 段行程构成，即在数学模型中表示这段行程的决策变量取值为 1，其余决策变量为 0。实际上，它们就是变量取值为 0 或 1 的组合的部分集合，根据树状图的画法，显然最短巡回路线一定在这个集合之中。

图3-16中括号内的数字是各巡回路线的行程。第 3 条巡回路线 $B_0—B_2—B_1—B_3—B_0$ 的行程最短，为最佳配送路线。第 5 条是与第 3 条行车方向相反的巡回路线，行程相等，也可作为最佳配送路线。

3.3.3　制订配送计划的节约法

前面讨论制订单网点配送计划的 0–1 规划法是在满足式(3-3)的条件下进行的，如果该条件不满足，显然就不能用 0–1 规划法来解决问题了。因为这时制订配送计划，不仅要进行巡回路线的选择，而且还要进行车辆的综合调度。下面介绍解决这类配送问题的一种方法——节约(Saving)法。节约法是由克拉克(Clarke)和怀特(Wright)于 1964 年提出来的，它是一种启发式方法。

1．节约法的基本原理

如图 3-17 所示，由物流网点 B_0 向两个用户 B_1、B_2 送货，B_0 至各用户的最短运输距离分别为 C_{01} 和 C_{02}；用户需求量分别为 b_1、b_2；两用户之间的最短运输距离为 C_{12}。当用两台汽车分别对两个用户各自往返送货时，运输总距离为

$$C_1 = 2(C_{01} + C_{02})$$

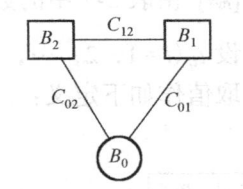

图 3-17　节约法的基本原理

如果改用一台车巡回送货(假定汽车能够负荷 b_1、b_2)，则总的运输距离为

$$C_2 = C_{01} + C_{02} + C_{12}$$

后一种方案比前一种方案可节约的运输里程为

$$\Delta C_{12} = C_{01} + C_{02} - C_{12} \tag{3-6}$$

式 (3-6) 称为节约量公式。ΔC_{12} 为 B_1 和 B_2 之间的节约量。显然，将节约量大的两个用户连接起来采用巡回方式送货，可获得较大的节约量。如果在 B_0 的供货范围内还存在第 3 个、第 4 个、…、第 n 个用户，在汽车负荷允许的条件下，可将它们与已在巡回路线中的用户按节约量的大小(先大后小)依次连接入巡回路线，直至汽车满载时为止。余下的用户另外派车，

用同样的办法寻求巡回路线。通常情况下，可供派出的车的数量和车的种类是有限制的，当然总运输能力是能满足要求的。

上述即为节约法的基本原理。

2. 用节约法制订配送计划的求解过程

设物流网点 B_0 向用户 B_j ($j=1, 2, \cdots, n$) 送货，各用户需求量为 b_j；网点与用户间的最短距离为 C_{0j}，用户之间的距离为 C_{ij} ($i=1, 2, \cdots, n$；$j=1, 2, \cdots, n$)，发送车按其载重量的大小不同有 p 种，载重量为 Q_k ($k=1, 2, \cdots, p$) 的发送车有 X_k 台，且 $Q_{k-1}<Q_k$。

假定

$$\sum_{j=1}^{n} b_j \gg Q_p, \qquad b_j < Q_1 \tag{3-7}$$

也就是说，所有用户的需求总量远大于任一种汽车的装载量，但每个用户的需求量则小于载重量最小的汽车的装载量。如果某些用户的需求大于一台汽车的载重量，可先安排一台或几台汽车满载给这些用户直接往返送货，对剩下不够一车的部分再纳入节约法进行处理。这样处理后，式(3-7)的条件总是成立的。其迭代步骤如下：

首先，假定载重量最小的汽车台数是无限多的，即 $X_1=\infty$。对每一用户各派一台车往返送货，得到一个初始可行方案。显然这一配送方案的运输效率是很低的，而且 $X_1=\infty$ 的假设实际也是不存在的。

然后，按节约法原理对方案进行修正。修正时，以节约量的大小为顺序，从大到小依次将某些用户连接到巡回路线中，并考虑汽车载重量和各种车辆台数的约束。反复进行这样的修正，直至再没有可连接的用户为止。

整个计算过程可在节约量表上进行。下面举例说明。

[例3-2] 由网点 B_0 向 12 个用户 B_j ($j=1, 2, \cdots, 12$) 送货，各点之间的运输里程和各用户的需求量如表 3-7 所示。表 3-8 为可供调度的车辆数目及其载重量。

[解] 由表 3-7 中的数据，按式(3-6)可求得相应的节约量表（如表 3-9 所示）。

设 t_{ij} ($i=1, 2, \cdots, 12$；$j=1, 2, \cdots, 12$) 为表示 i、j 两点是否连在一起的决策变量，并对其取值作如下定义：

表 3-7 里程表 （单位：km）

b_j/t	B_0											
1.2	9	B_1										
1.7	14	5	B_2									
1.5	21	12	7	B_3								
1.4	23	22	17	10	B_4							
1.7	22	21	16	21	19	B_5						
1.4	25	24	23	30	28	9	B_6					
1.2	32	31	26	27	25	10	7	B_7				
1.9	36	35	30	37	35	16	11	10	B_8			
1.8	38	37	36	43	41	22	13	16	6	B_9		
1.6	42	41	36	31	29	20	17	10	6	12	B_{10}	
1.7	50	49	44	37	31	28	25	18	14	12	8	B_{11}
1.1	52	51	46	39	29	30	27	20	16	20	10	10	B_{12}

表 3-8 可供调度的汽车

配送车种类	4 t	5 t	6 t
可供调度的车辆数目	∞	3	4

表 3-9 节约量表 (单位：km)

b_j/t	B_0											
1.2		B_1										
1.7		18	B_2									
1.5		18	28	B_3								
1.4		10	20	34	B_4							
1.7		10	20	22	26	B_5						
1.4		10	16	16	20	38	B_6					
1.2		10	20	26	30	44	50	B_7				
1.9		10	20	20	24	42	50	58	B_8			
1.8		10	16	16	20	38	50	54	68	B_9		
1.6		10	20	32	36	44	50	64	72	68	B_{10}	
1.7		10	20	34	42	44	50	64	72	76	84	B_{11}
1.1		10	20	34	46	44	50	64	72	20	84	92	B_{12}

① $t_{ij}=1$ 表示 i、j 点连接，即在同一巡回路线中。
② $t_{ij}=0$ 表示 i、j 点不连接，即不在同一巡回路线中。
③ $t_{ij}=2$ 表示 j 用户只与 B_0 网点连接，由一台车往返送货。
根据以上定义，应有以下等式成立：

$$\sum_{i=0}^{j-1} t_{ij} + \sum_{i=j+1}^{n} t_{ij} = 2 \quad j=1, 2, \cdots, n \tag{3-8}$$

(1) 步骤一：求初始解。

每个用户各派一台车往返送货，得初始方案如表 3-10 所示。表中 B_0 列的数字为 t_{ij} 的取值。此方案的总行程为 728 km。

表 3-10 初始方案 (单位：km)

b_j/t	B_0											
1.2	2)	B_1										
1.7	2)	18	B_2									
1.5	2)	18	28	B_3								
1.4	2)	10	20	34	B_4							
1.7	2)	10	20	22	26	B_5						
1.4	2)	10	16	16	20	38	B_6					
1.2	2)	10	20	26	30	44	50	B_7				
1.9	2)	10	20	20	24	42	50	58	B_8			
1.8	2)	10	16	16	20	38	50	54	68	B_9		
1.6	2)	10	20	32	36	44	50	64	72	68	B_{10}	
1.7	2)	10	20	34	42	44	50	64	72	76	84	B_{11}
1.1	2)	10	20	34	46	44	50	64	72	70	84	92	B_{12}

按表 3-10 的初始方案，所需车台数如表 3-11 所示。

表 3-11 初始方案所需车台数

配送车种类	4 t	5 t	6 t
可供调度台数	∞	3	4
已派出车辆台数	12	0	0

(2) *步骤二*：按下述条件在初始方案表中寻找具有最大节约量的用户 i、j。

① $t_{0i}>0$，$t_{0j}>0$，$i\neq j$；
② B_i、B_j 尚未连接在一条巡回路线上；
③ 考虑车辆台数和载重量的约束。

如果最大节约量有两个或两个以上相同，可随机取一个。按此条件，在初始方案表中寻得具有最大节约量的一对用户为：$i=11$，$j=12$，其节约量为 92 km。

(3) *步骤三*：按 t_{ij} 的定义和式(3-8)修正 t_{ij} 的值。

连接 B_{11} 与 B_{12}，即令 $t_{11,12}=1$，由式(3-8)得

$$t_{0,11}=1, \quad t_{0,12}=1$$

其他不变。

(4) *步骤四*：按以下原则修正 b_i、b_j。

① t_{0i} 或 t_{0j} 等于 0 时，令 b_i 或 b_j 等于 0；
② t_{0i} 或 t_{0j} 等于 1 时，求 b_i 或 b_j 所在巡回路线中所有用户需求量之和，以此代替原 b_i 或 b_j。

由此修正得

$$b_{11}=b_{12}=1.1\text{ t}+1.7\text{ t}=2.8\text{ t}$$

于是得改进方案如表 3-12、表 3-13 所示。改进后的方案比原方案少一台发送车，总发送距离减少 92 km。

表 3-12 第一次迭代方案 （单位：km）

b_j/t	B_0											
1.2	2)	B_1										
1.7	2)	18	B_2									
1.5	2)	18	28	B_3								
1.4	2)	10	20	34	B_4							
1.7	2)	10	20	22	26	B_5						
1.4	2)	10	16	16	20	38	B_6					
1.2	2)	10	26	26	30	44	50	B_7				
1.9	2)	10	20	20	24	42	50	58	B_8			
1.8	2)	10	16	16	20	38	50	54	68	B_9		
1.6	2)	10	20	32	36	44	50	64	72	68	B_{10}	
2.8	1)	10	20	34	42	44	50	64	72	76	84	B_{11}
2.8	1)	10	20	34	46	44	50	64	72	70	84	1) 92	B_{12}

表 3-13 一次迭代方案所需车辆

配送车种类	4 t	5 t	6 t
可供调度台数	∞	3	4
已派出车辆台数	11	0	0

反复进行步骤二～步骤四，直至没有可连接的用户为止，得最佳配送方案如表3-14和表3-15所示。

表 3-14 最佳配送方案　　　　　　　　　　　　（单位：km）

b_j/t	B_0											
5.8	1)	B_1										
—		1)	B_2									
—			1)	B_3								
5.8	1)			1)	B_4							
1.7	2)					B_5						
5.1	1)						B_6					
5.6	1)							B_7				
—								1)	B_8			
5.1	1)									1)	B_9	
5.6	1)											B_{10}
—								1)			B_{11}	
—											1)	1)	B_{12}

表 3-15 最佳配送方案所需车辆

配送车种类	4 t	5 t	6 t
可供调度台数	∞	3	4
已派出车辆台数	1	0	3

最优配送方案有 4 条配送路线：

① B_0—B_1—B_2—B_3—B_4—B_0，行程为 54 km，用 6 t 车发送，载重量为 5.8 t。

② B_0—B_5—B_0，行程为 44 km，用 4 t 车发送，载重量为 1.7 t。

③ B_0—B_6—B_8—B_9—B_0，行程为 80 km，用 6 t 车发送，载重量为 5.1 t。

④ B_0—B_7—B_{11}—B_{12}—B_{10}—B_0，行程为 112 km，用 6 t 车发送，载重量为 5.6 t。

该方案用 4 台车发送，总行程为 290 km。

本 章 小 结

　　运输是现代物流非常重要的功能环节。运输一般分为输送和配送，输送是指利用交通工具一次向单一目的地长距离地运送大量货物的移动；而配送是指利用交通工具一次向多个目的地短距离地运送少量货物的移动。

　　输配送系统的服务要点包括时效性、可靠性、沟通性、便利性和经济性。可通过消除交错输送、采用直配直送和共同配送、建立完善的信息系统、改善车辆通信条件以及控制出货量等途径提高输配送系统的效率。

　　输配送路线的规划问题包括起讫点不同的单一路径规则问题、多起讫点规划问题和巡回路径规划问题。配送系统规划与决策的主要内容包括配送区域的划分、车辆安排、每辆车负责客户、配送路径选择、确定配送顺序和车辆装载方式等；制订行车路线和时刻表的常用方法为扫描法和节约法。

　　配送路线的优化是配送规划的核心问题，可以采用 0-1 规划法和节约法建模和求解。

思考与练习

1. 运输与配送的区别与联系是什么？
2. 输配送服务的要点有哪些？
3. 提高输配送效率的方法与途径有哪些？
4. 常见的输配送路线规划问题有哪些？说明其求解方法。
5. 配送作业规划内容及影响要素有哪些？
6. 制订行车路线与时刻表的基本原则和方法有哪些？
7. 举例说明中转型运输线路优化思路和数学模型。
8. 说明节约法的应用场合与优化思路。

第4章 配送中心基本知识

引言

随着个性化需求与专业化生产之间矛盾的加剧，配送成为现代物流的主要运作模式，作为配送主体的配送中心在各行各业得到了广泛的应用和快速的发展，成为现代物流的核心与标志。

配送中心是从事货物配备(集货、加工、分货、拣选、配货)和组织对用户的送货，以高水平实现销售和供应物流服务的现代物流设施。随着专业化生产和多样化需求矛盾的日益深入，配送中心逐渐成为企业分销和零售物流系统的核心节点，配送中心作为现代物流的标志，其市场需求越来越大，尤其在医药、烟草、电子、图书、机电等行业的应用越来越广。

本章将系统介绍配送中心的概念、分类、功能、流程和规划要素等基本概念和知识，使读者了解配送中心的含义和概貌。

学习目标

➢ 掌握配送中心的含义和功能；
➢ 了解配送中心的构成；
➢ 掌握配送中心的类别及特点；
➢ 了解配送中心的业务内容和流程；
➢ 了解配送中心的规划要素。

4.1 配送中心概述

4.1.1 配送中心的概念

1. 配送中心的含义

配送中心就是从事货物配备(集货、加工、分货、拣选、配货)和组织对用户的送货，以高水平实现销售和供应服务的现代流通设施。

我国《物流术语》对它的定义是：从事配送业务且具有完善信息网络的场所或组织。它应基本符合下列要求：主要为特定客户或末端客户提供服务；配送功能健全；辐射范围小；提供高频率、小批量、多批次配送服务。

配送中心是基于物流合理化和发展市场两个需要发展起来的，是以组织配送式销售和供应、执行实物配送为主要功能的流通型物流节点。它很好地解决了用户小批量、多样化需求和厂商大批量、专业化生产的矛盾，逐渐成为现代化物流的标志。

2. 配送中心与传统仓库的区别

仓库是保管和保养物品的场所的总称，配送中心是从仓库发展而来的。仓库、配送中心都是自营或代客户保管和运输物品的场所，有时它们的业务有明显的交叉性；随着物流业的发展，除季节性生产明显的储备粮库、棉花库、果品库、冷藏海产品库以及军需储备库等外，其他仓库已逐步被物流中心和配送中心所替代。

过去，物品在仓库内储存的时间往往较长或很长，物品的品种也很少，所以传统仓库的主要职能是物品的保管和保养。配送中心储存物品的品种很多，储存周期较短，并将物品配送给众多零售店（如专卖店、连锁店、超市等）或最终客户的场所，因此配送中心与传统仓库有本质的区别，主要表现在以下方面：

(1) 传统仓库的储存周期较长，库存水平高；配送中心仅保持尽可能低的库存水平的高需求物品。

(2) 传统仓库所进行的活动附加值低；配送中心具有高附加值，包括有可能的最终装配。

(3) 传统仓库成批地收集信息数据，配送中心则实时地收集数据。

(4) 传统仓库主要是在达到运输要求时实现运营成本最小化，配送中心则主要是在达到客户要求时实现利润最大化。

(5) 仓库与配送中心的差异也体现在对储存活动的重视程度和货物储存时间的长短上。储存型仓库内的大部分空间用于半永久性或长期存储，相反，配送中心的绝大部分空间则只是暂时储存货物，注重的是使物品流动更快、更流畅。

(6) 传统仓库以提高商品的保管效率为目标，而配送中心设计的主要着眼点却放在如何提高拣货和分货等的效率上。如果把传统仓库比喻为"蓄水池"，配送中心则可以比喻成"编组站"。

4.1.2 配送中心的功能

配送中心既具有一般物流中心的基本功能，又具有自己的独特功能。配送中心是行使集货、理货、加工、送货等多项职能的物流节点，它与传统仓库的不同之处在于不仅能存储保管，而且能进行货物输送；它与一般运输的不同之处在于运货之前要进行必要的分拣、加工、配货。因而，它所提供的是全方位的、方便用户的服务。具体来说，配送中心具有货物集散、储存保管、分拣配货、流通加工、信息交换与处理5种功能，如图4-1所示。

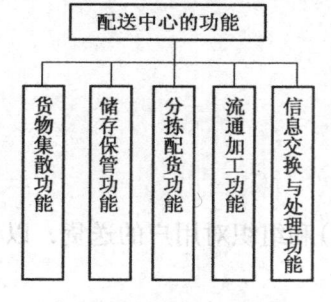

图4-1 配送中心的功能

1. 货物集散功能

配送中心以其特殊的地位和先进的设施设备，可以把分散在各类生产企业的产品集中起来，再经过分拣、配装向众多用户送货；与此同时，还可把各个用户所需的多种货物组合在一起，形成经济、合理的货运批量，集中送达分散的用户。这种在流通过程中所展现的功能就是货物集散功能。而这种功能的作用就是提高了运输效率，降低了物流成本。

2. 储存保管功能

任何商品为了防止缺货，或多或少都要有一定的安全库存，以保障生产或满足消费。对于配送中心来说，要顺利而有序地完成向用户配送货物的任务，通常都建有现代化的仓储系统，存储一定数量的商品，特别是大型或从事货代业务的配送中心，其储存的货物数量更大、

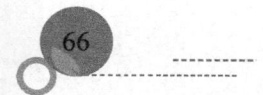

品种更多。一般国内制造的商品库存较少，而国外制造的商品因船期的原因库存较多，约为2~3个月。另外，生鲜产品的保存期限较短，因此保管的库存量较少；冷冻食品因其保存期限较长，因此保管的库存量比较多。储存保管功能是配送中心的重要功能之一。

3．分拣配货功能

配送中心的另一个重要功能就是分拣配货。因为配送中心就是为了满足多品种、小批量的客户需求而发展起来的，所以配送中心必须根据客户的要求进行分拣配货作业，并以最快的速度送达客户手中，或者在指定时间内配送到客户。

配送中心与传统仓库的最大区别在于要对所配送的货物进行分拣、加工、分装、配装。作为物流节点的配送中心，其服务对象少则几十家，多则数百家。为数众多的用户，其各自的性质不尽相同，经营规模各异，因而对于货物的种类、规格、数量等要求也千差万别。为了能同时向不同的用户进行有效配送，必须采用现代化的分拣技术，利用科技含量高的分拣设备对货物进行分拣，并在此基础上按配送计划分装和配装货物。

4．流通加工功能

为了提高服务水平，扩大经营范围，提升竞争力，国内外许多配送中心均配备了一定的加工设备，由此形成了一定的加工能力。它们按照用户的要求，将货物加工成必要的规格、尺寸和形状等，为用户提供方便。配送中心的流通加工作业包含分类、称重、大包装拆箱改包装、产品组合包装、商标、标签粘贴作业等。这项功能不仅赢得了用户的信赖，而且有利于提高物资资源的利用率，同时还为配送中心增加了附加效益。

5．信息交换与处理功能

配送中心除了具有集散、储存保管、分拣配货、流通加工等功能外，更能为配送中心本身及上下游企业提供各式各样的信息情报，以供配送中心营运管理策略制订、商品路线开发、商品销售推广策略制订的参考。例如，哪个客户订多少商品，哪种商品比较畅销，在计算机的 EIQ 分析资料中非常清楚，甚至可以将这些宝贵资料提供给上游的制造商及下游的零售商当作经营管理的参考。因此，配送中心必须起到沟通并处理上下游之间、各作业环节之间各种信息的作用。

4.1.3 配送中心的构成

配送中心是开展商品配送及相关业务的场所。在这里，通过先进的管理、技术和现代化的信息交流网络，对商品的采购、进货、储存、分拣、加工和配送等业务过程，进行科学、统一、规范的管理，使整个商品运动过程高效、协调、有序，从而减少损失，节省费用，实现最佳的经济效益和社会效益。

据此，一个完整的配送中心在内部构造上至少应具有以下几部分。

1．功能分区

合理的功能分区是配送中心完成各项物流功能的最基本的条件。典型的配送中心功能分区如表 4-1 所示。

表 4-1 配送中心的功能分区

分 区	功 能
管理区	中心内部行政业务管理、信息处理、业务洽谈、订单处理以及指令发布的场所。一般位于配送中心的出入口
进货区	收货、验货、卸货、搬运及货物暂停
理货区	对进货进行简单处理的场所。在这里，货物被区分为直接分拣配送、待加工、入库储存和不合格需要清退的，分别送往不同的功能区。在实行条码管理的中心，还要为货物粘贴条码
储存区	对暂时不必配送或作为安全储备的货物进行保管和养护的场所。通常配有多层货架和用于集装单元化的托盘
加工区	进行必要的生产性和流通性加工（如分割、剪裁、改包装等）
分拣配货区	进行发货前的分拣、拣选和按订单配货
发货区	对物品进行检验、发货、待运
退货处理区	存放进货时残损的、不合格或需要重新确认等待处理的货物
废弃物处理区	对废弃包装物（塑料袋、纸袋、纸箱等）、破碎货物、变质货物、加工残屑等废料进行清理或回收复用
设备存放及维护区	存放叉车、托盘等设备及其维护（充电、充气、紧固等）工具

配送中心功能分区主要包括管理区、进货区、理货区、储存区、加工区、分拣配货区、发货区、退货处理区、废弃物处理区、设备存放及维护区等。当然，具体配送中心根据其规模、性质及储存货品的不同还会有一些其他的功能区域。

2. 物流系统及设备

配送中心物流系统主要由物流设备、管理控制系统两大部分构成。典型的配送中心物流系统构成如图 4-2 所示。

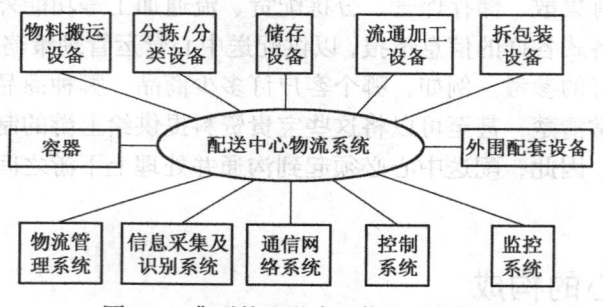

图 4-2 典型的配送中心物流系统构成

物流设备是配送中心物流系统的核心，主要物流设备包括容器、储存设备、分拣/分类设备、物料搬运设备、流通加工设备以及一些外围配套设备等。

（1）容器。包括搬运用容器、储存用容器、拣取用容器及配送用容器，如纸箱、托盘、铁箱、塑料箱等。部分以单品出货为主的出货类型，如果品项多而体积、长度、外形等物性差异很大，应考虑利用周转箱等容器将储运单位统一化，达到单元负载的原则，以简化储运作业。

（2）储存设备。包括自动仓储设备（有单元负载式、水平旋转式、垂直旋转式、轻负荷式等）、大型储存设备（如一般重型货架、驶入式货架、移动式货架、重量型流动货架等）、多种小型储存设备（如轻型货架、轻型流动货架、移动式储柜等）。可由储存区使用的储运单位、容器式样及仓储需求量，来选择适用的设备及数量。

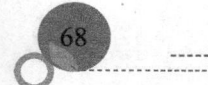

(3) 分拣/分类设备。包括一般分拣设备、计算机辅助拣取设备(计算机辅助拣货台车)、自动化订单拣取设备(A-frame 系统)和自动分拣系统(ASS)等。

(4) 物料搬运设备。包括自动化搬运设备(如无人搬运车、有轨搬运台车)、机械化搬运设备(如叉车、油压拖板车)、各类输送设备、垂直搬运设备等。

(5) 流通加工设备。包括裹包、集包设备，外包装配合设备，印贴条码标签设备，拆箱设备，称重设备等。配合目前配送中心服务项目的多元化及下游客户的需求，配送中心进行的次包装、裹包或贴标签等加工作业也逐渐增多。未来配合国际物流的趋势，经由国际物流转运后再分装或进行简易加工的业务也会逐渐产生，以增加物流作业的附加价值。

(6) 外围配套设备。包括楼层流通设施、装卸货平台、装卸载设施、容器暂存设施、废料处理设施等，应视配送中心经营者需求特性而异。

配送中心的管理和信息系统是保障配送中心正常运转所必备的基本条件，包括配送中心的业务性管理系统和信息管理系统等。业务性管理系统是配送中心正常运转所必备的基本条件，如配送中心的各项规章制度、操作标准及作业流程等。信息管理系统包括订货系统、出入库管理系统、分拣系统、订单处理系统、信息反馈系统等。

3. 建筑设施

除了物流设备和管理系统外，配送中心设施主体包括仓库建筑物、构筑物以及库外道路、停车场、站台和铁路专用线等辅助设施。

4.1.4 配送中心的作用及意义

1. 配送中心的作用

配送中心是从事货物配备(集货、加工、分货、拣选、配货)和组织对用户的送货，以高水平实现销售或供应的现代流通设施，既可以看成从事配送活动的经济组织，也可以看成组织送货等活动的物流设施。配送中心是配送活动的集聚地和发源地，同时也是物流运动的枢纽。货物配送活动包含备货、理货和送货三大流程。作为物流运动枢纽的配送中心，欲发挥其集中供货的作用，首先必须采取各种方式(如零星集货、批量进货)去组织货源；其次必须按照用户的要求及时分拣(分装)和配备各种货物。为了更好地满足客户需要及提高配送水平，配送中心还必须有较强的加工能力及开展各种形式的流通加工。从这个意义上说，配送中心实际上是集货中心、分货中心和流通加工中心为一体的现代化的物流基地，也是能够发挥多种功能和作用的物流组织。物流配送中心在现代商品流通中具有以下主要作用。

(1) 在社会经济发展中的作用。传统的"大而全"、"各自为政"的作坊营销方式，以及分散、低效、高耗的物流形式必然导致流通成本居高不下。物流配送如同人体的血管，把国民经济的各个部分紧密地联系在一起。配送中心追求的是总体效益，在成本与服务之间找到最佳点，"以消费者为起点"，"以顾客为导向"，这就是顾客和配送中心的"双赢点"。因此，建立物流配送中心是经济运行中不可缺少的重要组成部分。

(2) 在企业产品分销中的作用。物流是企业产品分销的保证，它把制造商、批发商、零售商与分销渠道联系在一起，使那些分销渠道所提供的产品可得性成为整个营销过程的综合部分。

(3) 在现代流通模式中的作用。在当今信息化时代，传统的商品流通模式已不再适应高速度、高效率的发展。现代化的大型商品配送中心的需求也就成为发展的必然。

① 在连锁经营中的作用：连锁经营是通过服务、统一进货、统一配送、统一价格等运营方式来实现的。这些统一的背后必须有强大的配送中心的支持和保证。物流配送中心把连锁企业的总部和分部有机地连接在一起，只有以配送中心为基础，连锁业才能实现规模化经营，才能具有聚合效应，获取较高的经济效益。

② 在电子商务中的作用：如果物流配送落后，将无法满足电子商务中的快速、准确的配送要求。依靠建立一个网站是不行的，必须建立一个电子商务体系，物流配送又是其中最为重要的一个环节。只有具备完善的配送中心的支持，才能保证商流、物流、信息流、资金流的正常运转。既要低成本又要高水平地为顾客服务，就必须提高配送效率，优化配送路线，确保配送准确、及时。要改变中国电子商务的现状，就必须突破物流配送的瓶颈，建立全国性、区域性的配送中心，专门从事配送业务，才能从根本上解决商品配送滞后而阻碍电子商务的发展问题。

2. 企业建设配送中心的目的及意义

（1）扩大经营规模和提高市场占有率。由于竞争的需要，企业除了提供品质优良的物品外，还必须提供适时适量的配送服务，作为企业增加营业额的秘密武器，进而提高市场占有率。

（2）改进物流与信息流系统，使物流合理化以降低成本。降低物流成本是企业最根本的目的。一般情况下，连锁企业与生产企业的营业部门整合成立大型的配送中心，提高作业效率，从而降低库存和输配送费用，主要体现在资源、人员的统筹利用和配送线路的缩短，如图4-3所示。

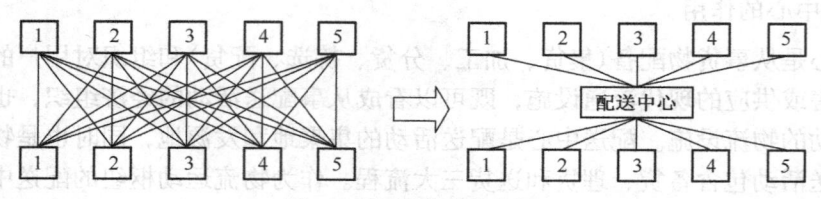

图 4-3 配送中心的作用

（3）提高服务质量。用户的要求不断地向多样化发展，即趋向于多品种、小批量的进货，且对供货的时间要求也更严格。这些因素都促使物流企业提高其配送系统的服务水平和服务质量。

消费者对商品品牌的迷信度越来越低，商品之间的品质差异也越来越小，因此当要购买的品牌缺货时，会马上以其他品牌代替。所以，商店都尽可能地销售畅销商品，库存数量最好是不太多，又不会缺货。因此，就会要求多品种、少批量的订货及多频度的配送，要求快速反应处理订货及出货。通过设立配送中心，可以从以下几个方面提高服务品质：

① 减少交货时间。
② 提高交货频度。
③ 降低缺货率、误配率。
④ 紧急配送、假日配送。
⑤ 流通加工。
⑥ 驾驶员的服务态度。

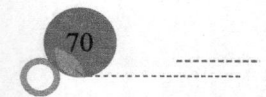

4.2 配送中心的分类

配送中心是一种新兴的经营管理形态，具有满足多量少样的市场需求及降低流通成本的作用，但是，由于建造企业的背景不同，其配送中心的功能、构成和运营方式就有很大区别，因此，在配送中心规划时应充分注意其类别及其特点。配送中心的具体分类方式如下。

4.2.1 按配送中心的经济功能分类

1．供应型配送中心

供应型配送中心，顾名思义，是向用户供应货物，行使供应职能的配送中心。其服务对象有两类：一类是组装、装配型生产企业，为其供应零部件、原材料或半成品；另一类是大型商业超级市场、连锁企业以及配送网点。其特点是：配送的用户稳定，用户的要求范围明确、固定。因此，配送中心集中库存的品种范围固定，进货渠道稳固，都建有大型现代化仓库，占地面积大，采用高效先进的机械化作业。例如，始建于1987年3月的英国斯温顿Honda汽车配件配送中心，占地面积为150万平方米，总建筑面积为7000 m^2，经营配件6万余种，储存的大型配件达1560货格，小型配件为5万箱左右；位于美国洛杉矶的Suzuki汽车配件中心，占地面积为40 000 m^2，总建筑面积为8200 m^2，经营的汽车配件达10 000种之多。

2．销售型配送中心

以配送为手段、商品销售为目的的配送中心属于销售型配送中心。这种配送中心按其所有权来划分可有三种情况：一是生产企业为直接将自己的产品销售给消费者，以提高市场占有率而建的配送中心，如我国的海尔集团所建的配送中心、美国Keebler芝加哥配送中心等；二是专门从事商品销售的流通企业为扩大销售而自建或合建的配送中心，我国目前拟建或在建的配送中心多属此类；三是流通企业和生产企业共建的销售型配送中心，这是一种公用型配送中心，这类配送中心的特点是用户不确定，用户多，每个用户购买的数量少，因此不易实行计划配送，集中库存的库存结构比较复杂。

销售型配送中心往往采用共同配送，才能取得较好的经营效果。

3．储存型配送中心

这是一类具有强大的储存功能的配送中心，主要是为了满足三方面的需要而建造的：一是企业在销售产品时，难免会出现生产滞后的现象，要满足买方市场的需求，客观上需要一定的产品储备；二是在生产过程中，生产企业也要储备一定数量的生产资料，以保证生产的连续性和应付急需；三是当配送的范围越大、距离越远，或者要满足即时配送的需要时，客观上也要求储存一定数量的商品。可见储存型配送中心是为了保障生产和流通得以正常进行而出现的。其特点是储存仓库规模大、库型多、存储量大。例如，瑞士Giba-Geigy公司的配送中心，可储存40 000个托盘；美国赫马克配送中心的储存区可储存16.3万个托盘；美国福来明公司的食品配送中心，建筑面积达70 000 m^2，其中包括40 000 m^2的冷库和冷藏库、30 000 m^2的杂货库，所经营的商品品种达89 000个。

4. 流通型配送中心

流通型配送中心包括通过型或转运型配送中心，基本没有长期储存的功能，仅以暂存或随进随出的方式进行配货和送货。典型方式为大量货物整批进入，按一定批量零出。一般采用大型分货机，其进货时直接进入分货机传送带，分送到各用户货位或直接分送到配送汽车上，货物在中心滞留的时间很短。

5. 加工型配送中心

加工型配送中心是以流通加工为主要业务的配送中心，根据用户需要对配送物品进行加工，而后实施配送。其加工活动主要有分装、改包装、集中下料、套裁、初级加工、组装、剪切、表层处理等，主要应用于食品和生产资料的加工配送。例如，闻名于世的麦当劳、肯德基的配送中心就是提供加工服务后向其连锁店配送；工业、建筑、水泥制品等领域的配送中心，如石家庄水泥配送中心，既提供成品混凝土，又提供各种类型的水泥预制件，直接配送至用户。

4.2.2 按配送中心的拥有者分类

1. 制造商型配送中心

制造商型配送中心是以制造商为主体的配送中心。这种配送中心的物品100%是由自己生产制造的，用以降低流通费用、提高售后服务质量和及时地将预先配齐的成组元器件运送到规定的加工和装配工位。物品从制造到生产出来后条码和包装的配合等多方面都较易控制，所以按照现代化、自动化的配送中心设计比较容易，但不具备社会化的要求。

2. 批发商型配送中心

批发商型配送中心是由批发商或代理商所建立的，是以批发商为主体的配送中心。批发是物品从制造者到消费者手中的传统流通环节之一，一般是按部门或物品类别的不同，把每个制造厂的物品集中起来，然后以单一品种或搭配向消费地的零售商进行配送。这种配送中心的物品来自各个制造商，它所进行的一项重要的活动是对物品进行汇总和再销售，而它的全部进货和出货都是社会配送的，社会化程度高。

3. 零售商型配送中心

零售商型配送中心是由零售商向上整合所成立的配送中心，是以零售业为主体的配送中心。零售商发展到一定规模后，就可以考虑建立自己的配送中心，为专业物品零售店、超级市场、百货商店、建材商场、粮油食品商店、宾馆饭店等服务，其社会化程度介于前两者之间。

4. 专业物流配送中心

专业物流配送中心是以第三方物流企业（包括传统的仓储企业和运输企业）为主体的配送中心。这种配送中心有很强的运输配送能力，地理位置优越，可迅速将到达的货物配送给用户。它为制造商或供应商提供物流服务，而配送中心的货物仍属于制造商或供应商所有，配送中心只是提供仓储管理和运输配送服务。这种配送中心的现代化程度往往较高。

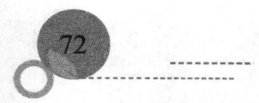

4.2.3　按服务范围分类

1．城市配送中心

向城市范围内的用户提供配送服务的配送中心称为城市配送中心。这类配送中心有两个明显的特征：一是采用汽车将货物直接送达用户，因为运距短，最经济；二是开展少批量、多批次、多用户的配送，实行"门到门"式的送货服务，因为汽车送货机动性强、供应快、调度灵活。

城市配送中心所服务的对象大多是零售商、连锁店和生产企业，大多采用和区域配送中心联网的方式运作，以"日配"的服务方式配送。可以说，国内外绝大多数配送中心都是城市配送中心。北京的食品配送中心就是个很好的例子。

2．区域配送中心

向跨市、跨省范围内的用户提供配送服务的配送中心称为区域配送中心。这类配送中心有三个基本特征：其一，辐射能力较强，经营规模较大，设施和设备先进；其二，配送的货物批量较大；其三，配送的对象大多是大型用户，如城市配送中心和大型工商企业，采用"日配"或"隔日配"的服务方式。虽然它也给批发商、企业用户、商店零星配送，但不是主体对象。

例如，加拿大大都会公司(Metro-Richelieu)的食品杂货配送中心占地面积为 55 000 m^2，层高约 9 m，固定配货对象有 18 家区域批发商、320 家零售商，配送服务半径为 300 km，每天发货量 10 万箱，自接到用户的订单起到收到货物，一般不超过 8 h，可实现"日配"。

3．国际配送中心

向区域、国际范围内用户提供配送服务的配送中心称为国际配送中心。其主要特征是：经营规模大，辐射范围广，配送设施和设备的机械化、自动化程度高；配送方式采用大批量、少批次和集装单元；配送对象主要是超大型用户，如区域配送中心和跨国工商企业集团；存储吞吐能力强。例如，荷兰的"国际配送中心"，不仅在国内外建立了许多现代化的仓库，而且装备了很多现代化的物流设备，接到订单之后 24 h 内即可装好货物，仅用 3～4 天时间就可把货物运送到欧盟各国的用户手中。

4.2.4　按配送货物的属性分类

根据配送货物的属性，可以分为食品配送中心、日用品配送中心、医药配送中心、化妆品配送中心、家电配送中心、电子 3C 产品［计算机(Computer)、通信(Communication)和消费电子产品(Consumer Electronic)的简称］配送中心、图书配送中心、服饰配送中心、汽车零件配送中心以及生鲜产品配送中心等。

由于所配送的产品不同，配送中心的规划方向就完全不同。例如，生鲜产品配送中心主要处理蔬菜、水果与鱼肉等生鲜产品，属于低温型的配送中心，是由冷冻库、冷藏库、鱼虾包装处理场、肉类包装处理场、蔬菜包装处理场及进出货暂存区等组成的，冷冻库温度为 −25℃，而冷藏库温度为 0～5℃，又称湿货配送中心。对于图书配送中心，由于图书有新版、再版及补书等区别，尤其是新版的图书或杂志，80%不上架，直接理货配送到各书店，剩下的 20%左右库存在配送中心等待客户的再订货。另外，图书或杂志的退货率非常高，为 30%～40%。因此，在图书配送中心规划时，就不能与食品、日用品的配送中心一样。对于服饰配送中心，有淡旺季及流行性等特性，而且较高级的服饰必须使用衣架悬挂，其配送中心的规划也有其特殊性。

对于不同种类与行业形态的配送中心，其作业内容、设备类型、营运范围可能完全不同，但是系统规划分析的方法与步骤有共同之处。配送中心已逐渐由以仓库为主体的配送中心向信息化、自动化的整合型配送中心发展。

4.2.5 按自动化、信息化程度分类

根据配送中心作业的自动化程度、管理的信息化程度，配送中心可以分为人力配送中心，计算机管理配送中心，自动化、信息化配送中心，整合化、智能化配送中心，如图 4-4 所示。

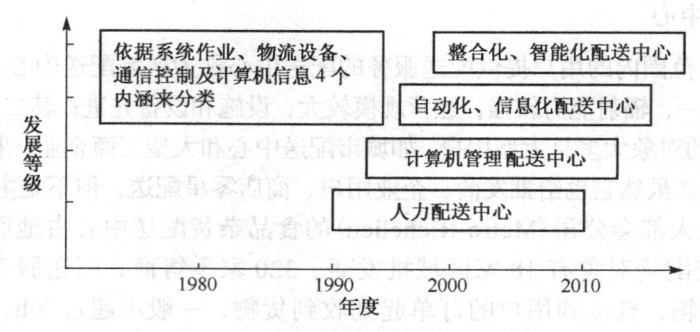

图 4-4 按自动化、信息化程度分类

综上所述，配送中心的分类如表 4-2 所示。

表 4-2 配送中心的分类

分类方法	类别	备注
按配送中心的拥有者分类	制造商型配送中心	M.D.C
	批发商型配送中心	W.D.C
	零售商型配送中心	Re.D.C
	专业物流配送中心	T.D.C
按配送范围分类	城市配送中心	
	区域配送中心	R.D.C
按配送中心的功能分类	供应型配送中心	
	销售型配送中心	
	储存型配送中心	
	流通型配送中心	F.D.C
	加工型配送中心	
按配送货物的属性分类	食品配送中心	
	日用品配送中心	
	医药配送中心	
	化妆品配送中心	

续表

分类方法	类　　别	备　　注
按配送货物的属性分类	家电配送中心	
	电子(3C)产品配送中心	
	图书配送中心	
	服饰配送中心	
	汽车零件配送中心	
	生鲜产品处理中心	
按自动化程度分类	人力化配送中心	
	计算机管理配送中心	
	自动化、信息化配送中心	
	整合化、智能化配送中心	

4.3 配送中心的作业系统

4.3.1 配送中心的功能框架

配送中心的特性或规模不同时，其作业项目和作业内容也不完全相同。配送中心作为物流网络的一个重要节点，起着实物流转和信息服务的功能，其作业包括管理作业和实体作业两个层次。配送中心的管理作业包括采购进货、仓储管理和分销配送三大核心业务，而实体作业包括进货入库、仓库作业和配送出货，各业务和作业的具体内容如图4-5所示。

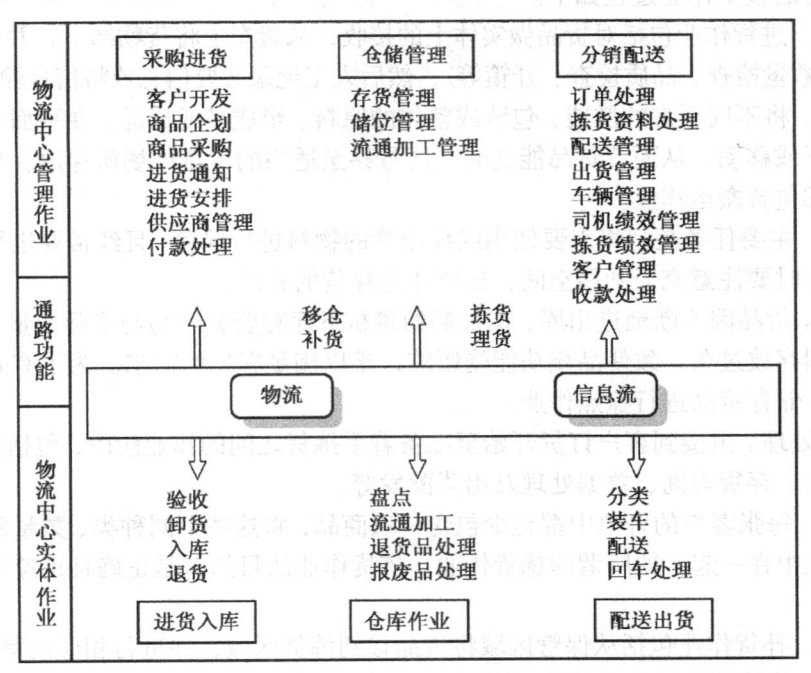

```
物流中心管理作业

采购进货              仓储管理              分销配送
客户开发              存货管理              订单处理
商品企划              储位管理              拣货资料处理
商品采购              流通加工管理          配送管理
进货通知                                    出货管理
进货安排                                    车辆管理
供应商管理                                  司机绩效管理
付款处理                                    拣货绩效管理
                                            客户管理
                                            收款处理

通路功能
              移仓      拣货
              补货      理货
        ┌──────────────────┬──────────────┐
        │      物流        │    信息流    │
        └──────────────────┴──────────────┘

物流中心实体作业
验收                  盘点                  分类
卸货                  流通加工              装车
入库                  退货品处理            配送
退货                  报废品处理            回车处理

进货入库              仓库作业              配送出货
```

图4-5　物流中心功能框架

4.3.2 配送中心的作业流程

不同的配送中心，其具体作业流程也不尽相同，但其作业环节和作业流程是基本相同的。配送中心的一般作业流程如图 4-6 所示。由供应货车到达站台开始，经进货作业确认进货品后，便依次将货品储存入库。为确保在库货品受到良好的保护管理，需要进行定期或不定期的盘点检查。当接到客户订单后，先将订单依其性质进行订单处理，之后即可按处理后的订单信息将客户订购货品从仓库中取出进行拣货作业。拣货完成一旦发觉拣货区所剩余的存量过低，则必须由储区来补货。当然，若整个储存区的存量也低于标准，便应向上游供应商采购进货。而从仓库拣出的货品经整理后即可准备出货，等到一切出货作业完成后，驾驶员便可将出货品装上配送车，将其配送到各个客户。

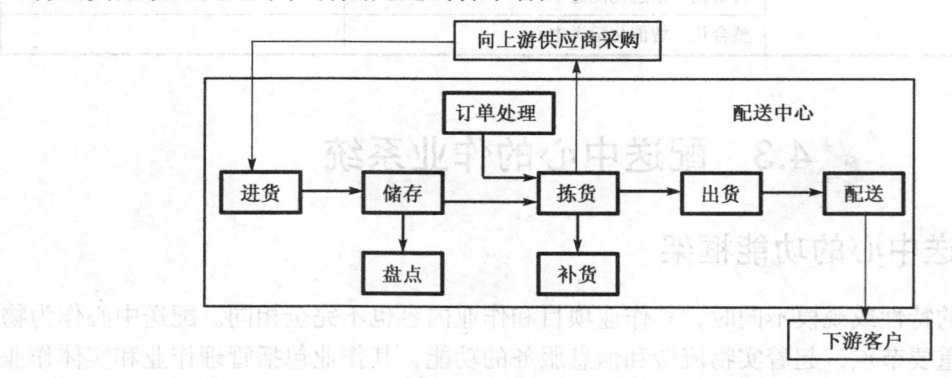

图 4-6 配送中心的一般作业流程

配送中心的整个作业过程如下。

(1) 进货。进货作业包括对货品做实体上的接收，从货车上将货物卸下，并核对该货品的数量及状态(数量检查、品质检查、开箱等)，然后人工记录必要信息或将信息输入计算机。

(2) 搬运。将不同形态的散装、包装或整体的原料、半成品或成品，在平面或垂直方向加以提起、放下或移动，从而使货品能适时、适量移至适当的位置或场所存放。配送中心的每个作业环节都包含搬运作业。

(3) 储存。主要任务是把将来要使用或要出货的物料进行保存，且经常要进行库存品的核查控制。储存时要注意充分利用空间，还要注意存货的管理。

(4) 盘点。货品因不断地进出库，在长期的累积下库存资料容易与实际数量产生不符，或者有些产品因存放过久，致使品质功能受影响，难以满足客户的需求。为了有效地控制货品数量，需要对储存货品进行盘点作业。

(5) 订单处理。由接到客户订货开始至准备着手拣货之间的作业阶段，包括有关客户、订单的资料确认、存货查询、单据处理及出货配发等。

(6) 拣货。每张客户的订单中都至少包含一项商品，将这些不同种类、数量的商品由配送中心中取出集中在一起，即所谓的拣货作业。拣货作业的目的就是正确且迅速地集合客户所订购的商品。

(7) 补货。补货作业包括从保管区域将货品移到拣货区域，并进行相应的信息处理。

(8) 出货。将拣取分类完成的货品做好出货检查，装入合适的容器，做好标识，根据车辆趟次或厂商等指示将物品运至出货准备区，最后装车准备配送。

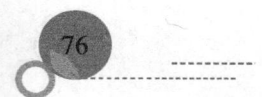

(9) 配送作业。配送作业是指将被订购的物品，使用卡车从配送中心送至客户手中的活动。典型配送中心的布置与作业活动如图 4-7 所示。

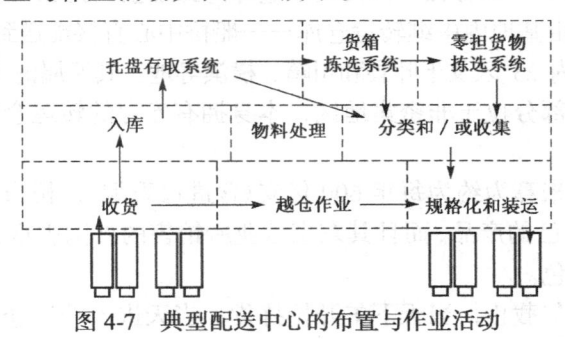

图 4-7　典型配送中心的布置与作业活动

4.4　案例分析——JT 的东京流通基地

JT（日本烟草公司）的东京流通基地以精密、快速、无人化、高科技著称。每天从全日本的香烟制造工厂及保税仓库运来的 60 辆大型卡车的香烟，通过使用先进的自动化设备及高智能计算机，从入库到出货，物流量的 93% 完全自动化处理。该流通基地服务的零售点达 3 万个，一年可以处理香烟 6 百亿支。其平均拣取一条香烟的时间是 0.11 s，以一条香烟的质量约为 200 g 为例，这可能已达到物理的极限。

4.4.1　背景

JT 是一家非常大的公司，根据资料，其 1994 的销售量是 2688 亿支，约占日本整个香烟市场的 80%。若将该公司的国内外香烟事业及医药品、农产、食品、不动产、工程开发等新事业综合核算，其年营业额达 2 亿 7 千亿日元。

该公司想要构筑大规模的物流据点始于 1989 年，当时其已为日益紧迫的物流问题所苦恼。因为除了香烟，JT 代理的国外品牌越来越多（目前基地处理的品项有 450 种，其中 JT 的产品有 130 种品项），为了不让零售店里客户所要的品牌有缺货的情形，为了能做更有效率的陈列，为了能满足店里多品牌、少量的订货需求，正确、迅速的配送不可或缺。可是，公司并没有设置自动化物流据点的经验，参与物流规划的人员也是边学边做的。

刚开始的挑战可想而知。公司评估，最大的物流量集中于首都圈，因此要在这里构筑最大规模的据点无可置疑。不过，当时有很多困难，因运输车辆日增而引起的塞车、空气污染等交通、环境的问题，以及 3K 产业让人裹足不前的人手不足问题，在大都会尤其严重。再加上要有大规模的自动化设备才能处理公司所需要的货品量，没有一块较大的地是不行的。

因此，公司首先将首都圈定为新设据点的目标，1990 年找到了地，然后就配送范围的设定、设备规模、产出能力的计算等进行具体的研讨。经过不断的试验，逐渐地修正、增加功能，才有了目前的规模与水准。

4.4.2　功能

JT 东京流通基地位于千叶县船桥市，占地面积为 27 383 m^2，建筑面积为 11 373 m^2，为 4 层楼建筑，楼面面积共 42 019 m^2。

每天从全日本 25 个(冲绳除外)JT 的工厂和保税仓库运来约 60 辆大型卡车的香烟在此入库。基地按不同的零售店(一部分按不同的转运仓库)分别进行分类,配送到中继转运站。另外一部分邻近区域的货品由基地内中继转运仓库——船桥中心直接配送到销售店。

配送的区域包含都内 23 区及千叶县和川崎、横滨等地。其所属的中继转运仓库有 11 个,本身没有库存,另外一部分位于非密集地区,本身拥有库存的转运仓库有 5 个,对口销售店有 3 万个以上。

基地处理量以支数来算为约为每年 600 亿支(含进口香烟),相当于全日本销售量的 1/5。这个基地不仅处理 JT 自己的产品,而且其东京营业所销售的外国香烟也一并处理,共同分货、共同配送,这是它的特色。

接受订货在当日中午截止,当天下午开始拣货,当天进入转运仓库,由转运仓库于隔天中午送到销售店。

4.4.3 物流系统的构成

物流通路如图 4-8 所示,物流系统的作业流程如图 4-9 所示。基本上,从工厂运来的产品是以托盘为单位入库的,根据不同用户进行拣货,并装在塑胶箱中,最后再集合塑胶箱以托盘发货。以下按拣货单位和使用设备,将作业流程分为 4 大类别。

(1) 香烟按条自动分类(4 楼)。对于销售量最大的前 80 种香烟(占基地整体处理量的 68%),从拆托盘到以条为单位的自动拣货,然后装箱再堆叠托盘,可以实现完全无人作业。

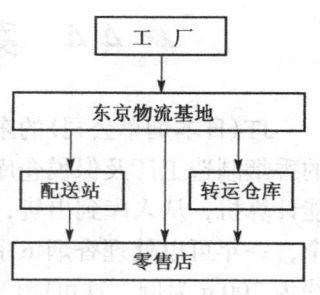

图 4-8 物流通路

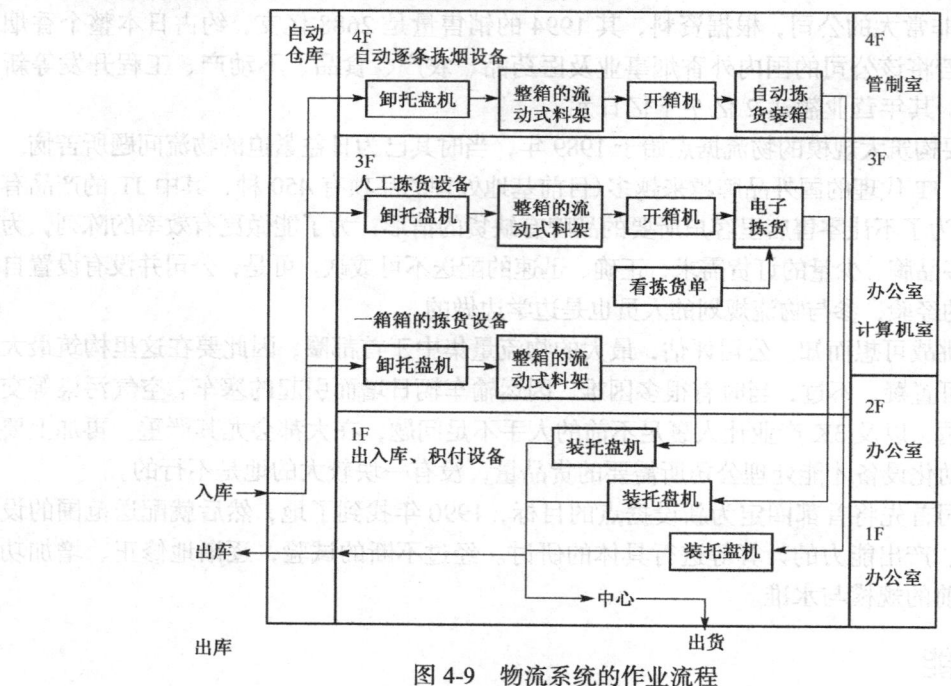

图 4-9 物流系统的作业流程

(2) 人工拣货(3 楼)。比较不好卖或难以自动化处理的产品,以一条或 5 包一装,由人工通过电子显示器(占处理量的 7%)拣货,或者根据拣货单(占 0.3%)拣货。

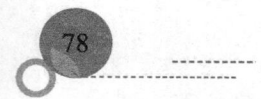

(3) 一箱箱分类(3 楼)。以一箱(可放 50 条，即 1 万支香烟)为单位出货，采用全自动拣货，占处理量的 20%。

(4) 以托盘为单位的分货。同一产品也有以整个托盘发货的，占处理量的 5%。

这个流通基地的物流系统设备是由 JT 的子公司(一家工程公司)设计、施工的。加上各种机器、设备的购置，总投资额(含土地)约为 400 亿日元。

4.4.4 从入库到发货流程

1．自动仓库

来自全日本各工厂和保税仓库的产品，以托盘为单位先保管在自动仓库中。遵循先进先出的原则，进行分货处理。大型升降式吊车有 10 座。产品在入库前对每个托盘要贴条码。产品用的托盘规格为 1100 mm×1100 mm，上面堆叠的箱子是一层 4 个，共 8 层。

2．自动卸货托盘机

按计算机的指示，来自自动仓库的托盘在此以 4 箱为单位从托盘上取出，并将箱子的方向调整一致，通过条码阅读机确认后，由输送滚轮移载到整箱的流动式货架上。4 楼的这种自动卸货托盘机的装置有 8 台。

3．整箱的流动式货架

卸下托盘后，以箱为单位送到此流动式货架上按品项分类暂时储存。之后再根据开箱机的要求以箱为单位将货送出。此货架有 60 列×6 层，共 360 排。一箱有 50 条烟，重约 10 kg，属于轻型的货物。

4．开箱机

这是自动开箱并逐条取出香烟的装置，总共有 14 台。

5．整条烟的流动式货架

从箱子中取出的一条条香烟，按品项类别分别送至此货架暂时储存。货架为 120 列×5 层，共 600 排，共有 3 条线。

6．自动逐条拣货

根据每一零售店的订货，由计算机计算时间，每条香烟从流动式货架上以 0.11 s 的速度飞跳到相应的输送带上。

7．装箱机

从流动式货架飞跳到输送带的一条条香烟，经快速传输，在输送带的前端排成一列，以 30 盒为单位装在塑料箱中，装满一箱的时间是 3.3 s。塑料箱上贴有标明零售店的名称及配送时必要信息的标签。

8．装托盘机

一条条烟装入塑料箱后，再以 6 个×6 层的方式堆叠在托盘上。为了配送时取货方便，塑料箱的放置以配送由近到远顺序由上到下排列。

9. 电子拣货线

不好卖的品项和较难用机器自动处理的产品通过电子显示器由人工拣货。箱子放在输送滚轮上，货架上某个品项前面的显示器灯亮了，就按照所显示的数量拣货。

10. 看单拣货线

发货量非常少的品项集中在一起，由人工看拣货单直接拣货，再集合到塑料箱发货。

11. 整箱拣货线

整箱拣货的部分，是采用机器手臂将各种箱子堆叠在托盘上发货的。

12. 计算机控制室

根据零售店传来的订货资料和基地的库存资料，做成各线的分货和发货计划，指示各线进行作业。

4.4.5 结束语

JT 东京流通基地的对象零售点有 3 万个以上，即每天要为上万家零售店准备香烟，每天的需求量需要 60 辆大型卡车装载，要按照各店少量多样的订货，在 24 h 内准时送达，没有这个先进的物流中心和分拣系统，是不能满足市场需要的。

案例思考题

(1) 结合案例，试分析配送中心由哪些部分构成。
(2) 结合案例，试分析配送中心作业的一般流程。
(3) JT 东京流通基地属于哪一类配送中心？

本 章 小 结

配送中心就是从事货物配备(集货、加工、分货、拣选、配货)和组织对用户的送货，以高水平实现销售和供应服务的现代流通设施。配送中心既具有一般物流中心的基本功能，同时还具有集货、理货、加工、集散、信息交换等多项功能。

配送中心内部一般都具有详细的功能分区，主要包括管理区、进货区、理货区、储存区、加工区、分拣配货区、发货区、退货处理区、废弃物处理区、设备存放及维护区等。为了实现整个商品运动过程高效、协调、有序，从而减少损失、节省费用，不同的配送中心都会根据需要设置不同的功能区布置、设施设备配备以及作业流程，虽然具体作业流程不尽相同，但其基本作业环节和基本作业流程是大致相同的。本章详细描述了这些基本的作业环节和流程。

在配送中心的规划阶段，除了必须先定位配送中心属于哪一种配送中心外，还要注意配送对象、种类、库存、交货时间等几个规划要素，本章通过举例详细介绍了这几个要素对于配送中心规划的影响与作用。

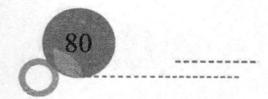

思考与练习

1. 配送中心与传统仓库的区别与联系是什么?
2. 配送中心的基本功能有哪些?
3. 举例说明不同货品的配送中心的特点和差异。
4. 配送中心根据拥有者不同可分为哪几类?说明各类配送中心的特点。
5. 分析说明配送中心的功能要素和作业流程。
6. 配送中心的规划要素有哪些?举例说明它们对配送中心规划的影响。

第5章 配送中心设施与设备

引言

物流设施与设备是完成配送中心各种功能的基础要素，主要包括储存设备、搬运设备、输送设备和站台设备。

储存设备主要指各类储存货架，包括搁板货架、托盘货架、重力式货架、回转式货架以及立体库货架等；搬运设备主要完成配送中心的各种搬运作业，包括叉车、托盘搬运车；输送设备主要完成配送中心内物料的水平或垂直方向的连续输送，包括链式输送机、辊子输送机和带式输送机等；由这些设备构成配送中心的接发货系统、仓储系统、拣选系统等。配送中心的站台设备是衔接配送中心内物流系统与运输车辆的接口，包括站台设施和各类站台设备。

配送中心设施与配备是否合理直接影响着整个配送中心的作业效率和服务水平，本章将系统介绍各种配送中心各类物流设备和站台设施设备。

学习目标

> 掌握储存设备的功能、类别，了解各类货架的结构特点和使用场合；
> 掌握搬运设备的类别及特点，了解各类搬运车辆的性能及使用场合；
> 掌握输送设备的类别及特点，了解各类输送机的性能及使用场合；
> 掌握站台设施的结构类型，了解各类站台设备和站台设施的优缺点。

5.1 储存设备

配送中心的储存设备主要包括储存货架、托盘和容器等，托盘和容器一般都已有标准或系列，可以根据货物的特性和数量进行选择；而储存货架的种类很多，在配送中心内的应用可以灵活多变，通过配备不同类型的货架，可以适应各种货物的储存和出货需求，它是配送中心内的关键设备，本节主要介绍储存货架的类别、功能及特点。

5.1.1 储存货架概述

1. 储存货架的分类

储存货架的种类有许多种，以满足各种不同的物品、储存单位、承载容器及存取方式的需求。按存取作业方式的不同，储存货架可以分为如图5-1所示的三类。

储存设备按储存单位分类，可分为托盘、容器、单品及其他四大类。每类货架因其设计结构不同，又可分为很多种形式，如图5-2所示为储存货架按储存单元的分类。

货架的分类方法还有很多。例如，按货架是否移动分类，可分为固定型和驱动型；按货架高度分类,则分为高层(>12 m)、中层(5~12 m)和低层(<5 m);按货架材料分类,可分为钢货架、钢筋混凝土货架和钢与混凝土混合式货架;按货架本身的结构方式分类,又可分为焊接式货架和组装式货架等。

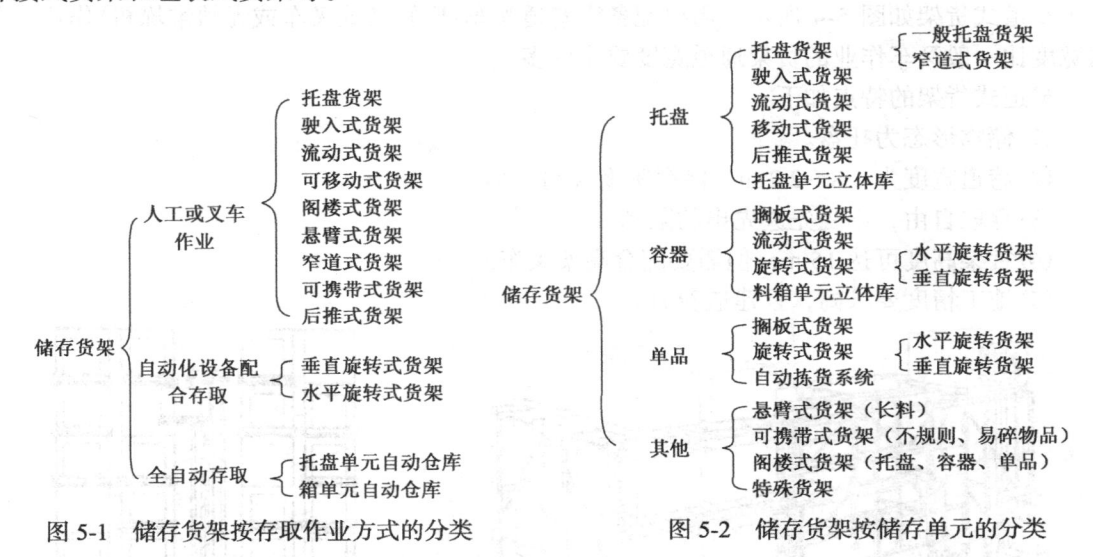

储存货架按存取作业方式分类:
- 人工或叉车作业：托盘货架、驶入式货架、流动式货架、可移动式货架、阁楼式货架、悬臂式货架、窄道式货架、可携带式货架、后推式货架
- 自动化设备配合存取：垂直旋转式货架、水平旋转式货架
- 全自动存取：托盘单元自动仓库、箱单元自动仓库

储存货架按储存单元分类:
- 托盘：托盘货架（一般托盘货架、窄道式货架）、驶入式货架、流动式货架、移动式货架、后推式货架、托盘单元立体库
- 容器：搁板式货架、流动式货架、旋转式货架（水平旋转货架、垂直旋转货架）、料箱单元立体库
- 单品：搁板式货架、旋转式货架（水平旋转货架、垂直旋转货架）、自动拣货系统
- 其他：悬臂式货架（长料）、可携带式货架（不规则、易碎物品）、阁楼式货架（托盘、容器、单品）、特殊货架

图 5-1　储存货架按存取作业方式的分类　　图 5-2　储存货架按储存单元的分类

本节将分别介绍各类货架的结构特点,并说明各类常用货架的设计及选用原则。

2. 储存货架的功能及作用

储存货架的主要功能及作用如下:
(1) 物品能整理分类储存,可一目了然,防止遗忘。
(2) 能预定储存物品位置,方便管理。
(3) 物品能立体储存,有效利用空间。
(4) 可防止物品因多层堆码而压伤变形。
(5) 可快速取出所需物品,而不必搬运其他物品。
(6) 能配合搬运设备来存取货品,节省人工及时间。

5.1.2　托盘货架

1. 一般托盘货架

一般托盘货架是最常用的传统式货架,储存托盘货物单元,采用普通叉车进行作业,如图 5-3 所示。目前都采用组合方式,易于拆卸和移动,可按物品堆码的高度任意调整横梁位置,又称可调式托盘货架。

托盘货架的特点如下:
(1) 储物形态为托盘。
(2) 与叉车配合使用,巷道为 3~3.5m。
(3) 可存取性好,出入库存取不受物品先后顺序的限制。
(4) 货架高度较低,一般在 8 m 以下。
(5) 货架地脚需要加装叉车防撞装置。

此类货架在仓库中广泛使用，一些大卖场和仓储超市也采用行该种货架进行展销和储存。

2. 窄道式货架

窄道式货架如图 5-4 所示，需要配备窄巷道叉车（回转叉式叉车或无轨堆垛机）作业，巷道宽度比一般叉车作业的货架通道宽度要小许多。

窄道式货架的特点如下：
(1) 储物形态为托盘。
(2) 巷道宽度为 1.8～2.2 m，储存密度较高。
(3) 存取自由，不受先进先出的限制。
(4) 货架高度可达 15 m，但需要配合高架叉车。
(5) 施工精度要求高，且建造费时。

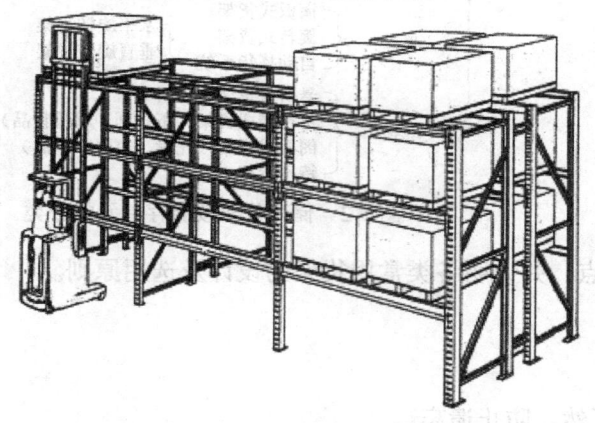

图 5-3　一般托盘货架　　　　图 5-4　窄道式货架

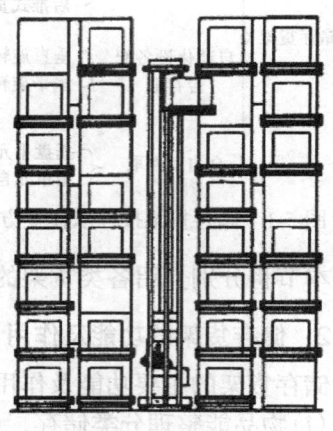

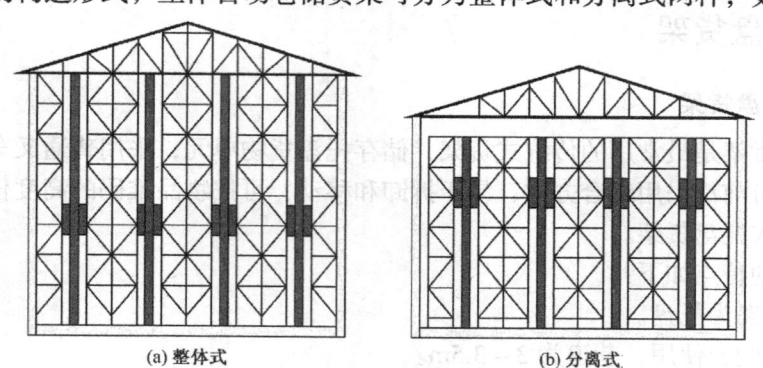

5.1.3　立体自动仓储货架

立体自动仓储货架是几层、十几层乃至几十层高的货架，中间配以专门的有轨堆垛机进行作业。

按照货架的构造形式，立体自动仓储货架可分为整体式和分离式两种，如图 5-5 所示。

(a) 整体式　　　　(b) 分离式

图 5-5　立体自动仓储货架

1. 整体式自动仓储货架

立体自动仓储货架的高架钢骨为房屋建筑物结构体，并将房屋建筑物的屋顶与墙壁直接

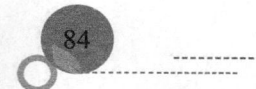

装设在仓库钢架的上面及外面,形成一体的建筑物。同时,自动消防系统也利用钢架作为消防配管支架,形成整体式自动仓储货架。

整体式自动仓储货架的特点如下:
(1)施工困难,精度要求高,必须配合仓库结构体一起建造。
(2)一般高度超过 15 m。
(3)必须配有其他自动存取设备。
(4)建筑成本高,施工困难且施工期长。
(5)储物形态为托盘。

2．分离式自动仓储货架

在已完成的厂房建筑物内直接装设仓库钢架,形成与厂房独立的结构体,称为分离式钢架仓库。高度在 15 m 内且规模较小的高架中、小型立体自动仓库,大部分都采用分离式钢架货架。

分离式自动仓储货架的特点如下:
(1)可于已完成的厂房内直接架设、布置。
(2)施工期较整体式短,费用也较低。
(3)必须配有其他自动存取设备。
(4)较小规模的高架仓库适合采用。
(5)储物形态为托盘。

5.1.4　双深位货架

双深位货架是一种采用剪刀式叉车,将货架设计成双排并列存放的货架类型,如图 5-6 所示。双深位货架是重型横梁式货架的延伸,采用双伸位叉车作业,货物为先进后出,拣取率只有 50%,取货难度适中,在一些仓库面积有限而库存压力大的环境中运用较多。

双深位货架的特点如下:
(1)结构简便,储存量大。
(2)需要配备专门的叉车。
(3)减少了通道数量,叉车通道需要在 3.3 m 左右。
(4)横梁高度较低,操作高度可达 8 m。
(5)存货时一般先存放后排货架,后存放前排货架。
(6)储物形态为托盘。
(7)建造成本是所有立体仓库系统中最低的一种。

图 5-6　双深位货架

双深位货架广泛应用于烟草、食品饮料、包装等行业。

5.1.5　流动式货架

1．重力式货架

重力式货架结构与横梁式货架相似,只是在横梁上安上滚筒式轨道,轨道呈 3°～5°倾斜。托盘货物用叉车搬运至货架进货口，利用自重，货物从进口自动滑行至另一端的取货口，如图5-7所示。一般高端为上货端，低端为出货端。重力式货架属于先进先出的存储方式。

重力式货架的特点如下：

(1) 采用密集式流道储存货物，空间利用率可达85%。

(2) 货品可先进先出。

(3) 高度受限，一般在6 m以下。

(4) 每一流道只能存放一种货物，适合品项少、批量大的货品存放。

(5) 无能耗，噪声低，安全可靠，可满负荷运作。

2．穿梭车式货架

穿梭车式货架通过车体或台面可上升或下降，提升与下降托盘货物，将托盘货物依次归位的一种高密度存储系统，如图5-8所示。小车由无线电遥控，承载托盘货物在导轨上轻松运行；车载主要依靠四个轮子前后行走，穿梭台车的数量由巷道深度、货物总量、出货频率等综合因素来决定的。根据货物的存取端口布置，可分为先入先出模式和后入先出模式。

穿梭车式货架的特点如下：

(1) 货物的存取可以先进先出和先进后出。

(2) 高密度储存，仓库利用率高。

(3) 工作效率高，大大减少作业时间。

(4) 减少货架碰撞，提高安全生产率。

(5) 作业方式灵活。

(6) 与驶入式货架、压入式货架、重力式货架相比，综合成本更低。

穿梭车式货架在快速消费品行业、冷链仓储行业、食品饮料行业、医药、烟草等行业，特别是生产型企业的原料仓库都有很强的适用性。

图 5-7　重力式货架　　　　　图 5-8　穿梭车式货架

5.1.6　后推式货架

后推式货架如图5-9所示，在前后梁间以滑座相接，由前方将托盘货物放在货架滑座上，后来进入的货物会将原先的货物推到后方，目前最多可推入5个托盘。滑座跨于滑轨上，滑轨本身具有倾斜角度，滑座会自动滑向前方入口。

后推式货架的特点如下：

(1) 较托盘货架省下1/3空间，可增加储存密度。

(2) 适用于一般叉车存取。
(3) 不适合承载太重物品。
(4) 货品会自动滑至最前储位。
(5) 储物形态为托盘。

图 5-9 后推式货架

5.1.7 驶入式货架

驶入式货架取消了位于各排货架之间的通道，将货架合并在一起，使同一层、同一列的货物互相贯通。托盘或货箱搁置于由货架立柱伸出的托梁上，叉车或堆垛机可直接进入货架每个流道内，每个流道既能储存货物，又可作为叉车通道。因而这种货架能够提高仓库的空间利用率。当叉车只能在货架一端出入库作业时，货物的存取原则只能是后进先出，对于要求先进先出的货物，需要在货架的另一端由叉车进行取货作业。这种货架比较适合于同类大批量货物的储存。驶入式货架按其存取方向可分为单向驶入式货架和贯通式货架，如图 5-10 所示。

与托盘货架相比，驶入式货架的特点如下：
(1) 高密度储存。
(2) 高度可达 10 m。
(3) 适用于多量少样货品。
(4) 出入库存取物品受先后顺序的限制。
(5) 不适合太长或太重货品。
(6) 储物形态为托盘。

(a) 单向驶入式货架 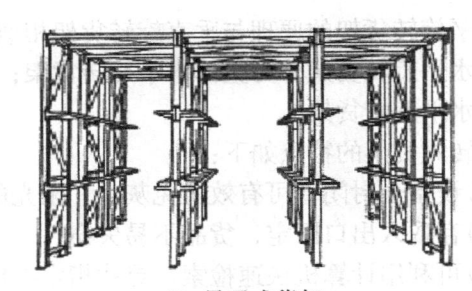　　　　　　(b) 贯通式货架

图 5-10 驶入式货架

5.1.8 旋转式货架

传统的仓库由人或机械到货格前取货，而旋转式货架是将货格里的货物移动到人或拣选机旁，再由人或拣选机取出所需的货物。操作者可按指令使旋转货架运动，达到存取货的目的。

旋转式货架适用于电子零件、精密机件等少量、多品种、小物品的储存及管理。其货架移动速度快，可达 30 m/min，存取物品的效率很高，又能按需求自动存取物品，且受高度限制少，可采用多层，故能有效利用空间。

旋转式货架按其旋转方式可分为垂直旋转货架和水平旋转货架，如图 5-11 所示。

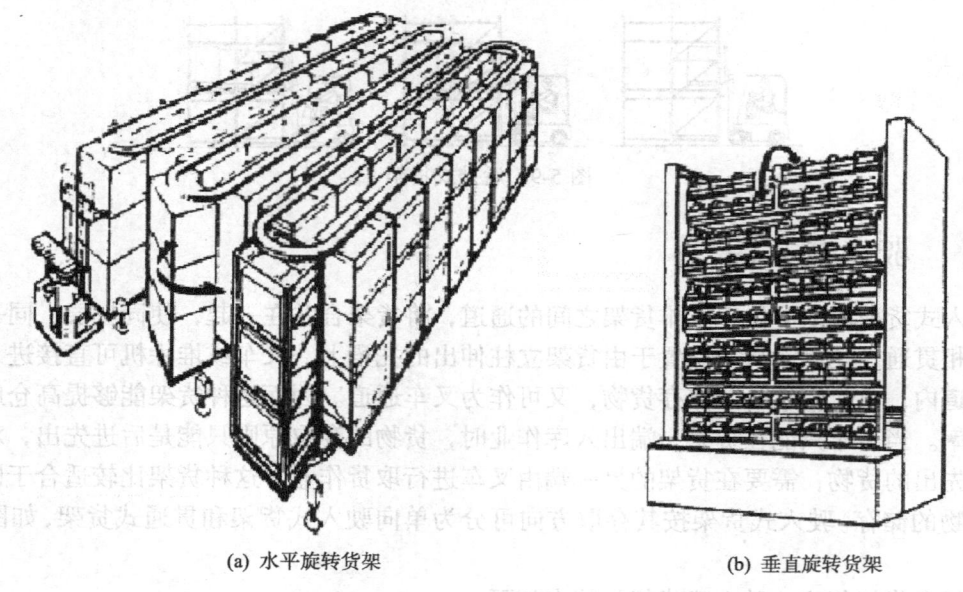

(a) 水平旋转货架　　　(b) 垂直旋转货架

图 5-11　旋转式货架

1. 垂直旋转货架

垂直旋转货架本身是一台垂直提升机，提升机的两个分支上悬挂有成排的货格。根据操作命令，提升机可以正反向旋转，使需要提取的货物停到拣选位置，拣选机（或人）由此进行拣选作业。

2. 水平旋转货架

水平旋转货架的原理与垂直旋转货架相似，只是在水平面内作循环旋转运动。各层同时旋转的水平旋转货架称为整体水平旋转货架；各层可以独立地正反向旋转的水平旋转货架称为多层水平旋转货架。

旋转式货架的特点如下：
(1) 设备全封闭，可有效避免灰尘、阳光的侵害。
(2) 存取入出口固定，货品不易失窃。
(3) 可利用计算机快速检索、寻找指定的储位，适合拣货。
(4) 需要使用电源，且维修费用高。
(5) 储物形态有纸箱、包、小件物品。

5.1.9　升降货柜

升降货柜是以托盘为存储单元的，货柜中央是一个由计算机控制升降的小车，称为"智能小车"，它的前面和后面是储存架，这是存放物件的地方，如图 5-12 所示。存取动作是由

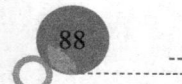

"智能小车"通过计算机控制来实现的，通过托盘车的升降和水平运动，将存放货物的托盘取出或送到柜内合适的货位。存储货物时，入口处设有自动测高装置，检测所存物品的高度，自动、合理地安排柜内存储空间，实现智能化管理，真正实现"物到人"。

升降货柜的特点如下：
(1) 单托盘承重可达 1 t，整体可达 60 t。
(2) 自动测高，合理安排储位，空间利用率更高。
(3) 有效利用空间高度，高度可达 20 m 以上。
(4) 存取方便。
(5) 适合存放尺寸规格差异较大的物品，功耗较小。
(6) 运行更平稳，更快捷，更安全。

图 5-12 升降货柜

5.1.10 移动式货架

移动式货架是将货架本身放置在轨道上，如图 5-13 所示，在货架底部设有驱动装置。靠电动或机械装置使货架沿轨道横向移动。当不需要出入库作业时，各货架之间没有通路相隔，紧密排列；当需要存取货物时，使货架移动，在相应的货架前开启，成为叉车等设备的通道。

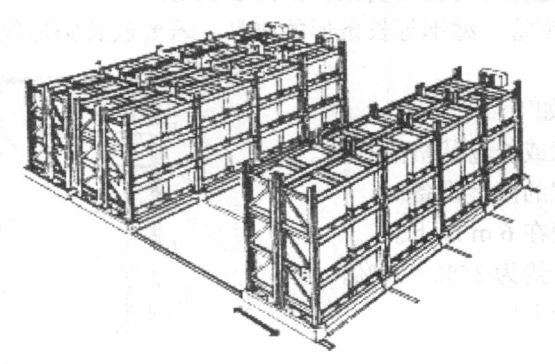

图 5-13 移动式货架

这种移动式货架的最大优点就是能提高仓库的空间利用率，这是显而易见的。例如，某仓库有 6 排货架，按照一般的布置，需要 3 个作业通道，而采用移动式货架，只需要 1 个通道。在这唯一的通道两侧，所有的货架都是紧密排列的。如果需要到其中的某一排货架去存取货物，可将货架向原来的通道方向移动，形成新的作业通道。因此，这种货架可充分利用空间，其空间利用率比一般货架要高 2～3 倍。

移动式货架的特点如下：
(1) 节省占地面积，地面利用率可达 80%。
(2) 可直接存取每项货品，不受先进先出的限制。
(3) 使用高度可达 12 m，单位面积的储存量比托盘货架可提升 2 倍左右。
(4) 机电装置多，维护困难。
(5) 建造成本高，施工速度慢。
(6) 储物形态为托盘。

5.1.11 轻型货架

轻型货架属于搁板货架类型，整体采用无螺钉组合式设计，如图 5-14 所示。立柱高度在方向设有相隔 50 mm 的调节孔，可根据货物高低调节层间使用高度，层板可配置钢板或者木板，安装、拆卸方便，单元货架每层载重不大于 150 kg，适用于量小、种类多的商品。

轻型货架的特点如下：
(1) 以手工搬运、存储及拣选作业。
(2) 全组装式结构，可随意组合，安装、拆卸方便灵活。
(3) 资金投入少。
(4) 可根据货物高低调节层间使用高度。

图 5-14 轻型货架

5.1.12 悬臂式货架

悬臂式货架是在立柱上装设悬臂构成的，悬臂可以是固定的，也可以是移动的。由于其形状像树枝，故又形象地称为树枝形货架，如图 5-15 所示。

该货架适合于存放钢管、型钢等长条形的物品。若要放置圆形物品，则要在其臂端装设挡块以防止滑落。

悬臂式货架的特点如下：
(1) 只适用于长条状或长卷状货品存放。
(2) 应配有叉距较宽的搬运设备。
(3) 高度受限，一般在 6 m 以下。
(4) 空间利用率低，约为 35%~50%。
(5) 适用于杆料生产工厂。

图 5-15 悬臂式货架

5.1.13 阁楼式货架

阁楼式货架如图 5-16 所示，为了充分利用仓库的空间，对空间进行了双层设计，从而有效地利用空间。简单来说，就是利用钢梁和金属板对原有储区设置楼层间隔，每个楼层可放置不同种类的货架，而货架结构具有支撑上层楼板的作用。这种货架可以减小承重梁的跨距，降低建筑费用，提高仓库的空间利用率。

阁楼式货架的特点如下：
(1) 提高了仓储高度，增加了空间利用率。
(2) 上层仅限轻量物品储存，不适合重型搬运设备行走。
(3) 上层物品的搬运必须加装垂直输送设备。
(4) 适合各类型货品存放。
(5) 满足人工分拣和提高空间利用率的双重目标。
(6) 储物形态有托盘、纸箱、包、散品。

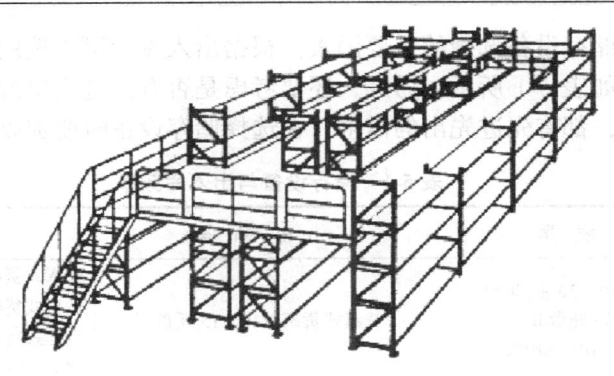

图 5-16 阁楼式货

5.1.14 储存设备的选用

配送中心要保证对下游需求的适时、适量供给，储存设备是最基本的需求，假如没有储存设备保持适当的物品保管量，便无法出货供给需求者。因此，储存设备的合理配置和选择显得尤为重要。

1. 选择要素

储存设备选择时要考虑的主要因素包括物品特性、出入库量、存取性、搬运设备、厂房结构等，如图5-17所示，也就是要根据各储区的功能和特征进行适当的选择。例如，仓储区的主要功能是供应补货，则可选用一些高容量的货架；而分拣区的主要功能是拣货，故可选用一些方便拣货的流动架等，以方便拣货作业。

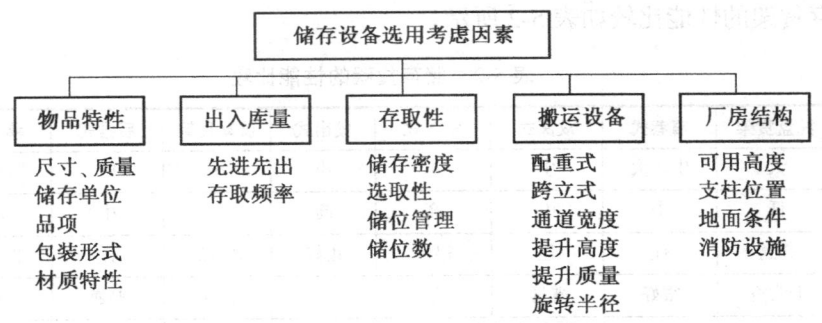

```
                储存设备选用考虑因素
   ┌──────┬──────┬──────┬──────┬──────┐
 物品特性  出入库量  存取性  搬运设备  厂房结构
 尺寸、质量 先进先出 储存密度 配重式   可用高度
 储存单位  存取频率 选取性  跨立式   支柱位置
 品项          储位管理 通道宽度  地面条件
 包装形式        储位数  提升高度  消防设施
 材质特性              提升质量
                       旋转半径
```

图 5-17 储存设备选用考虑因素

(1) 物品特性。物品的尺寸大小、外形包装等都会影响储存单位的选用，由于储存单位的不同，使用的储存设备就不同。例如，托盘货架适用于托盘储存，而箱货架则适合箱品使用。若外形尺寸特别，则有一些特殊的储存设备可选用。而对于货品本身的材料物性，如易腐性或易燃性等，在储存设备上就必须做防护考虑。

(2) 存取性。一般存取性与储存密度是相对的。也就是说，为了得到较高的储存密度，必须相对牺牲物品的可存取性。有些货架虽具有较好的储存密度，但其储位管理较为复杂，可存取性较差。唯有自动仓库可向上发展，存取性与储存密度俱佳，但相对投资成本较大。因此，选用何种式样的储存设备，应综合考虑各种因素才能做出决策。

(3) 出入库量。某些式样的货架虽有很好的储存密度，但出入库量却不高，适合于低频度的作业。出入库量是储存设备选择的重要因素。根据出入库量可以选用适当的储存设备。储存设备与出入库频率如表 5-1 所示。另外，还要考虑是否有先进先出的需求，一些时效性较强的物品，如食品等，都有先进先出的需求，在选择储存设备时要加以注意。

表 5-1 储存设备与出入库频率

储存单位	高 频 率	中 频 率	低 频 率
托盘	托盘流动式货架(20～30 托盘/h) 立体自动仓储(约 30 托盘/h) 水平旋转自动仓储(10～60s/次)	托盘式货架（10～15 托盘/h）	驶入式货架(约 10 托盘/h) 驶出式货架(同上) 后推式货架(同上) 移动式货架(同上)
容器	容器流动式货架 轻负载自动仓储(30～50 箱/h) 水平旋转自动仓储（20～40s/次) 垂直旋转自动仓储（20～30s/次)	中型货架	移动式货架
单品	单品自动拣取系统（6000 件/h）	轻型货架	抽屉式储柜

（4）搬运设备。储存设备的存取作业是以搬运设备来完成的，因此选用储存设备应同时考虑搬运设备。货架通道宽度直接影响叉车的选型，另外还需要考虑搬运设备的提升高度及提升能力。

（5）厂房结构。厂房结构也是影响设备选择的重要因素，如厂房的净空高度、梁柱的位置等，都会影响货架的配置，地板的承载能力、平整度等也与货架的设计、安装等有密切关系。另外，还需要考虑防火设施和照明设施的要求。

2. 储存货架的性能比较

各种储存货架的性能比较如表 5-2 所示。

表 5-2 储存货架的性能比较

比较项目	托盘货架	窄巷式	双深式	驶入式	驶出式	流动货架	后推式	移动式	AS/RS
面积	大	中、大	中	小	小	小	中	小	小
储存	低	中	中	高	高	高	中	高	高
空间利用	普通	佳	佳	很好	很好	非常好	佳	非常好	很好
存取性	非常好	很好	普通	差	差	普通	普通	好	非常
先进先出	可	可	不可	不可	可	可	不可	可	可
通道数	多	多	中	少	少	少	少	少	多
货格储位数	1	1	2	15	10	15	10	1	2
堆码高度/m	10	15	10	10	10	10	10	10	4
存取设备	各类叉车	转叉式堆垛机	双深堆垛机	叉车					堆垛机
入出库能力	中	中	中、小	小	小	大	小	小	大

3. 储存设备的选用原则

储存货品的进出货频率、品项及数量都会影响储存设备的选用，储存设备的选用原则如表 5-3 所示。

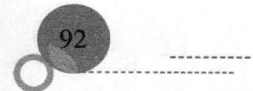

表 5-3 储存设备的选用原则

装载形态	频度	品项	数量	储存系统的选用
托盘	高	多	大	较大规模的自动仓库
			中	中型自动仓库
		少	大	流动托盘货架
			中	小型自动仓库
			少	输送带等暂放保管系统
	中	中	中	中型自动仓库
	少	多	大	托盘货架
			中	托盘货架
		少	少	地面堆码
箱	高	少	多	箱货架
			大	箱流动货架
			少	输送带等暂放保管系统
	中	中	中	箱货架
	少	多	大	箱货架
			少	箱货架
	少	少	大	箱流动货架
			少	箱货架
单品	高	多	少	轻型货架
		少	少	储物柜
	少	多	少	轻型货架

5.2 搬运设备

5.2.1 搬运设备的分类

配送中心的搬运设备以搬运车辆为主，一般可分为三大类：第一类是适用于轻负载较短距离搬运的手推车；第二类为低举升的托盘搬运车；第三类为高举升的叉车。手推车一般分为二轮手推车、多轮手推车及物流笼车三类；低举升车辆即一般的托盘车，举升高度为 100～150 mm；高举升车辆即一般的叉车，举升高度可达 12 m。另外，还可以按操作员的操作方式，分为步行式及坐椅式两大类。搬运车辆的分类如图 5-18 所示。

5.2.2 手推车

手推车系列的设计以轻便易携带为主，故广泛地用于仓库、制造工厂、百货公司、物流中心、货运站或配送途中，进行短程搬运，但此系列推车均不耐负重（一般限制在 500 kg 以下）且大多数没有举升能力，此特点和举升搬运堆高车辆有很大差异。手推车系列以其用途及负荷能力来分类，一般分为二轮手推车、多轮手推车及物流笼车三类。

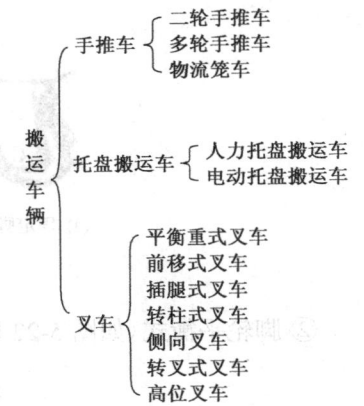

图 5-18 搬运车辆的分类

1. 二轮手推车

基本上，二轮手推车可分为东方型与西方型两类，如图5-19所示。东方型（Eastern Type）结构架呈推拔状，轮子在外侧，具有弧状或平的横板，用来搬运混装的货物时非常有用，如桶、袋子、箱子或其他等重物。西方型（Western Type）结构架平行，轮子在内侧，手把呈弧状，可配合货车搬运及用于火车站。

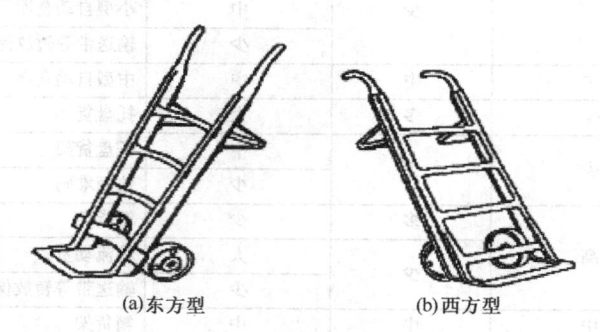

(a)东方型　　(b)西方型

图 5-19　二轮手推车

2. 多轮手推车

依用途及负荷不同，多轮手推车有不同尺寸及设计方式，可分为木制或金属制，其按脚轮类型及用途差异来区分有下列几种常用形式。

(1) 按脚轮类型分类。可分为两大类：平置式（Nontilting Style）及平衡式（Tilting or Balancing Style）。常用的有下列3种。

① 脚轮平置式（如图5-20所示）：一端为两个固定脚轮，如图5-21(a)所示；另一端为两个活动旋转脚轮，如图5-21(b)所示，或者是带制动的活动旋转脚轮，如图5-21(c)所示。台车高度较低，适用于轻度及中度负荷。

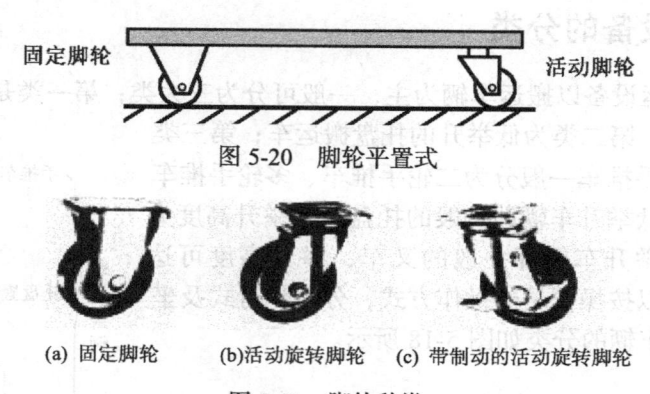

固定脚轮　　活动脚轮

图 5-20　脚轮平置式

(a) 固定脚轮　　(b)活动旋转脚轮　　(c) 带制动的活动旋转脚轮

图 5-21　脚轮种类

② 脚轮平衡式（如图5-22所示）：四轮均为活动脚轮，灵活度很高，适用于轻度负荷。

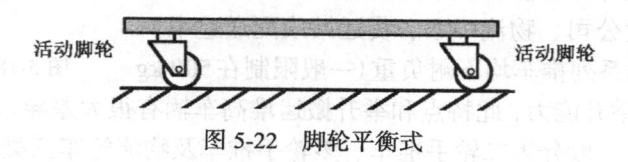

活动脚轮　　活动脚轮

图 5-22　脚轮平衡式

③ 六脚轮平衡式(如图 5-23 所示)：两固定脚轮在中间，两端各有两活动脚轮，适用于一般中重负荷。

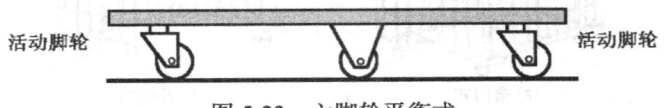

图 5-23　六脚轮平衡式

(2) 按用途分类。

① 立体多层式(如图 5-24 所示)：为了增加置物的空间及存取方便，把传统单板台面改成多层式台面设计。此种手推车常用于拣货。

② 折叠式(如图 5-25 所示)：为了方便携带，手推车的推杆常设计成可折叠形式。此种推车使用方便、收藏容易，故普及率高，市面上均有标准规格产品出售。

图 5-24　立体多层式 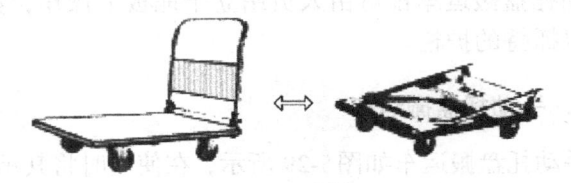　　　　图 5-25　折叠式

③ 升降式：在某些体积较小、质量较重的金属制品或人工搬运移动不便的搬运场合中，由于场地的限制而无法使用堆高机时，可采用升降式手推车。此种推车除了装有升降台面来供承载物升降外，其轮子一般采用耐负荷且附有制动定位的车轮，以供准确定位上下货。

④ 附梯式(如图 5-27 所示)：在物流中心，手推车在拣货作业中使用最广，而拣货作业常因货架高度的限制而需要爬高取物，故有些推车附有梯子以方便取物。

图 5-26　升降式 　　　　图 5-27　附梯式

3．物流笼车

物流笼车(如图 5-28 所示)的设计以大置物空间及可折叠收藏为考虑重点，故笼车高度一般高于 1450 mm，其利用向上延伸的空间来实现置物空间的最大使用率。其使用场合大都为配送出货前之集货及随车全程运送，故采用高强度焊接架构，表面经热浸镀锌处理再粉体涂装，以增长使用寿命。为了让流程作业清晰，一般均附有标识。

物流笼车常因制造厂家设计的差异，而有不同分类方式，一般可按笼车前方开口的封闭方式来区分，分为栅门式及挂钩式，如图5-28所示。如摆放货品体积较小且容易翻落时采用栅门式，反之，摆放货品体积较大时则采用挂钩式。另外，配合组合方式的不同，可自行分隔中间隔层，以方便小件货品的摆放管理。

(a) 栅门式　　　　　　(b) 挂钩式

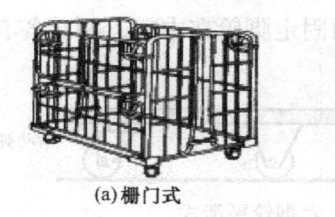

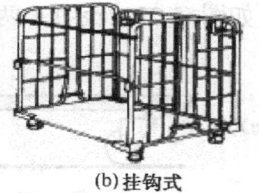

图 5-28　物流笼车

5.2.3　低举升的托盘搬运车

低举升的托盘搬运车分为手动和电动两种形式。手动托盘搬运车一般称为"托盘千斤顶"，靠人力进行水平或垂直移动。电动托盘搬运车由电瓶提供动力进行举升及搬运。所有的电动托盘搬运车都可由人员站立于地板上操作，如步行式搬运车，具有安全的操作平台及可以抓持的护栏。

1. 手动托盘搬运车

手动托盘搬运车如图5-29所示，在使用时将其承载的货叉插入托盘孔内，由人力驱动液压系统来实现托盘货物的起升和下降，并由人力拉动完成搬运作业。它是托盘运输中最简便、最有效、最常见的装卸、搬运工具。

手动托盘搬运车通常用于搬运1500～3000 kg的负载，适合搬运宽度为750～1500 mm的托盘。因为托盘搬运车的两叉宽度不可调，因此托盘的尺寸必须标准化。地板的构造及地板表面平整程度会影响安全的举升高度、搬运效率及操作性。

图 5-29　手动托盘搬运车

手动托盘搬运车的基本性能参数如表5-4所示。

表 5-4　手动托盘搬运车的基本性能参数

项　目	单　位	参　数				
额定起重量	kg	1000	1500	2000	2500	3000
货叉起升高度	mm	120				120
货叉下降最低位	mm	80				100
托盘叉口有限高度	mm	100				120

2. 电动托盘搬运车

电动托盘搬运车如图5-30所示，由外伸在车体前方的、带脚轮的支腿来保持车体的稳定，货叉位于支腿的正上方，并可以微起升，使托盘货物离地进行搬运作业。它通常用于短距离搬运中等质量负载。

根据驾驶员操作的不同可分为步行式电动托盘搬运车（如图5-30(a)所示）、踏板驾驶式电动托盘搬运车（如图5-30(b)所示）和侧座式电动托盘搬运车（如图5-30(c)所示）。

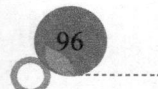

(a) 步行式　　　　　(b) 踏板驾驶式　　　　　(c) 侧座式

图 5-30　电动托盘搬运车

5.2.4　高举升的叉车

1. 平衡重式叉车

在车体前方具有货叉和门架，在车体尾部设有平衡重的装卸作业车辆，称为平衡重式叉车，简称叉车。以内燃机为动力的平衡重式叉车，简称内燃叉车。它机动性好，是应用最广泛的叉车；功率大，重、大吨位的叉车如图 5-31 所示。

平衡重式叉车按动力可分为柴油(FD)叉车、汽油(FG)叉车、液化石油气(FL)叉车和电动叉车；按传动方式可分为机械传动叉车、液力传动叉车和静压传动叉车。

平衡重式叉车的主要参数包括：
- 额定起重量、载荷重心；
- 起升高度、自由起升高度；
- 运行和起升速度；
- 最小转弯半径、最小直角通道宽度、最小直角堆垛宽度。

平衡重式叉车广泛应用于港口、车站、机场、货场、工厂车间、仓库、流通中心和配送中心等，并可进入船舱、车厢和集装箱内进行托盘货物的装卸、搬运作业。

2. 前移式叉车

前移式叉车是门架(或货叉)可以前后移动的叉车。运行时，门架后移，使货物重心位于前、后轮之间，运行稳定，不需要平衡重，自重轻，可减小直角通道宽度和直角堆垛宽度，适合在车间、仓库内工作，如图 5-32 所示。

图 5-31　平衡重式叉车　　　　　图 5-32　前移式叉车

3. 插腿式叉车

插腿式叉车一般由电动机驱动、蓄电池供电。其作业特点是起质量小、车速低、结构简单、外形小巧，如图 5-33 所示，适于在通道狭窄的仓库内作业。

4. 侧面叉车

侧面叉车的门架、起升机构和货叉位于叉车的中部，可以沿着横向导轨移动。货叉位于叉车的侧面，侧面还有一个货物平台。当货叉沿着门架上升到大于货物平台高度时，门架沿着导轨缩回，降下货叉，货物便放在叉车的货物平台上。侧面叉车的门架和货叉在车体一侧。车体进入通道，货叉面向货架或货垛，装卸作业不必先转向再作业。因此，这种叉车适合于窄通道作业，适用于长、大物料的装卸和搬运，如图 5-34 所示。侧面叉车按动力不同可分为内燃型、电瓶型；按作业环境可分为室外工作(充气轮胎)型、室内工作(实心轮胎)型。

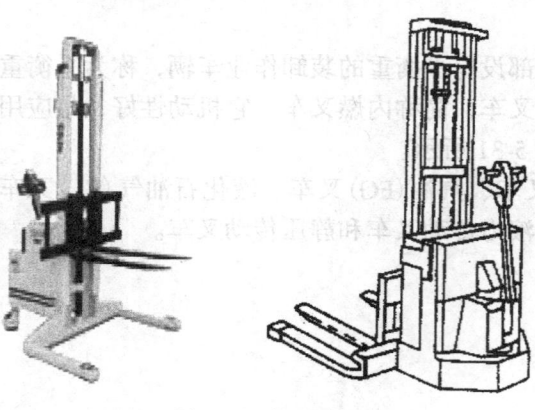

图 5-33 插腿式叉车

图 5-34 侧面叉车

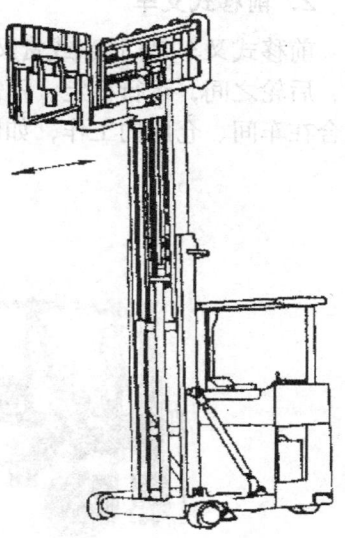

5. 高货位拣选叉车

高货位拣选叉车的主要作用是高位拣货，适用于多品种、数量小的货物的入库、出库的拣选式高层货架仓库。高货位拣选叉车的外形如图 5-35 所示。

高货位拣选叉车的起升高度一般为 4~6 m，最高可达 13 m，可大大提高仓库空间利用率。操作台上的操作者可与装卸装置一起上下运动，并拣选储存在两侧货架内的物品。

5.2.5 搬运设备的选用

选择搬运设备时，需要考虑的主要因素包括商品的特性、单位、容器、作业流程、储位空间的配置以及配送中心自动化水平等。通过对这些因素的分析，才能选择合适的搬运设备。

1. 搬运设备的比较

各类搬运设备的性能与应用如表 5-5 所示。
搬运车辆的主要选择要素是搬运的距离及速度。

图 5-35 高货位拣选叉车

表 5-5 搬运设备的性能与应用

类别	形式		举升高度/m	负载能力/kg	用途	
手推车	二轮手推车		N/A	200~500	以人力推进搬运的工作	
	四轮手推车		N/A	200~500	轻负荷产品的搬运或用于拣货,可配合叉车作业	
	托盘车		0.15	1000~2500	轻负荷、短距离搬运	
	动力提升叉车		1~3.6	500~1000	轻中负荷、短距离搬运	
动力叉车	电动式		0.15	1000~2500	具动力,水平搬运用	
		平衡重式 三轮坐式	3~4.5	1000~2000	用于室内,干净、安静的作业	在狭窄空间,作业灵活,适用于站台作业
		平衡重式 四轮立式	3~4.5	1000~2000		四轮设计,可提高舒适性与生产力
		平衡重式 四轮坐式	3~4.5	1000~5000		重负载,适用于货柜车的装卸
		窄道式 支腿式	4.5~6	1000~2000	可减小通道宽度,提高空间利用率	可快速处理单一规格的托盘负载
		窄道式 前移式	4.5~6	1000~2000		具有伸缩机构的举升叉,可用于不同托盘规格
		窄道式 拣取式	4.5~6	1500		用于快速货品拣取,作业员与举升叉一同升降
	引擎式硬胎叉车				用于室内、站台附近,适用于货柜车的装卸	
	引擎式气胎叉车				用于工厂、较不平地面或斜坡及长距离搬运	

2. 步行式车辆

一般步行式搬运车辆的操作速度通常限制在 5 km/h 以下,单向搬运的距离在 100 m 以内。使用的频率也要考虑在内,因为使用步行式车辆,如果搬运距离太长,次数频繁,则易造成作业员疲劳,降低作业效率。储存密度及高度也是考虑的重要因素。在较密集及堆码高度较低的储存情况下,步行式车辆可提供较好的作业性。通道宽度及高度的条件也必须考虑。这些条件与车辆的形式有关,现列于表 5-6 供参考。实际规格尺寸可参考厂商产品目录。

表 5-6 步行式搬运车辆的通道作业宽度及交叉通道宽度

举升能力	步行式搬运车辆	直角堆码通道宽度/m	交叉通道宽度/m	安全高度/m	扬程/m
低举升	步行式托盘车	1.5~1.8	1.5~1.8	—	0.150
	步行/立式托盘车	1.8~2.1	1.8~2.1	—	0.150
高举升	支腿式叉车	1.8~2.4	1.8~2.4	2.4	4
	前移式叉车	1.8~2.4	1.8~2.4	2.4	4
	平衡重式叉车	2.7~3.3	2.7~3.3	2.4	4

步行式叉车堆码高度一般在 5 m 以下。基于安全理由,在作业区域均要装有安全架。负载的举升速度大约在 0.1~0.2 m/s。举升速度与电瓶电压的大小、升降架的形式、负载的质量及油压泵的大小有关。

单位负载的规格必须考虑与标准规格的相容性。这些规格包括负载的高度、宽度、长度、质量,以及储存运输的标准:托盘的形式、运输的距离及堆码的高度。

最后还要考虑的因素包括斜坡的坡度、地板的负荷条件、举升的限制、作业的间隔及环境的条件,如危险的化学物品、湿度、温度等。

3. 叉车的选用

考虑使用作业环境、作业条件以选用能满足作业需求的叉车性能。叉车的选用,必须评估最基本的5个性能因素,即负载能力和尺寸、扬程、行走举升速度、机动性及爬坡力。因此,必须向制造商洽询详细规格资料,仔细评估每项性能因素,以决定是否能满足作业的需求及有效地存取货品。

保管作业中最主要的因素为扬程及行走举升速度。伸展扬程可决定货品堆码的高度,一般可视其需求选购高低扬程不同的升降架。行走举升速度直接影响叉车的作业效率。动力系统的形式直接影响行走举升速度。电瓶、电动机及控制技术的不断进步,对于行走举升速度有很大的提升。一般在室内,最大的行走速度为10～13 km/h,在室外则大于此速度。叉车油压系统的设计、功率及流量(L/min)的大小,直接影响举升速度。目前电动叉车举升速度为18～30 m/min。

5.3 输送设备

5.3.1 输送设备概述

输送机是按照规定路线连续或间歇地运送散料和成件物品的搬运机械。在物流系统中,其搬运作业以集装单元化搬运最为普遍,因此,所用的输送机也以单元负载式输送机为主。输送的单元负载包括托盘、纸箱、塑胶箱容器以及其他固定尺寸单位的货品。

根据是否需要动力源,单元负载式输送机可分为无动力式(重力式)及动力式两种。无动力式输送机利用欲输送物品本身的质量为动力,在一倾斜的输送机上由上往下滑动。动力式输送机一般均以电动机为动力。根据传送的介质不同,动力输送机可分为链条式、滚筒式、皮带式及悬挂式;根据应用功能和场合不同,单元负载式输送机可分为基本输送型输送机、积存式输送机和分类输送机等。

本节主要介绍单元负载式输送机的种类及特点,其分类如图5-36所示。

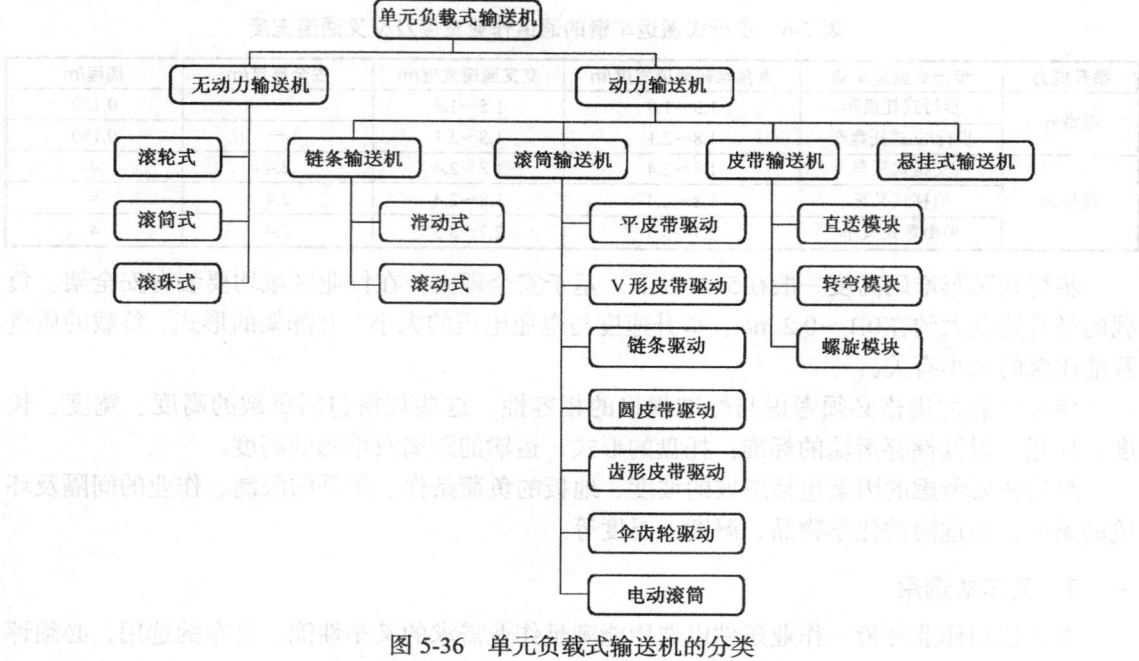

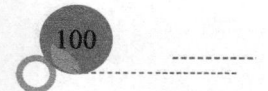

图5-36 单元负载式输送机的分类

5.3.2 无动力输送机

无动力输送机根据其输送介质不同可分为无动力滚筒输送机、无动力滚轮输送机和滚珠输送机。

1. 无动力滚轮输送机

重力式滚轮输送机(如图 5-37 所示)，有时称为"溜冰鞋滑轮(Skate Wheel)"。主要特点为质量轻，易于搬动，在转弯段部分，滚轮独立转动。对于较轻的物品，滚轮的转动惯量较低，且组装、拆装快速容易。

(1) 应用范围。对于一些表面较软的物品，如布袋，滚轮较滚筒有更佳的输送性。在这种应用场合中，可选择排成一列的方式，若如此物品会循迹滑动。若底部有挖空的容器及篮子，则不适合使用滚轮输送机。为使物品输送平顺，在任何时候一个物品至少要有 5 个滚轮支撑（分布在 3 支轴上），如图 5-38 所示。

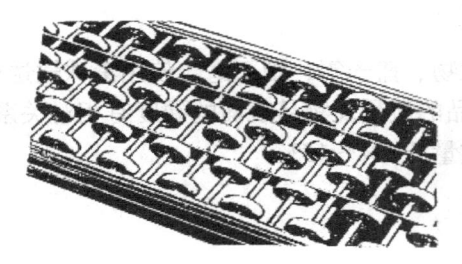

图 5-37　重力式滚轮输送机

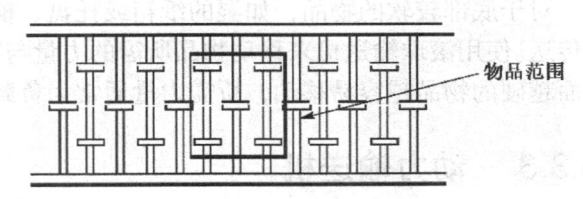

图 5-38　物品至少要有 5 个滚轮支撑

(2) 材质选择。滚轮式输送机的骨架有钢及铝两种材质可供选用。铝的骨架材质用于负载较轻且可移动装设的情况，与钢骨架相比较，其负载能力较小。而滚轮则有钢质、铝质、塑料之区分，一般钢质滚轮的负载能力为 11～23 kg，铝质的为 4.5～18 kg，塑料的则在 10 kg 以下。

2. 无动力滚筒输送机

滚筒式输送机的特点为滚筒、轴、轴承、骨架、支撑架等组件的组合非常多样，如图 5-39 所示，可满足各种不同的应用需求。选择组合的方式时，要考虑输送的物品特性、安装的环境及设备的成本等条件。物品特性会影响输送的稳定性，一般至少应有 3 个滚筒同时接触一个物品，如图 5-40 所示。

图 5-39　滚筒式输送机

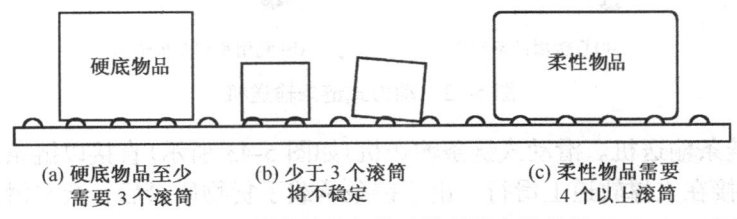

(a) 硬底物品至少需要 3 个滚筒　(b) 少于 3 个滚筒将不稳定　(c) 柔性物品需要 4 个以上滚筒

图 5-40　滚筒支撑数与物品输送稳定性的关系

重力式滚筒输送机的应用范围较滚轮式广。塑料篮、容器、桶形物等均适用于滚筒输送机，而不适用于滚轮输送机。虽然有一些模块的骨架及滚筒使用铝质材料来减轻质量，但还是比滚轮输送机重，故并不适用于需要经常移动或拆装的场合。

3. 滚珠输送机

滚珠输送机(如图5-41所示)是在一个床台上装有可在任意方向自由转动的万向滚珠,用于较硬表面的物品在输送机之间的传送。滚珠输送机使用时不需要润滑,并且不能用于灰尘多的环境中。定期维护时,应清理灰尘及其他物质。在作业时,滚珠滚动会在物品的表面留下滚痕,如铜、软木材或高精度的钢板。

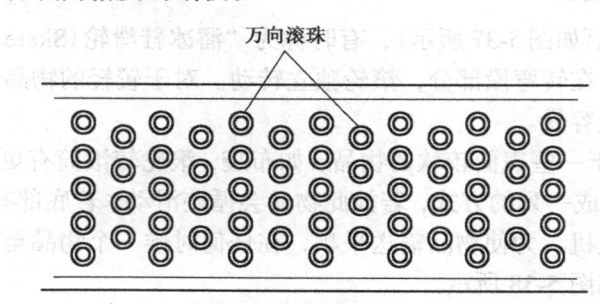

图 5-41 滚珠输送机

对于底部较软的物品,如湿的纸箱或托盘、桶状物、篮子等,则不适合使用滚珠输送机来传送。使用滚珠输送机来移动物品所需的力量与物品的质量及物品表面的硬度有相对关系。表面越硬的物品越容易移动,所需力量通常为负载质量的 5%~15%。

5.3.3 动力输送机

1. 链条输送机

动力式链条输送机(如图5-42所示)可用于输送单元负载货物,如托盘、塑料箱,也可利用承载托板来输送其他形状物。动力式链条输送机根据输送链条所装附件的变化,可产生不同的应用形式(滑动式、推杆式、滚动式、推板式、推块式),而在物流中心的使用则以滑动式(Sliding)及滚动式(Rolling)为主。

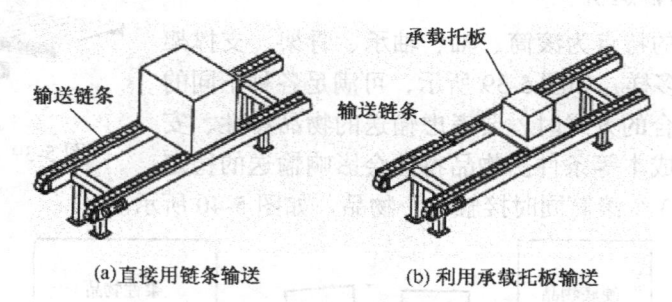

图 5-42 动力式链条输送机

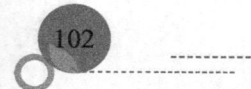

(1)滑动式链条输送机。滑动式链条输送机(如图 5-43 所示)直接以链条承载货物,且链条两边的板片直接在支撑轨道上滑行。由于链条承载了货物质量后,会与滑行轨道产生较大的摩擦阻力,故滑行轨道必须使用低摩擦系数且耐磨耗的材料,其适用于较轻的荷重及较短距离的输送。

滑动式链条输送机,其输送链条构造简单,维护容易,且成本低廉,但噪声大,动力损耗高又不耐荷重,故已逐渐被滚动式链条输送机取代。

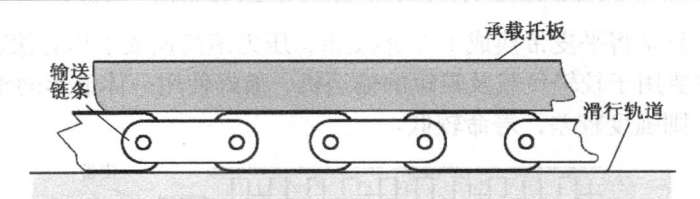

图 5-43 滑动式链条输送机输送方式

(2) 滚动式链条输送机。

滚动式链条输送机是在承载链条上的每目之间再加装一个较高的承载滚子附件来承载货物。链条以滚子在轨道上滚动滑行，如图5-44所示。由于链条上的滚子与轨道之间为滚动接触，摩擦阻力小，所以动力损耗低且可承载较重的荷重。其荷重能力与支架强度、链条大小及滚子尺寸、材质均有关系，而滚子的材质一般为钢，但有些场合为了降低噪声，采用耐磨耗的工程塑料制造。

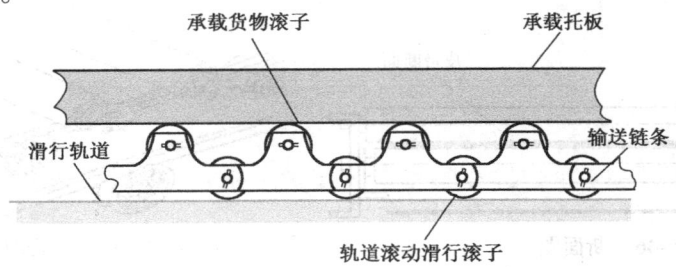

图 5-44 滚动式链条输送机输送方式

另外，承载货物的滚子与承载托板间，在输送堆积时会产生滑动及滚动两种接触方式。一般输送情况下，货物在承载托板上，承载托板与承载滚子间因荷重产生摩擦力而随着链条向前输送，一旦承载托板堆满线，承载托板与承载滚子间便出现打滑现象，而使滚子空转，链条继续向前移动，如此便可达到区段积存功能，而不需要停止输送机。

(3) 动力式链条输送机的特点。

① 连续式运转，链条必须有轨道支撑。
② 除输送方形的规则物外，其他货品必须以承载托板输送。
③ 以承载托板输送时，必须加装承载托板的回收装置。
④ 输送速度慢。
⑤ 构造简单，维护容易。
⑥ 可应用于自动仓库前段及装配、包装等区域。

2. 滚筒输送机

动力式滚筒输送机的应用范围很广，可用于积存、分岔、合流及较重的负载，另外也广泛用于油污、潮湿及高、低温的环境。动力式滚筒输送机有多种不同的驱动方式。以下将具体介绍各种驱动方式。

(1) 平皮带驱动滚筒(Flat-belt-driven Live Roller)。平皮带驱动滚筒输送机的构造与皮带输送机的构造非常类似，只是在皮带上方装有一列承载滚筒(Carring Rollers)，下方装有调整松紧的压力滚筒(Pressure Rollers)，如图5-45 和图5-46所示。

(2) V 形皮带驱动滚筒。V 形皮带驱动滚筒如图 5-47 所示。V 形皮带的驱动方式与平皮带驱动方式相同，只是将平皮带换成了V形皮带，压力滚筒换成了压力滚轮，安装于骨架的侧边。V形皮带主要用于较轻负载及较短的输送机，最好使用一体成形的整圈V形皮带，如使用搭接的方式，则强度较差，寿命较低。

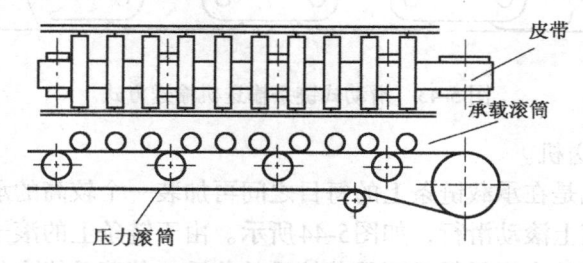

图 5-45　平皮带驱动滚筒输送机

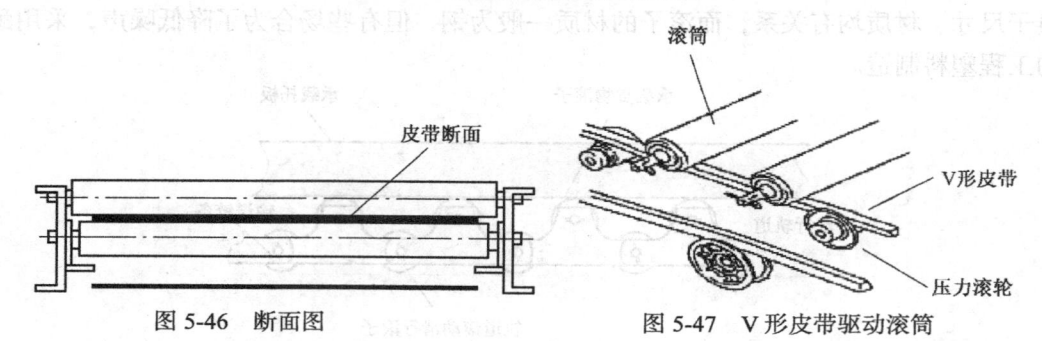

图 5-46　断面图

图 5-47　V形皮带驱动滚筒

V形皮带驱动滚筒，很适合用于转弯及接合的部分。因为V形皮带可沿着曲线弹性变形，而且，使用相同的动力及V形皮带，除可驱动直送模块外，还可带动转弯及接合模块。

(3) 链条驱动滚筒(Chain-driven Roller)。链条驱动滚筒输送机可应用于较严格的工作条件，如重负载、油污、潮湿及较高或较低的环境。链条驱动分为两种形式：连续式及滚筒对滚筒式。连续式的成本较低，但应用的限制条件较多。

连续式(Continuous)链条驱动滚筒如图5-48和图5-49所示，使用单一链条驱动附有链轮的滚筒（每支滚筒只焊接一个链轮）。因只使用单一链条，故每支滚筒的链轮只有几齿与链条接触，因此不适合输送较重的负载，也不适合启动、停止频繁的情况。链轮的大小会影响滚筒的间隔。如需要较小的滚筒中心距，可使用倍宽度的链条，配合交错排列的链轮；或者在每两个驱动滚筒之间设置一惰轮滚筒，但驱动电动机部分应置于输送机的输出端。

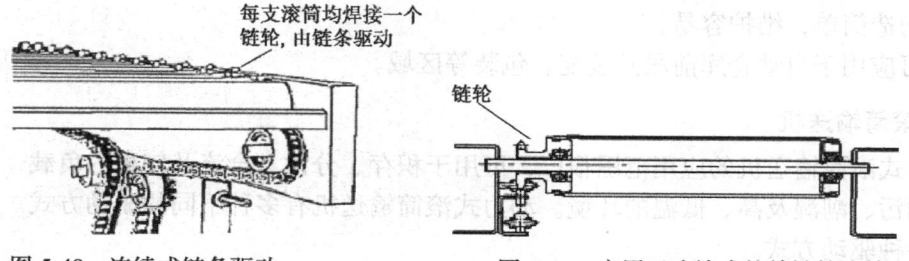

图 5-48　连续式链条驱动

图 5-49　应用于连续式的单链轮滚筒

滚筒对滚筒式(Roller to Roller)的构造如图5-50和图5-51所示，在每支滚筒上焊有两个链轮，链条以交错的方式连接一对对的滚筒，如此使得每支滚筒上的链轮与链条有较大的接触弧角，因而具有较大传动力。因为链条的拉力及松弛会累积，所以此种输送机的长度有限制。一般连续链条圈数不超过 80。如将驱动单元置于输送机中心，则可两边各 80 圈，总数达到 160 圈。至于保养方式，可以手动转动滚筒定期润滑链条。如速度超过 45 m/min，或者在较高温度的环境中使用，则需要安装自动链条润滑装置。

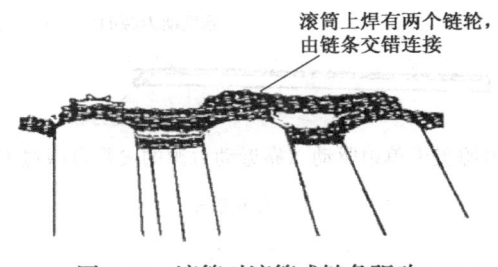

图 5-50 滚筒对滚筒式链条驱动

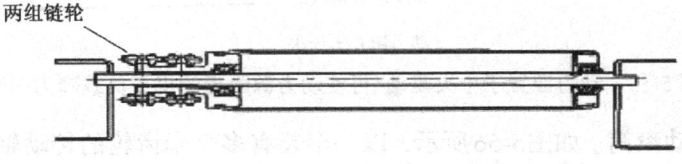

图 5-51 应用于滚筒对滚筒式的双链轮滚筒

(4) 圆皮带(优力胶圆皮带，Urethane Belt)驱动滚筒。圆皮带驱动方式是利用电动机带动线轴，再经由线轴上的圆皮带驱动每支滚筒，如图 5-52 所示。利用万向接头接合各模块传动线轴，则线轴可用于驱动转弯模块、分岔模块等，而不需要另装电动机，如图 5-53 所示。

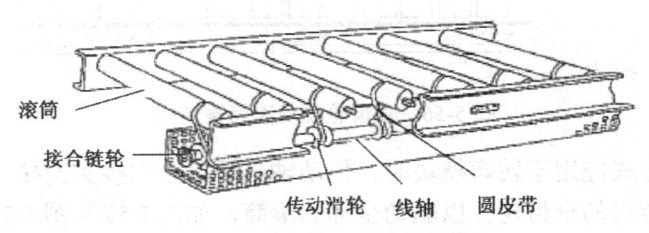

图 5-52 圆皮带驱动滚筒输送机

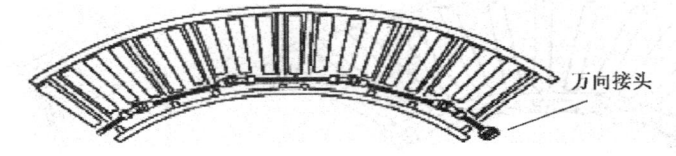

图 5-53 利用万向接头的转弯模块

圆皮带驱动滚筒输送机线轴的传动方式除了具有安静、干净、安全的优点外，由于线轴的衔接很容易，且动力传递距离长，配合铝合金支架后，尤其适于模块化。

(5) 齿形皮带驱动滚筒。

这种驱动方式与滚筒对滚筒链条驱动方式类似，只是在每一对滚筒间，改以小型的塑料齿轮配合齿形皮带传动，适用于较轻负载的输送。这种传动方式省去了链轮所要占用的大空间，使整个输送机宽度缩小，且没有金属链条的摩擦传动声，减少了噪声。这种驱动方式使整个输送机的负载都必须由与动力源连接的齿形皮带承受，而其余的齿形皮带的负载，则随着其与动力源的距离增加而逐渐降低。为避免与动力源衔接的皮带负载过大，一般动力源的位置都放置于输送机的中央,如图 5-54 和图 5-55 所示,或者当输送机过长时,每隔几支滚筒即以一支电动滚筒作动力源,以减小与动力源连接的皮带负载,当然,此时电动滚筒的距离间隔要比单纯装置电动滚筒与无动力滚筒的输送机大,可减少电动滚筒使用的支数。

图 5-54　动力源置于单边驱动(靠近动力源的皮带负载过大,容易损坏)

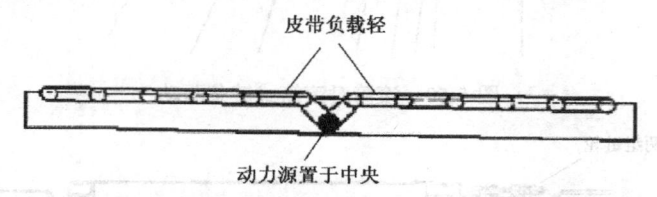

图 5-55　动力源置于中央驱动(可使动力源附近的皮带负载降为一半)

(6)伞齿轮驱动滚筒。如图 5-56 所示,以一个装有多个伞齿轮的传动轴,通过装在滚筒轴端的伞齿轮传动驱使滚筒转动。这种传动方式的负载能力强,但在输送机侧边所占的空间很大,且需要加覆盖以避免造成工作上的危险。

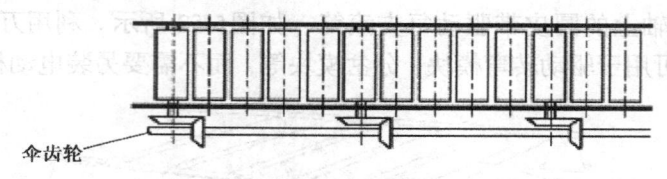

图 5-56　伞齿轮驱动滚筒输送机

当伞齿轮驱动方式应用于转弯模块时,传动轴必须以万向接头连接,或者在邻接滚筒的伞齿轮间加装自由游动的伞齿轮,以驱动全部的滚筒,如图5-57和图5-58所示。

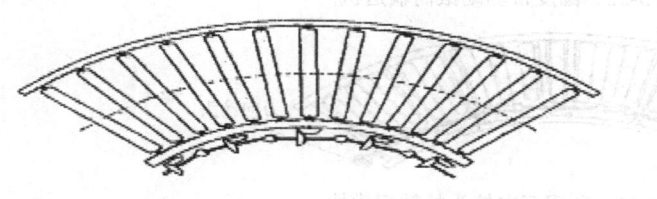

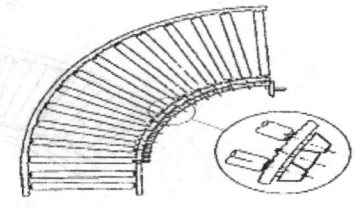

图 5-57　转弯模块以万向接头连接驱动伞齿轮来传动　　图 5-58　伞齿轮直接传动的转弯模块

(7)电动滚筒。电动滚筒(如图 5-59 所示)本身拥有动力,故不需要任何传动设备,使输送线更简单、安全、洁净,一般用于动停控制频繁的场合。由于其价格昂贵,故在实际使用时,每隔几支没有动力的滚筒,才装置一支电动滚筒。

(8)各类动力式滚筒输送机的比较。滚筒输送机因驱动形式的不同而使其承载滚筒设计不同(如表 5-7 所示),而在应用上也有些差异,其

图 5-59　电动滚筒

比较如表 5-8 所示。

表 5-7　各种滚筒输送机的承载滚筒设计比较

驱动形式	宽度/mm	速度/(m/min)	承载滚筒 直径/mm	壁厚/mm	间距/mm
平皮带	300～900	12～30	35～64	1.0～1.6	38～300
V形皮带	300～600	3～18	35～48	1.6～1.8	38～150
连续式链条	250～900	1.5～30	48～64	1.6～2.0	90～318
滚筒对滚筒	300～1400	3～18	48～90	1.6～2.0	80～100
圆皮带	300～1300	9～36	50～64	1.4～1.6	75～230

表 5-8　各种滚筒输送机的应用比较

驱动形式	压力滚筒间距/mm	平均最大负载/(kg/m)	平均最大长度/m	应用
平皮带	150	186	60	压力滚筒可调，可用于积存
V形皮带	150	75	15	不适用于重负载及连续作业
连续式链条	不用	225	15	适用于45 kg以上负载
滚筒对滚筒	不用	没有限制	12	适用于托盘及重负载
圆皮带	不用	90～300		只需要一个驱动电动机，即可驱动复杂结构

3．皮带输送机

皮带输送机是水平输送机中较经济的一种，也可用于有坡度的输送（如图 5-60 所示）。皮带可由滚筒或金属滑板来支撑。皮带式滚筒、骨架及驱动单元有很多组合的方式，由输送的物品及系统的应用需求来决定采用。皮带的断面也会影响输送机端部滚筒及驱动方式的设计，如较厚的皮带及较重的材料需要较大的皮带轮直径。

(1) 皮带支撑形式。

① 滑板式：皮带下方以滑板支撑，一般滑板的形式用于较轻负载及速度较低的情况（30 m/min 以下）。

图 5-60　皮带输送机

② 滚筒式：皮带下方以滚筒支撑，滚筒式的床座所需动力较小，且皮带寿命较长，输送能力较大。

(2) 负载能力。皮带输送机的负载能力与皮带支撑形式有很大关系，滚筒式不但输送能力较强，且负载能力更强，如表 5-9 所示。

表 5-9　皮带输送机负载能力

输送能力/hp	滑板式负载能力/kg	滚筒式负载能力/kg
1/3	180	510
1/2	340	1130
3/4	540	2400
1	720	3180

(3) 模块形式。

① 转弯模块（如图 5-61 所示）：皮带输送机因皮带具有可伸张性，故其在转弯模块上应用很广，从 30°～180° 都有，但以 90° 使用最普遍。

② 螺旋模块（如图 5-62 所示）：转弯皮带也有螺旋的构造，可用于物品的爬升。中心线的

有效倾斜角一般为16°～20°，有90°及180°的模块，可提供多种弹性的组装方式。螺旋模块与倾斜皮带所需空间尺寸比较如图5-63所示。

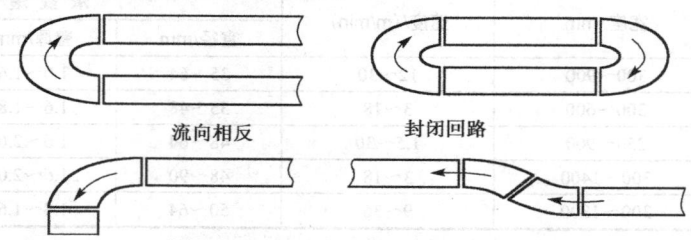

图5-61 各种角度的转弯模块组合

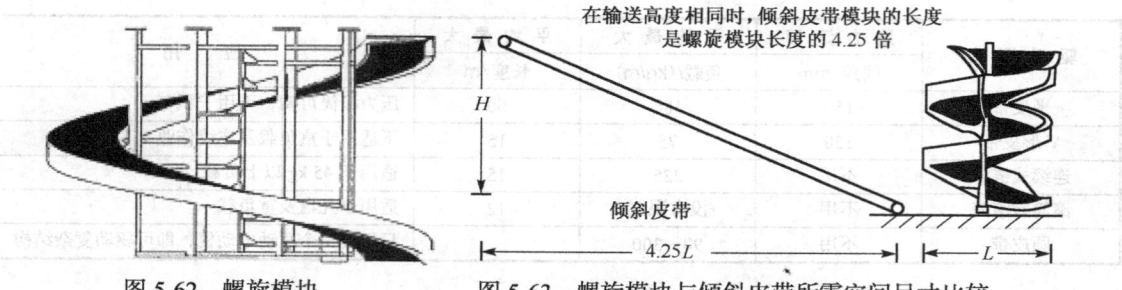

图5-62 螺旋模块

图5-63 螺旋模块与倾斜皮带所需空间尺寸比较

5.3.4 积存输送机

积存输送机（Accumulation Conveyor）的分类如图5-64所示。

1. 一般型积存输送机

重力式滚轮及滚筒是常用的最便宜、最简单的积存输送机。其应用非常广泛，但对于某些物品易造成安全及物品毁损的问题。此种形式不能用于系统的主输送线，或者物品的移动必须处于某一速度并在一特定时间内完成的情况。

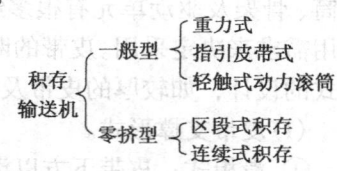

图5-64 积存输送机的分类

积存输送机也可由几段皮带输送机组成，称为阶段指引皮带输送机（Cascade Indexing Belt Conveyor）。物品移动到第一段皮带上，物品尾端碰到传感器，从而停止输送；下一件物品抵达时，输送机再次激活移动，直到此物品尾端完全在皮带上。这将持续到第一件物品到达输送机的末端，接着传感器会指示有一排满列的物品在第一段输送带上，然后这一列物品会被完整地移动至最远程的空输送带上。物品可以从此积存线上释放端移走，可一次移出一件物品或一整列物品。当此释放端的输送带完全空闲时，会再将前一段输送机上的一列物品送入。

另一种一般型积存输送机就是轻触式动力滚筒输送机，其应用皮带驱动的滚筒，调整压力滚筒，使带动承载滚筒的驱动力为最小。此方式对前端物品会产生推挤的压力，而且对于质量变化较大的物品推挤情况会较明显。因为压力滚筒的设定，以带动最重物品为最低的设定基准，如此会对其他较轻物品增加推挤压力。

2. 零挤型积存输送机

大部分制造商均有其独特设计的零挤型积存输送机，基本动作原理主要是以间歇方式停止部分区段输送机滚筒的动力，以避免后方物品推挤前方物品。零挤型积存输送机的积存方式可分为两种：区段式及连续式。

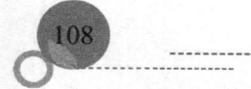

(1)区段式积存(如图5-65所示)。是将输送机分为几个区段,通常一个区段长度为600~760 mm。每区段的动力由一个传感器控制,动作时,可将下一区段动力切断。积存线的第一区段由一个外部的传感器控制(通常由前方物品堆积满线的传感器感应通知),或者由来自系统控制器的信号控制。当物品到达第一区段时即停止,并触发传感器而切断第二区段的动力。物品从积存输送线上释放有两种方式:间隔式及整列式,如图5-66所示。

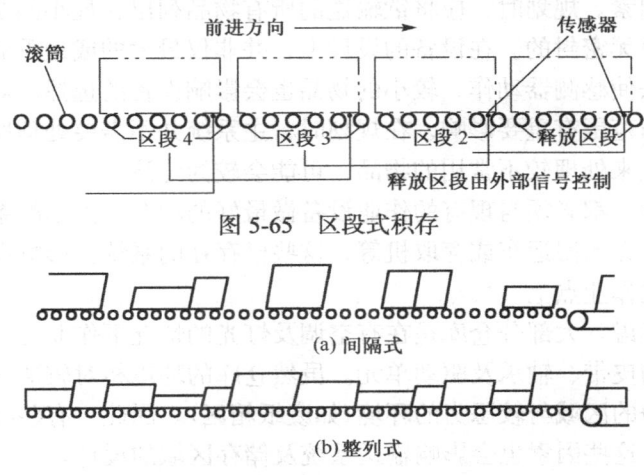

图 5-65 区段式积存

(a) 间隔式

(b) 整列式

图 5-66 区段式积存输送机的释放方式

有些形式的积存输送机只具有间隔式的功能,上一区段的传感器开启后即作为动释放区段的动力,使暂停于此区段的物品随即送出。例如,纸箱的密封包装的应用,应选择间隔式,可将物品与物品加以间隔。

整列式积存线可在同一时间,启动所有区段的动力,而将整条积存线上的物品送出。例如,做叠栈机的应用时,整列式的供给方式较为适用。

对于区段式积存,物品的最大、最小长度与区段长度的关系非常重要,区段的设计通常以处理最大的物品为主,但有些情况下,一个物品可能会横跨两区段,从而产生物品的推挤压力。另一种情况是两个较小的物品可能停留在一个较大的区段内,导致不可预测的释放问题。

(2)连续式积存。物品一个靠着一个堆满整个输送机,如堆挤压力过大,则易造成物品损坏。为了降低堆挤压力,有许多种设计方式,主要原理即在某段时间内移去大部分输送机的动力而保持少许段落具有动力,这样整线仍存有很小的驱动力,但已不足以对物品造成损坏,如图5-67所示。

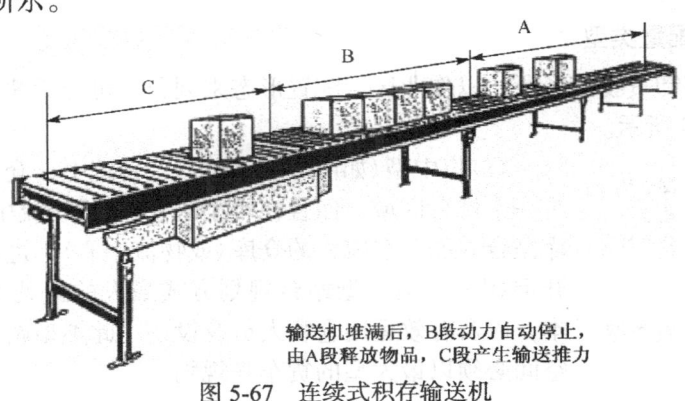

图 5-67 连续式积存输送机

5.3.5 输送设备的选用

因为输送物品的表面与输送机直接接触，因此物品的特性直接影响设备的选择及系统的设计。输送物品的特性包括尺寸、质量、表面特性(软或硬)、处理的速率、包装方式及重心等，均是要考虑的因素。规划时，应将欲输送的所有物品列出，最小的及最大的，最重的及最轻的，有密封的及无密封的。在设备的设计上，并非仅最大的或最重的物品会影响设计，较轻的物品可能无法使感测器动作，较小的物品也会影响设备的选择。对于某些累积式输送机，物品质量的分布范围有重要影响，在规划时，主系统并不需要处理所有的物品，用第二套系统或人工的方式来处理较不常用的物品，可能会较为经济。

所有新的输送机，都必须与现有的作业设备做最好的配合。简单的系统，如叉车，复杂的系统，如机器人、无人搬运车或存取机等，这些已存在的系统会影响设备的选择及配置，特别是在交接的输送作业点上。

环境条件也要考虑。大部分仓库是在有空调及灯光的情况下作业的。如有极端温度的情况，需要选用特殊的皮带、轴承及驱动单元。虽然仓库的环境相对较洁净，但是输送机系统有时必须连接较洁净的区域与较恶劣的环境(如废纸箱区)。因此，有些物品基于健康、安全的因素，必须隔离。这些因素也会影响输送系统及储存区域的设计。

所有的货品搬运设备都需要不同程度的维护。对于无动力系统，通常只需要定期检查，以确保滚轮的转动正常；对于较复杂的系统，则应由制造商提供定期性维护措施。一般公司对于昂贵的生产制造设备，均会编制固定的维护人员，但对于仓库中的设备，则觉得无此需要而忽略。其实在初步规划阶段，对于复杂的搬运系统，维护的成本必须列入采购的预算中，而维护的需求也应列为系统的选择及评价的考虑因素。

新的输送系统可能会加上一些信息管理系统的功能。控制系统的复杂程度、输送机控制的信息来源及系统信息的功能，都应在设计输送机控制系统时优先考虑。在很多案例中，兼顾输送机的控制系统及信息管理系统，会影响对供应商的选择。

5.4 站台设施与设备

5.4.1 站台类型

1. 站台区域配置类型

站台是货车装卸货物的场所，以作业区域配置形态来划分，可分为两大类型：集中型及分散型，如图 5-68 所示。

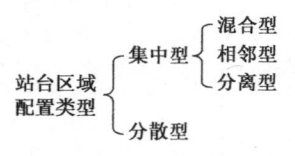

站台区域配置类型 ┬ 集中型 ┬ 混合型
　　　　　　　　　│　　　　├ 相邻型
　　　　　　　　　│　　　　└ 分离型
　　　　　　　　　└ 分散型

图 5-68　站台区域配置类型

(1)集中型(如图 5-69 所示)。传统上，仓库(或物流中心)只有一个站台区域，而且在较小的仓库(或物流中心)中，出库及进库是合并的；在较大的仓库(或物流中心)，进货及出货就可能分开但相邻。集中型站台规划方式最大的好处就是可降低监管成本，以及有效运用仓管人员及设备。此类型站台外部货车的作业空间必须以最大型的货车来规划。

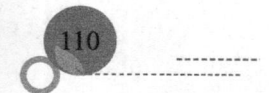

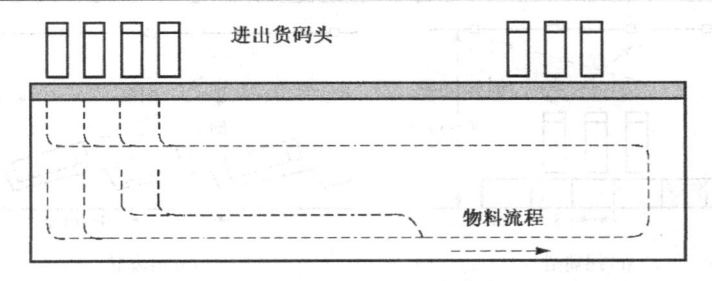

图 5-69　集中型站台区域配置图

(2)分散型(如图5-70和图5-71所示)。分散型站台因及时(Just-in-time)库存管理的要求,有普遍发展的趋势。此种安排方式,是将好几个站台分散于厂房的四周,每个站台配合特定的产品线或作业区域。

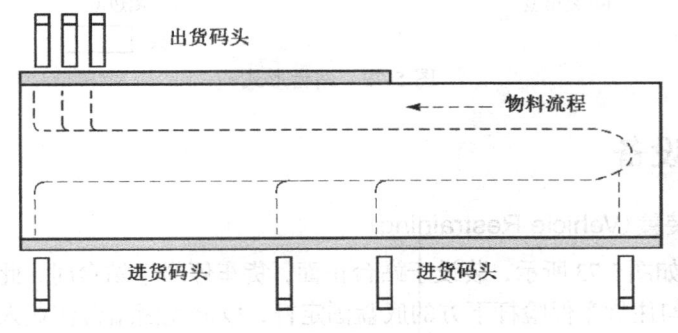

图 5-70　分散型站台区域配置图

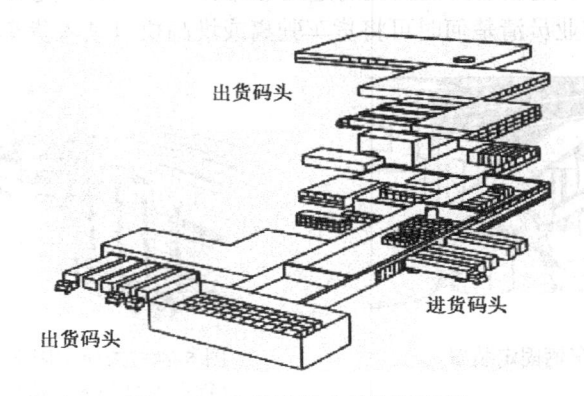

图 5-71　分散型站台的实际应用

2. 站台形式

站台形式分为尾端型、锯齿型、突出型及侧边型,如图5-72所示。

(1)尾端型站台。现在大部分站台都属于尾端型站台。此型站台最大的好处是站台外侧齐平,可完全包围站台内部区域,并可提供较佳的密闭作业空间,对于天气控制的效果较好。

(2)锯齿型站台。锯齿型站台适用于货车回转空间较小的情形,货车可由尾端或侧端装卸货,其主要缺点为占用较多的建筑物空间。

(3)突出型及侧边型站台。站台的设计是以车的侧边来装卸货物的。

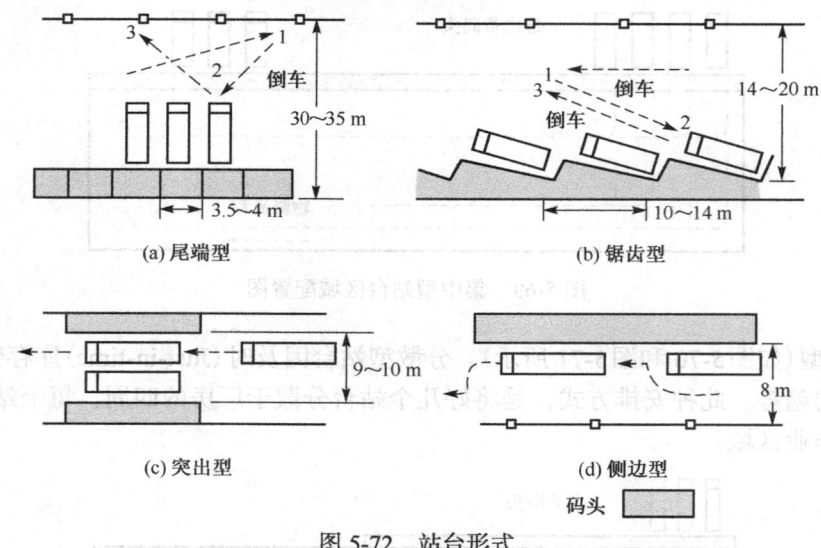

图 5-72 站台形式

5.4.2 站台设备

1. 车辆固定装置（Vehicle Restraining）

车辆固定装置如图 5-73 所示，装设于站台正面，货车停靠于站台时，此装置有一个卡钩可手动或自动升起，勾住货车保险杆下方的底盘固定杆，以避免因站台作业人员与货车驾驶员沟通不良，货车过早驶离，造成堆高机翻覆的危险（如图 5-74 所示）。此装置附有管制标志，可让货车驾驶员或堆高机作业员清楚何时可将货车驶离或堆高机可驶入货车。

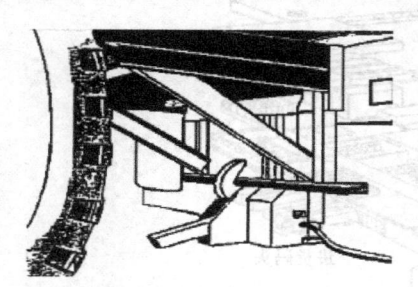

图 5-73 车辆固定装置

图 5-74 未使用固定装置的危险性
（货车提早驶离，造成堆高机翻覆）

2. 站台高度调整板（Dock Leveler）

为了配合各种不同高度的货车在站台很方便地上下货，设计了站台高度调整板（如图 5-75 所示），其按升降驱动方式分成下列两种形式。

① 机械式：在动作时，由操作员将链条拉起，此时调整板会向上升起，再由操作员拉至货车床台高度。

② 油压式：操作员激活按钮，调整板即自动升起，再降至货车床台高度，货车驶离时，会自动回复水平位置，保持安全，如图 5-76 所示。

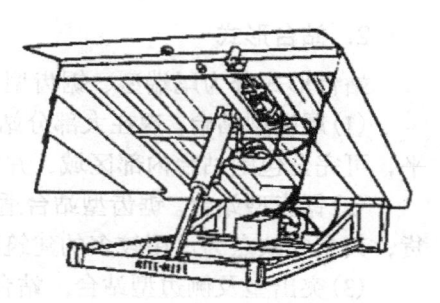

图 5-75 站台高度调整板

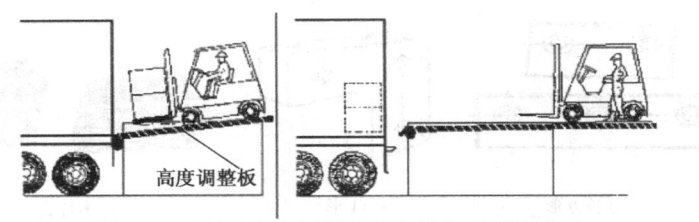

图 5-76 油压式站台高度调整板自动回复装置

(1) 站台高度调整板的负载能力。站台高度调整板的负载能力是由进出的频率及货物质量决定的。堆高机的速度、调整板坡度及使用频率都会影响此设备的寿命，尤其是三轮式堆高机，质量集中在一个区域，应选择较高负载能力的高度调整板。

堆高机负载驶入货车时，会产生巨大的冲击力，最大的冲击力是以作业的速率及坡度来预估的。高度调整板的负载能力根据此冲击力确定，如 1000 kg 能力的高度调整板应吸收 1000 kg 物品产生的冲击力。此冲击力与堆高机的速度及坡度有关，但不能超过 3000 kg。

(2) 站台高度调整板的尺寸规格。高度调整板最普遍使用的长度是 2.5 m，长度越长，坡度越小，产生的冲击力也就越小，对于调整板的磨损越小，可得更长的寿命。如调整板太短，则会造成以下问题：

① 坡度太陡，堆高机上货车时不稳定，使物品翻覆损坏。
② 坡度太陡，堆高机的轮胎及传动系统磨耗较快，也会缩短电瓶的寿命。

一般高度调整板最常使用的宽度是 1.8 m，因为大部分货柜车内部宽度是 2.3 m。如货柜尾端装载的频率增加时，使用 2.1 m 宽的调整板，堆高机对放置于货柜尾端的负载较易作业。调整板的唇片两侧边设计成推拔(Taper)状，以容许货车停靠月台边的误差，但推拔斜度也不宜太大，否则易造成堆高机翻落。较好的折中方法是采用 2 m 宽且没有推拔的唇片设计，如此设计的高度调整板，对于货车尾端负载容易存取，且不会造成堆高机翻落。

3. 站台缓冲垫（Dock Bumpers）

一辆满载的货车重 20 000 kg，以 6 km/h 的速度倒车，则对站台可能有 67 000 kg 左右的撞击力。这么大的撞击力对钢筋混凝土的站台及货车本身都会造成损坏。但如果在站台前端加装 25 mm 厚的缓冲垫，则可将 67 000 kg 降至 6700 kg。缓冲垫的应用如图 5-77 所示。

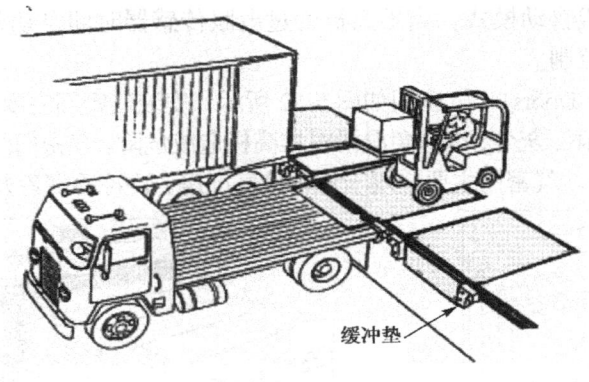

图 5-77 缓冲垫的应用

安装缓冲垫可吸收巨大的冲击力，以保护设施及货车。缓冲垫厚度为 100～150 mm，可分为长方形、L 形或多片式等形式(如图 5-78 所示)。

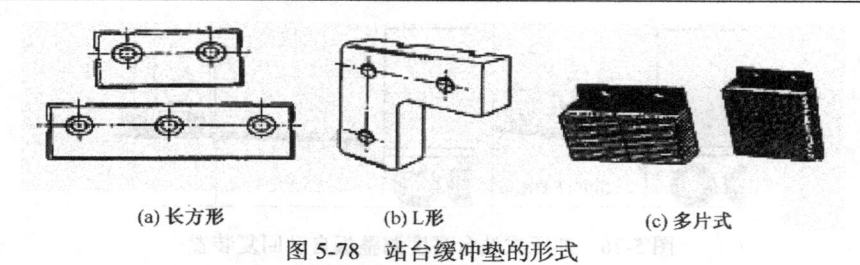

(a) 长方形　　　　(b) L形　　　　(c) 多片式

图 5-78　站台缓冲垫的形式

4. 装卸货作业门（Traffic Doors）

装卸货作业门主要是将厂房与站台隔开，防止冷气、暖气外泄，隔绝噪声。使用时以不妨碍堆高车的进出为原则。

（1）摆动门（Swinging Doors）。如图 5-79 所示，以铰链固定，开启时由堆高机前进推开，门需要足够的宽度，以便堆高机顺利通过。由于是以推撞方式开门，故在底部常受撞击的区域，通常加钉一层橡皮以减小撞击力，延长使用寿命。

（2）弹性片门（Flexible Strip Doors）。如图 5-80 所示，此种门是由细长透明的塑料片构成的，由上方悬吊垂下，这些塑料片应保持干净，不能妨碍工作人员的视线。

图 5-79　摆动门 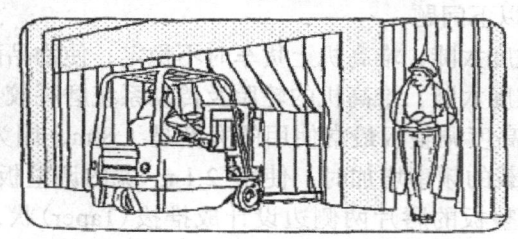　　　　图 5-80　弹性片门

（3）电动门（Power Doors）。如图 5-81 所示，这种门的开关动作非常快速，一般都在 10 s 之内，以减少暖气或冷气的流失。以下是两种最基本的快速电动门。

① 垂直快速卷门（Vertically Opening Doors）：提供最好的能见度，门的开关可自动控制。

② 快速拉门（Draw Curtain Doors）：可从中央往两边拉开，或由一边往另一边拉开，门的开关可自动控制。

电动门一般设定成自动模式，当堆高机通过电眼传感器时即自动开关。另一种方式是以手动无线电遥控器来控制。

（4）气密门（Shelter Doors）。气密门如图 5-82 所示。安装气密门主要是为了节省能源，防止冷气外泄，并可隔绝风雨、灰尘，以避免湿滑对堆高机造成危险。气密门的尺寸必须配合货柜车，以得到应有的密闭效果。气密门主要应用于各种冷气厂房、冷冻冷藏库及气候恶劣的地区。

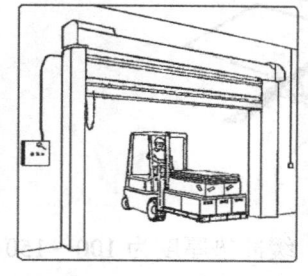

图 5-81　电动门 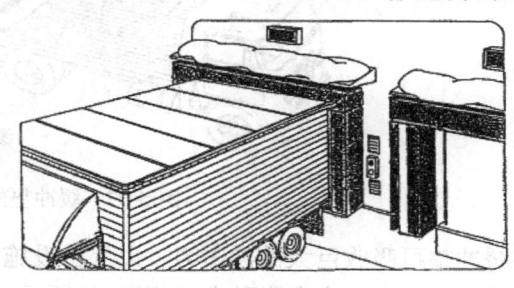　　　　图 5-82　气密门

5.5 案例分析——奥得巴克斯公司西日本物流中心

5.5.1 奥得巴克斯公司概况

奥得巴克斯公司采用自愿加盟的方式在日本建立了汽车用品综合专业店"奥得巴克斯"销售网,到1997年12月底共有店铺483个。奥得巴克斯公司紧跟汽车用户需求的变化,发展速度十分惊人。零售店铺总销售额从795亿日元上升到2743亿日元,从而确定了其在行业中的领先地位。

随着公司的发展,作为后方支援的物流体制如何改进就提到了议事日程上来。1996年和1997年,公司相继在东日本和西日本各修建了一座基本构造相同的物流中心,引入了先进的信息和物流体系,实现了世界级水平的物流管理供应。公司概要如表5-10所示。

表5-10 奥得巴克斯公司概要

设立	1948年8月12日
总公司	大阪
资本金	319亿5870万日元(1997年3月31日)
年销售额	2120亿日元(AUTOBACS SEVEN 单独,1996年) 2742亿日元(含加盟店零售店铺总额,1996年)
职工人数	1679(1997年3月31日)

5.5.2 奥得巴克斯公司物流战略

奥得巴克斯公司作为加盟店总部,综合管理着全日本的加盟店铺,进行商品供给、物流和采购工作。根据其物流战略,奥得巴克斯公司在东、西日本分别建设了两个物流中心。

东日本物流中心在千叶县市川市,1996年9月17日投入使用,统管静冈、长野、新泻县以东的约220个店铺和海外3个店铺。西日本物流中心在兵库县美囊郡吉川町,1997年10月13日投入使用,统管爱知、岐阜、富山县以西的约270个店铺。两个中心的管理对象都是零件、修理用品和附件等约11000种品种,要对所有的店铺提供统一质量的物流服务。轮胎由其他基地提供。

东、西两个物流中心的设备基本相同,系统布局也是左右对称,就像是双胞胎一样。但是,新建的西日本物流中心总结吸收了1年多以前开始使用的东日本中心的经验和教训,进行了局部的改进。

两个物流中心的基本指导思想和具体的特点如下。

(1)按照物流观点进行系统构筑。从综合观点重新构筑店铺——本部——采购点间的商品流通模式,追求整体的最佳效果,同时降低中心的成本。

(2)高度信息化、机械化。以作业的机械化、计算机控制化为基础,做到最彻底的省人省力。以连接店铺——本部——采购点的信息网络HYPER-ANS为核心,实现高度信息化。运用"标准物流标志"ITF码(外装箱用条形码)系统,并继续推行与EDI的联动。

(3)多品种、小批量的配送与高质量的店铺服务。通过信息支援防止店铺中出现商品短缺。向店铺发送的商品包装要考虑到陈列分类的方便,以减轻商品开包、陈列等作业负担,降低误差率以简化店铺方面的商品进货检查工作。

为店铺提供各项细致周到的服务。例如，商品箱上要贴出货标签，注明箱内物品内容，做到不用开包就能了解箱内的商品；商品到达的前一天就要把预订送货的箱数等信息预先通知店铺方面等。

5.5.3 西日本物流中心概况

西日本物流中心概要如表5-11所示。物流中心系统图如图5-83所示。

表5-11 西日本物流中心概要

建筑概要	
占地面积	23 568 m²
建筑面积	12 230 m²
室内面积总和	30 765 m²
建筑构造	钢骨结构3层，高度AS/RS楼30.80 m，货物处理楼19.55 m
货物电梯	2台3.5 t
站台登车桥	油压重量级型2台
地面承重	1层1 t/m²，2～3层0.8 t/m²
滑块式分拣机	
输送能力	3600箱/h
行走速度	110 m/min
分拣出口	13个出口（含未扫描和未能处理过量出口）
附带功能	自动测定体积
自动仓库系统	
出入库能力	400 p/h（入库或再入库是200p/h，出库200p/h）
货架规模	12列×34货位×17层 − 96 p = 6840 p
货物尺寸	高托盘 1200 mm(W)×1200 mm(L)×1650 mm(H) （含p厚度）4392 p 低托盘 1200 mm(W)×1200 mm(L)×1000 mm(H) （含p厚度）2448p
货物质量	最大1000 kg/p，平均600 kg/p
堆垛机	双叉式6台 行走速度3～160 m/min 升降速度3～63(80) m/min 叉爪速度5～31.5(50) m/min 注：（）内是无负荷时
货物处理设备	1层环状STV（Sorting Transfer Vehicle） 轨道输送系统16台
拣选台	工作台9个
分流数字拣货	
进发货数量	1400～1700箱/h
搬送物	托盘或装载单元
拣货台	51工作台
显示位数	4位
分支能力	850箱/h
附带设备	充填用窄幅输送带分拣机3000箱/h 硬纸箱制箱机850箱/h/台，3台 折叠箱打开机700箱/h/台，2台

续表

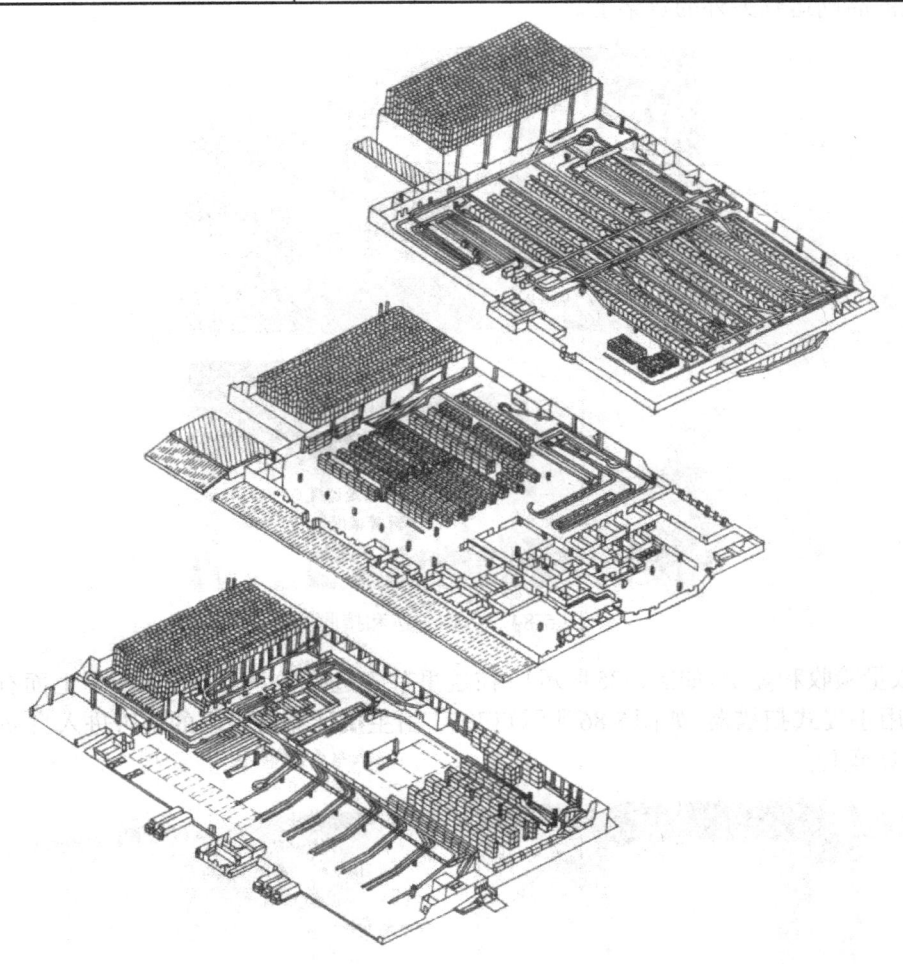

周边设备	
拣货台车	带触摸屏终端 17 台
简易数字拣货机	显示器 432 个
空硬纸箱处理机	处理能力 2400 箱/h
叉车	配重式 4 台 前置式 7 台 电动式 1 台（电瓶式）
体积测量器	2 台
信息处理设备	富士通 DS/90

图 5-83　物流中心系统图

整个系统最大的特点是以 30 m 高的大型立体自动仓库为储存设备的核心，根据商品及其物流特性设置了 6 种拣货和出货系统。

现场人员约 120 名（计时工、临时工、委托作业人员），1 天可完成 9～10 万件（约 1 万箱）拣货作业。

奥得巴克斯公司原来的旧物流中心每天加班加点才能勉强完成 5 万件拣货作业，现在人员减少了 20%，不用加班可完成 9 万件拣货作业，新物流中心作业效率约翻了一番。

物流中心投资总额为110亿日元(含土地费用),两个中心都由物流咨询公司OMNI承担综合基本计划的制订,大福公司提供自动仓库和周边设备,TKSL公司提供各种分拣系统和分拣机,富士通公司提供信息处理系统。

1. 从进货到投入输送系统

(1)货物到达和接收(如图5-84所示)。国内外供货商提供的商品到达进货停车场。进口货物用40ft集装箱运来,使用欧洲托盘等各种国外规格的托盘,而国内的进货有的不使用托盘。无论是哪种情况,都一律按品种换装到物流中心自备的塑料托盘(1100 mm×1100 mm)上,大型商品则运到另外的货架上。

图 5-84　货物到达和接收

(2)数量验收和登记(如图5-85所示)。在这里首先进行数量验收。如箱子上面有标准ITF条码,就用手提式扫描器(如图5-86所示)扫描,由主机计算机发出的是否进入自动仓库的指示显示到屏幕上。

图 5-85　数量验收和登记　　　　图 5-86　手提式扫描器

(3)入库(如图5-87所示)。进入自动仓库的商品托盘用叉车送到左边的托盘输送机上;不进入自动仓库而直接送往拣货工序的少量商品和混装商品箱等,送到右边的变更货物状态输送机中。

2. 进货确定和自动仓库的周边设施

(1) 变更货物状态(如图 5-88 所示)。初次进入自动仓库的商品种类和少量商品通过箱子输送机进入后，通过补充用条码检验进行进货确定。然后或换装到折叠箱，或在原箱上粘贴条码标签，送往拣货工序处。

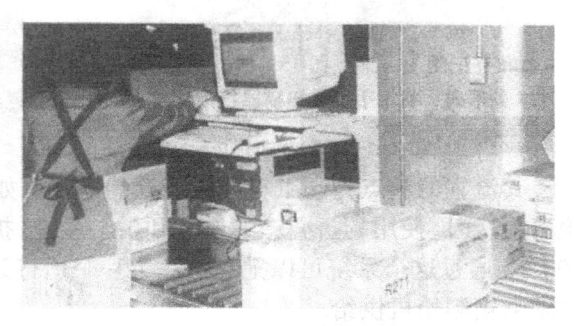

图 5-87　入库　　　　　　　　　　图 5-88　变更货物状态

(2) 进货检查站(如图 5-89 所示)。托盘货物首先通过货物状态检查机检查有无堆码塌落等情况，然后暂停于进货检查站。用手提式无线扫描器扫描箱子上的 ITF 条码(或 JAN 条码)，与预先通过 VAN 输入的进货预订数据进行核对检查，最终完成进货确定。

(3) 用有轨穿梭车运入自动仓库(如图 5-90 所示)。托盘通过运行在环状轨道上的 16 辆出入库有轨穿梭车送入自动仓库。

图 5-89　进货检查站　　　　　　　图 5-90　有轨穿梭车

(4) 托盘自动仓库(如图 5-91 所示)。自动仓库可容纳 6840 托盘货物，货位高度有 1650 mm 和 1000 mm(含托盘)两种，以提高容纳效率。共有 6 台双叉式堆垛机，能力高达 400 托盘/h(入库 200 p，出库 200 p)。

(5) 箱拣货站(如图 5-92 所示)。自动仓库的拣货作业在这个工作站进行。载有商品的托盘由穿梭车供给。有的以整箱为单位直接出库出货，有的向 2～3 楼的拣货区补充商品。拣货指示和剩余数量可在终端得到显示。牌子上如果有 ITF 条码，则将其投入输送机后会自动贴上出货-补充标签；如果没有 ITF 条码，则用人工贴上标签。

3. 分流、数字拣货(3 楼)

(1) 折叠箱打开机。三楼大面积空间的绝大多数区域都采用分流式(纸箱和折叠箱只分流到需要进行拣货的部位)数字分拣系统，可处理 8000 种商品。

图 5-91　托盘自动仓库　　　　　　　　图 5-92　箱拣货站

其流程的起点为硬纸箱和折叠箱的准备。如图 5-93 所示是从物流中心直接向店铺进行近距离配送时，使用的折叠箱的成型和供给系统。折叠为扁平状的折叠箱(50L)通常堆叠达 14～20 层。通过这个系统可以把它们一个一个地打开组装成箱。偏远地区的出货用硬纸箱，由自动硬纸箱制箱机供给。

图 5-93　折叠箱的成型和供给系统

然后，将标签自动粘贴到纸箱和折叠箱上。在这时已经决定了要装入商品的品种和数量。下面介绍的各种分拣系统都是 TKSL 公司的产品。

(2) 数字拣货区。如图 5-94 所示，左边为流动货架区，右边为固定货架区。纸箱和折叠箱通过输送机线自动分流到需要拣选的商品存放区前。

图 5-94　数字拣货区

(3) 拣货站(如图 5-95 所示)。在分流拣货线上，每小时有 1400～1700 个纸箱和折叠箱在流动。拣货站有 51 个。从图中可以看出，右边的是主输送机线。如果有需要，在这个拣货站拣货的箱子过来后就会分流到左边的输送机支线上。于是在操作盘上显示出这个箱子的号码和需要拣货的商品所在的货架位置，同时该货架拣货口的信号灯亮并显示出所需的拣货数量。由此可迅速完成拣货任务。

120

图 5-95　拣货站

4. 简易数字拣货线、拣货台车(2楼)

(1) 简易数字拣货线。异型物品等约 2000 种商品在 2 楼进行拣货，如图 5-96 所示是简易数字拣货线(432 个显示器)。这里没有分流支线。集中处理出货率较高的商品组。根据各类商品的不同特点采用最合理的系统，可以提高效率，体现出大型化、高度集中化物流中心的优点。

(2) 拣货台车。汽车脚垫、车罩、休假用品等大尺寸商品用带有触摸屏终端的 17 台拣货台车进行拣货。如图 5-97 所示，拣货台车分为大型和小型。

图 5-96　简易数字拣货　　　　图 5-97　拣货台车

(3) 拣货信息的输入和指示。触摸屏终端的信息是通过 IC 卡输入的。扫描商品收集标签，屏幕上就会显示拣货商品名称、商品所在处的号码、需要拣货的数量等，如图 5-98 所示。

(4) 拣货台车的作业。作业人员按照屏幕上的指示沿货架通道依次拣货，如图 5-99 所示。因每次都要扫描 JAN 条码，所以作业精度为 100%，大大降低了误差率(现在的整体误差率为 0.01%)。拣货指示每组约 100 个商品项目，基本上是 1h 的工作量。

图 5-98　拣货信息的输入和指示　　　　图 5-99　拣货台车的作业

(5)捆包和抽查。在3楼、2楼完成拣货工序的折叠箱和纸箱被送到2楼的捆包区，根据需要进行抽查。与计算机数据核对商品种类及数量是否无误、商品是否有损坏，然后放入缓冲材料进行捆包，如图5-100所示。

5. 体积测定、分拣和出货

(1)体积测定机(如图5-101所示)。所有出货物品都要送到体积测定机上分别测量各自捆包后的体积。这样可以记录出货情况，确切掌握运输配送的成本。

图5-100 捆包和抽查

图5-101 体积测定机

可以用输送机输送的纸箱和折叠箱下到1楼，在进入自动分拣线之前进行自动体积测定和条码扫描。通过拣货台车拣货的异型商品用人工体积测定机进行测量。

(2)自动分拣机(如图5-102所示)。用自动分拣机(TKSL公司制造)把硬纸箱和折叠箱各自分拣到13个出口(含退出口)，效率为3600箱/h。

(3)分拣出口和货架托盘台车(如图5-103所示)。被分拣到各个分拣出口的纸箱和折叠箱，由操作人员按店铺分类装入货架托盘台车，并用手提式扫描器扫描出货标签上的条码，做最后的确认，然后以货架托盘台车为单位送往西日本各个奥得巴克斯店。

图5-102 自动分拣机

图5-103 分拣出口和货架托盘台车

6. 人性化作业环境和环保

物流中心除了具有上述自动、省力、高效的系统外，还引入了空硬纸箱处理机等设备，推进了资源回收方面的工作。此外，所有室内区域全部安装了空调，室内采光合理、色彩明亮，在食堂、休息室可瞭望四周风景，并配有淋浴室和女职工化妆室等，在工作人员作业环境的改善和环保方面都投入了很大力量。优良的工作环境加上自觉的环保意识，可以说，这是一个世界先进水平的物流系统。

案例思考题

(1) 奥得巴克斯公司西日本物流中心的存储、搬运、输送设备分别有哪些？
(2) 结合奥得巴克斯公司西日本物流中心的具体情况，分析设备选用的原则。

本 章 小 结

本章系统介绍了现代化配送中的主要设备与设施，主要包括储存设备、搬运设备、输送设备及站台设施与设备。

配送中心常用的设备主要包括储存货架、搬运设备和输送设备。储存货架包括托盘货架、驶入式货架、流动式货架、移动式货架及后推式货架等，可根据储存单元类别、储存密度要求和出入频率需求进行选择。搬运设备主要包括手推车、托盘搬运车和各式叉车，可根据商品的特性、储存单元类型、作业要求和货架配置等综合因素来选择合适的搬运设备。配送中心内的输送设备多为单元负载式输送设备。根据是否需要动力源，单元负载式输送机可分为无动力式(重力式)及动力式两种；根据传送的介质不同，又可分为链条式、滚筒式、皮带式及悬挂式；根据应用功能和场合不同，可分为基本输送型输送机、积存式输送机和分类输送机等。货品的外形、包装、尺寸等特性及环境是选择输送机类型的主要考虑因素。

站台设施与设备是配送中心的重要组成部分，应根据货物特征、每天进出货量大小、进出货车型等进行综合分析和设计，以达到最佳的作业效率。

思考与练习

1. 配送中心主要设备类别有哪些？
2. 配送中心主要存储货架有哪些？说明其各自的特点及适用场合。
3. 配送中心常用的搬运设备有哪些？选用时要遵循哪些规则？
4. 高起升搬运叉车有哪几种？说明其特点及应用场合。
5. 按承载介质不同，动力输送机有哪几类？各有什么特点？
6. 常用的站台类型有哪几种？说明其各自的优缺点。
7. 配送中心常用的站台设备有哪些？

第6章 配送中心仓储系统

引言

仓储是物流系统的核心功能，在物流系统中起着缓冲、调节和平衡的作用。同样，仓储也是配送中心的核心功能。由于生产与需求的差异和不同步性，配送中心必须保持一定的库存，才能满足下游订单的需求。因此，仓储区是配送中心的一个主要区域。

配送中心仓储区如何进行储区和储位规划，如何进行仓储系统及设备的选择，如何确定储放策略与储位指派原则，是配送中心高效运营的关键。

本章将系统介绍配送中心仓储系统的管理目标、仓储作业策略和仓储系统规划方法，并着重介绍自动仓库（AS/RS）的构成、作业方法、系统规划要点与规划程序。

学习目标

- ➢ 了解配送中心仓储系统的构成及分类；
- ➢ 掌握配送中心仓储作业方法；
- ➢ 掌握储存作业策略与储位指派原则；
- ➢ 掌握配送中心存储空间的规划方法；
- ➢ 了解自动仓库的构成、分类及特点；
- ➢ 掌握自动仓库的规划设计步骤与方法。

6.1 配送中心仓储系统概述

传统的物流系统中，仓储作业一直扮演着最主要的角色，但是在目前生产制造技术及运输系统都已相当发达的情况下，仓储作业的角色也已发生了质与量的变化。虽然其调节生产量与需求量的原始功能一直没有改变，但是为了满足目前市场少量多样需求的形态，物流系统中的拣货、出货、配送的重要性已凌驾于仓储保管功能之上。

6.1.1 仓储系统的构成

仓储系统的主要构成要素包括储存空间、货品、人员及储存设备等。

1. 储存空间

储存空间即配送中心内的仓库保管空间。在进行储存空间规划时，必须考虑空间大小、柱子排列、梁下高度、走道、设备回转半径等基本因素，再结合其他相关因素进行分析，方可做出完善的设计。

2. 货品

货品是仓储系统的组成要素。货品的特征、货品在储存空间的摆放方法，以及货品的管理和控制是仓储系统要解决的关键问题。

(1) 货品的特征包括以下几个方面。

① 供应商：即商品是由供应商供应，还是自己生产，有无其行业特性及影响。

② 商品特性：商品的体积、重量、单位、包装、周转率、季节性的分布及物性（腐蚀或溶化等）、温度、湿度的要求等。

③ 数量：如生产量、进货量、库存决策、安全库存量等。

④ 进货时效：采购前置时间、采购作业特殊需求。

⑤ 品项：种类类别、规格大小等。

(2) 货品在储存空间摆放的影响因素包括以下几方面。

① 储位单位：是单品、箱，还是托盘，及其商品特性如何。

② 储位策略的选择：是定位储存、随机储存、分类储存，还是分类随机储存，或者其他的分级、分区储存。

③ 储位指派原则的运用：靠近出口，以周转率为基础。

④ 商品相依需求性。

⑤ 商品特性。

⑥ 补货的方便性。

⑦ 单位在库时间。

⑧ 以订购概率为基础。

商品摆放好后，就要做好有效的在库管理，随时掌握库存状况，了解其品项、数量、位置、出入库状况等所有资料。

3. 人员

人员包括仓管人员、搬运人员、拣货和补货人员等。仓管人员负责管理及盘点作业，搬运人员负责入库、出库作业和倒垛作业（为了商品先进先出、通风、避免气味混合等），拣货人员负责拣货作业，补货人员负责补货作业。人员在存取、搬运商品时，在配送中心的作业中，追求的是省时、有效率，而在照顾员工的条件下，追求的是省力。要达到存取效率高、省时、省力，则作业流程方面要合理化精简。而储位配置及标识要简单、清楚，一目了然，且要好放、好拿、好找，表单要简单、统一且标准化。

4. 储存设备

除了上述三项基本要素，另一个关键要素为储存设备。当货品不是直接堆叠在地板上时，则必须考虑相关的托盘、货架等储存设备。而人员不是以手工操作时，则必须考虑使用输送机、笼车、叉车等输送与搬运设备。

(1) 搬运与输送设备。在选择搬运与输送设备时，应考虑商品特性、货品的单位、容器、托盘等因素，以及人员作业时的流程与状况、储位空间的配置等，选择适合的搬运与输送设备。当然还要考虑设备成本与人员使用操作的方便性。

(2) 储存设备。储存设备也要考虑商品特性、货品的单位、容器、托盘等商品的基本条件，再选择适当的设备配合使用。例如，使用自动仓库设备，或者使用固定货架、流力架等货架。有了货架设备，必须将其做标识、区隔，或者进行颜色辨识管理等。若是在拣货作业时应用电子标签辅助拣选设备，则无线电传输设备的导入等皆要纳入考虑范围。而后，需要将各储位及货架等进行编码，以方便管理。编码必须清晰易懂，方便作业。

6.1.2 仓储系统的分类

1. 按储存量分类

(1) 大批储存。一般指3个托盘以上的存量的储存,一般以托盘为储存单位,采用地面堆码或自动仓库储存的方式。

(2) 中批储存。一般指1~3个托盘的量的储存,可以托盘或箱为出货拣取单位。多采用托盘货架或地面堆码的方式。

(3) 小批储存。一般指小于1个托盘存量的储存,一般以箱为出货拣取单位。在储存区的小批量货品一般存放于托盘货架、搁板货架、货柜等。

(4) 零星储存。零星储存区或拣取区是使用货柜或搁板货架储存小于整箱的货品的区域。一般来说,货品的拣取在此区域中进行。然而,若货品体积很小且整批储量并不占很大空间,则整批产品也能储存于零星区。

零星拣货区一般包括检查与打包的空间,同时为了安全目的,与大量储区分开。另外,此储区最好置于低楼层及居中的位置,以减少等候拣取的时间,减轻出货时理货的工作量。

2. 按储存设备分类

(1) 地面堆码储存。是使用地板支撑的储存,有将货品放于托盘上堆码或直接地面堆码两种。堆叠时可以靠墙码放以提高货垛的稳定性,袋装物也能采用此法储存。地面堆码可分为行列堆码及区块堆码两种形式。

① 行列堆码:是指将货物按行列堆码,在货堆之间留下足够的空间,使任何一行(列)堆码的托盘出货时皆不受阻碍。当在一行(列)储区中只剩几个托盘时,应将这些托盘转移至小批量储区,而让此区域能再储存大批产品,如图6-1所示。

② 区块堆码:是指每行与行之间的托盘堆码并不留存或浪费任何空间。这种方式能节省空间,适用于储存大量同类货品的场合。采用区块堆码时必须小心作业,避免托盘存取时由于互相挤压而发生危险,如图6-2所示。

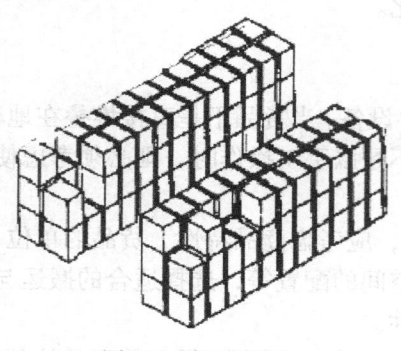

图6-1 行列堆码 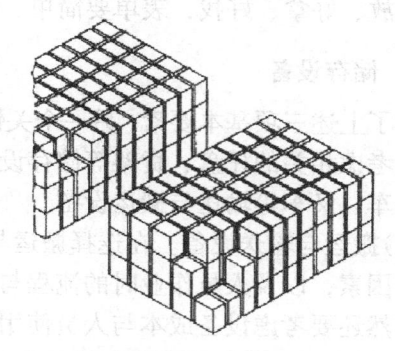　　　　　　图6-2 区块堆码

地面堆码的优点如下:

① 适于形状不规则货品的储存,尺寸及形状不会造成地面堆码的困难。

② 适于大量可堆叠货品的储存。若重量不致过大,能提供规则形状或容器化的货品空间的有效储存。

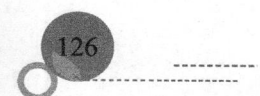

③ 只需简单的建筑即可。
④ 堆叠尺寸能根据储存量适当调整。
⑤ 对通道的需求较小，且容易改变。
地面堆码的缺点如下：
① 不能兼顾先进先出，若要先进先出，则必须增加倒垛作业，造成工作负荷增大并易损坏货品。
② 货垛边缘无法被保护，容易被搬运设备损坏。
③ 地面堆码不整齐，不适合小单位的拣取作业。
④ 不适于储存某些特殊货品，如易燃物品，应置于一定高度。

(2) 货架储存。货架的种类很多，常用的货架包括托盘货架、搁板货架、流动货架、驶入式货架等。

货架储存的优点如下：
① 存取方便。
② 可以实现先进先出或自由存取。
③ 货物之间不会相互挤压。

货架储存除适用于许多规则性货品的储存外，也能用于不规则形状货品的储存，但不能超出货格范围。

(3) 自动仓库储存。自动仓库是由高层货架、有轨巷道堆垛机、输送系统构成的自动仓储系统，在我国一般称其为自动仓库或立体仓库。它能够充分地利用空间，可以实现货物的自动存取，是一种高效率的储存方式，在美国、日本及欧洲的发达国家得到了广泛的应用，在我国也得到了快速的发展。

3．按储存单元分类

按储存单元的不同，储存方式可以分为托盘储存、容器储存、单品储存和其他 4 种。

托盘储存的储存单元为托盘货物单元，是一种大批量储存方式，一般采用托盘平置、托盘货架、流动货架、自动仓库作为储存设备，采用叉车、高架叉车或堆垛机等完成存取作业，适用于大批量货物的储存。

容器储存的储存单元为容器或包装箱，一般采用搁板货架、流力架、回转货架或箱单元自动仓库作为储存设备，采用人工、拣选车、拣货台车或箱负载堆垛机等完成存取作业，适用于小批量货物的储存和拣选。

单品储存的储存单元为单品(单个最小包装)，一般采用货柜、回转货架等作为储存设备，采用人工、拣货台车、输送机或自动分拣设备完成存取作业，适用于零星货物的储存和分拣。

其他仓储系统包括储存长料、板材或其他不规则形状的货品，可根据储存货品的形状等物理特征选择储存和作业设备。

6.1.3 储存保管的目标

1．储存保管的目标

储存保管的目标主要包括以下几项。
(1) 空间的最大化使用。

(2)劳动力及设备的有效使用。

(3)储存货品特性的综合考虑,即对储存货品的体积、重量、包装单位等品项规格及腐蚀性、温湿度条件、气味影响等物性需求彻底了解,从而按货品特性适当储存。

(4)所有品项能随时准备存取。因为储存增加了商品的时间值,只有能做到一旦有需求,货品马上变得有用,此系统才算是有计划的储位系统及具有良好的厂房布置。

(5)货品的有效移动。在储区内进行的大部分活动是货品的搬运,需要较多的人力及设备来进行货品的搬进与搬出,因此人力与机械设备操作应达到经济和安全的要求。

(6)货品品质的保证。因为储存的目的即是保存货品直到被要求出货的时刻,所以在储存时必须保持在良好条件下,以确保货品品质。

(7)良好的管理。整齐的通道、干净的地板、适当且有次序的储存及安全的运行都是良好管理所涉及的问题。良好的管理可以使工作变得更有效率。

2. 仓储系统的评价指标

仓储系统的主要评价指标包括储区面积率、保管面积率、容积或面积使用率、平均每品项所占货位数、库存周转率、库存掌握程度、库存管理费率和呆废品率等,各指标的计算公式及用途如表 6-1 所示。

表 6-1 仓储系统的评价指标的计算公式及用途

评价指标	计算公式	用途
储区面积率	储区面积率 = $\dfrac{\text{储区面积}}{\text{配送中心建筑面积}}$	衡量厂房空间的利用是否恰当
保管面积率	保管面积率 = $\dfrac{\text{可保管面积}}{\text{储区面积}}$	判断货位内通道规划是否合理
容积或面积使用率	容积使用率 = $\dfrac{\text{存货总体积}}{\text{货位总容积}}$ 单位面积保管量 = $\dfrac{\text{平均库存量}}{\text{可保管面积}}$	判断货位规划及使用的货架是否适当,以有效利用货位空间
平均每品项所占货位数	平均每品项所占货位数 = $\dfrac{\text{货架货位数}}{\text{总品项数}}$	由每货位保管品项数的多少来判断货位管理策略是否应用得当
库存周转率	库存周转率 = $\dfrac{\text{出货量}}{\text{平均库存量}}$ 或 $\dfrac{\text{营业额}}{\text{平均库存额}}$	库存周转率可用来考核公司的营运绩效,以及作为衡量目前货品库存量是否适当的指标
库存掌握程度	库存掌握程度 = $\dfrac{\text{实际库存量}}{\text{标准库存量}}$	作为设定产品库存量的比例依据,以供存货管制参考
库存管理费率	库存管理费率 = $\dfrac{\text{库存管理费用}}{\text{平均库存量}}$	衡量公司每单位存货量的库存管理费用
呆废品率	呆废品率 = $\dfrac{\text{呆废品件数}}{\text{平均库存量}}$ 或 $\dfrac{\text{呆废品金额}}{\text{平均库存金额}}$	用来测定货品耗损影响资金积压的状况

6.2 仓储作业策略

6.2.1 储放策略

储放策略就是货品在储存区域储放的方法或原则。良好的储放策略可以减少出入库移动的距离,缩短作业时间,甚至能够充分利用储存空间。

常见的储放策略有定位储放、随机储放、分类储放、分类随机储放和共用储放等。

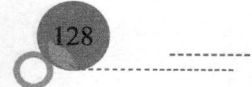

1．定位储放

定位储放的原则：每项储存货品都有固定储位，货品不能互用储位。因此，需要规划每项货品的储位容量不得小于其可能的最大在库量。

(1) 优点。
① 每种货品都有固定的储放位置，拣货人员容易熟悉货品储位。
② 货品的储位可按周转率或出货频率来安排，以缩短出入库搬运距离。
③ 可针对各种货品的特性进行储位的安排调整，将不同货品特性间的相互影响减至最小。

(2) 缺点。储位必须按各项货品的最大在库量设计，因此储存区空间平时的使用效率较低。

(3) 适用场合。
① 不适于随机储放的场合。
② 储存条件对货品储存非常重要，如有些品项必须控制温度。
③ 易燃物必须限制储存高度以满足保险标准及防火法规。
④ 依商品物性，由管理或其他策略指出某些品项必须分开储放，如饼干和肥皂、化学原料和药品。
⑤ 保护重要货品。
⑥ 厂房空间大。
⑦ 多种少量商品的储放。

总之，定位储放容易管理，所需的总搬运时间较少，但需较多的储存空间。

2．随机储放

每个货品被指派储放的位置都是随机产生的，而且可经常改变。也就是说，任何品项可以被存放在任何可利用的位置。一般是由储存人员按习惯来储放，且通常按货品入库的时间顺序储放于靠近出入口的储位。

一个良好的储位系统中，采用随机储放能使货架空间得到最有效的利用，因此储位数目得以减少。模拟研究显示，随机储放与定位储放比较，可节省 35% 的移动储放时间及增加 30% 的储存空间，但较不利于货品的拣取作业。

(1) 优点。由于储位可共用，因此只需要按所有库存货品最大在库量设计即可，储区空间的使用效率较高。

(2) 缺点。
① 进行货品出入库管理及盘点工作的难度较高。
② 周转率高的货品可能被储放在离出入口较远的位置，增加了出入库的搬运距离。
③ 具有相互影响特性的货品可能相邻储放，造成货品的伤害或发生危险。

(3) 适用场合。
① 厂房空间有限，需要尽量利用储存空间。
② 种类少或体积较大的货品。

3．分类储放

分类储放的原则：所有的储存货品按照一定特性加以分类，每类货品都有固定的储放位置，而同属一类的不同货品又按一定的原则来指派储位。分类储放通常按产品相关性、流动性、产品尺寸和重量、产品特性来分类。

(1) 优点。
① 便于畅销品的存取，具有定位储放的各项优点。
② 各分类的储存区域可根据货品特性做设计，有助于货品的储存管理。
(2) 缺点。
① 储位必须按各项货品最大在库量设计，因此储区空间的平均使用效率低。
② 较定位储放更具有弹性，但也有与定位储放同样的缺点。
(3) 适用场合。
① 产品相关性大，经常被同时订购。
② 周转率差别大。
③ 产品尺寸相差大。

4．分类随机储放

每类货品有固定储放位置，但在各类的储区内，每个储位的指派是随机的。
(1) 优点。具有分类储放的部分优点，又可节省储位数量，提高储区利用率。
(2) 缺点。进行货品出入库管理及盘点工作的难度较高。
分类随机储放兼具分类储放及随机储放的特色，需要的储存空间介于两者之间。

5．共用储放

不同的货品可共用相同储位的方式称为共用储放。虽然共用储放在管理上较复杂，但所需的储存空间及搬运时间却更经济。

6.2.2 储位指派原则

储放策略是储区规划的大原则，当确定储放策略并进行储存区域规划后，还必须配合储位指派原则才能决定储存作业的位置。配送中心常用的储位指派原则可归纳如下。

1．靠近出口原则

将刚到达的商品指派到离出入口最近的空储位上。

2．以周转率为基础原则

按照商品在仓库的周转率（销售量除以存货量）来排定储位。首先依周转率由大到小排出序列，再将此序列分为若干段，通常分为 3~5 段。同属于一段的货品列为同一级，依照定位或分类储放法的原则，指定储存区域给每级的货品。周转率越高应离出入口越近。

3．产品相关性原则

产品相关性大者在订购时经常被同时订购，所以应尽可能存放在相邻位置。考虑货品相关性储放的优点如下。
(1) 缩短提取路程，减少作业人员工作量。
(2) 简化清点工作。
(3) 产品相关性大小可以利用历史订单数据进行分析。

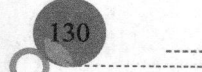

4．产品同一性原则

所谓同一性原则，是指把同一货品储放于同一保管位置的原则。这种管理方式的管理效果是值得期待的。

仓库作业人员对于货品保管位置皆能熟知，对同一货品的存取搬运时间最少是提高配送中心作业生产率的基本原则之一。因而当同一货品分布于仓库内多个位置时，货品在储放、取出等作业时的不便可想而知，在盘点及作业人员对货架、货品掌握程度等方面都可能造成困难。因此，同一性原则是任何配送中心都应遵守的重点原则。

5．产品类似性原则

所谓类似性原则，是指将类似品比邻保管的原则，此原则与同一性原则类似。

6．产品互补性原则

互补性高的货品也应存放于邻近位置，以便缺货时可迅速以另一品项替代。

7．产品相容性原则

相容性低的产品绝不可以放置一起，以免损害品质，如烟、香皂、茶不可放在一起。

8．先进先出原则

所谓先进先出，是指先入库的货品先出库。此原则一般适用于寿命短的商品，如感光纸、软片、食品等。

以作为库存管理的手段来考虑时，先进先出是必要的，但是如果产品品规变化小，产品寿命长，保管时不易产生损耗、破损等，则需要考虑先进先出的管理费用及采用先进先出所得到的利益，将两者之间的优劣势比较后，再决定是否要采用该原则。另外，对于食品或易腐败变质的货品，应考虑的是先到期先出货的原则。例如，进口货柜货物储存配销的情况，常会有先进货的反而保存期限较长，而后进货的保存期限较短，此时保存期限快到过期的货品要先出库，且保存期限剩下3~6个月的货品应考虑退货给原供应商或折扣处理，以免后续发生过期退货或货品变质造成客户投诉，影响整个作业进行。

9．码高的原则

所谓码高的原则，即是像堆积木般将货品码高，以提高配送中心整体的保管效率。可利用托盘等工具将货品堆高来提高容积效率。但值得注意的是，在严格要求先进先出时，一味码高并非最佳的选择，应考虑使用合适的货架或阁楼式货架等保管设备来保证出货效率。

10．面对通道原则

所谓面对通道原则，即货品面对通道，使可识别的标号、名称能被作业人员容易地辨识。为了使货品的储放、取出能够容易且高效率地进行，货品就必须面对通道来保管，这也是使配送中心内能流畅及活性化的基本原则。

11．产品尺寸原则

在仓库布置时，要同时考虑货品单位大小及相同的一批货品所造成的整批形状，以便能供应适当的空间满足某一特定需要。所以在储放货品时，储位必须有不同大小位置的变化，以容纳一切不同大小的货品和不同的容积。此原则的优点在于，若货品储存数量和位置适当，则分拣发货迅速，搬运工作量及时间都能减少。

未考虑储存货品单位大小,将可能造成储存空间太大而浪费空间,或者储存空间太小而无法存放。未考虑储存货品整批形状,也可能造成因整批形状太大无法同处存放(数量太多)或浪费储存空间(数量太少)。一般将体积大的货品存放于进出较方便的位置。

12. 重量特性原则

所谓重量特性原则,是指按照货品重量的不同来决定储存货品于保管场所的高低位置上。

一般而言,重物应直接置于地面或货架的下层位置,重量轻的货品则保管于货架的上层位置;若是人工进行搬运作业,则人的腰部以下的高度用于保管重物或大型货品,腰部以上的高度则用来保管重量轻的货品或小型货品。此原则对于采用货架的安全性及人工搬运的作业性有很大意义。

13. 产品特性原则

货品特性不仅涉及货品本身的危险及易腐性质,同时也可能影响其他的货品,因此在配送中心布置设计时必须考虑。现列举5种有关货品特性的基本储存方法。

(1)易燃品的储存。应在具有高度防护作用的建筑物内安装适当的防火设备,最好是独立分隔放置。

(2)易窃品的储存。应装在加锁的笼子、箱、柜或房间内。

(3)易腐品的储存。需要储存在冷冻、冷藏或其他特殊的设备内,且由专人作业与保管。

(4)易污损品的储存。可使用帆布套等覆盖。

(5)一般货品的储存。需要储存在干燥及管理良好的库房内,以应客户需要随时提取。

另外,彼此易互相影响的货品应分开放置,如饼干和香皂,容易气味相混;而危险的化学药剂、清洁剂,也应独立隔开放置,且作业时应戴上安全护套。此原则的优点是:不仅能因货品特性有适当的储存设备保护,而且容易管理与维护。

14. 储位标识原则

所谓储位标识原则,即对保管货品的位置给予明确标识。此原则的主要目的在于将存取单纯化,并能减少其间的错误。尤其在临时人员、高龄作业人员较多的配送中心,此原则更有必要。

15. 明晰(标识)性原则

所谓明晰性原则,是指利用视觉使保管场所及保管品能够容易识别的原则。此原则还需要与储位标识原则、同一性原则及码高原则相吻合。例如,使用颜色看板、布条、标识符号等,能让作业人员一目了然,且能产生联想而帮助记忆。

良好的储放策略与指派原则配合,可大量减少拣取货品所要移动的距离。然而,越复杂的储位指派原则需要功能越强的计算机管理系统相配合,通过先进的计算机管理系统可大大提高作业效率。

6.3 仓储系统规划

6.3.1 仓储能力规划

仓储能力规划就是仓储规模规划,一般用即库容量描述。库容量常用的估算方法有周转率估计法和送货频率估计法。

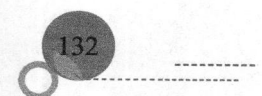

1. 周转率估计法

利用周转率来进行储存区储存量的估计，是一个简便而快速的初估方法，适用于初步规划或储量概算的参考。其计算公式如下：

$$库容量 = \frac{年仓储转运量}{周转次数} \times 安全系数 \tag{6-1}$$

其计算步骤如下。

(1) 计算年仓储转运量。将配送中心的各项进出产品依单元负载单位换算成相同单位的储存总量（如托盘或标准箱等单位），此单位为现况或预期规划使用的仓储作业基本单位，加上总各品项全年的总量后，可得到配送中心的年转运量。实际计算时，如果产品物性差异很大（如干货与冷冻品）或基本储运单位不同（如箱出货与单品出货），可以分别加总计算。

(2) 估计周转率。定出未来配送中心仓储存量周转率目标，目前一般食品零售业年周转次数为20～25次，制造业为12～15次。企业在设立配送中心时，可针对经营品项的特性、产品价值、附加利润、缺货成本等因素，决定仓储区的周转次数。

(3) 估算库容量。将年仓储转运量除以周转次数计算库容量。

(4) 估计安全系数。估计仓储运转的变动弹性，将估算的库容量乘以安全因数，求出规划库容量，以满足高峰时期的高转运量，如增加安全因数10%～25%。如果配送中心商品进出货有周期性或季节性的明显趋势，则应探讨整个仓储营运策略是否要涵盖最大需求，或者可通过采购或接单流程的改善，达到需求平准化的程度，以避免安全因数过高而增加仓储空间过剩的投资浪费。

实际在规划仓储空间时，可按商品类别分类计算年转运量，并按产品特性分别估计年周转次数及库容量，然后加总得到规划库容量，如表6-2所示。

表 6-2 按商品类别分类计算表

商 品 名 称	年 运 转 量	周 转 次 数	估计库容量	安 全 因 数	规划库容量

2. 送货频率估计法

在缺乏足够的分析信息时，可利用送货频率来进行储存区储量的估计，如果能收集产品的年转运量及工作天数，针对上游厂商商品的送货频率（或者送货周期的上限）进行分析，则可据此估算仓储量的需求。计算公式如下：

$$库容量 = \frac{年仓储转运量}{年出货天数} \times 送货频率 \times 安全系数 \tag{6-2}$$

其计算步骤如下。

(1) 计算年仓储转运量。将各类产品按储运单元换算成相同单位的年储运量。
(2) 估计工作天数（出货天数）。按产品类别分别估计年出货天数。
(3) 计算每日平均储运量。将各产品年转运量除以年出货天数。
(4) 估计送货频率。按产品类别估计厂商送货频率。
(5) 估算库容量。以平均每日储运量乘以送货频率计算，即

$$库容量 = 平均每日储运量 \times 送货频率$$

(6)估计安全因数。估计仓储运转的波动因数，用估算的库容量乘以安全因数，求出规划库容量，以满足高峰时期的高运转需求。

如果可按产品送货频率进行 ABC 分类，则不同的产品群可设定不同的送货频度水平，并分别计算所需的库容量，再加总求得总需求量。实际上，工作天数的计算可采用两种基准，一种为年工作天数，另一种是各类产品的实际出货天数。若有足够的信息反映各类产品的实际出货天数，则以此计算平均每日储运需求量较接近真实状况。但是要特别注意，当部分产品出货天数很少并集中于很少几天时，易造成仓储量计算偏高，使储运空间闲置或库存积压。建议按平均每日出货量进行 ABC 分类，再与实际年出货量进行交叉分析。年出货量小但单日出货量大者，基本不适用上述估算法，建议将其归纳为少量机动类商品，以弹性储位规划，而其订货时机应采用机动形式，订单需求发生时再予订货，以避免平时库存积压。

6.3.2 仓储作业空间规划

储存货品的空间叫作储存空间，储存是配送中心的核心功能和重要的作业环节，储存区域规划的合理与否直接影响配送中心的作业效率和储存能力。因此，储存空间的有效利用成为改善配送中心的重要课题。

进行仓储区域的空间规划时，应先求出存货所要占用的空间大小，并考虑货品尺寸及数量、堆码方式、托盘尺寸、货架货位空间等因素，然后进行仓储区域的空间规划。因为区域的规划与具体的储放方式密切相关，下面针对几种不同的储放方式分别介绍其储存空间计算的方法。

1．托盘平置堆码

若货品多为大量出货，以托盘为单位置于地面上平置堆码的方式储存，则计算存货储存空间所要考虑到的因素有数量、托盘尺寸、通道等。假设托盘面积为 S（单位：m^2），平均每托盘可堆码 N 箱货品，若平均库存量为 Q，则储存空间 D 为

$$D = \frac{Q}{N} \times S \times 1.5$$

实际储存空间还需要考虑叉车存取作业所需空间，若以一般主通道配合次通道布置，通道占全部面积的 30%～35%，故实际储存空间为理论计算的 1.5 倍。

2．托盘堆码

若货品以托盘为单位堆码存放，则计算储存空间要考虑货品尺寸及数量、托盘尺寸和堆码层数等因素。

假设托盘面积为 S（单位：m^2），托盘平均堆码数为 N 箱货品，托盘在仓库内可堆码 L 层，若平均库存量为 Q，则储存空间 D 为

$$D = \frac{Q}{N \times L} \times S \times 1.67$$

实际储存空间还需要考虑叉车存取作业所需空间，托盘堆码储放需要配合使用高举升叉车，所需通道空间要大些，故实际储存空间为理论计算的 1.67 倍。

3. 使用托盘货架储存

若使用托盘货架来储存货品，则储存空间的计算除了考虑货品尺寸、数量、托盘尺寸、货架形式及货架层数外，还要考虑所需的巷道空间。假设货架为 L 层，每托盘约可码放 N 箱，若平均库存量为 Q，则储存面积 P 为

$$P = \frac{平均存货量}{平均每托盘堆码货品箱数 \times 货架层数} = \frac{Q}{L \times N}$$

由于货架系统具有区特性，每区由两排货架及存取通道组成，因此基本托盘所占空间需要换算成仓库区后再加上存取通道空间，才是实际所需的仓储工作空间。其中，存取通道空间应视叉车类型而异。储存货架的空间计算应以一个货格为计算基准，一般每个货格可存放两个托盘单元。如图6-3所示为储存空间的计算方法。

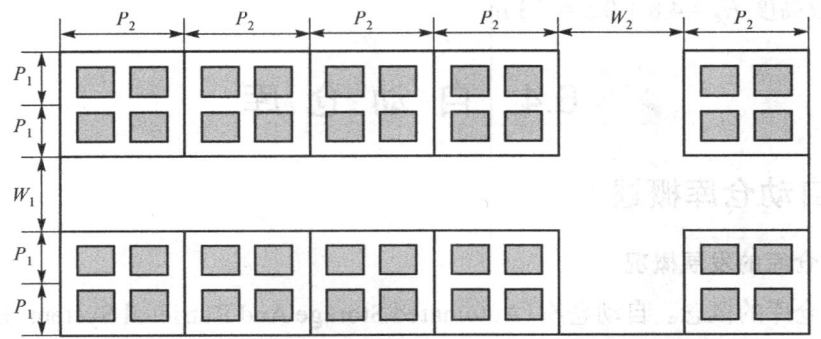

P_1—货格宽度　P_2—货格长度　Z—每货架区的货格数　W_1—通道宽度　W_2—货架区侧向通道宽度　Q—平均存货需求量
N—平均每托盘码放货品箱数　P—存货所需的基本托盘地面空间

图 6-3　以托盘货架储存的储存空间计算方法

则货架占地面积为

$$A = (P_1 \times 4) \times (P_2 \times 5) = 4P_1 \times 5P_2$$

总库存区平面面积为

$$S = 货架使用面积 + 叉车通道面积 + 侧通道面积 = A + [W_1 \times (5P_2 + W_2)] + (2P_1 \times W_2 \times 2)$$

6.3.3　库房高度规划

在储存空间中，库房的有效高度也称为梁下高度，理论上是越高越好，但实际上受到货物所能堆码的高度、叉车的扬程、货架高度等因素的限制。库房太高有时反而会增加成本及减少建筑物层数，因此要合理设计库房的有效高度。

货品的形态及保管货架形式均和高度有关。托盘地面堆码和采用高层货架储存时，两者的堆码高度差距非常大；当采用地面堆码时，耐压的坚硬货品及不耐压的货品对梁下有效高度的需求也有很大差异。因此，必须根据所采用的保管设备及堆码方式来决定库内货品的有效高度。

一般梁下高度的计算公式如下：

梁下有效高度 = 货物最大举高度（或货架最大高度）+ 梁下间隙尺寸

梁下间隙尺寸是考虑消防、空调、采光等因素，为放置一些配线、风管、消防设备、灯光照明设备等而必须预留的装设空间，在所有梁下高度的计算中都必须把梁下间隙考虑进去。

(1) 采用地面堆码时梁下有效高度的计算方法如下。

例如，货高 $H_A = 1.3$ m，堆码层数 $N = 3$，货叉存取货时的抬升高度 $F_A = 0.3$ m，梁下间隙尺寸 $a = 0.5$ m，则

最大举升货高 $H_L = 3 \times 1.3 + 0.3 = 4.2$ m；

梁下有效高度 $H_e = 4.2 + 0.5 = 4.7$ m。

(2) 采用托盘货架储存叉车上下架时，梁下有效高度的计算方法如下。

例如，货架顶层高度 $H_r = 3.2$ m，货物高度 $H_A = 1.3$ m，货叉存取货时的抬升高度 $F_A = 0.3$ m，梁下间隙尺寸 $a = 0.5$ m。

货物最大举升货高 $H_L = 3.2 + 1.3 + 0.3 = 4.8$ m；

梁下有效高度 $H_e = 4.8 + 0.5 = 5.3$ m。

6.4 自动仓库

6.4.1 自动仓库概述

1. 自动仓库的发展概况

(1) 自动仓库的概念。自动仓库（Automated Storage And Retrieval System）是指采用高层货架储存货物，用有轨巷道堆垛机自动完成货物出库或入库作业的仓储系统。由于这类仓库能充分利用空间进行储存，故也形象地称为立体仓库。

自动仓库在物流自动化流程中，作为货品的暂存系统，并配合其周边设施，提供货品的自动收集、拣取、分类、输送的功能。自动仓储系统由于库位密集，且为高架化，故可在较小的面积提供高容量的储存功能，同时通过计算机管理与控制系统，可实现物流与信息流的高度结合，提高管理和运作效率。

自动仓库被广泛运用在物流自动化的各个领域，包含原料的订购、收料、储存过程；半成品的暂存以缓冲各流程的不平衡流量，自动控制衔接不同生产活动单元，使其流程平衡，流量顺畅；生产线末端的产成品的自动分类、包装、堆码系统，构成生产自动化的完整体系。

(2) 自动仓库的发展。自动仓库的出现和发展是生产发展的必然结果。第二次世界大战以后，随着经济的恢复和生产的发展，原材料、配套件、制成品的数量不断增加，对于物料搬运和储存提出了越来越高的要求。传统的仓储方式不再能适应生产和流通的要求。土地稀缺、地价上涨，促进了仓储作业向空间发展，由简易仓库向高架仓库发展。

1959 年世界第一座自动化立体仓库在美国阿尔巴马州美国国际纸张公司建成，此后自动仓库在美国和欧洲各国（德国、英国、瑞士、意大利）得到迅速发展。至 20 世纪 80 年代中期，美国拥有 2000 多座自动化立体仓库，英国有 500 多座，德国有 1200 多座。日本自 1969 年建成第一座自动立体仓库以来，到 1982 年拥有 3000 多座，年均增加 214 座。日本在 1989—2004 年共销售自动立体仓库 19 249 座，年均销售 1203 座，其中 90%在国内销售；在经历了 1991 年 1814 座的销售高峰后，2002 年跌至 849 座的低谷，但 2004 年又复苏到 1544 座。日本在 1994—2004 年共销售巷道堆垛机 25 487 台，年均销售 2317 台。

虽然零库存与库存最小化理论、VMI供应商管理库存、追求JIT的生产环境在沃尔玛、雀巢、家乐福、城尔等公司大行其道，许多第三方物流公司声称要取消仓库，但是，美国2000年的仓库面积达到65亿平方英尺(约6亿平方米)，比1999年增长了6.6%。配送中心越建越大，企业所管理的仓库的面积也越来越大。美国Hallmkk公司建立了多达120个巷道的立体仓库。美国拥有最大仓库的50家企业中，有18家公司拥有1000万平方英尺(约93万平方米)以上的仓库。

我国第一座全自动高架仓库于1978年研制成功，到2005年已建成自动化立体仓库500余座，其中2005年新建50座左右。已建成的自动化立体仓库的数量按行业分布，医药占25%，烟草占24%，机械占22%，电器电子占11%，食品占6%，仓储服务占5%，金融占1%，出版等其他行业占6%。

随着我国经济的持续快速发展、土地政策的收紧、工资成本的上升，以及自动化仓储技术的完善和物流装备价格的相对降低，对自动仓库数量和质量的需求将会越来越高。

2. 自动仓库的分类

自动仓库的种类是随着生产的不断发展和进步而变化的。物流系统的多样性决定了自动仓库的多样性。自动仓库通常有如下几种分类方法。

(1) 按建筑形式分类。可分为整体式和分离式两种。整体式自动仓库的货架与仓库建筑物构成一个不可分割的整体，货架不仅承受货物载荷，还要承受建筑物屋顶和侧壁的载荷。这种仓库结构质量轻，整体性好，对抗震特别有利。分离式自动仓库的货架和建筑物是独立的，适用于利用原有建筑物作为库房，或者在厂房和仓库内单建一个高货架的场合。由于这种仓库可以先建库房后立货架，所以施工、安装比较灵活方便。

(2) 按仓库高度分类。可以分为高层(>12 m)、中层(5~12 m)和低层(<5 m) 3种。

(3) 按货架的形式分类。可以分为单元货格式立体仓库、倍伸式立体仓库、重力式立体仓库、穿梭车式立体仓库、回转式立体仓库等。

(4) 按仓库的作业方式分类。可以分为单元式仓库和拣选式仓库。

单元式仓库的出入库作业都是以货物单元(托盘或货箱)为单位的，中途不拆散。所用设备为叉车或带伸缩货叉的巷道堆垛机等。

拣选式仓库的出库是根据提货单的要求从货物单元(或货格)中拣选一部分出库。其拣选方式可分为两种，第一种是拣选人员乘拣选式堆垛机到货格前，从货格中拣选所需数量的货物出库，这种方式叫"人到货前拣选"；第二种方式是将存有所需货物的托盘或货箱由堆垛机搬运至拣选区，拣选人员按出库提货单的要求拣出所需的货物，然后再将剩余的货物送回原址，这种方式叫"货到人处拣选"。对整个仓库来讲，当只有拣选作业，而不需要整单元出库时一般采用"人到货前拣选"作业方式；如果仓库作业中仍有相当一部分货物需要整单元出库，或者拣选出来的各种货物还需要按用户的要求进行组合选配，一般采用"货到人处拣选"作业方式。

(5) 按储存条件分类。可分为常温型、低温型和特殊型3种。

① 常温型自动仓库：温湿度限制一般以堆垛机为主要考虑对象。其温度限制一般为40℃，相对湿度的要求则在90%以下，而某些地区室内相对湿度在90%以上，或者冬天产生露凝较严重，就必须特别防范。一般常温型自动仓库为防止夏天高温导致储存的货品变质，除必须有排风系统外，其屋顶、墙壁都要覆盖玻璃纤维及铝箔等隔热材料，也有使用石膏板隔热的。

② 低温型自动仓库。
- **恒温空调仓库**：对温、湿度有一定要求的仓库。由于要求温度均匀，故其空调配管的分布与其空间的利用，必须妥善规划。一般用于储存精密仪器仪表、化学药品等。
- **冷藏仓储系统**：其温度必须在 0～5℃ 之间，主要用于蔬菜、水果的储存。
- **冷冻仓储系统**：一般温度控制在 -20℃ 或 -35℃。由于钢材在 -20℃ 以下会有脆化现象，机械性质会急剧变化，故冷冻仓储系统的钢架必须考虑采用低温材料及低温焊材(焊接式钢架)。

③ 特殊型自动仓库。
- **防爆型自动仓库**：主要存放具有挥发性或易爆性的货品。其系统中使用的电气电控照明等设备必须考虑其相关性能，依不同的防爆等级（一般分三级）会有不同造价。
- **无尘自动仓库**：随着高科技产业的发展，无尘的自动仓库及搬运系统逐渐被业者采用，尤其近期内投资半导体及 IC 生产线的产业，已将自动仓储及搬运系统规划为生产线的必要设备，其对无尘要求的等级会影响投资价格。

3. 自动仓库的基本组成

自动仓库的结构和种类很多，但其一般均由建筑物、货架、理货区、管理区、堆垛机械和配套机械等几部分组成。

(1) 建筑物。如果是低层自动仓库，多为一般建筑物；如果是中、高层自动仓库，则需要设计和建造新的专用建筑物。

(2) 货架。货架的作用是存放货物，它是自动仓库的中心部分。

(3) 理货区。是指整理货场或倒货区域，和高层货架区相衔接。在中、高层自动仓库中，它是和高层货架区域相邻的 1～2 层建筑物，由分货场、暂存站台和出入卡车停车场构成。

(4) 管理区。这是出入库管理及库存管理区域。对于计算机管理的自动仓库，管理区域也就是计算机控制管理室。

(5) 堆垛机械。对于低层自动仓库一般使用叉车等，对于中、高层自动仓库一般使用有轨巷道堆垛机、无轨巷道堆垛机或桥式堆垛机等。

(6) 配套设备。配套设备是指货架外的出入库搬运作业、理货作业以及卡车装卸作业所使用的主要机械，如出入库台车、托盘装载装置、叉车、输送机等。为了特别防止出入库时货物散垛，也有的仓库备有压缩包装机。对于分拣仓库，还备有自动分拣、配货装置。

4. 自动仓库的布置

(1) 物流模式。货物在自动仓库的流动形式有三种，即同端出入式、贯通式和旁流式，如图 6-4 所示。同端出入式是货物的入库和出库在巷道同一端的布置形式，包括同层同端出入式和多层同端出入式两种。这种布置的最大优点是能缩短出入库周期，特别是在仓库存货不满，而且采用自由货位储存时，优点更为

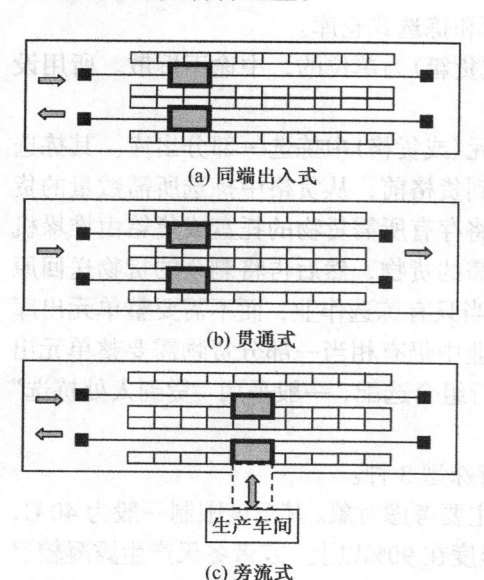

(a) 同端出入式

(b) 贯通式

(c) 旁流式

图 6-4 自动仓库的物流形式

明显。此时，可以挑选距离出入库口较近的货位存放货物，缩短搬运路程，提高出入库效率。此外，入库作业区和出库作业区还可以合在一起，便于集中管理。

(a) 同层同端出入式　　　　(b) 多层同端出入式

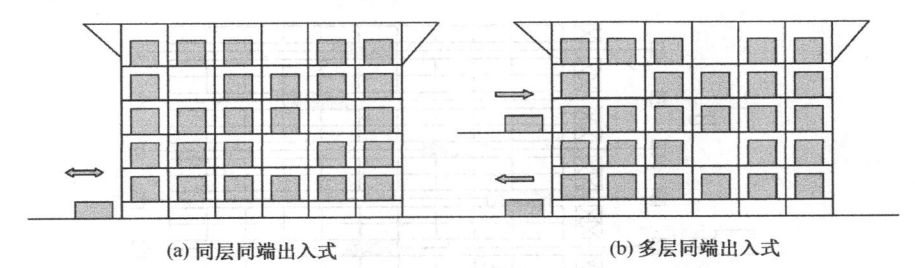

图 6-5　同端出入式

贯通式即货物从巷道的一端入库，从另一端出库。这种方式总体布置比较简单，便于管理操作和维护保养。但是，对于每个货物单元来说，要完成它的入库和出库全过程，堆垛机需要穿过整个巷道。

旁流式自动仓库的货物是从仓库的一端（或侧面）入库，从侧面（或一端）出库。这种方式是在货架中间分开，设立通道，与侧门相通。这样就减少了货格，即减少了库存量，但由于可组织两条路线进行搬运，提高了搬运效率，方便了不同方向的出入库。

在自动仓库实际设计中，究竟采用哪一种布置方式，应视仓库在整个企业物流中的位置而定。

(2) 高架区轨道布置。在单元货格式自动仓库中，其主要作业设备是有轨巷道式堆垛机，简称堆垛机。立体库轨道布置有 3 种方式，如图 6-6 所示。直线轨道，每个巷道配备一台堆垛机；U 形轨道，每台堆垛机可服务于多条巷道，通过 U 形轨道实现堆垛机的换巷道作业；转轨车式，堆垛机通过转轨车服务于多条巷道。通常，以每巷道配备一台堆垛机最为常见。但当库容量很大、巷道数多而出入库频率要求较低时，可以采用 U 形轨道或转轨车方式，以减少堆垛机的数量。

(3) 出入库输送系统。对于采用巷道式堆垛机的自动仓库，巷道式堆垛机只能在高架区的巷道内运行，故还需要各种搬运设备与之配套衔接，使入库作业区、出库作业区（包括检验、理货、包装、发运等作业）与高层货架区连接起来，构成一个完整的物流系统。究竟采用什么搬运设备与之配套，是总体设计中要解决的问题。一般来说，高层货架区与作业区之间常见的有以下几种衔接方式。

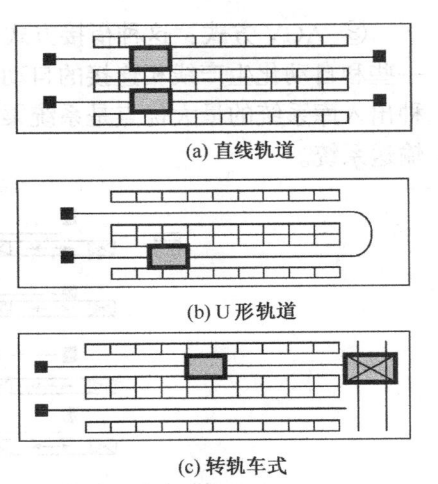

(a) 直线轨道

(b) U 形轨道

(c) 转轨车式

图 6-6　立体库轨道布置方式

① 叉车——出入库台方式：这是最简单的一种配置方式，在货架的端部设立入库台和出库台，如图 6-7 所示。入库时，用搬运车辆（叉车、有轨小车、无人搬运车等）将托盘从入库作业区运到入库台，由高架区内的堆垛机取走送入货格。出库时，由堆垛机从货格内取出货物单元，放到出库台上，由搬运车辆取走，送到出库作业区。

② 连续输送机方式：这种衔接方式是一些大型自动仓库和流水线中立体库最常采用的方式，整个出入库系统可根据需要设计成各种形式。其出入库运输系统可以分开设置（如设在仓

库的两端或同端不同的平面内），也可以合为一体，既可出库又可入库。通常还可配置一些升降台，以及称重、检测和分拣装置，以满足系统的需求，如图6-8所示。

图6-7 叉车——出入库台方式

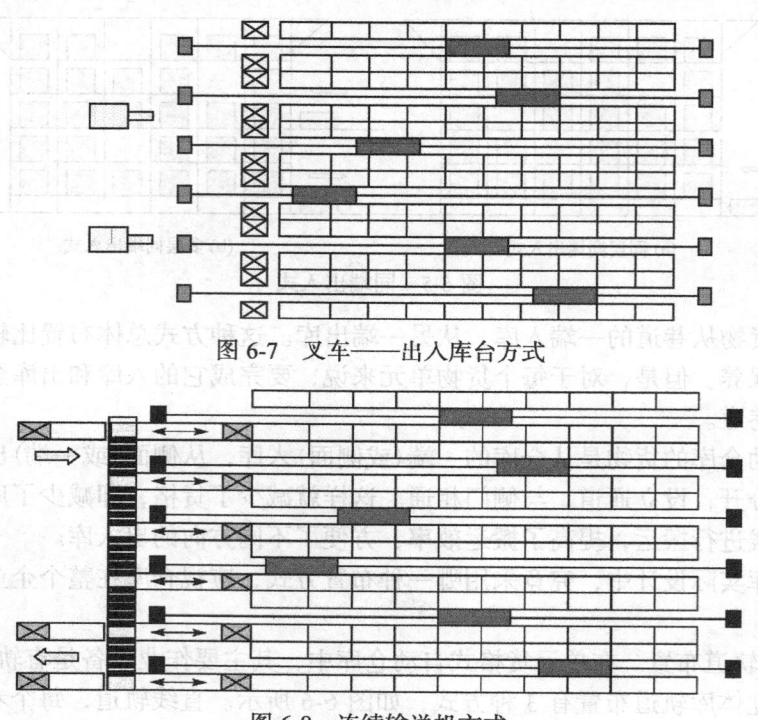

图6-8 连续输送机方式

③ AGV方式：这种衔接方式是由AGV和巷内输送机组成出入库系统，如图6-9所示。一些和自动化生产线相连接的自动化仓库，如卷烟厂的原材料库等，经常采用这种方式。这种出入库系统的最大优点是系统柔性好，可根据需要增加AGV的数量，也是一种全自动的输送系统。

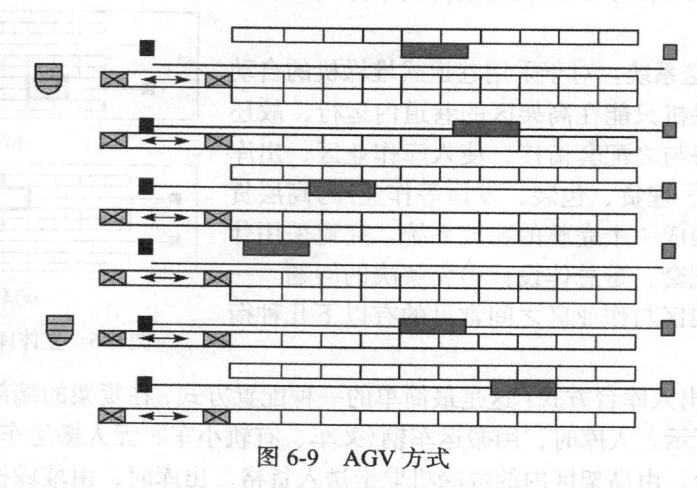

图6-9 AGV方式

④ 穿梭车方式：这种衔接方式是由巷内输送机、穿梭车和出入库输送机构组成出入库系统，如图6-10所示。由于穿梭车具有动作敏捷、容易更换的特点，因此也被广泛地应用在自动化仓库系统中。它的柔性介于输送机和AGV之间，是一种经济高效的出入库输送系统。

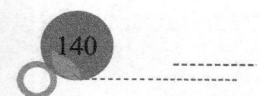

图 6-10 穿梭车方式

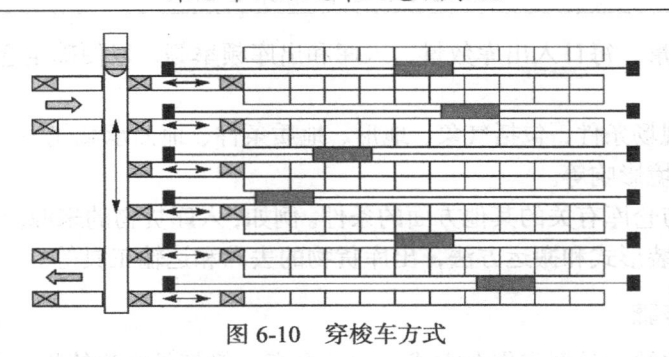

5. 自动仓库的优越性

自动仓库的优越性包括以下几个方面。

(1) 自动仓库能大幅度地增加仓库高度，充分利用仓库面积与空间，减少占地面积。自动仓库目前最高的已经达到40多米。它的单位面积储存量比普通货架仓库大得多。例如，一座货架15 m高的自动仓库，储存机电零件和外协件，单位面积储存量可达$2 \sim 5 \text{ t/m}^2$，是普通货架仓库的4～7倍。

(2) 便于实现仓库的机械化、自动化，从而提高出入库效率，能方便地纳入整个企业的物流系统，使企业物流更为合理。

(3) 提高仓库管理水平。借助于计算机管理能有效地利用仓库储存能力，便于清点盘货，合理减少库存，节约流动资金。例如，某汽车厂的仓库，在采用自动仓库后，库存物资的金额比过去降低了50%，节约资金数百万元。

(4) 由于采用货架储存，并结合计算机管理，可以容易地实现先入先出的出入库原则，防止货物自然老化、变质、生锈。自动仓库也便于防止货物丢失，减少货损。

(5) 采用自动化技术后，自动仓库能适应黑暗、有毒、低温等特殊场合的需要，如储存胶片卷轴的自动化立体库，以及各类冷藏、恒温、恒湿立体库等。

总之，自动仓库的出现，使传统的仓储观念发生了根本性的变化。原来那种固定货位、人工搬运和码放、人工管理，以储存为主的仓储作业已改变为自由选择货位，按需要实现先入先出的机械化、自动化仓储作业。在储存的同时，可以对货物进行必要的拣选、组配，并根据整个企业生产的需要，有计划地将库存货物按指定的数量和时间要求送到合适的地点，满足均衡生产的需要。可以说，自动仓库的出现使"静态仓库"变成了"动态仓库"。

6.4.2 自动仓库的规划设计

1. 规划准备

自动仓库是一项系统工程，需要花费大量投资，因此在建设前必须明确企业建设自动仓库的必要性和可能性，并对建库的背景条件进行详细的分析。一般都要做以下几个方面的工作。

(1) 确认建设立体库的必要性。根据企业的生产经营方针、企业物流系统的总体布置和流程，分析确定自动仓库在企业物流系统中的位置、功能和作用。

(2) 根据企业的生产规模和水平，以及立体库在整个物流系统中的位置，分析企业物流和生产系统对立体库的要求，并考虑企业的经营状况和经济实力，确定立体库的基本规模和自动化水平。

(3) 调查拟存货物的品名、特征（如易碎、怕光、怕潮等）、外形及尺寸、单件重量、平均库存量、最大库容量、每日入出库数量、入库和出库频率等，以便确定仓库的类型、库容量和出入库频率等。

(4)了解建库现场条件，包括气象、地形、地质条件、地面承载能力、风及雪载荷、地震情况，以及其他环境影响等。

(5)调查了解与仓库有关的其他方面的条件。例如，入库货物的来源及入库作业方式，进、出库门的数目，包装形式和搬运方法，出库货物的去向和运输工具等。

2. 规划设计步骤

(1)确定仓库的结构类型和作业方式。自动仓库一般都是由建筑物、货架、理货区(整理和倒货区域)、管理区、堆垛机械和配套机械几部分组成的。确定仓库的结构类型就是确定各组成部分的结构组成。

① 建筑物的特征：原有还是新建，高层还是低层等。

② 货架的结构和特征：库架合一或库架分离式、横梁式或牛腿式、焊接式或组合式等。

③ 理货区的面积和功能：和高架区的位置关系、所进行的作业、配备的设施等。

④ 堆垛机械的类型：有轨巷道式堆垛机、无轨堆垛机、桥式堆垛机和普通叉车等。

⑤ 配套设备的类型：配套设备主要指那些完成货架外的出入库搬运作业、理货作业及卡车的装卸作业等的机械和设备，包括叉车、托盘搬运车、辊子输送机、链条输送机、升降台、有轨小车、无轨小车、转轨车以及称重和检测识别装置等。对于一些分拣仓库，还配备有自动分拣和配货的装置。应根据立体仓库的规模和工艺流程的要求确定配套设备的类型。

⑥ 根据工艺要求，决定是否采用拣选作业。如果以整单元出库为主，则采用单元出库作业方式；若是以零星货物出库为主，可采用拣选作业方式；并根据具体情况，确定采用"人到货前"拣选，还是"货到人处"拣选。

(2)确定货物单元的形式、尺寸和重量。货物单元是指进行出入库作业和储存的集装单元，由集装单元化器具和货物两部分组成。因为单元式自动仓库是以单元化搬运为前提的，所以确定货物单元的形式、尺寸及重量显得尤为重要。一般需要确定两个方面的内容：集装单元化器具的类型以及货物单元的外形尺寸和重量。

立体仓库常用的集装单元化器具有托盘和集装箱，且以托盘最为常见。托盘的类型又有许多种，如平托盘、箱式托盘、柱式托盘和轮式托盘等，一般要根据所储存货物的特征来选择。当采用堆垛机作业时，不同结构的货架对托盘的支腿有不同的要求，在设计时尤要注意。

为了合理确定货物单元的尺寸和重量，需要对所有入库的货物进行ABC分析，以流通量大而种类较少的A类货物为主要矛盾，选择合适的货物单元的外形尺寸和重量。对于少数形状和尺寸比较特殊及很重的货物，可以单独进行储存。

(3)确定货格尺寸。在自动仓库设计中，根据货物单元恰当地确定货格尺寸是很重要的内容。它直接关系到仓库的面积和空间利用率，也关系到仓库能否顺利地存取货物。

在货物单元尺寸确定后，货格尺寸取决于在货物单元四周需要留出的净空尺寸和货架构件的有关尺寸。对于自动仓库，这些净空尺寸的确定需要考虑多种因素，包括货架、堆垛机运行轨道、仓库地坪的施工、安装精度及搬运机械的停止精度等。这些都要根据实际情况和有关经验数据来确定。

(4)确定堆垛机械和配套设备的主参数。立体库常用的堆垛机械为有轨巷道堆垛机、无轨堆垛机(高架叉车)、桥式堆垛机和普通叉车等。在总体设计时，要根据仓库的高度、自动化程度和货物的特征等合理选择其规格和结构，并确定其主要性能参数(包括外形尺寸、工作速度、起重量及工作级别等)。

立体仓库配套设备的配备应根据系统的流程和工艺统筹考虑，并根据立体仓库的出入库频率、货物单元的尺寸和重量等确定各配套机械及设备的性能参数。例如，对于输送机，应根据货物单元尺寸确定输送机的宽度，根据立体仓库的出入库频率要求确定输送机的速度。

总体设计时，要根据仓库的规模、货物的品种、出入库频率等选择最合适的机械设备，并确定其主要参数；根据出入库频率确定各个机构的工作速度；根据货物单元的重量选定起重、装卸和堆垛设备的起重量。

(5)确定仓库总体尺寸。确定仓库的总体尺寸，关键是确定货架的长、宽、高总体尺寸。自动仓库的设计规模主要取决于其库容量，即同一时间内储存在仓库内的货物单元数。如果已经给出库容量，就可以直接应用这个参数；如果没有给出，就要根据拟存入库内的货物数量和出入库的规律等，通过预测技术来确定库容量。根据库容量和所采用的作业设备的性能参数及其他空间限制条件，即可确定仓库的总体尺寸。

(6)确定仓库的总体布置。确定了自动仓库的总体尺寸之后，便可进一步根据仓库作业的要求进行总体布置。主要包括自动仓库的物流模式、高架区的布局方式和出入库输送系统的方式。

(7)选定控制方式。自动仓库的控制方式，一般可分为手动控制和自动控制两种。

手动控制方式设备简单，投资小，对土建和货架的要求也较低。它主要适用于规模较小、出入库频率较低的仓库，尤其适用于拣选式仓库。

自动控制是立体库的主要控制方式。立体仓库的自动控制系统根据其控制层次和结构不同，可分为三级控制系统和二级控制系统，一般由管理级、监控级和直接控制级组成(二级控制系统由管理级、控制级组成)，可完成立体仓库的自动认址和自动程序作业。它适用于出入库频率较高、规模较大的自动仓库，特别是一些暗库、冷库或生产线中的自动仓库，可以减轻工人的劳动强度，提高系统的生产率。

(8)选择管理方式。自动仓库的管理方式一般可分为人工台账管理和计算机管理两种方式。台账管理方式仅适用于库存量较小、品种不多、出入库频率不高的仓库。在自动仓库中，一般都采用计算机管理，与自动控制系统结合，实现立体仓库的自动管理和控制。在总体设计阶段，要根据仓库的规模、出入库频率、生产管理的要求、仓库自动化水平等方面的因素综合考虑选定一种管理方式。

(9)提出土建、公用设施的要求。在总体设计时，还要提出对仓库的土建和其他公用设施的要求。

① 根据货架的工艺载荷，提出对货架的精度要求。
② 提出地面需要承受的载荷以及对基础均匀沉降的要求。
③ 确定对采暖、采光、通风、给排水、电力、照明、防火、防污染等方面的要求。

(10)投资概算。分别计算立体库各组成部分的设备费用、制造费用、设计及软件费用、运输费用、安装及调试费用等，综合得到自动仓库的总投资费用。

(11)进度计划。在总体设计的最后，要提出自动仓库设计、制造、安装、调试及试运营的进度计划，以及监督和检验措施。

3．单元货格式自动仓库的设计

单元货格式自动仓库是应用最为广泛的一种仓库，这种仓库的特点是：货架沿仓库的宽度方向分为若干排,每两排货架为一组,其间有一条巷道,供堆垛机或其他仓储机械作业,如图 6-11 所示。每排货架沿仓库纵长方向(L 向)分为若干列,沿垂直方向(H 向)分为若干层,从而形成大量货格,用以储存货物。货物是以集装单元的形式储存在仓库中的。在我国建成的所有自动仓库中,单元货格式自动仓库约占 90%以上。

通常,对于单元货格式自动仓库,有如下一些概念及术语。

- 货格:货架内储存货物的单元空间。
- 货位:货格内存放一个单元货物的位置。
- 排:宽度方向(B 向)上货位数的单位。
- 列:长度方向(L 向)上货位数的单位。
- 层:高度方向(H 向)上货位数的单位。

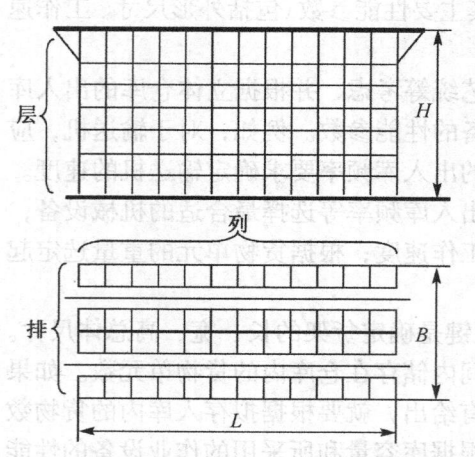

图 6-11　单元货格式自动仓库货架布置图

(1)货格尺寸的设计。在自动仓库设计中,恰当地确定货格尺寸是一项很重要的设计内容,它直接关系到仓库面积和空间的利用率,也关系到作业设备能否顺利完成存取作业。

对于牛腿式货架,每个货格只能放一个单元货物,其货格载货示意图如图 6-12 所示。横梁式货架的每个货格一般可存放两个以上的单元货物,其货格载货示意图如图 6-13 所示。各尺寸的名称和代号如表 6-3 所示。

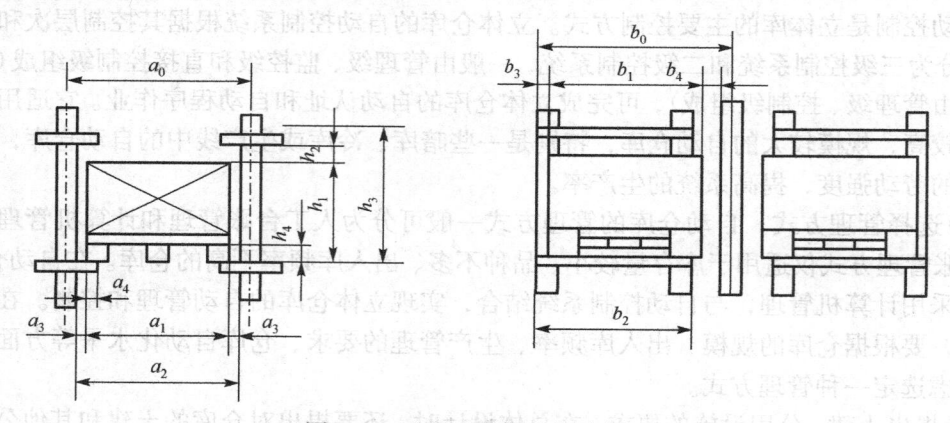

图 6-12　牛腿式货格载货示意图

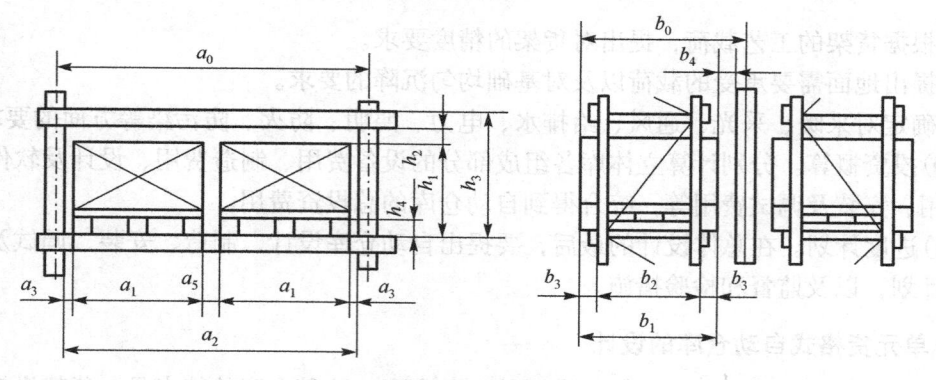

图 6-13　横梁式货格载货示意图

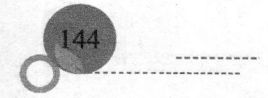

表 6-3　货格与货位间的尺寸代号及名称

代　号	名　　称	代　号	名　　称
a_0	货格长度	b_2	货格有效宽度
a_1	货物长度	b_3	前面间隙
a_2	货格有效长度	b_4	后面间隙
a_3	侧向间隙	h_1	货物高度
a_4	支承货物的宽度	h_2	单元货物上部垂直间隙
a_5	货物之间的水平间隙	h_3	层高
b_0	货格宽度	h_4	单元货物下部垂直间隙
b_1	货物宽度		

当单元货物的尺寸确定后，货格尺寸的大小主要取决于各个间隙尺寸的大小。下面介绍各间隙尺寸的选取原则。

① 侧面间隙：a_3 与 a_5 的影响因素主要有货物原始位置的停放精度、堆垛机的停准精度以及堆垛机和货架的安装精度等。精度越高，取值越小。侧向间隙 a_3 一般取 50~100 mm。对于横梁式货架，一般 $a_5 > a_3$；对于牛腿式货架，要求 $a_4 \geqslant a_3$。

② 垂直间隙（h_2、h_4）：在确定垂直间隙时，上部垂直间隙 h_2 应保证货叉叉取货物过程中微起升时不与上部构件发生干涉。一般 $h_2 \geqslant$（货叉上浮动行程 + 各种误差）。下部垂直间隙 h_4 应保证货叉存货时顺利退出，一般 $h_4 \geqslant$（货叉厚度 + 货叉下浮动行程 + 各种误差）。影响 h_2 和 h_4 大小的各种误差包括：

- 堆垛机起升机构的停准误差；
- 垂直位置检测片安装误差；
- 货叉微升和微降行程的误差；
- 货物高度误差；
- 货叉伸出时的挠性变形；
- 货架托梁（或横梁）的高度误差等。

③ 宽度方向间隙（b_3、b_4）：前面间隙 b_3 的选择应根据实际情况确定，对牛腿式货架，应使其尽量小；对横梁式货架，应使货物不致因各种误差而掉下横梁。后面间隙 b_4 的大小应以货叉作业时不与后面拉杆发生干涉为基准。

(2) 仓库总体尺寸的确定。确定仓库总体尺寸的关键是确定货架的总体尺寸，也就是货架的长、宽、高等尺寸，当货格尺寸确定后，只要知道货架的排数、列数、层数和巷道宽度，即可计算其总体尺寸。

长度：$L =$ 货格长度×列数

宽度：$B =$（货格宽度×2+巷道宽度）×排数/2

高度：$H = H_0 + \sum_{i=1}^{n} H_i$

其中，H_0 为底层高度；$H_i(i = 1, 2, \cdots, n)$ 为各层高度，共 n 层。

$$\text{巷道宽度} = \text{堆垛机最大外形宽度} + (150 \sim 200)\text{mm}$$

值得注意的是，总体尺寸的确定除取决于以上因素外，还受用地情况、空间制约、投资情况和自动化程度的影响，故需要根据具体情况和设计者的实际经验来综合考虑，统筹设计，而且在设计过程中需要不断地修改和完善。

下面介绍两种确定货架尺寸的基本方法。

① 静态法确定货架尺寸：就是根据仓库最大规划量确定货架的尺寸，即由以下 4 个参数中的 3 个来确定货架尺寸：
- 仓库长度（或货架列数）；
- 仓库宽度（或巷道数）；
- 仓库高度（或货架层数）；
- 仓库容量（即总货位数）。

以上参数的选取并非任意，如果仓库的空间尺寸（长、宽、高）受限制，则库容量是相关变量；若库容量确定，则长、宽、高三者中的一个成为相关变量。货架尺寸的计算是根据以上约束及货格尺寸、库顶间隙、库内设施与墙体的安全距离和前区尺寸确定的。一般分离式货架顶面至屋顶下弦的距离应满足安装要求，但不得小于 200 mm。

② 动态法确定货架尺寸：就是根据所要求的出入库频率和所选堆垛机的速度参数来确定货架的总体尺寸。

下面以每个巷道配备一台堆垛机为例，说明用动态法确定货架尺寸的具体步骤。

已知库容量 Q，出入库频率 P_0，货架最大高度 H（或层数 N_H），货格尺寸和堆垛机速度参数 V_1、V_H、V_Y。试确定货架的最佳布置和尺寸。

由于库容量和货架最大高度 H（或层数的 N_H）已定，故最佳布置就是能满足出入库频率要求的最少的巷道数。此时配备的堆垛机数最少，相应投资也就最小。由于解析法比较烦琐，这里介绍一种试算法。具体步骤如下：

A. 假定巷道数 $N_B=1$，则货架列数 $N_L = Q/(2 N_B N_H)$。

B. 根据层数 N_H 和列数 N_L 以及堆垛机的速度参数，计算每台堆垛机的平均作业周期 t_m。

C. 计算整个仓库的出入库能力 $P = N_B \times 3600/t_m$。

D. 比较 P 和 P_0。若 $P < P_0$，则所设计货架达不到出入库频率要求，试算 $N_B=2$ 的情况。重复上面的计算，直到 $P \geq P_0$ 为止，此时的巷道数为最佳巷道数。

货架的总体尺寸确定后，再考虑理货区的尺寸、库顶间隙、货架和建筑物的安全距离等，即可确定仓库的总体尺寸。

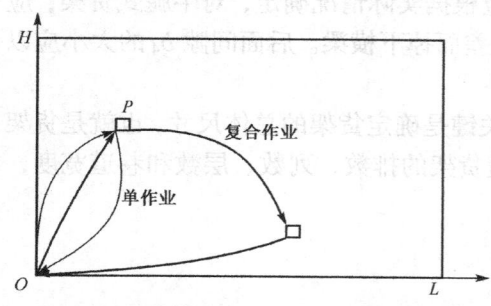

图 6-14 堆垛机作业的单作业与复合作业

(3) 平均作业周期的计算。货架总体尺寸确定后，即可计算堆垛机的平均作业周期。

① 自动仓库的作业方式：在单元式自动仓库中，货物的存取作业有两种基本方式，即单作业方式和复合作业方式，如图 6-14 所示。单作业方式即堆垛机从出入库台取一个货物单元送到选定的货位，然后返回巷道口的出入库台（单入库），或者从巷道口出发到某个给定的货位取出一个货物单元送到出入库台（单出库）。复合作业方式即堆垛机从出入库台取一个货物单元送到选定的货位，然后直接转移到另一个给定货位，取出其中的货物单元，回到出入库台出库。为了提高作业效率，应尽量采用复合作业方式。

② 平均单作业周期的计算：单作业周期是指堆垛机完成一次单入库或单出库作业所需要的时间。在图 6-14 中，O 点为出入库台，P 点为作业货位，则完成此项作业的时间为

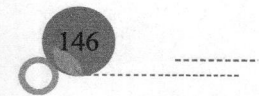

$$t_s = 2t_{OP} + 2t_f + t_a$$

式中 t_{OP}——从出入库台 O 到货位 P 的运行时间(s)，且有 $t_{op} = \max(t_1, t_h)$。其中，t_1 为从 O 点到 P 点的水平运行时间；t_h 为从 O 点到 P 点的垂直运行时间。

t_f——堆垛机货叉叉取(或存放)作业时间(s)，且有 $t_f = 2t_{load} + t_{lift}$。其中，$t_{load}$ 为货叉完全伸出或完全缩回的时间；t_{lift} 为货叉微升或微降的时间，即货叉在货格内升起或放卸货物的时间。

t_a——堆垛机作业的附加时间(s)，包括堆垛机的定位、操作、信息查询及传输等的时间。

为了综合评价一个仓库的作业效率，需求出堆垛机的平均作业周期，即各个货位作业周期的平均值，当各货位作业概率相同时，平均单作业周期可表示为

$$t_{ms} = \frac{\sum_{j=1}^{m}\sum_{k=1}^{n} t_{jk} \times 2}{m \times n} + t_f \times 2 + t_a \tag{6-3}$$

式中 t_{ms}——平均单作业周期(s)。

j——层数，$j = 1 \sim m$。

k——列数，$k = 1 \sim n$。

t_{jk}——第 j 层第 k 列所对应的货位到出入库台的运行时间(s)。

t_f，t_a——同前述。

当库容量很大时，按上式计算平均作业周期计算量很大，故不常采用，而常采用简易算法。下面介绍一种计算平均作业周期的经验方法。

当出入库台在货架的一侧 P_0 点，如图6-15所示，以 P_0 为原点，在货架内取两个点 P_1 和 P_2，P_1 和 P_2 的坐标如下：

$$P_{1x} = \frac{1}{5}L$$

$$P_{1y} = \frac{2}{3}H$$

$$P_{2x} = \frac{2}{3}L$$

$$P_{2y} = \frac{1}{5}H$$

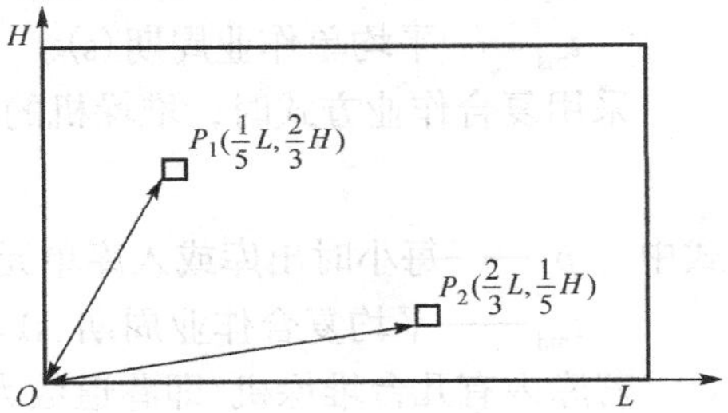

式中 L——货架全长。

H——货架全高。

图6-15 平均单作业周期的计算

分别计算从 P_0 到 P_1、P_2 两点的作业周期，将两者的平均值作为该巷道堆垛机的平均作业周期。平均单作业周期的经验公式如下：

$$t_{ms} = \frac{1}{2}\left[t(P_1) + t(P_2)\right]$$

或

$$t_{ms} = t_{P1} + t_{P2} + 2t_f + t_a \tag{6-4}$$

式中 $t(P_1)$——堆垛机完成 P_1 货位的作业周期(s)。

$t(P_2)$——堆垛机完成 P_2 货位的作业周期(s)。

t_{P1}——P_0 点到 P_1 点的运行时间(s)。

t_{P2}——P_0 点到 P_2 点的运行时间(s)。

③ 平均复合作业周期的计算：复合作业是从出入库台到指定的货位存货后，随即到另一个货位取货，再返回到出入库台的全过程。如图6-16所示，其复合作业周期是按 $P_0 \rightarrow P_1 \rightarrow P_2 \rightarrow P_0$ 的总时间计算的。

如果 P_1 和 P_2 点的定义与平均单作业周期的计算式(6-4)中一样，则平均复合作业周期的经验计算式为

$$t_{md} = t_{P1} + t_{P2} + t_{P1,P2} + 4t_f + 2t_a \tag{6-5}$$

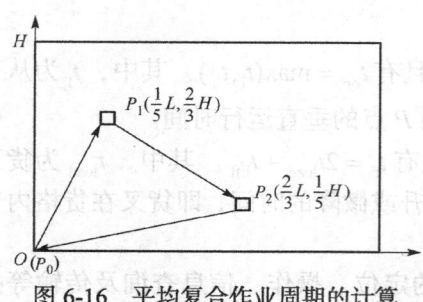

图6-16 平均复合作业周期的计算

式中 $t_{P1,P2}$——堆垛机从 P_1 点到 P_2 点的运行时间(s)。

t_{md}——平均复合作业周期(s)。

t_{P1}，t_{P2}，t_f，t_a——同前述。

值得说明的是，平均作业周期的计算式(6-4)和式(6-5)均为经验计算式，前提条件为各货位的存取概率相同。当库内各货位不均匀使用或者某些货位具有优先使用权时，用此公式计算可能误差较大，这时可采用计算机模拟方法计算其平均作业周期。使用模拟计算得到的平均作业周期更为准确，符合实际。

(4) 立体仓库出入库能力的计算。立体仓库的出入库能力是用仓库每小时平均入库或出库的货物单元数来表示的。堆垛机的出入库能力也就是指每台堆垛机每小时平均入库或出库的货物单元数。

采用单作业方式时，堆垛机的出入库能力为

$$p_1 = 3600/t_{ms}$$

式中 p_1——每小时出库或入库货物单元数。

t_{ms}——平均单作业周期(s)。

采用复合作业方式时，堆垛机的出入库能力为

$$p_1 = (3600/t_{ms}) \times 2$$

式中 p_1——每小时出库或入库单元数。

t_{md}——平均复合作业周期(s)。

若库内有几台堆垛机(即巷道数为 n 个)，则仓库的出入库能力为

$$p = np_1$$

例如，某立体库有4条巷道，每条巷道配备1台堆垛机，若堆垛机的运行速度为100 m/min，升降速度为20 m/min，货叉存取货时间为25 s，附加时间 $t_a = 5$ s；货架总长 $L = 80$ m，高 $H = 15$ m，假设各货位存取概率相同。试计算分别采用单作业方式和复合作业方式时本库的出入库能力(即满负荷时每小时出入库托盘数)。

① 计算单作业方式时的平均作业周期 t_{ms}：用经验算法，取 P_1 和 P_2 点，且使

$$P_{1x} = \frac{1}{5}L$$
$$P_{1y} = \frac{2}{3}H$$

$$P_{2x} = \frac{2}{3}L$$

$$P_{2y} = \frac{1}{5}H$$

则
$$t_{\text{ms}} = t_{P1} + t_{P2} + 2t_f + t_a$$

由于
$$t_{P1} = \max(P_{1x}/V_x, P_{1y}/V_y) = 0.5 \text{ min} = 30 \text{ s}$$
$$t_{P2} = \max(P_{2x}/V_x, P_{2y}/V_y) = 0.54 \text{ min} = 32 \text{ s}$$

故
$$t_{\text{ms}} = 30 + 32 + 2\times 25 + 5 = 117 \text{ (s)}$$

出入库能力
$$p = 4\times p_1 = 4\times \frac{3600}{117}\times 2 \text{盘} = 246 \text{盘/h}$$

② 计算复合作业方式时的复合作业周期。

$$t_{\text{md}} = t_{P1} + t_{P2} + t_{P1,P2} + 4t_f + 2t_a$$

由于
$$t_{P1,P2} = \max[(P_{2x}-P_{1x})/V_x, (P_{1y}-P_{2y})/V_y]$$
$$= \max(0.373, 0.35) = 0.373 \text{ min} = 22.4 \text{ s}$$

故
$$t_{\text{md}} = (30 + 32 + 22.4 + 4\times 25 + 2\times 5) \text{ s} = 194.4 \text{ s}$$

出入库能力
$$p = 4\times p_1 = 4\times \frac{3600}{194.4}\times 2 \text{盘} = 148 \text{盘/h}$$

③ 确定堆垛机的布置方式：在单元货格式自动仓库中，其主要作业设备是有轨巷道式堆垛机，简称堆垛机。立体仓库中堆垛机的配备有两种方式：每个巷道配备一台堆垛机或者两个以上巷道配备一台堆垛机。后者一般通过 U 形轨道或转轨车实现堆垛机的换巷道作业。通常，以每巷道配备一台堆垛机最为常见。但当库容量很大、巷道数多而出入库频率要求较低时，可以采用 U 形轨道或转轨车方式，以减少堆垛机的数量。

6.4.3 管理控制系统

随着物流系统信息管理水平不断提高，自动仓库已成为一种以信息处理功能为中心，并尽量降低搬运、分类、储存等费用的系统，立体仓库逐步发展为全自动仓库。当然，仓库的自动化并不局限于立体仓库所用的堆垛机的自动化，还包括出入库货物的码盘机与卸盘机、搬运输送设备、合流与分流装置、货物分类装置及升降机等的自动化，以及管理及信息系统的自动化等。

1. 自动仓库自动控制方式和结构

自动控制系统有集中控制、分离式控制和分布式控制 3 种形式。3 种控制方式的特点如表 6-4 所示。

集中控制系统是在系统内使用一台计算机进行集中管理。在这种系统中，将要求实时响应的工作和高效率数据处理的工作利用分时技术隔开，这种系统在 20 世纪 60~70 年代用得较多，缺点是系统复杂，适应性差。后来，随着小型和微型计算机的出现，控制系统又逐渐向分离式控制转变，即将控制系统分为几个控制机能不同的子系统。在各个子系统中分别配置专用计算机，在统一控制整个仓库的情况下，还要设置上级计算机。这种系统与集中控制系统相比，在软件编制、适应性及维修排障等方面具有优越性。

表 6-4　3 种控制方式的特点

控制方式	描　　述	特　　点
集中控制	使用一台计算机进行集中管理和控制。控制和管理利用分时技术处理，是 20 世纪 60～70 年代常采用的一种方式	可靠性差，速度低，软件复杂，开发周期长
分离式控制方式	将控制系统分为几个控制机能不同的子系统，分别配置专用计算机进行控制和管理	软件编制简单，容易修改和维护。但各子系统单独设计，难以实现整个系统的联网控制和管理
分布式控制	各子系统按级别不同，分别控制和管理，用中央计算机进行集中控制和管理	分散控制，集中管理，是国际控制系统发展的主要方向

分布式控制是目前国际发展的主要方向，常见的为三级计算机分布式控制系统，如图 6-17 所示。三级控制系统是由管理级、中控级和直接控制级组成的。管理级对仓库进行在线及离线管理；中控级对通信、流程进行控制，并进行实时图像显示；直接控制级是由 PLC（可编程序控制器）组成的控制器对各设备进行单机自动操作。

(1) 管理级。管理级是整个自动仓库的管理核心，其主要功能为货格管理和库存账目管理，并且有实时的输入、打印和显示功能以及各种查询功能。主终端通常由系统管理员和部门负责人操作，它具有对整个系统管理和控制的最高权限；用户终端可分别设在仓库入库端、出库端或有关部门。

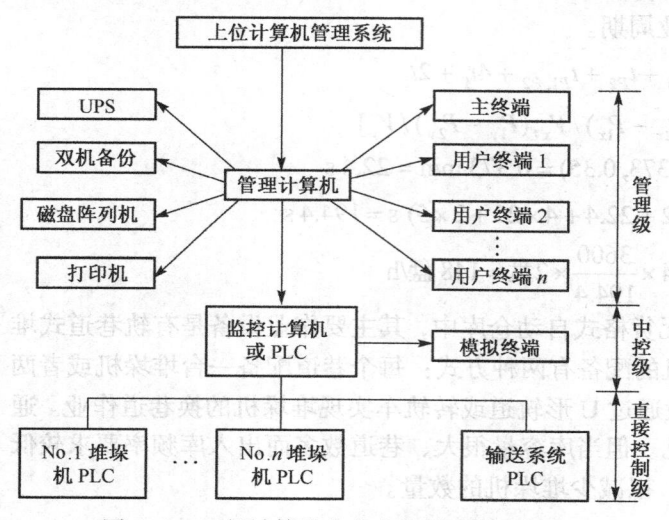

图 6-17　三级计算机分布式控制系统示意图

(2) 中控级。中控级是整个自动仓库实现自动控制的中心，它沟通并协调管理机、堆垛机、出入库台和出入库输送机系统的联系，控制和监测整个自动仓库的运行。它具有以下功能。

① 根据管理机或自身键盘的命令组织流程。
② 监视现场设备情况。
③ 现场设备状态、货物流向及收发货显示。
④ 与管理机、堆垛机及其他设备通信联系。
⑤ 对设备进行故障检测及查询显示。

中控级除具备计算机的基本配置（主机、软盘、硬盘、显示器和打印机）外，一般还可配置大屏幕显示器、彩显卡、远程数据收发器及工业环境的接口等，为提高执行速度还可增设虚拟盘。

(3) 直接控制级。直接控制级是由 PLC 操作的单机自动控制器直接应用于堆垛机或输送机，完成单机自动控制以及与上位机的通信联系。

一般有多台设备、数据信息处理量较大，或者有多个用户终端及一些有特殊要求的自动仓库，多采用三级管理控制方式；而对于设备不多、功能要求不复杂的自动仓库，也可采用二级管理控制方式，以降低投资费用。在二级管理控制系统中，管理级除具有货格管理和库存管理的功能外，还应具有调度通信实时控制的功能，即这时的计算机既具有管理机的功能，又具有监控机的功能。

2. 自动仓库计算机管理系统

(1) 计算机管理系统的主要功能。计算机管理系统，可以根据仓库管理的实际需要实现多方面的功能，最常用的基本功能如下。

① 出入库作业功能。
- 回答出入库要求。
- 获取判别出入库货物的有关数据。
- 根据出入库原则决定存取货物的最佳货位。
- 建立有关货物的数据记录。

② 货物数据的管理功能。
- 查询货物数据。
- 货物盘库。
- 编制、打印各种报表和单据。
- 检查、修改数据记录。
- 维护数据库系统。

③ 信息交换功能。
- 与下位机（监控机或控制机）交换信息，发送出入库作业命令，同时调度、监视仓库的有关作业设备，进行出入库作业。
- 与上位机（总厂计算机系统）交换信息。

④ 库存分析功能：主要由储存货物的性质、市场供求状况和用户具体需求等因素确定。例如，目前市场供求情况与库存情况是否相符，准备生产某产品所需的各种原材料、半成品库存能否满足要求等。通过对库存货物的数据分析可以对仓库的货物周转、资金占用等情况做出定量报告；对某种货物的余缺做出报警提示；以直方图等方式形象地反映库存货物情况等。由于每个自动仓库的功能和管理方式不尽相同，所以必须根据用户的具体要求考虑。

② 出入库货位的选择原则：用计算机进行货位管理可以根据事先拟订好的原则，为需要入库或出库的货物选择最佳货位，并建立有关货物的数据记录。

入库时货位的优选原则如下。

A. 均匀分布的原则：要求同一品种规格的货物尽量做到在仓库的各个巷道内均匀存放，以便出库时能够使各巷道的堆垛机同时出库，提高速度。同时，在许多同一品种的货物集中入库时，按均匀分布的原则将它们分散到各巷道入库，也可以提高入库速度。

B. 就近入库的原则：在一个巷道内，应该尽量选离巷道口较近、位置较低的货位入库。对于同端出入的立体仓库，就近入库，出库时运行距离也短，从而可提高作业效率。对于出入库口不在一端的仓库，则要根据仓库作业的需要具体分析。有的仓库入库是分散的，出库比较集中，这就要把货物提前放到靠近出库端的货位，以便保证快速出库；有时入库比较集中，要求尽快完成，应尽量找离入库口近的货位入库。

C. 货架均匀受载的原则：选择入库货位时，在前述两个原则的前提下，尽可能使货格立柱两侧受载均匀。

出库时货位的优选原则如下。

A. 先入先出的原则：要求早入库的货物尽早出库，可以防止货物保存时间过长而影响质量。

B．未满单元先出库的原则：在采用"货到人处拣选"的仓库里，应该优先从已拣选过的未满单元中拣选必要的数量出库。

C．均匀分布的原则：均匀分布的原则也同样适用于出库。

6.5 案例分析

本例为一计算机外设设备的生产厂，现行仓库为传统货架式仓库。经过对其产品包装、现行仓储作业特性的分析研究，提出自动仓库的构建模式，并进行经济效益的评估。

1．设备规划

主要设施规划功能规格如下：

- 堆垛机 1 台，行走速度为 4～50 m/min，升降速度为 5m/min/20 m/min（两段速度），叉取速度为 4～12 m/min，载重能力为 750 kg。
- 钢架系统 1 座，储位 2900 个。
- 出入库输送机 8 台，有动力，载重能力为 1500 kg，移载速度为 10 m/min。
- 暂存架 8 台，无动力。

厂房建筑采用整体钢架式结构设计，墙面采用厚度无钉式彩色钢板，屋顶部分填加玻璃纤维隔热材料，并依据相关法规设置通风、消防、照明及避雷设施。

2．效益评估

不计残值与报废，仅计算损坏等操作维护费用（以设备现况与全新设备相比较）。

以设备操作的经济寿命为分析年限，当各方案的操作经济寿命年限不同时，以其平均经济寿命年限为分析基础。

设定各方案最低投资报酬率为 12%。

3．成本分析

成本分析科目主要分为三大项目。

(1) 库房建筑。使用年限以 30 年计，以年成本法计算投入成本，与传统仓库比较，传统仓库可储存 2000 桶，每库造价以 650 万元计，如表 6-5 所示。

表 6-5 自动仓库与传统仓库库房成本比较　　　　　　　　单位：千元

方案＼规模	X	Y	Z
自动仓库	880	1380	2030
传统仓库	3250	6500	9750

(2) 土地成本。使用年限不计，以年成本法计算投入成本，土地单位成本以 20 000 元/m^2 计，传统仓库土地使用面积为 700 m^2，如表 6-6 所示。

表 6-6 自动仓库与传统仓库土地成本比较　　　　　　　　单位：千元

方案＼规模	X	Y	Z
自动仓库	2916	5356	8034
传统仓库	7000	14 000	21 000

(3) 设备购置成本。使用年限以平均经济寿命为依据，以年成本法计算投入成本，主要项目包括堆垛机与货架系统、控制与信息系统设备、叉车等，如表 6-7 所示。

表 6-7　自动仓库与传统仓库设备购置成本比较　　　　　　　　　单位：千元

方案	规模	X	Y	Z
自动仓库	堆垛机与货架系统	2650	4660	6850
	控制与信息系统设备	1290	1640	2120
	叉车	200	335	470
	购置成本合计	4140	6635	9440
传统仓库	堆垛机与货架系统	0	0	0
	控制与信息系统设备	185	210	225
	叉车	250	500	750
	购置成本合计	435	710	975

(4) 运营成本。

包括维护保养费用、水电能源费用、人工费用等。先估计出第一年的各项营运成本，再根据各费用的性质估计其年增长率。维护保养费用约为 5%，水电能源费用为 5%，人事费用为 10%，如表 6-8 所示。

表 6-8　自动仓库与传统仓库运营成本比较　　　　　　　　　单位：千元

方案	规模	X	Y	Z
自动仓库	维护保养费用	40	60	90
	水电能源费用	24	36	54
	人工费用	300	400	600
	操作使用费用合计	364	496	744
传统仓库	维护保养费用	15	30	45
	水电能源费用	30	60	90
	人工费用	350	600	850
	操作使用费用合计	395	690	985

4．自动仓库与传统仓库的优缺点比较

自动仓库与传统仓库的优缺点比较如表 6-9 所示。

表 6-9　自动仓库与传统仓库的优缺点比较

	自动仓库	传统仓库
优点	1. 实时连线作业，随时提供正确库存资料； 2. 先进先出作业可确实执行； 3. 可正确自动地存取储物，避免人员负荷及人为错误； 4. 减少容器及货品的损坏，增加作业的安全性； 5. 对呆废料迅速处理，并避免移仓作业； 6. 便于盘点及核验作业进行； 7. 改善客户服务水平，提升公司企业形象	1. 可随需求变动而做较大的调整与储位分配； 2. 可以人力调度方式应对紧急需求，消除需求高峰； 3. 投资成本较低，易于回收
缺点	1. 需要依一定操作程序进行，作业弹性较小； 2. 货品存取速度受存取机功能决定，不易变化，易造成作业瓶颈； 3. 设备投资成本高，不易回收； 4. 需要增加系统操作维护成本	1. 仓库与计算机离线处理，无法实时提供库存资料； 2. 需要配合许多管制措施，否则不易执行先进先出作业； 3. 需要依赖人力辨认储位，易发生人为错误； 4. 对装载的体积、重量无法有效控制，易造成意外与毁坏； 5. 对呆废料处理时效性差，并常需要进行移仓调拨作业； 6. 盘点及核验作业不易进行； 7. 维持现况，无助于企业环境竞争的变化

案例思考题

(1) 使用自动仓库或传统仓库对于成本的影响有哪些？

(2) 结合案例，分析自动仓库的优缺点。

本 章 小 结

　　仓储是配送中心的一项核心功能。仓储系统由储存空间、货品、人员及储存设备构成，主要有地面堆码、货架储存和自动仓库储存 3 种储存方式。

　　配送中心仓储区常见的储放策略有定位储存、随机储存、分类储存、分类随机储存和共同储存等，常用的指派原则有靠近出口原则、周转率原则等。

　　配送中心仓储系统的运转能力规划、空间规划和库房高度规划应综合考虑储存货品的需求、储存单位、储存设备及作业设备等。

　　自动仓库是指可对集装单元货物实现自动化装卸车、自动化堆拆码、自动化存取并进行自动控制和信息管理的仓储系统。自动仓库具有充分利用空间、自动化作业、计算机管理的特点，是现代化物流系统的标志。

　　自动仓库是一项系统工程，需要进行科学分析与系统规划。自动仓库的规划内容包括仓库的结构类型和作业方式的选择、货物单元设计、货格设计、货架设计、作业设备的选择、管理与控制方式选择，提出土建、公用设施的要求，以及投资概算、进度计划等。

　　自动仓库的管理控制系统一般为三级分布式控制系统，由管理级、中控级和直接控制级组成。计算机管理系统的主要功能包括入出库作业功能、货物数据的管理功能、信息交换功能和库存分析功能等。

思考与练习

1. 简述配送中心存储系统的构成及分类。
2. 配送中心存储系统的评价指标有哪些？
3. 简述配送中心存储策略。
4. 配送中心的储位指派原则有哪些？举例说明其指派实施方法。
5. 储存空间的评估要素有哪些？
6. 什么叫自动仓库？自动仓库是由哪几部分构成的？
7. 阐述自动仓库的规划设计步骤。

第7章 配送中心分拣系统

引言

分拣作业是配送中心最核心的作业环节,随着终端个性化需求的发展和电子商务的发展,配送中心分拣作业越来越复杂和多样化,为了提高多品种、小批量货物的分拣效率和效益,高效合理的分拣系统成为配送中心高效运营的关键。

订货是分拣的基础,根据用户订单要求从仓库中拣选、打包、分类并出库是订货活动中的重要环节。在接受订货后,快速而高效地完成分拣作业,可以缩短供货期,提高作业效率,而且从为用户服务的角度而言也是很重要的。

本章系统介绍分拣作业方法、拣选策略、拣选设备配备等,并从实际规划角度出发,全面地介绍了分拣系统的规划方法与规划程序。

学习目标

➢ 了解配送中心分拣系统作业的一般流程;
➢ 掌握配送中心拣选作业方法;
➢ 掌握配送中心拣选策略;
➢ 熟悉典型的拣选模式及设备配置;
➢ 掌握分拣系统规划的步骤与方法。

7.1 分拣系统概述

7.1.1 分拣作业的概念及重要性

分拣作业就是将用户所订的货物从保管处取出,按用户分类集中、处理放置。

分拣、配货和送货是配送中心的主要职能,而送货是在配送中心之外进行的,所以分拣、配货就成为配送中心的核心工序。随着货品经济的发展,用户需求向小批量、多品种方向发展,配送中心配送货品的种类和数量急剧增加,分拣作业在配送中心作业中所占的比例越来越大,是最耗费人力和时间的作业。分拣作业的效率直接影响配送中心的作业效率和经营效益,也是影响配送中心服务水平的重要因素。

配送中心的各项作业中,拣选作业是其中十分重要的一个环节,其作用相当于人体的心脏或空调系统的压缩机。而其动力的产生来自于客户的订单,拣选作业的目的也就在于正确且迅速地集合客户所订购的货品。要达到这一目的,必须根据订单分析采用适当的拣选设备,按拣选作业过程的实际情况运用一定的方法策略组合,采取切实可行且高效的拣选方式提高拣选效率,将各项作业时间缩短,提升作业速度与能力。同时,必须在拣选时防止错误,避免送错货,尽量减少内部库存的料账不符现象及作业成本增加。可以说,拣选作业完成的结果,就是配送中心企业形象的象征。因此，如何实现无拣选错误，将正确的货品、正确的数量在正确的时间内及时配送给顾客，是拣选作业最终的目的及功能。

从成本分析的角度看，物流成本约占货品最终售价的30%，其中包括运输、搬运、仓储等成本项目。因此，许多企业开始注意到物流系统的重要性，认为降低物流成本是继提高劳动生产率和改善工艺设备之后的第三利润源泉。下面分别从某连锁零售业的配送中心拣选作业在物流总成本中所占的比例来说明拣选作业的重要性。

由图7-1所示的物流成本比例分析图可以看出，拣货与配送两大项目几乎占整个物流成本的80%，而配送费用的发生大多在厂区外部，影响因素大都难以控制。由图7-1还可以看出，拣货成本约是其他库内作业成本总和的4倍左右，占库内物流搬运成本的绝大部分。因此，要降低物流成本及其中的搬运成本，从拣选作业着手改进，可以获得事半功倍的效果。

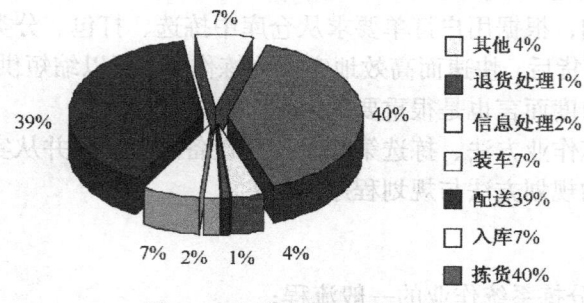

图 7-1 物流成本比例分析图

从人力需求的角度来看，目前绝大多数配送中心仍属于劳力密集型产业，其中与拣选作业直接相关的人力，更是占配送中心人力的50%以上，且拣选作业时间占整个配送中心作业时间的30%~40%，拣选作业成本占配送中心总成本的15%~20%。由此可见，合理的拣选作业方法对提高配送中心运作效率具有决定性的影响。因此，本章将就配送中心拣选作业归纳构建出一些管理模型，再导入一些策略应用手法，以期对配送中心的管理提供辅导，进而促进物流配送现代化。

7.1.2 分拣系统的作业流程

随着经济的发展，分拣作业的内容也趋于复杂化和多样化，为了提高多品种、小批量货物的分拣效率和效益，应把分拣作业视为一个系统。订货是拣货的基础，根据用户订单要求从仓库中拣选货物并出库，这是配送中心作业的重要环节。根据订货处理系统产生的出库单、拣货单、发货单等进行货物的拣选、收集和分类的过程就构成了配送中心的分拣系统。

1. 分拣系统的一般流程

在配送中心内，分拣系统的流程如图7-2所示，包括两种分拣方式，其中下部为按单拣选分拣作业流程，上部为批量拣选分拣流程。不管采用哪种分拣方式，都包括在仓库或保管货架内进行拣选的环节。

拣选的方式通常有两种，即按单拣选和按品种拣选（批量拣选）。一般按品种拣选，从货架分拣完毕为一次操作，之后还进行分货作业，即为二次作业。这种方式下，虽可减少拣选的人力，但其后的分货作业又增加了人力，因此，节省人力的效果不大。过去为了提高出库

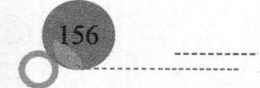

准确性，采用"拣选总量–分货总量 = 0"来进行复查，这种方法使用较多。近年来，用户需求品种越来越多，为提高效率，解决劳动力不足问题，各种效率更高的按单拣选方式被开发出来，如拣选指示系统、拣选小车等，使对小批量的用户也可以高效、准确地出库，因此按品种的拣选方式应用就逐渐减少了。

2．拣选作业过程

拣选作业过程如图 7-3 所示，由生成拣选资料、行走或搬运、拣取和分类与集中几个环节组成。

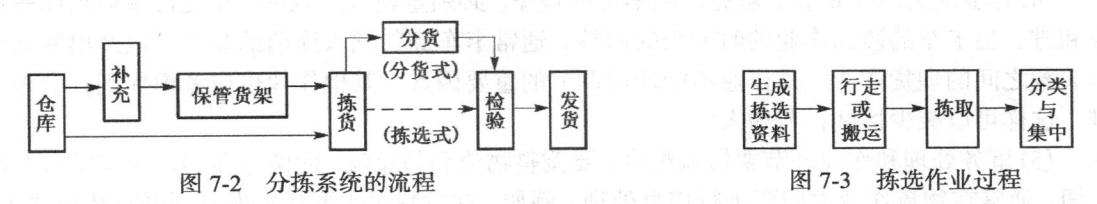

图 7-2　分拣系统的流程

图 7-3　拣选作业过程

(1) 生成拣选资料。拣选作业开始之前，指示拣选作业的单据或信息必须先行处理完成。虽然有些配送中心直接利用顾客的订单或公司的交货单作为人工拣选指示，但此类传票容易在拣选作业中受到污损而导致错误发生，同时无法标识产品的货位，引导拣选员缩短拣选路径，所以必须将原始的传票转换成拣选单或电子信号，以使拣选员或自动拣取设备进行更有效率的拣选作业。

(2) 行走或搬运。进行拣选时，要拣取的货品必须出现在拣选员面前，可以通过以下两种方式实现。

① 人至物方式：拣选员通过步行或搭乘拣选车辆到达货品储存位置的方式。该方式的特点是货品采取一般的静态储存方式，如托盘货架、轻型货架等，主要的移动方为拣选员。

② 物至人方式：与上述方式相反，主要的移动方为被拣取物，也就是货品，拣选员在固定位置作业，无须去寻找货品的储存位置。该方式的主要特点是货品采用动态方式储存，如负载自动仓储系统、旋转自动仓储系统等。

③ 无人拣取方式：拣取的动作由自动机械负责，电子信息输入后自动完成拣选作业，无须人工介入。这是目前国外在拣选设备研究上致力的方向。

(3) 拣取。当货品出现在拣取者面前时，接下来的动作便是抓取与确认。确认的目的是为了确定抓取的物品、数量是否与指示拣选的信息相同。实际作业中都是通过拣选员读取品名与拣选单进行对比。比较先进的方法是利用无线传输终端机读取条码由计算机进行对比，或者采用货品重量检测的方式。准确的确认动作可以大幅度降低拣选的错误率，同时也比出库验货作业时发现错误并处理更直接而有效。

(4) 分类与集中。由于拣取方式的不同，拣取出来的货品可能还需要按订单类别进行分类与集中，拣选作业至此告一段落。分类完成的每一批订单的类别和货品经过检验、包装等作业然后出货。

7.1.3　分拣作业合理化的原则

分拣作业合理化的基本原则包括以下几个方面：

(1) 存放时应考虑易于出库和拣选。要了解和记忆各种货物存放位置，存放时对出入库频繁的货物应放在距离出口较近的地方，这样可以缩短取货时间。

(2) 提高保管效率，充分利用存储空间。现实中，存储空间不能充分利用的情况是常见的，除了提倡立体化储存之外，也可以通过减少通道所占用的空间来提高保管效率，还可以采用一些有特色的保管和搬运设备。

(3) 减少拣选错误。拣选作业中，误发货往往是不可避免的，然而这是最大的浪费，应加以避免。为解决这一问题，除了实现机械化和自动化之外，还要求作业者尽可能减少目视及取物操作上的错误。为此，在作业指示和货物的放置方面要仔细研究。

(4) 作业应力求平衡化，避免忙闲不均的现象。必须重视收货入库、接受订单后出库等作业和进、出卡车的装卸作业的时刻表的调整。通常卡车卸货到入库前的暂存，以及出库和卡车装载之间的理货作业，是作业不能均衡调节的重要因素，其他作业也应考虑周到，合理安排。这样可以减少忙乱，节约人力。

(5) 事务处理和作业环节要协调配合。要调整物流和信息流，使两方面的作业都没有等待时间。通常在物流作业之前要进行信息处理。例如，在发货时先要根据发货通知将货物取出，在出库区进行理货作业，再填写出库单；这些事务工作完成后，配送车辆的驾驶员再拿着出库单来提货。

(6) 分拣作业的安排要和配送路线的顺序一致。向配送车辆装货时必须考虑配送顺序，而在出库区理货时又要考虑装载方便。在分拣选物时也要依据这个原则，即分拣作业的安排要和配送路线的顺序一致。

(7) 缩短配送车辆（如卡车）等运输设备的滞留时间。缩短滞留时间是减少运输成本的重要因素。首先，如前所述的作业均衡化、事务处理和作业环节协调配合对缩减车辆等待时间是必要的；其次，减少卡车的装卸时间也是很重要的，应尽可能采用单元化集装系统，有效地应用各种托盘进行装卸作业。还应在理货时考虑配送顺序，便于卡车在短时间内完成装卸作业。如果想进一步提高效率还可以采用大型集装箱或拖车，使卡车的等待时间减少到最低限度。

7.2 拣选作业方法

7.2.1 拣选作业的分类

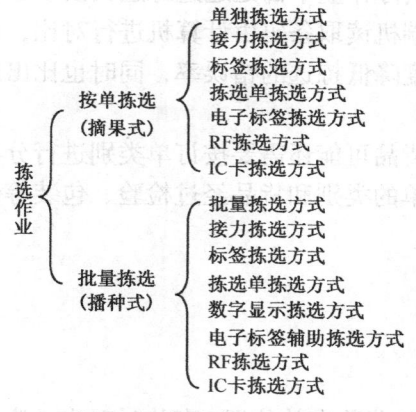

拣选作业
- 按单拣选（摘果式）
  - 单独拣选方式
  - 接力拣选方式
  - 标签拣选方式
  - 拣选单拣选方式
  - 电子标签拣选方式
  - RF拣选方式
  - IC卡拣选方式
- 批量拣选（播种式）
  - 批量拣选方式
  - 接力拣选方式
  - 标签拣选方式
  - 拣选单拣选方式
  - 数字显示拣选方式
  - 电子标签辅助拣选方式
  - RF拣选方式
  - IC卡拣选方式

图 7-4 拣选作业的分类

随着科学技术的发展，配送中心拣选作业，也在不断地演变，其种类也越来越多。拣选方式可以从不同的角度进行分类：按订单的组合，可以分为按单拣选和批量拣选；按人员组合，可以分为单独拣选方式（一人一件式）和接力拣选式（分区按单拣选）；按运动方式，可以分为人至货前拣选和货至人前拣选等；按拣选信息的不同，又可以分为拣选单拣选、标签拣选、电子标签拣选、RF拣选等。拣选作业的分类如图7-4所示。

按单拣选即按订单进行拣选，拣选完一个订单后，再拣选下一个订单；批量拣选方式是将数张订单

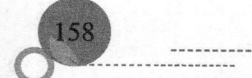

加以合并，一次进行拣选，最后根据各个订单的要求再进行分货。

单独拣选方式即一人持一张取货单进入拣选区拣选货物，直至将取货单中内容完成为止；分区拣选方式是将拣选区分为若干区，由若干名作业者分别操作，每个作业者只负责本区货物的拣选，携带一张订单的拣选小车依次在各区巡回，各区作业者按订单的要求拣选本区段存放的货物，一个区段拣选完移至下一区段，直至将订单中所列货物全部拣选完。

人至货前拣选即人(或人乘拣选车)到储存区寻找并取出所需要的货物；货至人前拣选是将货物移动到人或拣选机旁，由人或拣选机拣选出所需的货物。

7.2.2 拣选作业方法

1. 按单拣选作业

(1)按单拣选作业的原理。拣选人员或拣选工具巡回于各个储存点，按订单所要求的物品完成货物的配货，如图 7-5 所示。这种方式类似于人们进入果园，在一棵树上摘下已成熟的果子后，再转到另一棵树前去摘果子，所以又形象地称之为摘果式。

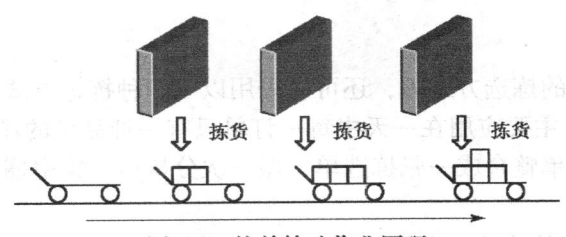

图 7-5 按单拣选作业原理

(2)按单拣选作业的特点。

① 易于实施，而且配货的准确度较高，不易出错。

② 对各用户的拣选相互没有约束，可以根据用户需求的紧急程度，调整配货先后次序。

③ 拣选完一个货单，货物便配齐，因此，货物可不再落地暂存，而直接装上配送车辆，这样有利于简化工序，提高作业效率。

④ 用户数量不受限制，可在很大范围内波动。拣选作业人员数量也可以随时调节，在作业高峰时，可以临时增加作业人员，有利于开展即时配送，提高服务水平。

⑤ 对机械化、自动化没有严格要求，不受设备水平限制。

2. 批量拣选作业

(1)批量拣选作业的原理。批量拣选作业是将多个订单加总，由拣货人员或拣货工具从储存点集中取出各订单共同需要的某一种货物，然后巡回于各用户的货位之间，按每个用户的需要量进行分货，再集中取出共同需要的第二种货物，如此反复进行，直至用户需要的所有货物都分放完毕，即完成各个用户的配货工作，如图 7-6 所示。这种作业方式，类似于农民在土地上播种，一次取出几亩地所需的种子，在地上巡回播撒，所以又形象地称之为播种式或播撒式。

(2)批量拣选作业方式的特点。

① 由于是集中取出共同需要的货物，再按货物货位分放，这就需要在收到一定数量的订

单后进行统计分析，安排好各用户的分货货位之后才能反复进行分货作业，因此，这种方式的工艺难度较高，计划性较强，和按单拣选相比，错误率较高。

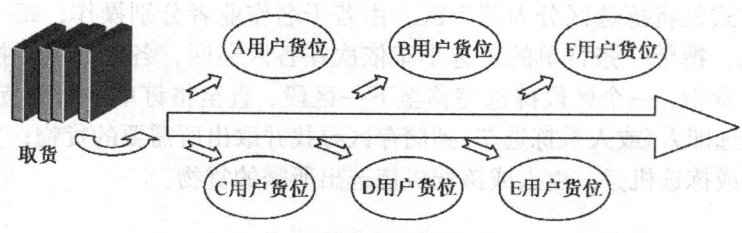

图 7-6 批量拣选作业原理

② 由于是各用户的配送请求同时完成，可以同时开始对各用户所需货物进行配送，因此有利于车辆的合理调配和规划配送路线，与按单拣选相比，可以更好地发挥规模效益。

③ 对到来的订单无法做出及时的反应，必须等订单达到一定数量时才做一次处理，因此会有停滞的时间产生。只有根据订单到达的状况做等候分析，决定出适当的批量大小，才能将停滞时间减至最低。

3．其他作业方式

除了以上两种常用的拣选方式外，还可以采用以下两种拣选方式。

(1) 整合按单拣选。主要应用在一天中每一订单只有一种品项的场合，为了提高输配送的效率，将某一地区的订单整合成一张拣选单，做一次分拣后，集中捆包出库。这属于按单拣选的一种变通形式。

(2) 复合分拣。是按单拣选与批量拣选的组合运用，按订单品项、数量和出库频率决定哪些订单适合按单拣选，哪些适合批量拣选。

几种拣选方式的比较如表 7-1 所示。

表 7-1 拣选方式的比较

拣选方式	优　点	缺　点	适用场合
按单拣选	作业方法简单； 订货前置时间短； 作业弹性大； 作业人员责任明确,作业容易组织； 拣选后不必再进行分类作业	货品品种多时，拣选行走路径加长，分拣效率降低； 拣货单必须配合货架货位号码	多品种、小批量订单
批量拣选	合计后拣货,效率较高； 盘亏较少	所有种类实施困难； 增加出货的分货作业； 必须全部作业完成后，才能发货	少品种批量出货且订单的重复订购率较高
整合按单拣选			一天中每一订单只有一种品项
复合分拣			订单密集且订单量大

7.2.3　拣选作业信息

拣选信息是拣货作业的原动力，主要目的是指示拣货的进行，而拣货资料的源头是客户的订单，为了使拣货人员在既定的拣货方式下正确而迅速地完成拣货，拣选信息就成为拣货作业中重要的一环。利用拣选信息来支持拣货系统，除使用传统的单据传送信息外，一些自动传输的无纸化系统已逐渐被导入。下面介绍一些利用各种拣选信息来辅助拣货的应用方式。

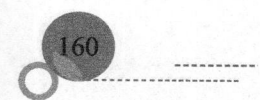

常见的拣选信息传送方式有传票拣选、拣选单拣选、标签描述电子标签辅助拣选、RF辅助拣选、IC卡拣选与自动拣选等。

1．传票拣选

传票拣选是最原始的拣选方式，直接利用客户的订单或公司的交货单作为拣选指示。依据客户的订货单，拣选人员一面看着订货单上的品名，一面寻找货品，需要来回多次走动才可拣完一张订单。

(1)优点。无须利用计算机等设备处理拣选信息，适用于订购品项数少或少量订单的情况。

(2)缺点。

① 此类传票容易在拣选过程中受到污损，或者因存货不足、缺货等注释直接写在传票上，导致作业过程中发生错误或无法判别确认。

② 未标识产品的货位，必须靠拣选人员的记忆在储区中寻找存货位置，更不能引导其缩短拣选路径。

③ 无法运用拣选策略提升拣选效率。

2．拣选单拣选

拣选单拣选是目前最常用的拣选方式，将原始的客户订单输入计算机后进行拣选信息处理，然后打印拣选单，如表 7-2 所示。拣选单的品名按照货位号码重新编号，使拣选人员来回一次就拣完一张订单；拣选单上印有货位号码，拣选人员按该号码寻找货品，即使不识货品的新手也能拣选。

表 7-2　拣选单示例

订单单号：		拣货员		序号：	
客户代号：		客户名称：		日期：	
No	货位号码		品名	数量	备注

拣选单一般根据货位的拣货顺序进行打印，拣货人员根据拣选单的顺序拣货；拣货时将货品放入搬运器具内，同时在拣选单上做记号，然后再执行下一货位的拣货。

一般拣选单是根据拣货的作业区和拣货单位分别打印的。例如，整盘拣货(P→P)、整箱拣货(P→C)、拆箱拣货(C→B)或单品拣货(B→B)等的拣选单分别打印、分别拣货，然后在出货暂存区集货等待出货。这是一种最经济的拣货方式，必须配合货位管理才能发挥其效益。拣货精确度可大大提高。

(1)优点。

① 避免了传票在分拣过程中受到污损，在检验过程中使用原始传票查对，可以修正拣选作业中发生的错误。

② 产品的货位显示在拣选单上，同时可以按可到达货位的先后次序排列货位编号，引导拣选人员按最短路径拣选。

③ 可充分配合分区、订单分割、订单分批等拣选策略，提升拣选效率。

(2)缺点。

① 拣选单处理、打印工作耗费人力、时间。

② 拣选完成后仍需要经过货品检验过程，以确保其正确无误。

3. 标签拣选

这种拣货方式中，拣选标签取代了拣选单，拣选标签的数量与分拣量相等，在分拣的同时将标签贴在货品上以便确认数量。其原理为当接单之后经过计算机处理，依据货位的拣货顺序排列打印拣货标签，订购几箱(件)货品就打印几张标签，标签张数与订购数一样，拣货人员根据拣货标签上的顺序拣货。拣货时将货品贴标签之后放入拣货容器内，标签贴完即代表该项货品已经拣货完成。

标签拣选是一种防错的拣货方式，主要应用在高单价的货品拣货上。它可以应用在商店别拣货及货品别拣货上，但货品别拣货的应用例较多，因为可以利用标签上的条码来自动分类，效率非常高。

此种拣货大部分应用在整箱拣货及单品拣货上。整箱拣货的标签与单品拣货的标签内容不一样，整箱拣货的标签除了单品拣货标签上的内容外，还包括客户地址及配送路线等，因此可以直接当作出货标签使用，必要时也可以增加条码的打印，以提高作业效率；而单品拣货之后大部分都必须装入纸箱或塑料箱内，因此必须增加出货标签，客户地址及配送路线的资料在出货标签上打印，而单品拣货的标签就可以省略这部分内容。

整箱拣货标签如图 7-7 所示。

品号：00011125	品号：00011125
品名：×××××	品名：×××××
订单号码：5401	订单号码：5401
客户名称：×××	客户名称：×××
客户地址：××××××××	客户地址：××××××××
配送路线：	配送路线：
订单箱数：2	订单箱数：2
箱号：5/1	箱号：5/1

图 7-7　整箱拣货标签

单品拣货标签如图 7-8 所示。

品号：00022213	品号：00022213
品名：×××××	品名：×××××
订单号码：543	订单号码：543
客户名称：×××××	客户名称：×××××
订单箱数：2	订单箱数：2
箱号：3/1	箱号：3/1

图 7-8　单品拣货标签

送货标签如图 7-9 所示。

订单号码：12345
客户名称：××××××
客户地址：××××××××××
配送路线：12
订单箱数：2
箱号：6/1

图 7-9　送货标签

这种方式中，标签贴上物品的同时，物品与信息立即建立了一种对应关系，所以拣选的数量不会产生错误。这种拣选方式的优缺点如下。

(1) 优点。

① 结合分拣与贴标签的动作，可以减少流通加工作业与往复搬运核查的动作，缩短整体作业时间。

② 可以在分拣时清点分拣数量，提高拣选的正确性。若分拣未完时标签已贴完，或者分拣完成但标签仍有剩余，则表示分拣过程中有错误发生。

(2) 缺点。

① 若要同时打印出价格标签，则必须统一下游客户的货品价格和标签形式。

② 操作环节比较复杂，拣货费用高。

4．电子标签辅助拣选

电子标签辅助拣选是一种计算机辅助的无纸化拣货系统，其原理是在每个货位安装数字显示器，利用计算机的控制将订单信息传输到数字显示器内，拣货人员根据数字显示器所显示的数字拣货，拣完货之后按确认按钮即完成拣货工作，也叫作电子标签拣货。

这种分拣方式中，电子标签取代了拣选单，在货架上显示拣选信息，以减少"寻找货品"的时间。分拣的动作仍由人力完成。电子标签是很好的人(拣选人员)机(计算机)界面，计算机负责烦琐的拣选顺序的规划与记忆，拣选人员只需要依照计算机指示执行拣选作业。电子标签有一个小灯，灯亮表示该货位的货品是待拣货品。电子标签中间有多个字元的液晶显示，可显示拣选数量。如此，拣选员在货架通道行走，看到灯亮的电子标签就停下来，并按显示数字来拣取该货品所需的数量。电子标签设备主要包括电子标签货架、信息传送器、计算机辅助拣选台车、条码、无线通信设备等。

这种拣货技术于 1977 年由美国开发，是配送中心经常采用的一种拣选方式，可以用于批量拣选，也可以用于按单拣选。但是货品品项太多时不太适合，因为成本太高，因此常被应用在 ABC 分类的 A、B 类上。它也是一种无纸化拣货系统，可以即时处理，也可以批次处理。电子标签拣货的拣货能力约为 500 件/h，而拣货错误率只有 0.01%左右。

电子标签辅助拣选的优点如下：

① 沿特定拣选路径，看电子标签灯亮就停下来，并按显示数字拣选，不容易拣错货，错误率可低于 0.02%。

② 可省去来回寻找待拣货品的时间，拣选速度可提高 30%～50%。

③ 只需寻找电子标签灯亮的货位，并按显示数字拣选，不识货品的新手也能拣选。

电子标签根据其功能可以分为传统电子标签和智慧型电子标签。传统电子标签只能显示拣选数量，而智慧型电子标签可显示价格、标签编号、货位编号、拣选数量、台车车号与台车格位等拣选信息。智慧型电子标签是在传统电子标签的基础上发展起来的，其功能更加完善。其主要功能特点包括：

① 一个电子标签可对应一个货位或多个货位。

② 指示一个拣选人员进行单一订单拣选。

③ 指示一个拣选人员进行多张订单拣选。

④ 指示多个拣选人员进行单一订单拣选。

⑤ 指示多个拣选人员进行多张订单拣选。

⑥ 指示拣选路径。

⑦ 立即更正拣选错误。

⑧ 指示库存盘点。

⑨ 指示贴标签作业。

⑩ 显示标签编号。

因智慧型电子标签可提供上述 10 项功能，故能适合各种拣选频率和拣选作业模式。

智慧型电子标签具备较多的功能与优点，它与传统电子标签的比较如表 7-3 所示。

表 7-3 智慧型电子标签与传统电子标签的比较

功 能 说 明	智慧型电子标签	传统电子标签
显示方式	4 位字母，可显示数字及符号	4 位字母，仅能显示数字
传输方式	RS485 网络传输	RS485
对应货位	一个或多个货位	一个货位
对应货品	一个标签对应一种或多种	一个标签对应一种
货位动态分割	可	不可
移动路线指示	有	无
拣错防止	有	无
多订单拣选	可	不可
多人拣选指示	可	不可
店号指示	可	不可，需要加上店号指示器
盘点作业	有	有些可以
拣选方式	直觉式	直觉式
导引指示	高亮度大直径 LED	一般灯泡
拣选指示	高亮度点矩阵 LED	数字型 LED
可靠度	佳	佳
作业扩充弹性	佳	困难
配线方式	简单	复杂
维修作业	简单	稍难

5. RF 辅助拣选

RF 也是拣选作业的人(拣选员)机(计算机)界面，计算机负责繁杂的拣选顺序规划与记忆，以减少寻找货品的时间。RF 通过无线式终端机显示所有拣选信息，比电子标签更具作业弹性，不过其价格高于电子标签。另外，RF 的显示不如电子标签简单，会使拣选人员的直觉反应较差。RF 适合的拣取方式是以托盘为拣选单位，并采用叉车进行辅助拣选。

RF 拣选也是一种计算机辅助的拣货方式，其原理是利用掌上终端、条码扫描器及 RF 无线电控制装置的组合，将订单资料由计算机主机传输到掌上终端，拣选人员根据掌上终端所指示的货位，扫描货位上的条码，如果与计算机的拣货资料不一致，掌上终端就会发出警告声，直到找到正确的货品货位为止；如果与计算机的拣货资料一致，就会显示拣货数量。拣选人员根据所显示的拣货数量拣货，完成之后按确认按钮即完成拣货工作。拣货信息利用 RF 传回计算机主机，同时以库存数据库中扣除相应数量。它也是一种无纸化拣货系统，也是即时处理系统。

此种拣货方式可以应用在按单拣选和批量拣选中，因为成本低且作业弹性大，尤其适用于货品品项很多的场合，故常被应用在多品种、少量订单的拣选上，与拣货台车搭配最为常见。RF 拣选的拣货能力约为 300 件/h，而拣货错误率约为 0.01%。

6. IC 卡拣选

IC 卡拣选也是一种计算机辅助的拣货方式，其原理是利用计算机及条码扫描器的组合，

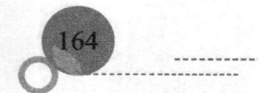

将订单资料由计算机主机复制到 IC 卡上，拣选人员将 IC 卡插入计算机，根据计算机上所指示的货位刷取货位上的条码，如果与计算机的拣货资料不一致，掌上终端就会发出警告声，直到找到正确货品货位为止；如果与计算机的拣货资料一致，就会显示拣货数量。拣选人员根据所显示的拣货数量拣货，完成之后按确认按钮即完成拣货工作。拣货信息通过 IC 卡传回计算机主机，同时从库存数据库中扣除相应数量。

IC 卡拣选也是一种无纸化拣货系统，但不是即时处理系统，而是批次处理系统。此种拣货方式可以应用在按单拣选中，也可以应用在批量拣选中，尤其适合于货品品项很多的场合，因此常被应用在多品种、少量的拣货上，与拣货台车搭配最为常见。IC 卡拣货成本低且作业弹性大，拣货能力约为 300 件，而拣货错误率约为 0.01%。

7. 自动拣选

自动拣选的分拣动作由自动机械负责，电子信息输入后自动完成拣选作业，无须人工介入。

自动拣选系统有 A 型拣选系统、旋转仓储系统、立体式自动仓储系统等多种。

(1) A 型拣选系统。类似于自动售货机，有一长排 A 型货架。货架的两侧有多个货位，每个货位储存一种货品，每个货位下方有一台拣选机械。A 型货架的中间有一条输送带，输送带末端连接装货的容器。当联机计算机将拣选信息传入时，欲拣货品的货位拣选机械被启动，推出所需数量的货品至输送带。输送带的货品被送至末端，掉落至装货容器。目前，国内尚未采用 A 型拣选系统。

(2) 旋转仓储系统。内有多个货位，每个货位放置一种货品。当联机计算机将拣选信息传入时，欲拣货品的货位被旋转至前端的窗口，方便拣选人员拣取。旋转仓储系统可省去货品的寻找与搬运，但仍需拣取动作；旋转整个货架，动力消耗大、故障率高，只适合于轻巧的零组件仓库。

(3) 立体式自动仓储系统。有多排并列的储存货架。因货架不需要旋转，故可向上立体化，增加储存空间。货品的存取端设有多台自动存取机。当联机计算机将拣选信息传入时，自动存取机移至指定货位，拿取或存放货品。通常立体式自动仓储系统采用单位负载的存取方式，比较适合以托盘或容器为拣取单位的拣取方式。

自动拣选方式由于是无人拣货，因此设备成本非常高，此种拣货方式常应用在高价值、出货量大且频繁的 A 类货品上。自动拣选的生产效率非常高，拣货错误率非常低。

7.3 拣选策略

拣选策略是影响拣选作业效率的重要因素，对不同的订单需求应采取不同的拣选策略。决定拣选策略的 4 个主要因素是：分区、订单分割、订单分批及分类。这 4 个主要因素交互运用可产生多个拣选策略。

7.3.1 分区策略

分区就是对拣选作业场地做区域划分，按分区原则的不同，有以下 4 种分区方法。

1. 货品特性分区

货品特性分区就是根据货品原有的性质，将需要特别储存、搬运或分离储存的货品进行区隔，以保证货品的品质在储存期间保持稳定。

2. 拣选单位分区

将拣选作业区按拣选单位划分，如箱装拣选区、单品拣选区，或者具有特殊货品特性的冷冻品拣选区等。其目的是使储存单位与拣选单位分类统一，以方便分拣与搬运单元化，使分拣作业单纯化。一般来说，拣选单位分区所形成的区域范围是最大的。

3. 拣选方式分区

不同的拣选单位分区中，按拣选方法和设备的不同，又可以分为若干区域，通常以货品销售的 ABC 分类为原则。按出货量的大小和分拣次数的多少做 ABC 分类，然后选用合适的拣选设备和分拣方式。其目的是使拣选作业单纯一致，减少不必要的重复行走时间。在同一单品拣选区中，按拣选方式的不同，又可分为台车拣选区和输送机拣选区。

4. 工作分区

在相同的拣选方式下，将拣选作业场地再做划分，由一个或一组固定的拣选人员负责分拣某区域内的货品。该策略的主要优点是拣选人员需要记忆的存货位置和移动距离减少，拣选时间缩短，还可以配合订单分割策略，运用多组拣选人员在短时间内共同完成订单的分拣，但要注意工作平衡问题。

接力式分拣就是工作分区的一种形式，只是其订单不做分割或不分割到各工作分区，拣选人员以接力的方式来完成所有的分拣动作。这种方式比由一位拣选员把一张订单所需要的物品分拣出来效率更高，但相对投入的人力较多。

以上的拣选分区可同时存在于一个配送中心内，或者单独存在。除接力式分拣外，在分区分拣完后仍需要将拣出的货品按订单加以组合。

7.3.2 订单分割策略

当订单上订购的货品项目较多，或者拣选系统要求及时快速处理时，为了能在短时间内完成拣选处理，可将订单分成若干子订单交由不同拣选区域同时进行拣选作业。将订单按拣选区域进行分解的过程叫作订单分割。

订单分割一般是与拣选分区相对应的，对于采用拣选分区的配送中心，其订单处理过程的第一步就是要按区域进行订单的分割，各个拣选区根据分割后的子订单进行分拣作业，各拣选区子订单拣选完成后，再进行订单的汇总。

7.3.3 订单分批策略

订单分批是为了提高拣选作业效率而把多张订单集合成一批，进行批次分拣作业，其目的是缩短分拣时平均行走搬运的距离和时间。若将每批次订单中的同一货品品项加总后分拣，然后把货品分类给每一个客户订单，则形成批量分拣，这样不仅缩短了分拣时平均行走搬运的距离，也减少了重复寻找货位的时间，从而使拣选效率提高。但如果每批次订单数量过多，则必然耗费较多的分类时间，甚至需要强大的自动化分类系统的支持。订单分批原则如下。

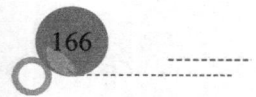

1. 总合计量分批

合计拣选作业前所有累积订单中每一货品项目的总量，再根据这一总量进行分拣以将分拣路径缩至最短，同时储存区域的储存单位也可以单纯化，但需要功能强大的分类系统来支持。这种方式适用于固定点之间的周期性配送，可以将所有的订单在中午前收集，下午进行合计量分批、分拣单据的打印等信息处理，第二天一早进行分拣、分类等工作。

2. 时窗分批

当从订单到达至拣选完成出货所需的时间非常紧迫时，可利用此策略开启短暂而固定的时窗，如 5 min 或 10 min，再将此时窗中所到达的订单做成一批，进行批量分拣。这一方式常与分区及订单分割联合运用，特别适合于到达时间短而平均的订单形态，同时订购量和品项数不宜太大。如图 7-10 所示为分区时窗分批拣取的示意图，所开时窗长度为 1 h。

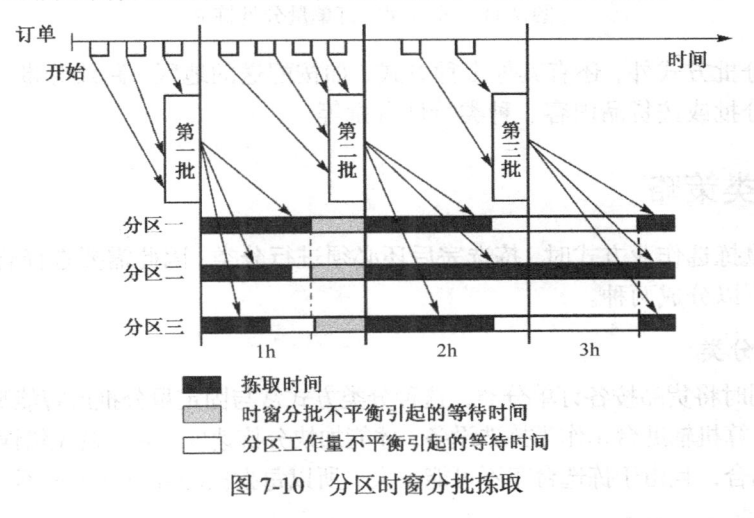

图 7-10 分区时窗分批拣取

各拣选区利用时窗分批同步作业时，会因分区工作量不平衡和时窗分批拣选量不平衡产生作业的等待，如能将这些等待时间缩短，就可以大大提高拣选效率。此分批方式适合密集频繁的订单，且较能满足紧急插单的需求。

3. 固定订单量分批

订单分批按先到先处理的基本原则，当累计订单量到达设定的固定量时，再开始进行拣选作业。它适合的订单形态与时窗分批类似，但更注重维持较稳定的作业效率，而处理速度比时窗分批慢。如图 7-11 所示是分区固定订单量分批拣取的示意图，固定订单量为 4，当进入系统的订单累计数到达 4 时，集合成一批进行分区批量分拣。

4. 智能型分批

智能型分批是将订单汇总后经过较复杂的计算机计算，将分拣路径相近的订单分成一批同时处理，这种方法可大量缩短拣选行走搬运的距离。采用这种分批方式的配送中心通常将前一天的订单汇总后，经计算机处理在当天下班前产生次日的拣选单据，因此对紧急插单作业处理较为困难。

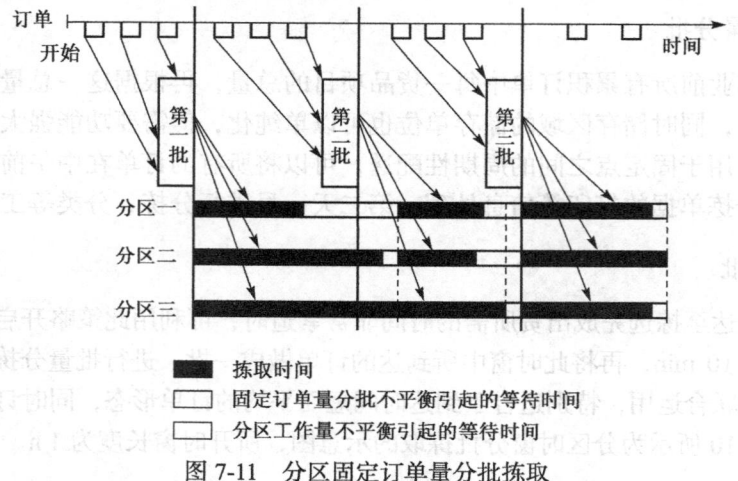

图 7-11　分区固定订单量分批拣取

除以上的分批方式外，还有其他多种方式，如按配送的地区、路线分批，按配送的数量、车趟次、金额分批或按货品内容、种类特性分批等。

7.3.4　分类策略

当采用批量拣选作业方式时，拣选完后还必须进行分类，因此需要选择合适的分类策略。分类方式大致可以分成两种。

1. 分拣时分类

在分拣的同时将货品按各订单分类，这种分类方式常与固定量分批或智能型分批方式联用，因此需要使用计算机辅助台车作为拣选设备，才能加快分拣速度，同时避免错误发生。它较适用于少量多样的场合，且由于拣选台车不可能太大，所以每批次的客户订单量不宜过大。

2. 分拣后集中分类

按合计量分拣后再集中分类。一般有两种分类方法，一种是以人工作业为主，将货品总量搬运到空地上进行分发，而每批次的订单量及货品数量不宜过大，以免超出人员负荷；另一种是利用分类输送机系统进行集中分类，是较自动化的作业方式。当订单分割细，分批批量品项多时，常使用后一种方式。

以上 4 类拣选策略因素可单独或联合运用，也可以不采用任何策略，直接按单拣选。

7.4　拣选系统典型模式及设备

7.4.1　拣选系统典型模式

拣选系统的构成模式很多，现主要阐述两种零拣系统模式。

1. 模式结构 Ⅰ

设计配送中心拣货系统的核心是设计一个合理的物流路线，使入库、保管、拣货和发货等物流过程尽量简捷顺畅，缩短搬运和拣选货物所走的无效路程，从而提高作业效率。特别

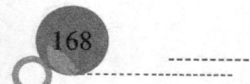

是在拣货区域内，为了使作业人员能容易找出所需货物，应把货物摆放得井然有序、有条不紊。拣选系统的典型模式如图 7-12 所示，系统分为 6 个区域，其入库、保管、拣货、出库流程如图 7-12 中的箭头所示，物流线路畅通无阻。

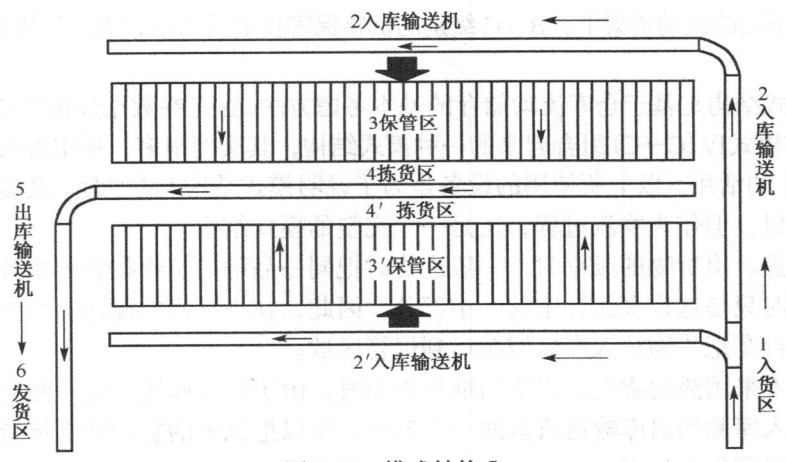

图 7-12　模式结构 I

(1) 进货入库。在入货区(1)内，把货物从卡车上卸下，放在入库输送机(2 和 2′)上，货物就会通过入库输送机自动地送到仓库保管区域(3 和 3′)。

(2) 保管区。在保管区(3 和 3′)内，采用流动货架，作业人员从流动货架的补给侧放进货物。由于流动货架底面具有一定的倾斜度，所以货物会自动地流入到拣货区(4 和 4′)的拣货侧。

在拣货区一侧，在流动货架上放了许多不同种类的货物，作业人员一目了然，从而大大提高了拣货效率。

(3) 拣货区(4 和 4′)。在拣货的区域范围内，各类货物在流动货架上整齐排列，使拣货作业很简单、容易。把拣选出来的货物放在出库输送机(5)上，自动输送到发货区域(6)范围内，提高了拣货效率。

在利用流动货架的时候，只要通过拣货通道(4 和 4′)就可以拣出所有品种的货物。拣货人员一边沿着发货输送机走，一边从流动货架上取货，并把货物放在发货输送机上。既不用拿着货物来回走动，也不用因寻货而徒然奔走，只要沿着发货输送机就可以进行拣货作业了。

(4) 出库输送机(5)和发货区(6)。拣出库的货物通过出库输送机(5)自动送到发货区(6)内，在发货区内就可以把货物堆积在发货卡车上。这种模式在小规模的配送中心系统中经常使用，在大型的配送中心中，这种基本的模式结构也是不变的。

(5) 应用实例。图 7-13 所示是基于模式结构 I 的一个拣货实例的拣货区断面图，补给货物时从进货区用叉车把托盘运送到托盘流动货架上。

从托盘上拣选料箱的过程：在拣货区中央的断面，用出库输送机把货物运送到出库区域，并且在货架间设计走道，共有两层，通过上下两层进行拣货。拣货方式采用 P→C 的模式结构。

从上层的箱式流动货架上把料箱拣选出来，然后放到流

图 7-13　拣货区断面图

动货架前面的输送机上；到下层时，再从托盘流动货架上把料箱拣出来。上下层的输送机分别把拣出的料箱送到出库区内。上下层虽然都是基本的模式结构，但下层是拣货模式Ⅲ(P→C)，而上层是拣货模式Ⅳ(C→C)。在多品种、小批量的拣货作业中，相当于 ABC 分析中 A 级别的货物种类保管在下层的流动货架上，B、C 级别的货物保管在上层的箱式流动货架上，分别保管，拣货方便。

这样的模式结构是基于仓库流动储存的基本考虑方法，这是在数据分析的基础上把拣货模式Ⅲ(P→C)和模式Ⅳ(C→C)组合起来的一种模式结构，其实例很多，利用价值也很高。

(6) 模式Ⅰ的活用。以上所使用的设备是为了说明模式结构Ⅰ的原理。其实不用输送机和流动货架也可以，但作为物流过程，这是一个完整的模式结构。

在考虑到进、出货物的频率时，一般进货时把同一品种的货物按装载单位集中之后才能入库，但发货时只是这许多品种中的一小部分。因此，在小规模的配送中心内不用入库输送机，而是采用台车把货物从入库区域搬运到保管区域。

另外，若不采用流动货架，当货物堆积如山时，由于从入库输送机一侧到拣货区有几条通道，形成从入库侧到出库输送机侧的一个流程，所以把拣出的货物装到拣货区的出库输送机上可以大大提高作业效率。

2. 模式结构Ⅱ

模式结构Ⅱ与模式结构Ⅰ有些相似，但其最大的特征是适用于多品种、小批量的拣货作业。拣货作业方式为拣货模式Ⅳ(C→B)，其模式结构是从料箱中取出散装物的拣货作业。药品、化妆品的拣货作业常常使用这种模式结构。

如图 7-14 所示，货物入库时从入库输送机把以料箱为单位的货物补充给流动货架。由于在拣货区流动货架上的各种货物一目了然，所以对全部货品进行步行拣货非常方便。

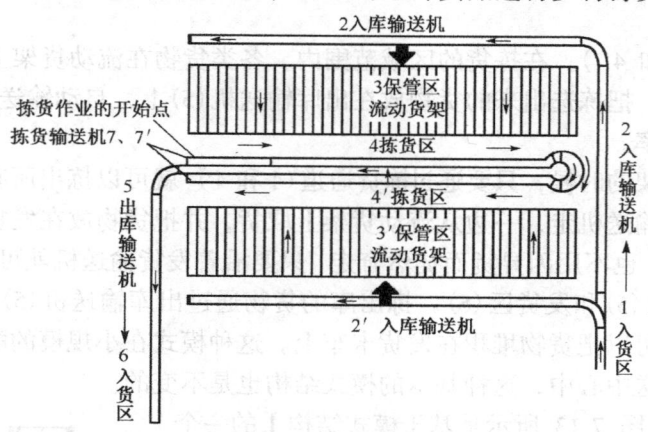

图 7-14 模式结构Ⅱ

在这个模式结构中，在出库输送机 5 的两侧设置了拣货输送机 7 和 7′，是普通重力输送机。

拣货时，首先拿着拣货箱从图 7-14 所示的拣货区的左上方开始拣货，在拣货输送机上推着拣货箱前进，直到到达右上侧时转弯，然后再沿着另一侧的流动货架继续拣货。这样就可以对所有种类的货物进行拣货作业。在拣货途中，把拣货完了的料箱从拣货输送机上放到中间的出库输送机上。这个拣货箱就不会成为下一次拣货时的障碍，另外，还逐个地把它们送到出库区。

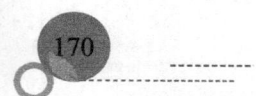

没必要让一个人承担全部种类的拣货作业。一般是在输送机的一侧各站一个人，当一侧的拣货作业结束时，把拣货箱传递给另一个人。当在库货物的种类很多、拣货区过长时，也多采用这种接力式的方法。

另外，被拣选出库的料箱中的货物并不是原封不动地出库，而多是在出库输送机的末端再经过检验、包装、计量等作业后才能出库。如图 7-15 所示是模式结构Ⅱ的拣货作业图。

图 7-15 模式结构Ⅱ的拣货作业图

7.4.2 拣选系统设备配置

拣选系统是由仓储设备、搬运设备及信息传送设备所组成的，根据自动化程度的不同，可分为全自动方式、半自动方式及人工方式等；根据拣货单位的不同，又可以分为整盘拣货（P→P）、整箱拣货（P→C）、拆箱拣货（C→B）或单品拣货（B→B）等几种模式。

以下针对各种拣货模式，介绍其可能的设备配置模型。

1. 全自动方式

此种拣货方式多数是利用计算机与自动化设备配合的拣货方式，完全不需要作业人员将订购的货品拣出来。目前常见的设备配置如表 7-4 所示。

表 7-4 全自动方式的设备配置

保管→出货	设 备 配 置
1.P→P	托盘式自动仓储系统+输送机（穿梭车）
2.P→C	托盘式自动仓储系统+拆盘机+输送机
3.P→C	托盘式自动仓储系统+穿梭车+机器人
4.C→C	流动式货架+自动拣取机+输送机
5.C→B	流动式货架+机器人+输送机
6.B→B	自动拣取机+输送机

（1）P→P，托盘式自动仓储系统+输送机（穿梭车）。此种拣货模式是由托盘式自动仓储系统及输送机（穿梭车）所组成的，主要是拣整托盘的货品。首先订单的信息由计算机主机直接传输到自动仓储系统的计算机，自动仓储系统的计算机指示堆垛机将货品自动拣出来，然后利用输送机将整盘的货品输送到指定的地点或出货暂存区。

（2）P→C，托盘式自动仓储系统+拆盘机+输送机。此种拣货模式是由托盘式自动仓储系统、拆盘机及输送机（穿梭车）所组成的，主要是拣整箱的货品。首先订单的信息由计算机主机直接传输到自动仓储系统的计算机，自动仓储系统的计算机指示堆垛机将货品自动拣出来，然后利用输送机将整盘的货品输送到拆盘机，最后将托盘的货品拆成整箱的货品，利用输送机输送到出货暂存区。

（3）P→C，托盘式自动仓储系统+输送机（穿梭车）+机器人。此种拣货模式是由托盘式自动仓储系统、输送机（穿梭车）及机器人所组成的，主要是拣整箱的货品。首先订单的信息由计算机主机直接传输到自动仓储系统的计算机，自动仓储系统的计算机指示堆垛机将货品自动拣出来，然后利用输送机将整盘的货品输送到机器人，再利用机器人将托盘上的货品拆成整箱的货品；同时将货品再堆叠到出货的托盘上，利用输送机输送到出货暂存区。

(4) C→C，流动式货架+自动拣取机+输送机。此种拣货模式是由箱式流动式货架、自动拣取机及输送机所组成的，主要是拣整箱的货品。首先订单的信息由计算机主机直接传输到自动拣取机的控制计算机，然后由自动拣取机的控制计算机指示自动拣取机将订货的货品拣出，最后利用输送机输送到出货暂存区。

(5) C→B，流动式货架+机器人+输送机。此种拣货模式是由箱式流动式货架、输送机及机器人所组成的，主要是拣单品的货品。首先订单的信息由计算机主机直接传输到机器人的控制计算机，然后由机器人的控制计算机指示机器人将订货的货品拣出，最后利用输送机输送到出货暂存区。

(6) B→B，自动拣取机+输送机。

① A 型自动拣取机：是由 A 型货架及输送机所组成的。将拆箱货品堆放到 A 型货架上，A 型货架的底部有一组推出机构，当该货品被订购时，推出机构就会自动将货品推出掉到皮带输送机上；它以商店别拣货，一次拣一张订单，主要是拣单品的货品。而补货作业是利用人工进行的，因此 A 型货架的机台不能高于人的身高。其流程为订单的信息由计算机主机直接或利用磁盘传输到 A 型自动拣取机的控制计算机，然后由 A 型自动拣取机的控制计算机指示自动拣取机，将订货的货品拣出掉到皮带输送机上，整批货品再掉到物流箱内，最后利用输送机输送到出货暂存区。

此种自动拣取机的拣货速度非常快，3 s 左右就可以拣一张订单，但是机器的造价非常高，目前由于科技发达，机构零件有越来越便宜的趋势。日本资生堂公司引进了该项自动拣取机，效果非常好。

② 机器人自动拣取机：是由机器人、货架及输送机所组成的。将拆箱货品堆放到货架上，货架的底部有一组上升机构，随时与机器人的吸盘或夹具保持一定距离。当该货品被订购时，机器人就会将货品抓取，放到皮带输送机上，同时进行包装及贴标签。这种拣取机以商店别拣货，一次拣一张订单，主要是拣单品的货品。

其流程为订单的信息由计算机主机直接或利用磁盘传输到机器人自动拣取机的控制计算机，然后由机器人自动拣取机的控制计算机指示自动拣取机，当该货品被订购时，机器人抓取货品放到皮带输送机上，同时进行包装及贴标签。这种自动拣取机也是利用人工补货的，拣货速度非常快。日本唱片中心的 CD 及录影带的新出版品就采用它进行拣货。

2. 半自动方式

此种拣货方式大部分是利用自动仓库与人工配合的拣货方式，且作业人员不用移动，货品利用设备自动搬运到作业人员面前进行拣货。目前常见的设备配置如表7-5 所示。

表 7-5 半自动方式设备配置

保管→出货	设 备 配 置
1. P→C	自动仓库+输送机
2. C→B	水平旋转自动仓库+输送机
3. B→B	垂直旋转自动仓库+手推车

(1) P→C，自动仓库+输送机。此种拣货方式是利用托盘式自动仓库与输送机将整托盘的货品取出，然后利用人工方式将订单的货品拣出，再将托盘送回自动仓库即完成拣货工作。它一般根据 LED 显示器或计算机显示器显示数据拣货。堆垛机的作业速度约为 30 托盘/h，国内只有彬泰物流公司利用此方法作业。

(2) C→B，水平旋转自动仓库 + 输送机。此种拣货方式是利用水平旋转自动仓库与输送机将整箱的货品取出，然后利用人工方式将订单的货品拣出，再将整箱送回自动仓库即完成拣货工作。它一般根据计算机显示器显示数据拣货。此种方式非常节省空间，大约是普通货架的40%，由于拣货员不用走动，生产效率可以提升约30%，另外，拣货错误率约为0.01%，适合货品的存取。

(3) B→B，垂直旋转自动仓库 + 手推车。此种拣货方式是利用垂直旋转自动仓库将货品旋转到作业者面前，然后利用人工方式将订单的货品拣出，再将未拣货品送回自动仓库即完成拣货工作。它一般根据计算机显示器的显示数据拣货。此种方式的空间非常经济，大约是普通货架的40%，由于拣货员不用走动，生产效率可以提升约30%。另外，拣货错误率约为0.01%。但是此种设备高度较高，因此厂房高度必须配合它；由于作业出入口可以上锁，因此可以储存高单价的货品，同时适合货品的存取。

3. 人工方式

此种拣货方式大部分利用合理化仓储搬运设备与人工配合，作业人员必须走动而货品固定不动。此方法必须依靠储位指示才能顺利进行。目前常见的设备配置如表 7-6 所示。

表 7-6　人工方式设备配置

保管→出货	设 备 配 置
1. P→P	托盘式货架+叉车
2. P→C	托盘式货架+叉车(托盘车)
3. P→C	托盘式货架+笼车
4. P→C	托盘式货架+手推车
5. P→C	托盘式货架+输送机
6. C→B	流动式货架+笼车
7. C→B	流动式货架+手推车
8. C→B	流动式货架+输送机
9. C→B	箱式平货架+手推车
10. B→B	箱式平货架+手推车

7.4.3　拣货车系统实例

常用的拣货方法有自动化立体仓库、旋转货架和拣货装置。当物品的形状和大小尺寸一定时，容易实现自动拣货；反之，当物品的形状和大小尺寸多种多样时，所用的拣货装置为适应物品需要，必须规格多、结构复杂、拣货效率高，这样才能降低拣货成本。所以，对于形状和尺寸多变的物品要实现自动拣货较为困难。为了降低拣货成本，根据实际情况，对于形状和尺寸多变的物品一般宜采用手工拣货。

但是，手工拣货也存在一定的问题，特别是在工业发达的国家，人工费用很高，而且一般年轻人不太愿意从事这种单一性的重复劳动。此外，手工拣货错误率较高，严重影响企业信誉和效益。为了使手工拣货效率高、出错率低，必须采用辅助拣货手段。这种辅助拣货手段就是能显示货物位置及数量的数字拣货装置。这样，即使没有经过拣货培训的人员也能快速拣货。

1. 拣货车系统构成

如图 7-16 所示为拣货车系统构成图。拣货车计算机的作用是通过作业者把来自主计算机的作业指示数据读入其中,按拣货顺序编成拣货单位,把作业指示信息读入 IC 卡中。此外,还要读出已拣货结束的 IC 卡数据、处理残次品、对作业状态进行管理。

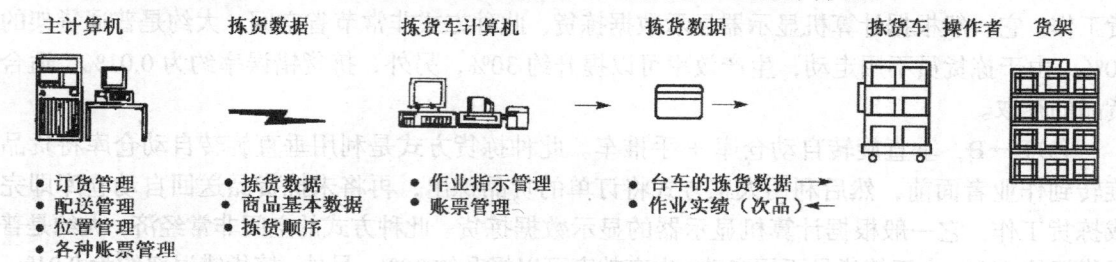

```
主计算机          拣货数据        拣货车计算机       拣货数据         拣货车   操作者   货架

• 订货管理        • 拣货数据      • 作业指示管理    • 台车的拣货数据 →
• 配送管理        • 商品基本数据  • 账票管理        • 作业实绩（次品）←
• 位置管理        • 拣货顺序
• 各种账票管理
```

图 7-16　拣货车系统构成图

拣货车本体如图 7-17 所示。拣货车本体由台车、拣货控制器和分类显示器等组成。当台车装满货物时,拣货控制器和分类显示器可以从台车中自由取出,放在其他台车上,以便继续作业。拣货控制器和大型液晶触摸面板一体化,操作方便。

通过拣货计算机读取 IC 卡,可以知道拣货信息。在拣货车控制器上能够显示出有无作业的货架代号和拣货指示总数。利用条码阅读器可以检查物品的品名和数量。

在货架的明显位置上贴有货架及货位的标签,这样一目了然,便于拣货。

2. 拣货车系统作业程序

(1) 拣货准备。首先根据用户订单,由主计算机做出拣货指示。通过磁盘或数据传输线把拣货指示数据读入拣货车的计算机。每次拣货时,作业者都要判断品名和数量等拣货指示内容,并向计算机输入所使用的料盒数量。

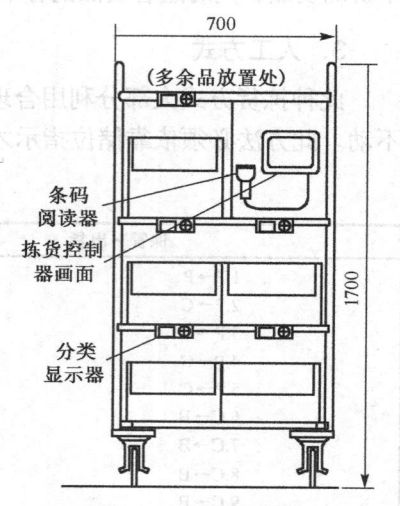

图 7-17　拣货车本体

把写入用的 IC 卡放入拣货车计算机 IC 卡 R/W 设备中,如果是拣货结束的 IC 卡,则读入拣货数据。把拣货的指示读入 IC 卡,同时打印出拣货分类情况,并把分类传票放入拣货用料盒中。

(2) 拣货作业。把 IC 卡放入拣货车的读卡机中,开始读取拣货数据。在显示器上显示出货架编号和拣货通道。在通道入口处触摸显示屏上的开始作业的货位位置,则自动显示拣货指示信息。

在显示出拣货信息的同时,在拣货分类口处自动亮灯。拣货人员在确认拣货总数和货架地址之后开始按数量拣货,当一个品种拣货结束时在显示屏上触摸结束开关,如图 7-18 所示。

拣货车在通道出口处时,拣货人员触摸显示屏的按键,则显示出有拣货任务的货架代号。当 IC 拣货卡中没有拣货信息时,则立即显示出拣货结束信息。

把拣出的货品送到检验和捆包处进行下一道工序。在拣货结束的 IC 卡中如果读出缺货信息,应把缺货信息写入下一作业程序中。

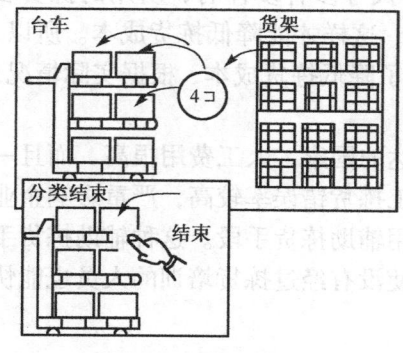

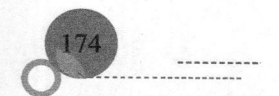

图 7-18　拣货和分类

(3) 货品检查。按照拣货指示信息，从货架上取出货品之后用条码阅读器读货品条码，保证货物的正确性。如果货品没有条码，则在货品上临时贴上相应的条码，以待检查。在检查时，当货品的条码和计算机存放的货品条码不一致时，显示"NO"，一致时则显示"OK"。

7.5 分拣系统规划

配送中心整体规划过程中，拣选作业系统的规划是其中最重要的部分。因为配送中心的主要任务是在有限的时间内将客户需要的货品组合送达。客户少量多样的需求形态使得拣选作业的难度升高，如果作业时间限制不变，必定要在拣选作业系统规划上做更大的努力。此外，决定配送中心规模、功能、处理能力等最主要的输入条件就是订单资料，而拣选作业系统规划的起始步骤也是从货品订单分析开始的。因此，拣选作业系统规划是配送中心总体规划过程的重心，并且主导其他规划环节的进行。由于分拣系统与仓储系统的关联比较密切，使用的空间及设备有时也难以明确区分，所以将两系统的规划组合成图7-19所示的规划流程。

由图7-19可以看出，规划的第一步就是商品订单资料分析，订单分析完成后可提供的资料项目包括订单数分布、包装单位数量分析、出货品项数分布、季节周期性分析、货品订购频率等。这些分析出来的资料可在拣选作业系统规划过程中得到不断的应用。

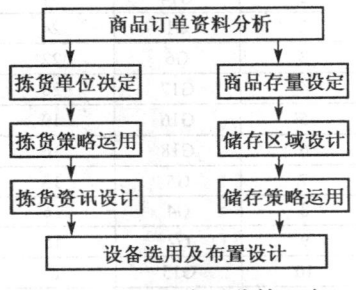

图 7-19 配送中心分拣、仓储系统规划流程

7.5.1 拣选单位

1. 基本拣货模式

拣选单位基本上可分为托盘、箱、单品三种。一般以托盘为拣选单位的货品体积和重量最大，其次为箱，最小者为单品。其基本拣货模式如表7-7所示。

表7-7 基本拣货模式

拣货模式编号	储存单位	拣选单位	记号
1	托盘	托盘	P → P
2	托盘	托盘+箱	P → P+C
3	托盘	箱	P → C
4	箱	箱	C → C
5	箱	单品	C → B
6	箱	箱+单品	C → C+B
7	单品	单品	B → B

拣选单位是根据订单分析的结果决定的，如果订货的最小单位是箱，则不需要单品拣选单位。库存的每种货品都需要通过以上的分析判断出拣选单位。一种货品有时可能需要有两种以上的拣选单位，所以一个配送中心的拣选单位通常在两种以上。

配送中心规划时必须先决定拣选单位、储存单位，同时协调外部供应商确定货品的入库单位，所有单位的决定都来自客户的订单。也就是说，客户的订单决定拣选单位，拣选单位决定储存单位，再由储存单位要求供应商的入库单位。

2. 拣选单位的决定

拣选单位的决定步骤如下。

(1)货品特性分组。将必须分别储存处理的货品进行分组，如将体积、重量、外形差异较大者，或有互斥特性的货品分别存放。

(2)历史订单统计。利用 EIQ 分析方法将过去一年或一月的资料进行统计，求出各分组货品的 IQ-PCB 分析表。表 7-8 所示是 IQ-PCB 分析的一个实例，是由历史订单按订购单位数量统计而成的，主要是算出每一出货品项以托盘为单位的出货托盘数量，以及从托盘上以箱分拣所需的托盘数。此分析可以掌握各拣选分区的物流量，作为物流作业系统设计的基础，而且通过物流过程分析，可以使各拣选分区作业均衡化。

表 7-8　货品订单资料 IQ-PCB 分析实例

货品	编号	P 托盘	C 箱	B 单品	IQ 总量	C→P(P 托盘)	B→C(C 箱)
1	G14	31	86	0	830	3.58	0
2	G1	24	114	0	690	4.75	0
3	G6	22	86	0	614	3.58	0
4	G17	20	40	0	520	1.67	0
5	G16	19	49	0	505	2.04	0
6	G18	16	111	0	495	4.63	0
7	G5	15	120	0	480	5.00	0
8	G4	16	91	0	475	3.79	0
9	G2	15	110	0	470	4.58	0
10	G15	17	57	0	465	2.38	0
11	G12	14	124	0	460	5.17	0
12	G11	16	71	0	455	2.96	0
13	G13	14	64	0	400	2.67	0
14	G3	12	112	0	400	4.67	0
15	G8	13	78	0	390	3.25	0
16	G20	12	72	0	360	3.00	0
17	G19	9	69	0	285	2.88	0
18	G10	9	59	0	275	2.46	0
19	G9	7	77	0	245	3.21	0
20	G7	5	80	0	200	3.33	0
合计		306	1670	0	9014	69.58	0

注：每个托盘装 24 箱。

(3)订货单位合理化。将订货中货品的单位合理化，避免过小的单位出现在订单中，如将大包改为中包，去掉小包装，原则上控制在 3 种单位以内。

(4)拣选单位的决定。将 IQ-PCB 分析表中的货品单位数量化为合理化的单位数量，分类后的货品再按合理化的单位归类。

通过以上分析，可得出各种货品应有的拣选单位，同时可以作为货品特性分析和拣选单位分区的参考。

3. 储存单位的决定

拣选单位决定之后，接下来要决定的是储存单位。一般储存单位必须大于或等于拣选单位，其一般步骤如下。

(1)定出各项货品的一次采购最大、最小批量及前置时间。

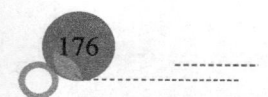

(2)设定配送中心的服务水平时间,订单到达后几日内送达。

(3)若服务水平时间 > 采购前置时间 + 送达时间,且货品每日被订购量在采购最小批量和采购最大批量之间,则该项货品可不设存货位置。

(4)通过 IQ-PCB 分析,如果货品平均每日采购量×采购前置时间 < 上一级包装单位数量,则储存单位 = 拣选单位;反之,则储存单位 > 拣选单位。

4. 入库单位的决定

储存单位决定后,货品入库的单位最好能配合储存单位,可以凭借采购量的优势要求供应商配合。入库单位通常设定等于货品最大的储存单位。表 7-9 所示是常见的拣选系统单位组合表。

表 7-9 拣选系统单位组合表

拣选单位	储存单位	入库单位
P	P	P
P, C	P, C	P
P, C, B	P, C, B	P
C	P, C	P, C
C, B	P, C, B	P, C
B	C, B	C, B

7.5.2 分拣方式的确定

在规划设计拣选作业之前,必须先对拣选作业的基本模式有所认识,拣选作业最简单的分拣方式有按单拣选和批量分拣两种。下面将从定量和定性两个方面对分拣方式进行探讨。

1. 定量方法

(1)按出货品项数的多少及货品周转频率高低,确定合适的分拣作业方式。

配合 EIQ 的分析结果(如表 7-10 所示),按当日 EN 值(订单品项数)及 IK 值(品项受订次)的分布判断出货品项数的多少和货品周转率的高低,确定不同作业方式的区间。

原理:EN 值越大表示一张订单所订购的货品品项数越多,货品的种类越多越杂,则批量分拣时分类作业越复杂,采取按单拣选方式较好。相对地,IK 值越大,表示某品项的重复订购频率越高,货品的周转率越高,此时,采用批量分拣方式可以大幅度提高拣选效率。

表 7-10 分拣方式选定对照表

出货品项数(EN 值)	货品重复订购频率(IK 值)		
	高	中	低
多	S+B	S	S
中	B	B	S
少	B	B	B+S

注:S 表示按单拣选,B 表示批量分拣。

(2)按表 7-11 所列项目进行考核,决定采用何种拣选作业方式。

表中第一项为每日订单数,主要考虑的因素为行走往复所花费的时间。第二项为一天订单的品项数,考虑的是寻找货品货位的时间。第三项是一张订单中每一品项的重量,考虑的是抓取货品所用的时间。第四项为每一品项一天的订单数，考虑的是同一品项重复被分拣所花的时间。所以采用何种方式分拣，主要看该拣选方式效率的高低，也就是何种拣选方式所耗费的总时间最短，且避免不必要的重复行走时间。

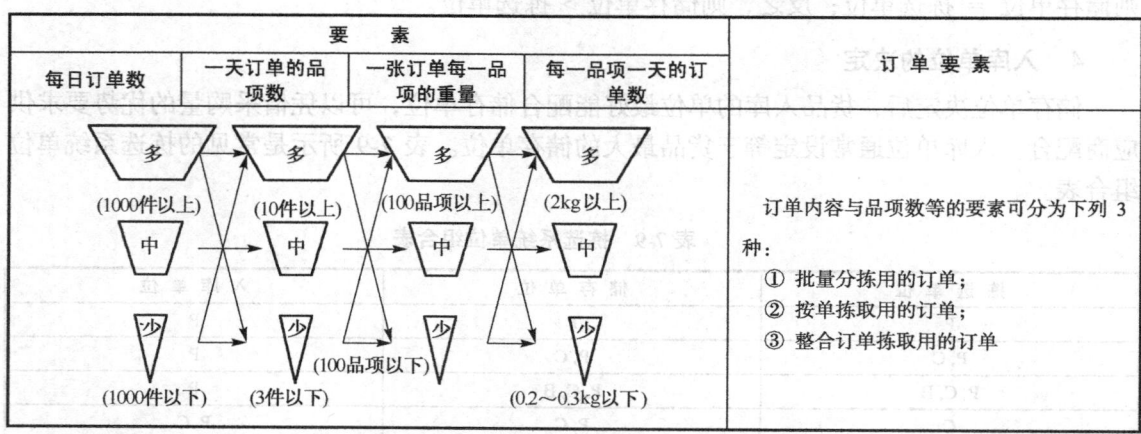

表 7-11　批量分拣与按单拣选考核要素

要　　素				订 单 要 素
每日订单数	一天订单的品项数	一张订单每一品项的重量	每一品项一天的订单数	
多（1000件以上） 中 少（1000件以下）	多（10件以上） 中 少（3件以下）	多（100品项以上） 中 少（100品项以下）	多（2kg以上） 中 少（0.2～0.3kg以下）	订单内容与品项数等的要素可分为下列 3 种： ① 批量分拣用的订单； ② 按单拣取用的订单； ③ 整合订单拣取用的订单

表中从左至右可以有多种组合形式。例如，多-少-少-多，表示的是每日的订单数很多，而订单的品项数却很少，且一张订单的每一品项数量也很少，但不断地被重复订购。所以，可将每一品项数加总合计，采取批量分拣，以减少重复行走分拣同一品项所耗费的时间，但也要考虑分拣完后的分类集中作业的效率问题。在少-多-多-少形式中，每天的订单数很少，但一天订单的品项数很多又不重复，且一张订单的品项数也很少，此时适合采用单个订单方式分拣。

2．定性方法

（1）按单拣选的适用情况及特点

① 适用情况：货品外形体积变化较大，货品特性差异较大，分类作业难以进行，如化妆品、家具、电器、百货、高级服饰等。

② 特点：
● 因拣选行走距离无法缩短，分拣效率可能降低。
● 作业前置时间较短，订单处理可以保持连续性。
● 容易采用机械化的方式，协助人工分拣，但较难采用全自动的方式进行。

（2）批量分拣的适用情况及特点。

① 适用情况：
● 货品外形较规则、固定，如箱装、扁袋装。
● 需要流通加工的物品，如需要包装或标价作业的货品。

② 特点：
● 订单处理需要设截止时间，允许插单能力较差。
● 作业前置时间一般较长。
● 常以系统化和自动化来提高效率。
● 必须注意生产线的平衡和作业持续平稳，尤其要避免同一时间大量出货。

总体说来，按单拣选弹性较大，临时性的产能调整较容易，适合订单大小差异较大、订

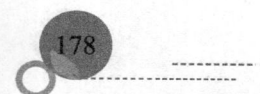

单数量变化频繁、有季节性差异的货品配送中心；批量分拣作业方式通常采用系统化、自动化设备，从而较难调整拣选能力，适合订单变化小、订单数量稳定的配送中心。

7.5.3 拣选策略的运用

拣选作业系统规划中最重要的环节就是拣选策略的运用，由于拣选策略的4个主要因素（分区、订单分割、订单分批、分类）之间存在互动关系，在进行整体规划时，必须按一定的决定顺序，才能使其复杂程度降到最低。

如图7-20所示是拣选策略运用组合图，从左至右是拣选系统规划时所考虑的一般次序，可以相互配合的策略方式用箭头连接，所以任何一条由左至右可通的组合链就表示一种可行的拣选策略。

1. 分区的考虑

拣选作业系统中的分区设计，除前面介绍的拣选分区外，还必须考虑到储存分区的部分。因此，在设计拣选分区之前，必须先对储存分区进行了解、规划，才能使系统整体的配合更加完善。如图7-21所示是进行分区设计的程序，每个分区考虑的因素和重点都不尽相同，但其基本概念是由大到小，由广入深的。

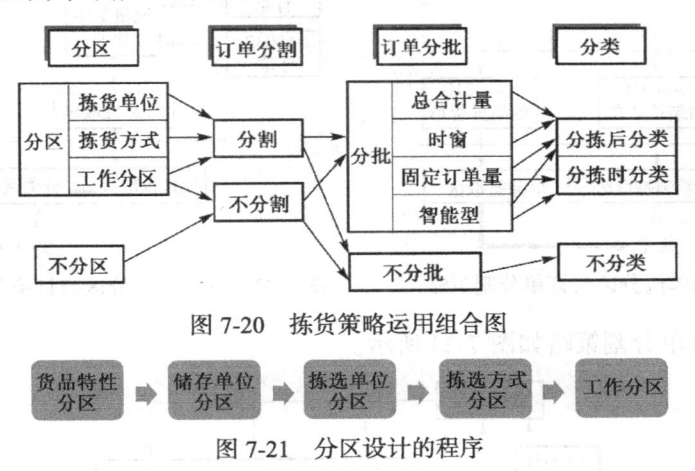

图 7-20　拣货策略运用组合图

图 7-21　分区设计的程序

（1）货品特性分区。就是根据货品原有的性质，将需要特别储存搬运或分离储存的货品进行分隔，以保证货品的品质在储存期间保持一定。在拣选单位的决定过程中，货品特性分组已将货品按其特性分类完成，接下来要做的就是根据不同的分组特性设计储存区域，该过程的原则是尽量使用共同设备，以使设置操作成本降低。

（2）储存单位分区。同一货品在特性分区内可能因储存单位不同而分别储存在两个以上的区域，这种按储存单位划分的区域称为储存单位分区。货品储存单位已在拣选单位的决定中得出，因此只需要将货品特性分区中具有相同储存单位的货品集中，便可形成储存单位分区。

（3）拣选单位分区。在同一储存单位分区内，有时又可按拣选单位的差异再做分区设计，如AS/RS自动仓储系统及托盘货架都是以托盘为储存单位的，AS/RS自动仓储系统又以托盘为取出单位，而托盘货架则以箱作为拣选单位。因此，在分区设计时还必须参考拣选方式。如果按单拣选，则拣选分区可完全按拣选单位决定的结果；若是批量分拣方式，则拣选单位必须依订单分批后合计量的结果进行修正。

(4) 拣选方式分区。拣选方式在此除有批量分拣和按单拣选的分别外，还包括搬运、分拣机器设备等的差异，如想在同一拣选单位分区之内采取不同的拣选方式或设备，就必须考虑拣选方式分区。通常，拣选方式分区中要考虑的重要因素是货品被订购的概率及订购量。概率和订购量越高，应采取越具时效的拣选方式和设备。

(5) 工作分区。先确定工作分区方案，预估系统总的拣货能力需求和每个工作区的拣货能力需求，再计算出所需的工作分区数。

$$工作分区数 = 总拣选能力需求/单个工作区的预估拣货能力$$

2. 订单分割策略

订单分割的原则按分区策略而定，一般订单分割策略主要决定于配合拣选分区的结果，因此在拣选单位分区、拣选方法分区及工作分区完成之后，再决定订单分割的范围。订单分割可以在原始订单上做分离的设计，也可在接受订单之后做分离的信息处理。下面介绍几种订单分割方法。

拣选单位分区与订单分割策略如图7-22所示。拣选方式分区与订单分割策略如图7-23所示。

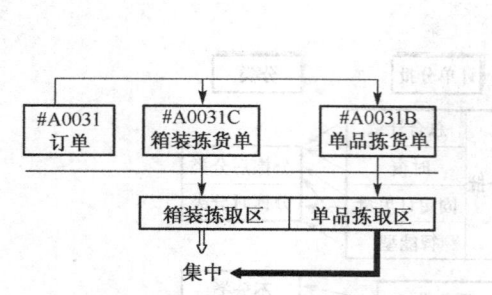

图7-22 拣选单位分区与订单分割策略 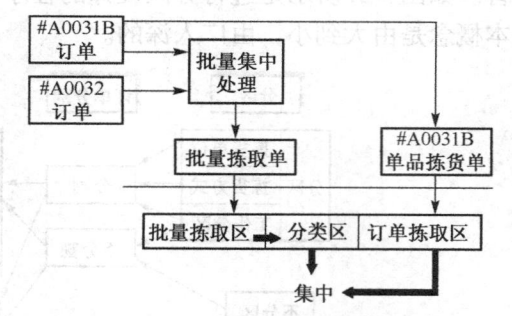　　图7-23 拣货方式分区与订单分割策略

工作分区与订单分割策略如图7-24所示。

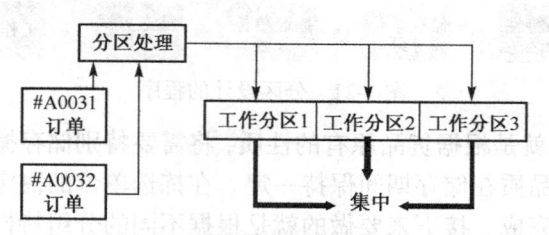

图7-24 工作分区与订单分割策略

3. 订单分批策略

批量分拣作业方式下，如何决定订单分批的原则和批量的大小，是影响分拣效率的主要因素。下面详细介绍订单分批策略的应用。

一般可以根据表7-12，按配送客户数、订货类型及需求频率3个条件选择合适的订单分批方式。

(1) 总合计量分批。这种分批方式较为简单，只需要将所有客户需求的货品数量统计汇总，由仓库中取出各项货品需求总量，再进行分类作业即可。

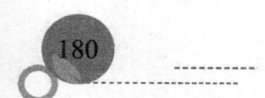

表 7-12　订单分批方式与适用情况

分批方式 \ 适用情况	配送客户数	订货类型	需求频率
总合计量分批	数量较多且稳定	差异小而数量大	周期性
固定订单量分批	数量较多且稳定	差异小且数量不大	周期性或非周期性
时窗分批	数量多且稳定	差异小且数量小	周期性
智能型分批	数量较多且稳定	差异较大	非即时性

(2) 固定订单量分批。订单总数/固定量＝分批次数

通常，固定订单量分批方式是采取先到先处理的原则，按订单到达的先后顺序进行批次安排。较先进的方法是利用智能分批的原则，将订货项目接近的订单同批处理，以缩短分拣移动的距离。

(3) 时窗分批。

作业总时间/时窗＝分批次数

该分批方式的重点在于时窗大小的决定，决定的主要因素是客户的预期等候时间及单批订单的预期处理时间。这种拣选方式是为了适应客户的紧急需求，因此时窗不应过长，且每批订单处理的时间在拣选系统的设计中也应尽可能地缩短。

(4) 智能型分批。是技巧性较高的一种分批方式，适合仓储面积较大、储存货品项目多的拣选区域。订单通常在前一天汇集之后，经过计算机处理，将订货项目相近或拣选路径一致的货品分为同批，以缩短拣选寻找的时间及移动的距离。

要做到智能型分批，最重要的就是货品储存位置和货位编码的相互配合，使订单输入货品编号后就可凭借货品货位编号了解货品储存位置的情况，再根据拣选作业路径的特性，找出订单分批的法则。

4. 分类方式的确定

采取批量分拣作业方式时，其后必须有分类作业与之配合，而且不同的订单分批方式，其分类作业的方式也有所不同。也就是说，决定分类方式的主要因素是订单分批的方式，不采取批量分拣的作业方式就不需要进行分类作业。

分类方式可分为分拣后分类(SAP, Sort-After-Picking)和分拣时分类(SWP, Sort-While-Picking)两种。分拣后分类可以由分类输送机完成或在空地上以人工方式分类。分拣时分类一般由计算机辅助拣选台车来进行，较适合与固定订单量分批及智能型分批方式配合。

分类方式的决定除了受订单分批方式的影响外，表 7-15 也可作为判断分类方式的参考依据。

表 7-13　各种分类方式的特性

分类方式 \ 特性		处理订单数量	订购货品品项数	货品重复订购频率
分拣后分类	分类输送机	多	多	变化较大
	人工分类	少	少	较高
分拣时分类		多	少	较低

7.5.4 拣选信息的处理

1. 拣选作业方式与拣选信息

一般来说，拣选信息与拣选系统的规模及自动化程度有着密切的关系。通常货品种类少、自动化程度较低的拣选系统以传票作为拣选信息，其拣选方式偏向于简单的按单拣选。拣选单是目前最常采用的一种拣选信息，与拣选方式配合的弹性也较大。拣选标签的拣选信息除与下游零售商的标价作业相适应外，也常与自动化分类系统配合。电子信息最主要的目的就是与计算机辅助拣选系统或自动拣选系统相配合，以追求拣选的时效性，达到及时控管、完全掌握的目的。表7-14所示是拣选信息适合的拣选作业方式，可作为拣选作业方式决定后选择拣选信息的参考依据。

表 7-14 拣选信息适合的拣选作业方式

拣选信息	适合的拣选作业方式
传票	按单拣选，订单不分割
拣选单	适合各种传统的拣选作业方式
拣选标签	批量分拣、按单拣选
电子信息	分拣时分类、工作分区、自动拣选系统

2. 拣选信息的处理

(1) 传票。拣选传票产生的方式基本上有两种。一种方式是复印订单的方法，在接到订单之后将其复制成拣选传票。这种方式费用较高，但其弹性较大，可适应不同大小的订单形式。另一种方式是直接从多联式订单中撕下拣选专用的一联。这种方式有时会因订单联数过多而产生复写不清的现象，导致错误发生。

以传票作为拣选信息的先决条件是货品品项数不多，通常在100种以下，无论是填写式或勾选式的订单表格，应以不超过1页为标准。适合传票的拣选方式为按单拣选。

(2) 拣选单。按单拣选的拣选单处理程序是：接到订单之后利用键盘输入或光扫描方式，将信息输入计算机系统，然后与计算机资料库中的货品存量核对并查出货品的储存位置，最后按工作排程的顺序打印出拣选单以及产生补货指示和出库指示等。

分批拣选的拣选信息处理程序与按单拣选的最大差异就在于订单信息输入时的汇总。订单汇总必须按订单分批方式的原则，将同属一批的订单按货品品项统计订购数量。之后的核对存量与寻找货位，大致与按单拣选相同，最后打印出分批拣选单以及产生补货、出库与分类等指示的信息。其中，分类指示在自动分类中由计算机程序直接给控制系统提供信号，若用人工分类，则分类指示通常可直接由分批拣选单中得到。

(3) 拣选标签。拣选标签大致可以分为价格标签和识别标签两种。价格标签的目的在于标识价格。常见的识别标签为条码，此条码并非货品条码（货品条码一般印在货品包装上），通常为流通条码或店内条码，也有在一张拣选标签内同时显示出价格和条码的。

在订单到达之前就事先印制好标签，贴标签的动作发生在进货之初（统一标价）或出货之前（店内条码或个别标价）的，可将其归类于流通加工作业，并不属于拣选信息所讨论的范围。提供拣选信息的标签通常在输入订单之后，经过拣选作业信息处理才打印出来，这类标签的功能除标识价格以外，对拣选作业的贡献主要有两个：一是分拣时贴标签代替了清点货品数量的过程；二是附有流通条码的标签可提供自动分类系统识别的信息。

(4) 电子信息。电子信息处理，由计算机拣选信息处理程序将指令传给控制器，接着由控制器传出控制信号给机器使其动作，偏重于软硬件的结合。一般常见的电子标签系统(ELS)或计算机辅助拣选系统(CAPS)，以及无线通信(RF)拣选系统即属于这种类型的应用。

电子信息与前 3 种拣选信息最大的差别就是无纸化，因此拣选信息的传送可以更迅速而正确，且可以做到及时控制与管理。

7.5.5 分拣设备的选用

表 7-15 列出了各种拣货模式及其设备组合，可以作为拣选系统设备配置的参考。

表 7-15 各种拣货模式及其设备组合

编 号	记 号	模 型 说 明	可用的设备组合
1-1-1	P→P SOP/MP	托盘储存/托盘取出 订单拣取/人至物拣选设备	地板直接放置/托板车 地板直接放置 托盘货架 托盘流动架 驶入式货架 驶出式货架 后推式货架 托盘移动货架
1-1-2	P→P SOP/PM	托盘储存/托盘取出 订单拣取/物至人拣选设备	立体自动仓库
2-1-1	P→P+C SOP/MP	托盘储存/托盘、箱取出 订单拣取/人至物拣选设备	地板直接放置/托板车 地板直接放置/堆垛机 托盘货架/堆垛机 托盘移动货架/堆垛机 托盘货架/拣选堆垛机 立体高层货架/搭乘式存取机
2-1-2	P→P+C SOP/PM	托盘储存/托盘、箱取出 订单拣取/物至人拣选设备	立体自动仓储系统
3-1-1	P→C SOP/MP	托盘储存/箱取出 订单拣取/人至物拣选设备	地板直接放置/台车 托盘货架/台车 托盘货架/堆垛机 立体高层货架/拣选式堆垛机
3-1-2	P→C SOP/PM	托盘储存/箱取出 订单拣取/物至人拣选设备	立体自动仓储系统
3-1-3	P→C SOP/AP	托盘储存/箱取出 订单拣取/自动拣选设备	立体自动仓储系统/层别拣取机 单箱拣取机器人
3-2-1	P→C SWP/MP	托盘储存/箱取出 批量拣取时分类/人至物拣选设备	地板直接放置/笼车、牵引车 托盘货架/笼车、牵引车 托盘货架/计算机拣选台车、牵引车
3-2-2	P→C SWP/PM	托盘储存/箱取出 批量拣取时分类/物至人拣选设备	立体自动仓储系统
3-3-1	P→C SAP/MP +C-sort	托盘储存/箱取出 批量拣取后分类/人至物拣选设备/箱分类	托盘货架/堆垛机/箱装分类系统 托盘货架/输送机/箱装分类系统
3-3-2	P→C SAP/PM +C-sort	托盘储存/箱取出 批量拣取后分类/物至人拣选设备	立体自动仓储系统/箱装分类系统
4-1-1	C→C SOP/MP	箱储存/箱取出 订单拣取/人至物拣选设备	轻型货架 箱装流动货架
4-1-2	C→C SOP/PM	箱储存/箱取出 订单拣取/物至人拣选设备	水平旋转仓储 垂直旋转仓储 小件自动仓储系统

续表

编号	记号	模型说明	可用的设备组合
4-1-3	C→C SOP/AP	箱储存/箱取出 订单拣取/自动拣选设备	箱装自动拣选系统
5-1-1	C→C+B SOP/MP	箱储存/箱、单品取出 订单拣取/人至物拣选设备	轻型货架/台车 箱装流动货架/台车、输送机 数字显示流动货架/输送机
5-1-2	C→C+B SOP/PM	箱储存/箱、单品取出 订单拣取/物至人拣选设备	水平旋转仓储 垂直旋转仓储 小件自动仓储系统
6-1-1	C→B SOP/MP	箱储存/单品取出 订单拣取/人至物拣选设备	轻型货架/台车、输送机 箱装流动货架/台车、输送机 数字显示流动货架/输送机
6-1-2	C→B SOP/PM	箱储存/单品取出 订单拣取/物至人拣选设备	水平旋转仓储 垂直旋转仓储 小件自动仓储系统
6-2-1	C→B SWP/MP	箱储存/单品取出 批量拣取时分类/人至物拣选设备	轻型货架/计算机辅助拣选台车
6-2-2	C→B SWP/PM	箱储存/单品取出 批量拣取时分类/物至人拣选设备	水平旋转仓储 垂直旋转仓储 小件自动仓储系统
6-3-1	C→B SAP/MP+B-sort	箱储存/单品取出 批量拣取后分类/人至物拣选设备	轻型货架/台车/单品分类系统
6-3-2	C→B SAP/PM +B-sort	箱储存/单品取出 批量拣取后分类/物至人拣选设备	小件自动仓储系统/单品分类系统 水平旋转仓储 垂直旋转仓储
7-1-1	B→B SOP/MP	单品储存/单品取出 订单拣取/人至物拣选设备	储柜/台车 储柜/拣选篮(手提)
7-1-2	B→B SOP/PM	单品储存/单品取出 订单拣取/物至人拣选设备	水平旋转仓储 垂直旋转仓储
7-1-3	B→B SOP/AP	单品储存/单品取出 订单拣取/自动拣选设备	单品自动拣选系统 A型自动拣选机

7.6 分拣系统案例分析

7.6.1 POLA 西日本物流中心

POLA 西日本物流中心(1992 年初)场内布置图如图 7-25 所示。

1. 建筑概要

① 占地面积 17 100 m²。
② 建筑面积 8646 m²。
③ 建地面积 8641 m²。

2. 物流设备概要

① 托盘货架 1688 个货位。
② 电子标签流动货架 540 个货位。

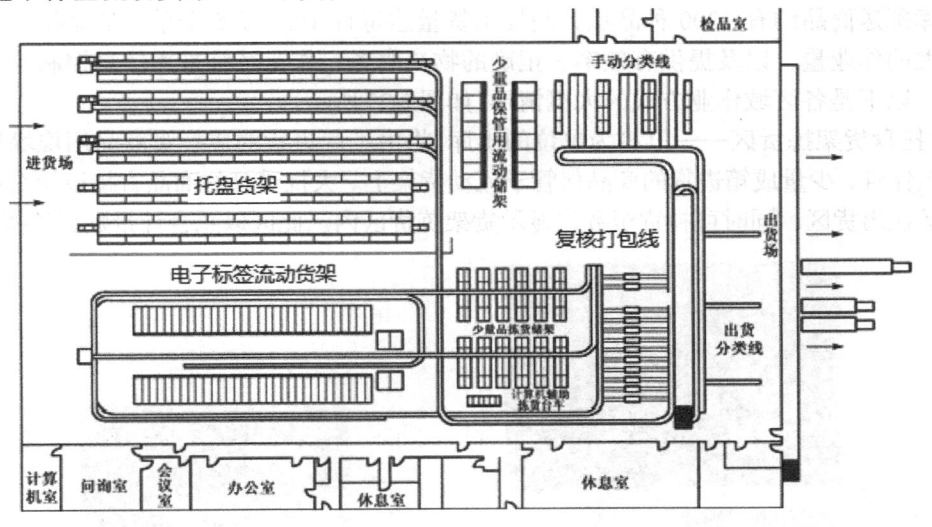

图 7-25 POLA 西日本物流中心场内布置图

③ 少量品拣货轻型货架：补充用 640 个货位，拣货用个 640 货位，集货用个 120 货位。
④ 计算机辅助拣货台车：7 台。
⑤ 少量品保管用流动货架：288 个货位。
⑥ 复核打包线：12 条。
⑦ 出货路线别分类线：3 条。
⑧ 手动分类线：6 条。

3. 商品流程

POLA 西日本物流中心流程图如图 7-26 所示。

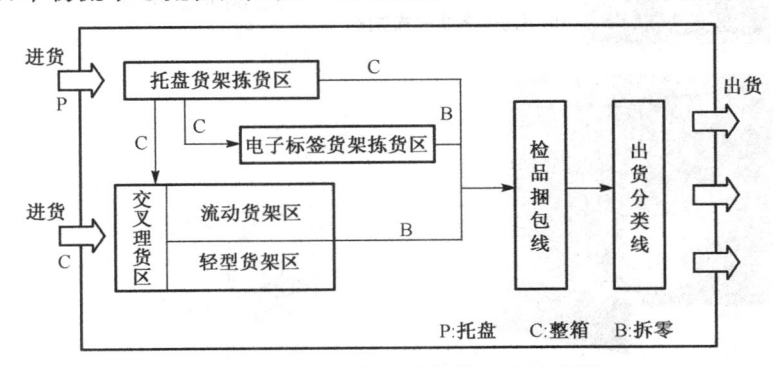

图 7-26 POLA 西日本物流中心流程图

4. 系统介绍

POLA 公司成立于 1929 年，以制造、销售女性用品为主，1991 年销售额约为 2400 亿日元,其中70%为化妆品。POLA西日本物流中心于1990年3月建设完成,位于POLA袋井工厂厂区内,负责静冈以西的本州岛境内2600个网点(支店、营业所)的配送工作,满足从订货到交货于3日内完成的需求。

在库配送商品约有1200种品项,高峰出货量达每日18.5万5个单位的化妆品。为应对如此庞大的作业量,以及提供有效率、正确的物流服务,作业系统采用信息控制与人工的弹性组合,以下是各区域作业方式的大概情形(如图7-27所示)。

(1)托盘货架拣货区——以箱为单位的出库。将由工厂进货的成托盘商品用堆垛机放于托盘货架上保管,少量成箱进货的商品保管于流动货架上。大批受订的商品直接以箱为单位利用输送机送往出货区,同时可补货至数位显示货架拣货区内。此区以总合计量贴标签拣货为主。

(a) 托盘货架拣货区

(b) 电子标签货架拣货区

(c) 少量品拣货区

(d) 复核打包线

(e) 出货路线别分类线

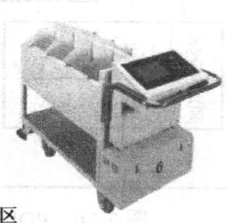

图7-27 各区域作业方式

(2)电子标签货架拣货区——以单品为单位的出库。商品置于流动货架上,各类商品货位上装设有指示拣取数量的数字显示装置,作业人员在所负责的区域内依显示器上所指示的数

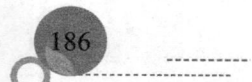

量拣取商品放入输送机上的篮子内，之后按下确认键。当该区内所有需要拣取商品拣完后，篮子就往下一个作业人员负责的区域移动。最后拣完的篮子送往少量品拣货区，空纸箱由上层的输送机回收，送往捆包区。此区按订单、电子信息拣货，是属于多、中量品的拣货区域。

(3) 少量品拣货区——以单品为单位的出库。商品保管于轻型货架及流动货架上，应用计算机辅助拣货台车拣货，拣货信息利用磁盘输入拣货台车上的计算机，屏幕上显示货架布置及拣取位置的分布情形，拣货人员依屏幕指示至拣取位置拣取商品，扫读条码，并依照各订单需求数量分别投入 8 个订单格位塑胶袋内。完成拣货的袋子，暂存于集货用的轻型货架上，等待上一区域内相对应订单拣货篮由输送机送达时，加以集合送到检品捆包区。此区域的拣货采用小批量拣取时分类、电子拣货信息。

5. 拣货运用策略分析

表 7-16 所示是各拣货区域内运用拣货策略的概略分析。此外，分区策略有箱及单品两种拣货单位的分区，单品拣货区有电子标签货架与计算机辅助拣货台车两种拣货方式的分区，而电子标签货架拣货区内又用到工作分区的策略，以提高拣货的效率。

表 7-16 各拣货区域内的拣货策略

分区资料项目	托盘货架拣货区	电子标签货架拣货区	少量品拣货区
保管单位	托盘	箱	箱
拣货单位	箱	单品	单品
商品特性	体积大，量大，频率较低	体积小，量中，频率高	体积小，量小，频率低
拣货策略	统计计量分批，拣后分分类	订单别拣取	固定量分批，拣取时分类
拣货信息	标签	电子信息	电子信息
拣货设备	输送机	输送机	计算机辅助拣货台车

案例思考题

(1) 根据图 7-26 所示流程图，描述该物流中心的作业方法流程。
(2) 结合案例，分析该物流中心运用的拣货策略。
(3) 结合案例，分析不同种类商品拣货策略的运用。

7.6.2 捷盟公司中坜物流中心

捷盟公司中坜物流中心(1993 年底)场内布置图如图 7-28 所示。

1. 建筑概要

① 占地面积：2000 m²。
② 建筑面积：1600 m²。
③ 建地面积：1460 m²。

2. 物流设备概要

① 托盘货架：2200 个货位。
② 补货货架：300 个货位。
③ 流动货架：1000 个货位。

④ 电动堆高机：4 台。
⑤ 出货分类线：3 条。

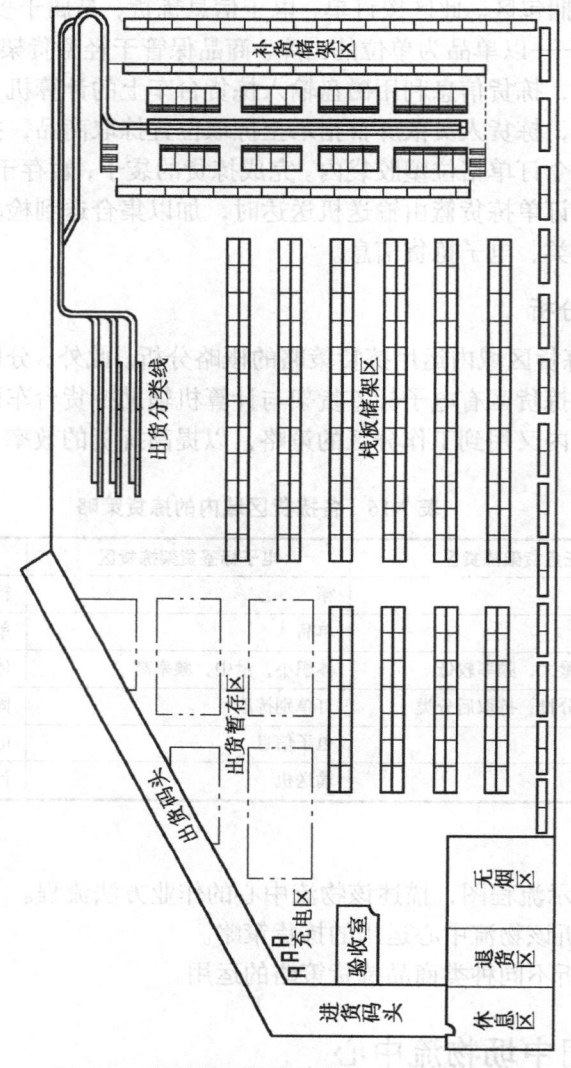

图 7-28 捷盟公司中坜物流中心场内布置图

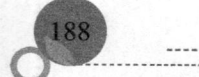

3．商品的流程

捷盟公司中坜物流中心流程图如图 7-29 所示。

4．系统介绍

捷盟公司以配送 7-11 统一超市和便利店为主要的业务。中坜物流中心主要负责约 500 个店的食品及日用品的配送工作，店铺订货必须于 5 日内送达。

该物流中心在库配送商品项目约有 1700 种。为提供更完善的物流服务，公司企划与管理部门不遗余力地总结、改进，该公司已成为目前少数几家具有示范效果的物流公司之一。其拣货区主要分成两区，各区作业方式介绍如下。

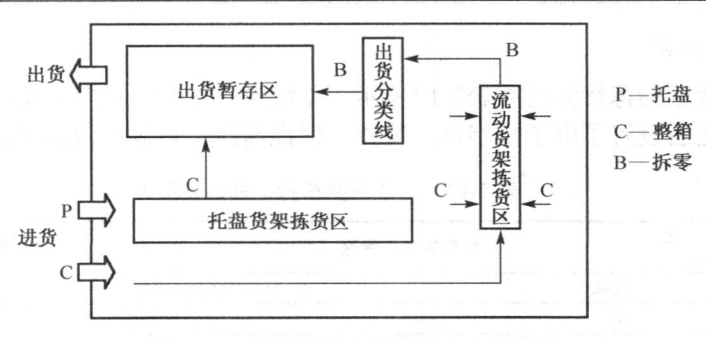

图 7-29　捷盟公司中坜物流中心流程图

(1) 托盘货架拣货区。店铺以箱为订购单位的商品，如泡面、饮料、休闲食品等，进货时以托盘为单位，存放于托盘货架上保管。出货时订单信息先经分割处理，同时传递到 5 个拣货工作分区的终端机，使拣货货位上的拣货指示灯亮起，提供拣货信息，拣取之后送至出货暂存区集中，准备出货。

(2) 流动货架拣货区。此区负责拣取体积较小、店铺订购量小于箱的商品，如糖果、文具、清洁用品等。进货时先堆置于托盘上，再由堆高机搬运至补货货架区存放，适时补充整箱的商品至流动货架上。拣货人员站在流动货架与输送机之间，负责将各店在自己工作分区内的订购商品拣出，投入塑胶拣货篮内，拣货篮由输送机送至出货分类线汇集之后，搬运至出货暂存区，与整箱部分商品集合，等待出货。此区利用拣货单指示拣货的进行。

各拣货区域作业方式如图 7-30 所示。

(a) 托盘货架拣货区 　(b) 流动货架拣货区 　(c) 出货暂存区 　(d) 料箱

图 7-30　各拣货区域作业方式

5. 拣货策略分析

两个主要拣货区的拣货策略如表7-17所示。系统设立之初，托盘货架拣货区信息采用拣货单进行作业，之后设置了电子数字显示装置，以提高拣货正确率及效率。

表7-17 两个主要拣货区的拣货策略

分区 资料项目	托盘货架拣货区	流动货架拣货区
保管单位	托盘	箱
拣货单位	箱	单品
商品特性	体积大、频率高	体积小、频率高
拣货策略	订单分割，订单别拣取且工作分区	订单别拣取且工作分区，接力式拣取
拣货信息	电子信息	拣货单
拣货设备	电动拣货车	输送机

案例思考题

（1）根据图7-29所示流程图，描述该物流中心的作业方法流程。

（2）结合案例，分析该物流中心运用的拣货策略。

（3）结合案例，分析不同种类商品拣货策略的运用。

本章小结

随着商品经济的发展，用户需求向小批量、多品种方向发展，配送中心配送货品的种类和数量急剧增加，分拣作业在配送中心作业中所占的比例越来越大，成为最耗费人力和时间的作业。因此，分拣作业的效率直接影响着配送中心的作业效率和经营效益，是衡量配送中心服务水平高低的重要因素。

配送中心拣选作业的方式很多，有按单拣选和批量拣选、单独拣选和接力式拣选、人工拣选和电子拣选等，应根据货品储存和出货特征进行科学的选择。配送中心的拣选策略包括分区策略、订单分割策略、订单分批策略及分类策略。配送中心拣货系统由储存设备、拣选设备和信息化设备构成，根据需求可配置成全自动拣货系统、半自动拣货系统和人工拣货系统。

配送中心分拣系统规划包括拣货单位设计、分拣方式选择、拣货策略运营、拣货信息设计和拣货设备选用5个方面。科学合理的规划是提高配送中心分拣效率的关键。

思考与练习

1. 分拣作业合理化的基本原则有哪些？
2. 两种典型的分拣作业原理是什么？简述其优缺点及适用场合。
3. 按拣选信息不同，有哪几种不同的拣选方式？
4. 配送中心的拣选策略分为几个层次？分别说明其含义。
5. 订单分批策略有哪几种？说明其优缺点。
6. 举例说明两种典型的拣选系统结构及设备配置。
7. 简述配送中心分拣系统的规划流程。
8. 举例说明如何采用定量法确定分拣方式。

第8章 配送中心信息化技术及应用

引言

计算机及网络技术的出现掀起了人类社会各个领域的革命。物流活动伴随着信息流，而信息流又控制着物流的活动。在计算机没有运用于物流信息管理以前，手工作业不但繁重，而且容易出错，严重影响着物流的顺畅流转。计算机技术、网络技术、关系型数据库技术、条码技术、EDI 等技术的应用使得物流活动中的人工、重复劳动及错误减少，效率提高，信息流转加速，使物流管理发生了巨大的变化。

本章系统介绍配送中心信息系统的功能需求和物流信息化技术基础，全面介绍配送中心信息系统功能模块及开发技术。

学习目标

➢ 掌握信息化技术在配送中心的应用；
➢ 了解 RF 技术在配送中心的应用和优点；
➢ 了解 EDI 技术在物流中的应用和工作方式；
➢ 了解 GIS 和 GPS 技术在物流系统中的应用。

8.1 概　　述

在当今的流通领域，已将各种现代物流的高新技术(自动分拣机、自动化立体仓库、信息处理及通信自动化等)广泛应用于配送中心。配送中心的自动分拣系统、自动化立体仓库、自动拣货系统(如电子标签拣货装置)的计算机控制和无线移动计算机在配送中心入库、出库、拣货、盘点、储位管理等方面的应用，实现了配送中心物流作业的无纸化。

计算机技术在物流领域的应用已远远超出了数据处理、事务管理，正在跨入智能化管理的范畴。例如，配送中心的配车计划与车辆调度计算机管理软件，在美、日等国已商品化。它能大大缩短配车计划编制时间，提高车辆的利用率，减少闲置及等候时间，合理安排配送区域和路线等。

8.1.1 自动化立体仓库

自动化立体仓库的出现是物流技术的一项划时代革新。它不仅彻底改变了仓储行业劳动密集、效率低下的落后面貌，而且大大拓展了仓库功能，使之从单纯的保管型向综合的流通型方向发展。自动化立体仓库是用高层货架储存货物，以巷道堆垛起重机存取货物，并通过周围的装卸搬运设备自动进行出入库存取作业的仓库。

自动化立体仓库具有普通仓库无可比拟的优越性。首先是节约空间、节约劳力。据国际仓库自动化会议资料，以库存 11 000 托盘、月吞吐 10 000 托盘的冷库为例，若普通仓库数据为100%，则自动化立体仓库的用地面积为13%，工作人员数量为21.9%，吞吐成本为55.7%，总投资为63.3%。立体仓库的单位面积储存量为普通仓库的4～7倍。其次是提高了仓库管理水平，减少货损，优化、降低库存，缩短周转期，节约资金。近年来，特别在冷冻行业，自动化立体仓库的发展极快。

自动化立体仓库主要由货架、巷道堆垛起重机、周边出入库配套机械设施和仓储管理控制系统等几部分组成。货架长度大，排列数多，巷道窄，故存货密度高；巷道机上装有各种定位的检测器和安全装置，保证巷道机和货叉能高速、精确、安全地在货架中取货。目前，立体仓库自动控制方式有集中控制、分离式控制和分布式控制3种。分布式控制是目前国际发展的主要方向。大型立体仓库通常采用三级计算机分布式控制系统。三级控制系统是由管理级、中间控制级和直接控制级组成的。管理级对仓库进行在线和离线管理；中间控制级对通信、流程进行控制，并进行实时图像显示；直接控制级是由PLC（可编程序控制器）组成的控制系统对各设备进行单机自动操作。这使仓库作业实现了高度自动化。

8.1.2 自动分拣系统

配送中心的作业流程包括入库、保管、拣货、分拣、暂存、出库等作业。其中，分拣作业是一项非常繁重的工作。尤其是面对零售业多品种、少批量的订货，配送中心的劳动量大大增加，若无新技术的支撑将导致作业效率下降。与此同时，对物流服务和质量的要求也越来越高，致使一些大型连锁商业公司把拣货和分拣视为两大难题。

随着科学技术日新月异的进步，特别是感测技术（激光扫描）、条码及计算机控制技术等的使用，自动分拣机已被广泛用于配送中心。我国的邮政等系统也已使用自动分拣设备多年。由于我国商品包装箱（指运输包装）上基本没有印刷条码，故商业系统至今尚没有认真研究过运用自动分拣机。

自动分拣机的分拣效率极高，通常每小时可分拣商品6000～12 000箱。在日本和欧洲各国，自动分拣机的使用很普遍。随着物流大环境的逐步改善，自动分拣系统在我国流通领域大有用武之地。自动分拣机种类很多，而其主要组成部分相似，基本由下列各部分组成。

(1) 输入装置。被拣商品由输送机送入分拣系统。

(2) 货架信号设定装置。被拣商品在进入分拣机前，先由信号设定装置（键盘输入、激光扫描条码等）把分拣信息（如配送目的地、客户户名等）输入计算机中央控制器。

(3) 进货装置。或称喂料器，它把被拣商品依次均衡地送入分拣传送带，与此同时，还使商品逐步加速到分拣传送带的速度。

(4) 分拣装置。它是自动分拣机的主体，包括传送装置和分拣装置两部分。前者的作用是把被拣商品送到设定的位置上，后者的作用是把被拣商品送入分拣道口。

(5) 分拣道口。从分拣传送带上接纳被拣商品的设施。可暂时存放未被取走的商品，当分拣道口满载时，由光敏管控制阻止分拣商品不再进入分拣道口。

(6) 计算机控制器。传递处理和控制整个分拣系统的指挥中心。自动分拣的实施主要靠它把分拣信号传送到相应的分拣道口，并指示启动分拣装置，把被拣商品送入道口。分拣机控制方式主要是脉冲信号跟踪法。

8.1.3 信息导引技术

近年来，连锁超市和便利店的发展势头很猛，对物流作业的"拆零"需求越来越强烈，拣货、拆零作业的劳动力已占整个配送中心劳动力的 80%；订货商品的多品种、小批量化，使得配货作业人手不足的现象非常突出。如何提高这个物流环节的作业效率，已成为配送中心机械化、自动化的研究重点。目前，医药行业、化妆品制造行业已广泛使用全自动拣选系统；而流通领域，特别是连锁超市、便利店的配送中心都广泛使用电子标签拣货系统及无线射频(RF)技术系统。

信息导引技术就是应上述要求发展而来的。通过计算机系统，把信息直接发到物流作业点，发到具体作业人员手中，每一步操作都是由信息系统决定的，不再需要作业人员记忆、查找、清点，使工作强度大大降低，作业准确性大大提高。

电子标签拣货系统自动引导拣货员进行拣选作业。任何人不需要经特别训练，即能立即上岗作业，从而大大提高了商品处理速度，减轻了作业强度，而且使差错率大幅度下降。只要把客户的订单输入操作台上的计算机，存放各种商品的货架上的货位指示灯和品种显示器会立刻显示出拣选商品在货架上的具体位置(即货格)及所需数量，作业人员便可从货架里取出商品，放入输送带上的周转箱中，然后按动按钮，货位指示灯和品种显示器熄灭，配齐订单商品的周转箱由输送带送入自动分拣系统。

RF 系统是利用现代无线网络技术及便携式无线数据终端技术，构成信息导引拣货系统，使计算机网络突破网线的羁绊，形成了高度灵活的现代化物流作业系统。

8.1.4 物流定位技术

物流业务透明化、可视化是整个社会的呼声，如何实现物流可视化，是各国技术人员不断探索的课题。配送中心内部的激光定位技术实现了内部物流设备、货品的准确定位。地理信息系统(GIS)与全球定位系统(GPS)的应用，使物流全过程完全展示在人们的眼前。

8.1.5 信息交换技术

建立配送中心自动补货系统，把供应商、配送中心、商场信息反馈(POS)系统的产、供、销三者组成网络与 EOS(电子订货系统)，如图 8-1 所示，使传统的"点"(企业内信息系统)发展到"线"(企业间信息系统)、"面"(供应链上、中、下游垂直、水平整合)，进而进入"体"(跨国、跨企业的供应链整合)的时代。以网络化的商业行销(电子商务)，带动创造附加价值的新物流行销，促进商品流通，缩短流通通路，满足客户多样化、个性化的需求，真正使商流、物流、信息流、资金流融为一体，实现商业自动化。

随着我国加入 WTO，国内物资流通企业既有前所未有的机遇，也面临残酷的市场竞争和挑战。在这样的大环境下，要想更好地与国际市场接轨，增强企业的国内、国际竞争力，实现企业的信息化管理是企业走向大市场、大流通的必经之路。目前，国内的许多物资流通企业也认识到了这个问题，部分企业已组建或正筹建企业内部的信息系统。此时，还应该考虑的另一个问题是企业的信息系统如何与合作伙伴的信息系统，或者与国内、国际的其他相关企业的信息系统很好地连接，最大限度地增强企业的生存能力。按照国际化物流企业发展的规律，应该采用电子数据交换(EDI，Electronic Data Interchange)技术。EDI 就是将数据和信息规范化和格式化，并通过计算机网络进行交换和处理。

图 8-1　电子订货系统

8.2　物流标识与条码技术

配送中心信息化和自动化的快速发展，依赖于物流信息标准化及条码技术的应用，有了统一的物流编码，才能使配送中心实现信息化。

8.2.1　条码的概念

条码技术是在计算机应用和实践中产生并发展起来的一种广泛应用于商业、邮政、图书管理、仓储、工业生产过程控制、交通等领域的自动识别技术，具有输入速度快、准确度高、成本低、可靠性强等优点，在当今的自动识别技术中占有重要的地位。

条码是由一组规则排列的条、空及对应的字符组成的标记。"条"指对光线反射率较低的部分，"空"指对光线反射率较高的部分，这些条和空组成的数据表达一定的信息，并能够用特定的设备识读，转换成与计算机兼容的二进制和十进制信息。通常对于每种物品，它的条码是唯一的。对于普通的一维条码来说，还要通过数据库建立条码与商品信息的对应关系，当条码的数据传到计算机上时，由计算机上的应用程序对数据进行操作和处理。因此，普通的一维条码在使用过程中仅作为识别信息，它的意义是通过在计算机系统的数据库中提取相应的信息而实现的。

条码的码制是指条码的条和空的排列规则，常用的一维码码制包括 EAN 码、39 码、交叉 25 码、UPC 码、128 码、93 码及库德巴 (Codabar) 码等。

不同的码制有它们各自的应用领域。

(1) EAN 码。国际通用的符号体系，是一种长度固定、无含义的条码，所表达的信息全部为数字，主要应用于商品标识。

(2) 39 码和 128 码。目前国内企业内部的自定义码制，可以根据需要确定条码的长度和信息，它编码的信息可以是数字，也可以包含字母，主要应用于工业生产线领域、图书管理等，如表示产品序列号、图书编号等。

(3) 93 码。一种类似于 39 码的条码，它的密度较高，能够替代 39 码。

(4) 25 码。主要应用于包装、运输及国际航空系统的机票顺序编号等。

(5) 库德巴码。应用于血库、图书馆、包裹等的跟踪管理。

除以上列举的一维条码外，二维条码也正在迅速发展，并在许多领域得到了应用。

一个完整的一统条码的组成次序为静区(前)、起始符、数据符、中间分隔符(主要用于 EAN 码，可选)、校验符(可选)、终止符、静区(后)，如图 8-2 所示。

图 8-2 条码的组成

(1) 静区。指条码左右两端外侧与空的反射率相同的限定区域，它使阅读器进入准备阅读的状态，当两个条码的距离较近时，静区有助于对它们加以区分。静区的宽度通常应不小于 6 mm(或 10 倍模块宽度)。

(2) 起始符和终止符。指位于条码开始和结束的若干条与空，分别标志条码的开始和结束，同时提供码制识别信息和阅读方向的信息。

(3) 数据符。位于条码中间的条、空结构，它包含条码所表达的特定信息。

构成条码的基本单位是模块，模块是指条码中最窄的条或空，模块的宽度通常以毫米或千分之一英寸为单位。构成条码的一个条或空称为一个单元，一个单元包含的模块数是由编码方式决定的。在有些码制中，如 EAN 码，所有单元由一个或多个模块组成；而在另一些码制中，如 39 码，所有单元只有两种宽度，即宽单元和窄单元，其中的窄单元即为一个模块。

目前我国正式颁布的与条码相关的国家标准如下：

- GB/T 12904—2008 商品条码 零售商品编码与条码表示；
- GB/T 12905—2000 条码术语；
- GB/T 12906—2008 中国标准书号条码；
- GB/T 12907—2008 库德巴条码；
- GB/T 12908—2002 信息技术 自动识别和数据采集技术条码符号规范 三九条码；
- GB/T 14257—2009 商品条码 条码符号放置指南；
- GB/T 14258—2003 信息技术 自动识别与数据采集技术条码符号印刷质量的检验；
- GB/T 15425—2002 EAN.UCC 系统 128 条码；
- GB/T 16827—1997 中国标准刊号(ISSN 部分)条码；
- GB/T 16829—2003 信息技术 自动识别与数据采集技术 条码码制规范 交插二五条码；
- GB/T 16830—2008 商品条码 储运包装商品编码与条码表示；
- GB/T 16986—2009 商品条码 应用标识符；
- GB/T 17172—1997 四一七条码。

8.2.2 物流编码与物流条码

物流编码是供应链中用以标识物流领域中具体实"物"的特殊代码。物流编码是生产厂家、配销业、运输业及消费者等整个供应链过程中各个环节的共享数据，贯穿整个贸易过程。通过物流编码数据的收集、反馈，可以提高整个物流系统的经济效益。物流编码的特点主要有以下几方面。

(1) 商品及货运单元的唯一标识。物流编码通常包括商品单元和货运单元的标识，商品单元的编码是消费单元的唯一标识，它常常是单个商品的唯一标识，用于零售业现代化的管理。货运单元的编码常常是多个商品的集合，也可以是多种商品的集合的标识，用于物流现代化管理。

(2) 用于供应链全过程。在供应链的全部过程中，包括了从生产厂家生产出产品、包装、运输、仓储、分拣、配送，一直到零售业的各个环节，在这些环节中，随时随地都要用到物流的标识，在零售业中通常需要对商品单元进行标识，而在其他环节中则需要对货运单元进行标识，因此物流编码涉及面很广，包括生产业、运输业、仓储业、配销及零售业等，是多种行业共享的通用数据。

(3) 信息多。物流编码所表示的信息较多，它是可变的，可表示多种含义、信息。它可以是无含义的商品及其货运单元的唯一标识，也可以表示货物的体积、质量、生产日期、批号等信息。它是根据贸易伙伴在贸易过程中的共同需求，经过协商，共同制订的。

(4) 可变性。对于供应链中单个商品的标识基本是国际化、通用化、标准化的唯一标识，是零售业的共同语言。而对于供应链中其他环节的标识，随着国际贸易的不断发展，贸易伙伴对各种信息的需求不断增加，物流标识的应用在不断扩大，标识内容也在不断丰富，物流编码的新增和删除时有发生。

(5) 维护性。由于具有可变性的特点，物流编码的标准是需要经常维护的，因此，及时沟通用户需求和及时传达标准化机构的编码应用的变更内容是十分必要的，是国际贸易中物流现代化、信息化的重要保障。

物流编码的内容包括项目标识、动态项目标识、日期、度量、参考项目、位置码、特殊应用及内部使用等。

(1) 项目标识。是对商品项目及货运单元项目的标识，相同的项目的编码是相同的，它的内容是无含义的，但其对项目的标识是唯一的。主要编码方式有 13 位和 14 位两种。13 位编码由 3 段组成，分别为厂商识别代码、商品项目代码及校验码。14 位编码通常是在 13 位编码的基础上，在 13 位编码前面加 1 位数字组成，具体编码方法将在后文具体介绍。

(2) 动态项目标识。是对商品项目中每个具体单元的标识，它是对系列货运包装箱的标识，其本身为系列号，每个货运包装箱具有不同的编码，其编码为 18 位。

(3) 日期。对日期的标识为 6 位编码，依次表示年、月、日，主要有生产日期、包装日期、保质期、有效期等。

(4) 度量。度量的内容比较多，不同度量的编码位数也不同，主要包括数量、重量、长、宽、高以及面积、体积等内容。相同的度量有不同的计量单位。

(5) 参考项目。参考项目的内容也较多，包括客户购货订单代码、收货方邮政编码，以及卷状产品的长、宽、内径、方向、叠压层数等各种信息，其编码位数也各不相同。

(6) 位置码。是对法律实体、功能实体、物理实体进行标识的代码。其中，法律实体是指合法存在的机构；功能实体是指法律实体内的具体部门；物理实体是指具体的地址，如建筑物的某个房间、仓库或仓库的某个门、交货地等。

(7) 特殊应用及内部使用。特殊应用是指在特殊行业(如医疗保健业)的应用，内部使用是指在公司内部使用。由于其编码不与外界发生联系，编码方式及标识内容由公司自己制订。

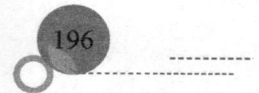

实际工作中，物流编码通常用条码符号表示，使编码可以自动识别，快速而准确。用于表示物流编码的条码码制主要有通用商品条码、储运单元条码及贸易单元128码等。

8.2.3 条码在配送中心中的应用

在现代化配送中心的管理中，条码已被广泛应用。在所用到的条码中，除了商品的条码外，还有货位条码、装卸台条码、运输车条码等；配送中心业务处理中的收货、摆货、仓储、配货、补货等，也需要用到条码。条码应用几乎出现在整个配送中心作业流程中的所有环节。下面简要阐述一下其应用情况。

(1) 订货。无论是总部向供应商订货，还是连锁店向总部或配送中心订货，都可以根据订货簿或货架牌进行订货。不管采用哪种订货方式，都可以用条码扫描设备将订货簿或货架上的条码输入。这种条码包含了商品品名、品牌、产地、规格等信息。然后通过主机，利用网络通知供货商或配送中心自己订哪种货、订多少。这种订货方式比传统的手工订货效率高出数倍。

(2) 收货。当配送中心收到从供应商处发来的商品时，接货员就会在商品包装箱上贴一个条码，作为该种商品对应仓库内相应货架的记录。同时，对商品外包装上的条码进行扫描，将信息传到后台管理系统中，并使包装箱条码与商品条码形成一一对应。

(3) 入库。应用条码进行入库管理，商品到货后，通过条码输入设备将商品基本信息输入计算机，通知计算机系统哪种商品要入库、入多少。计算机系统根据预先确定的入库原则、商品库存数量，确定该种商品的存放位置。然后根据商品的数量发出条码标签，这种条码标签包含该种商品的存放位置信息。然后在货箱上贴上标签，并将其放到输送机上。输送机识别箱上的条码后，将货箱放在指定的库位区。

(4) 摆货。人工摆货时，搬运工人要把收到的货品摆放到仓库的货架上，在搬运商品之前，首先扫描包装箱上的条码，计算机就会提示工人将商品放到事先分配的货位。搬运工人将商品运到指定的货位后，再扫描货位条码，以确认所找到的货位是否正确。可见，在商品从入库到货位存放整个过程中，条码起到了相当重要的作用。

商品以托盘为单位入库时，把到货清单输入计算机，就会得到按照托盘数发出的条码标签。将条码贴于托盘面向叉车的一侧，叉车前面安装有激光扫描器，叉车将托盘提起，并将其放置于计算机所指引的位置上。在各个托盘货位上装有传感器、发射显示装置、红外线发光装置和表明货区的发光图形牌。叉车驾驶员将托盘放置好后，通过叉车上装有的终端装置，将作业完成的信息传送到主计算机。这样，商品的货址就存入计算机了。

(5) 配货。在配货过程中，也采用了条码管理。在传统的物流作业中，分拣、配货要占全部劳动力的60%，且容易发生差错。在分拣、配货中应用条码，能使拣货迅速、正确，并提高生产率。

总部或配送中心在接受客户的订单后，将订单汇总，并分批发出印有条码的拣货标签。这种条码包含这件商品要发送到哪一连锁店的信息。分拣人员根据计算机打印出的拣货单，在仓库中进行拣货，并在商品上贴上拣货标签(在商品上已有包含商品基本信息的条码标签)，将拣出的商品运到自动分类机，放置于感应输送机上。激光扫描器对商品上的两个条码自动识别，检验拣货有无差错。如无差错，商品即分岔流向按分店分类的滑槽中。然后将不同分店的商品装入不同的货箱中，并在货箱上贴上印有条码的送货地址卡，这种条码包含商品到达区域的信息。再将货箱送至自动分类机,在自动分类机的感应分类机上,激光扫描器对货箱上贴有的条码进行扫描,然后将货箱输送到不同的发货区。当发现拣货有错时,商品流入特定的滑槽内。条码配合计算机应用于物流管理中,大大提高了物流作业自动化水平,提高了劳动生产率和劳动质量。

(6)补货。查找商品的库存,确定是否需要进货或者货品是否占用太多库存,同样需要利用条码来实现管理。另外,由于商品条码和货架是一一对应的,也可通过检查货架达到补货的目的。

条码不仅在配送中心业务处理中发挥作用,配送中心的数据采集、经营管理同样离不开条码。通过计算机对条码的管理,对商品运营、库存数据的采集,可及时了解货架上商品的存量,从而进行合理的库存控制,将商品的库存量降到最低;也可以做到及时补货,减少由于缺货造成的分店补货不及时,避免发生销售损失。

条码同样可用来做配送中心配货分析。通过统计分店要货情况,可按不同的时间段,合理分配商品库存数量,合理分配货品摆放空间,减少库存占用,更好地管理商品。

条码和计算机的应用大大提高了信息的传递速度和数据的准确性,从而可以做到实时物流跟踪,整个配送中心的运营状况、商品的库存量也会通过计算机及时反映到管理层和决策层。这样就可以进行有效的库存控制,缩短商品的流转周期,将库存量降到最低。另外,由于采用条码扫描代替了原有的填写表单、账簿的工作,避免了人为的错误,提高了数据的准确性,减少了错账、错货等问题造成的商品积压、缺货、超过保质期等情况的发生,减少了配送中心由于管理不善而造成的损失。

根据西方发达国家的经验,在一般情况下,应用条码和信息技术可以使经营成本降低1.5%,营业额提高8%～10%。如果能真正利用条码扫描得到的数据加工生成对配送中心乃至整个连锁集团有用的管理决策信息,那么,利用条码和信息技术提高企业的经营效益,挖掘"第三利润"源泉,其功效是不言而喻的。

8.2.4 条码识别技术

实现物流的信息化,必然要解决条码识别的问题。一是采用什么样的装置阅读条码,二是采用什么样的装置制作条码。为了阅读条码,人们发明了条码扫描器。在配送中心内,一般采用有线或无线条码扫描仪,而采用通用或专用打印机来制作条码,如图8-3所示。专家把条码扫描器评选为20世纪最伟大的10种人机界面之一,因为它对零售业产生了广泛而深刻的影响。而今天,条码技术正在进入人们生活中的各个领域,默默地对人们的生活产生着广泛的影响。

图8-3 条码扫描仪及条码打印机

8.3 电子标签技术及应用

8.3.1 电子标签技术概述

电子标签技术是计算机串行通信技术、远程数据显示技术在配送中心应用的典型高新技术。利用小型化的数据显示与交互终端，消除配送中心分拣作业点与计算机主机系统之间的距离，使信息快速、准确地传递到作业点，并及时反馈作业结果，实现作业的无纸化，大大提高作业效率，降低作业强度，提高作业的准确性。配送中心采用电子标签技术，具有如下优越性。

(1) 加快拣货速度，可以减少 30%~50% 的时间。
(2) 控制拣货流程的功能，拣货正确率约为 99.98%。
(3) 免除表单作业，实现无纸化，提高工作效率 50% 以上。
(4) 人员训练容易且标准化。
(5) 提高管理水平。现场信息透明化，协助管理人员快速反应，可使公司业绩提高 40% 左右。

8.3.2 电子标签

由于配送中心具有一定的规模，作业场地比较大，从主机到拣选作业点的通信距离一般大于 15 m，所以，电子标签一般采用 RS485 接口来构成。如图 8-4 所示为电子标签的组成原理。RS485 串行通信接口负责实现与主机系统的数据通信。运算单元根据 ROM 中的程序接收主机指令，并根据指令通过接口电路控制数码显示管 LED 显示数据，同时，接收应答键的状态，操作者通过应答键向系统报告执行结果。

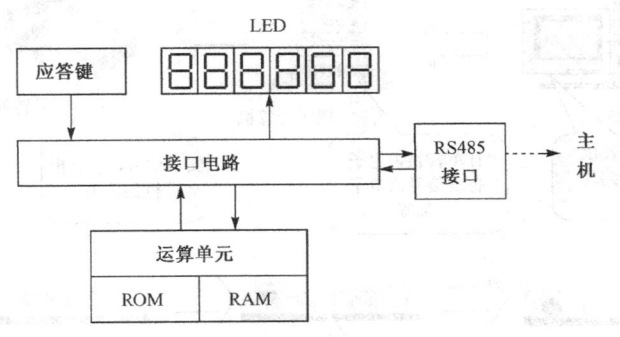

图 8-4 电子标签的组成原理

8.3.3 电子标签系统组成与工作原理

电子标签系统由系统主机、中继器、电子标签、供电系统等组成。如图 8-5 所示为电子标签系统的典型结构。

系统主机安装有电子标签系统驱动软件，负责与上位系统对接，接收指令并反馈系统执行结果。中继器是系统主机与电子标签的联系桥梁，通过中继器把主机有限的接口资源扩展，一般一个中继器可以接收 255 个电子标签。

当配送中心采用寻拣方式时，用区域指示器指示作业人员拣选作业点的位置，使其迅速、准确地到达。

图 8-5 电子标签系统的典型结构

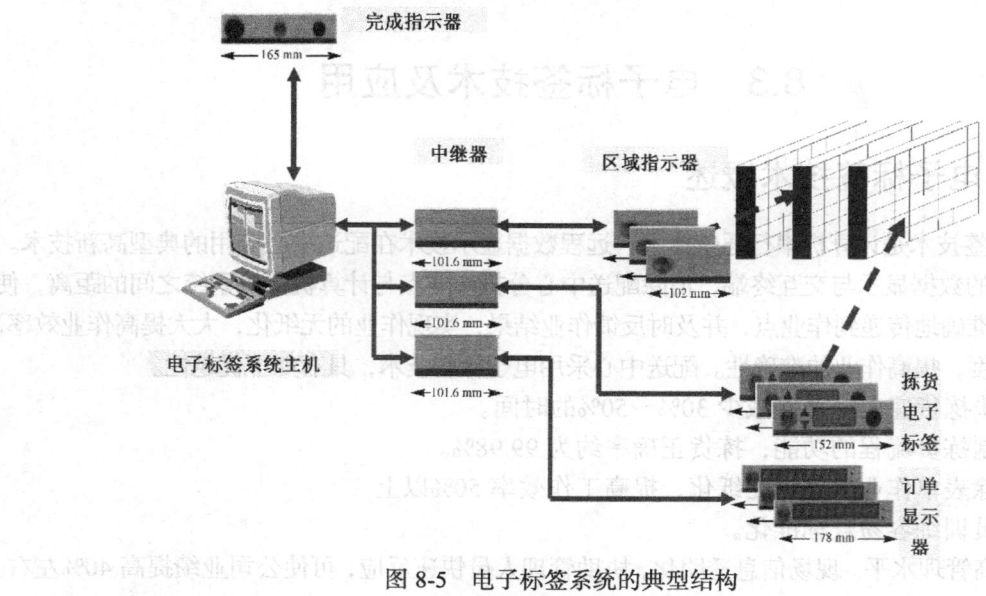

电子标签安装在货位上，接收拣货数量等指令信息，并显示在 LED 显示器上，作业人员按显示数量拣选，完成后按确认键，把执行结果反馈给系统主机。在某些配送中心，需要用订单显示器告诉作业人员目前处理的订单编号。

当所有的任务指令都处理完成后，系统利用完成指示器提醒调度人员，作业已经完成。

电子标签系统的工作流程如图 8-6 所示。

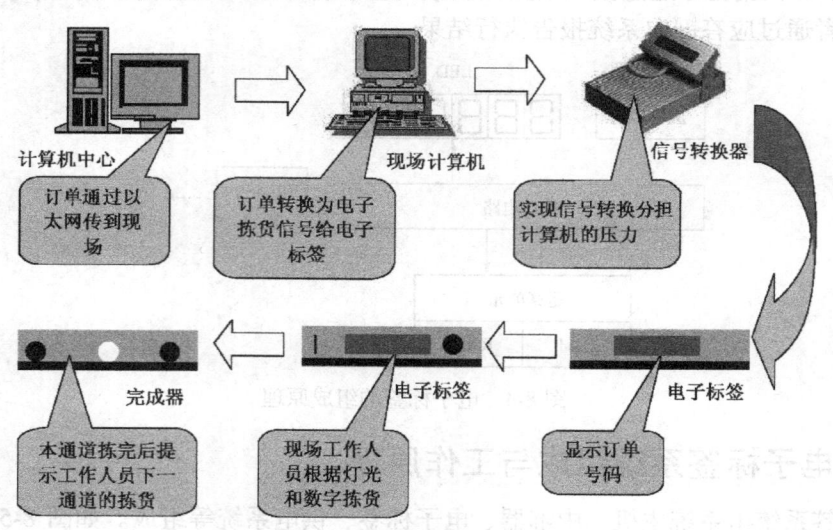

图 8-6 电子标签系统的工作流程

8.3.4　电子标签技术在配送中心的应用

当客户来配送中心订货时，订单上的商品信息和数量数据会交由仓库管理人员录入数据库，生成拣货订单文件。订单导入到电子标签拣货系统后，电子标签拣货系统会自动提示拣货人员到每个需要拣选的货位上去拣选商品，并且显示货位号和此种商品的订货数量，直到拣选完最后一种商品为止，拣货人员即可回到检验区进行商品效验，经过商品与效验单据核对无误后即可进行出库。

8.4 RF 技术及其应用

8.4.1 RF 技术的优越性与应用

无线射频(RF)技术是一种无线计算机网络技术。利用 RF 技术，可以在配送中心内部构建无线计算机局域网。无线局域网技术是一种柔性的数据交换系统，是对普通局域网技术的延伸和补充。它通过采用无线通信技术，无须在计算机之间连线就可以发送和接收数据，实现数据、资源的共享。网络管理人员不需要重新连线、配置网络。无线网络与普通局域网相比有以下几个特点。

(1) 灵活移动性。无线网络可为用户提供实时的移动性网络资源共享。这是普通局域网无法达到的。

(2) 安装简单、快速。

(3) 运行成本低廉。尽管初期投资比普通局域网要高，但从整体的安装成本、运行成本及使用寿命而言，都得到了巨大的改善。尤其是在用户经常移动的工作环境下，运行费用很低。

(4) 可扩展性强。无线局域网可以配制成各种网络拓扑结构来满足多种应用和安装需要。从点对点的小型网络，到拥有数千台节点的网络系统，以及某一范围内实现漫游功能的大型网络，均不需要更改任何硬件设施。

从目前应用的情况来看，无线局域网技术是对普通局域网的一种延伸。它为移动办公的用户和网络之间提供实时连接的手段，现已在许多行业成功应用。

配送中心可以广泛采用 RF 技术，包括：
- 入库、出库及储存保管作业；
- 信息导引拣货作业；
- 货架巡补盘点作业；
- 信息收集及核查作业；
- 其他与信息显示、信息采集有关的所有作业。

在配送中心中应用 RF 技术，具有如下优越性。

(1) 不需要网络连接线。
(2) 能在任何时间、地点操作。
(3) 实现实时性资料收集和传输，提高工作效率。
(4) 具有方便的管理模式，实现准确快捷的信息交流。
(5) 可进行交互式信息交换，指示、确认与错误更正一体化。
(6) 提高在库货品资料的正确性。
(7) 减少文件处理工作，做到无纸化。
(8) 具有友好的界面。
(9) 提高效率、时效性。
(10) 使用高科技的管理方式，提升企业形象。

8.4.2　无线局域网的工作原理

无线局域网通过采用无线电波传输信息，将信号从发送者传送给远方的接收者，要发送的数据信号经过调制叠加到无线载波信号中，调制后的电波占据一定频率带宽。在典型的无线局域网的配置中，发送和接收设备被称为登录点，用标准网线连接到局域网中。简单地说，登录点用来接收、暂存、发送数据。一个登录点可以管理一组用户，并在一定的范围内起作用。登录点又称无线网桥，外形如图 8-7 所示。

普通计算机用户与登录点进行通信的设备是无线局域网适配器，便携式产品接入无线局域网的设备是 PCMCIA 标准卡（Win95、WinCE 等应用环境）。其他掌上产品（如 RF 数据终端）可以采用集成内置式无线设备。

无线手持式及车载 RF 数据终端是典型的配送中心设备，它将无线技术、移动计算技术、条码数据采集技术相结合，广泛应用于物流领域的仓储出入库管理、货物检验、运输及工业生产线管理等各个环节，如图 8-8 所示。

配送中心组建无线局域网时，往往根据面积及建筑结构采用多个登录点，在各个作业区配备数个 RF 数据终端，如图 8-9 所示。

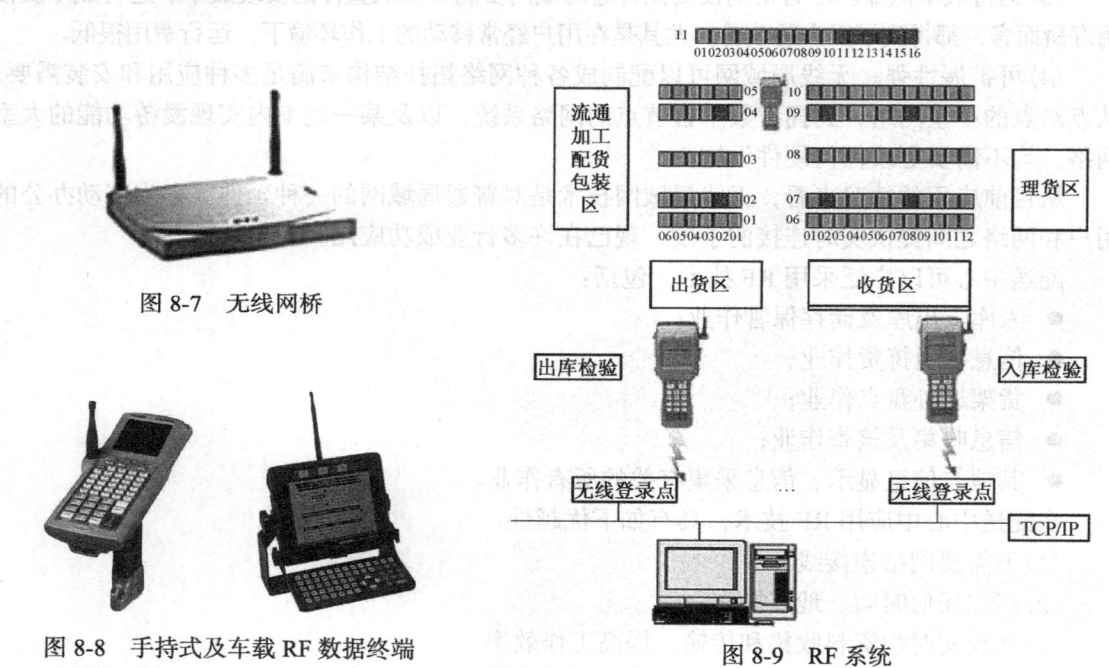

图 8-7　无线网桥

图 8-8　手持式及车载 RF 数据终端

图 8-9　RF 系统

8.4.3　RF 技术在配送中心的应用

RF 主机系统连接在配送中心信息系统有线局域网络上。当 RF 主机接到入出库指令时，首先判断由什么区域、哪一个终端来完成作业，并把指令发给该终端，指挥作业人员或操作车辆。由于 RF 数据终端采用大屏幕显示器，因此，可以将整个订单的信息都显示在屏幕上，可以根据显示顺序，指挥人员按最佳路线进行操作，同时 RF 终端带有条码扫描仪，可以方便地扫描货品、货位等条码。作业完成后，利用键盘可以将作业完成情况的全部信息反馈给系统主机。

8.5　GIS/GPS 技术

8.5.1　GIS 技术

GIS（Geographical Information System，地理信息系统）是多种学科交叉的产物，它以地理空间数据为基础，采用地理模型分析方法，适时地提供多种空间的和动态的地理信息，是一种为地理研究和地理决策服务的计算机技术系统。其基本功能是将表格型地理数据转换为地理图形显示，然后对显示结果进行浏览、操作和分析。其显示范围可以从洲际地图到非常详细的街区地图，显示对象包括人口、销售情况、运输线路及其他内容。

GIS 应用于物流分析，主要是指利用 GIS 强大的地理数据功能来完善物流分析技术，如利用 GIS 开发物流系统分析软件。完整的 GIS 物流分析软件集成了车辆路线模型、网络物流模型、分配集合模型和设施定位模型等。

(1) 车辆路线模型。用于解决一个起点、多个终点的货物运输中如何降低物流作业费用，并保证服务质量的问题，包括决定使用多少辆车和每辆车的路线等。

(2) 网络物流模型。用于解决寻求最有效的分配货物路径问题，也就是物流网点布局问题。例如，将货物从 N 个仓库运往 M 个商店，每个商店都有固定的需求量，因此需要确定由哪个仓库提货送给哪个商店，所付出的运输代价最小。

(3) 分配集合模型。可以根据各个要素的相似点把同一层上的所有或部分要素分为几个组，用以解决确定服务范围和销售市场范围等问题。例如，某公司要设立 X 个分销点，要求这些分销点要覆盖某一地区，而且要使每个分销点的顾客数目大致相等。

(4) 设施定位模型。用于确定一个或多个设施的位置。在物流系统中，仓库和运输线共同组成了物流网络，仓库处于网络的节点上，节点决定线路。如何根据供求的实际需要并结合经济效益等原则，在既定区域内设立多少个仓库，每个仓库的位置，每个仓库的规模，以及仓库之间的物流关系等问题，运用此模型均能很容易地得到解决。

8.5.2　GPS 技术

GPS（全球定位系统）是由一系列卫星组成的，它们 24h 提供高精度的世界范围的定位和导航信息。准确地说，它是由 24 颗沿距地球 12 000 km 高度的轨道运行的 NAVSTARGPS 卫星组成的，不停地发送回精确的时间和它们的位置。GPS 接收器同时接收 3～12 颗卫星的信号，从而判断地面上或接近地面的物体的位置，还有它们的移动速度和方向等。

GPS 接收器利用 GPS 卫星发送的信号确定卫星在太空中的位置，并根据无线电波传送的时间来计算它们间的距离。计算出至少 3～4 颗卫星的相对位置后，GPS 接收器就可以用三角学计算出自己的位置。每颗 GPS 卫星都有 4 个高精度原子钟，同时还有一个实时更新的数据库，记载着其他卫星的实时位置和运行轨迹。当 GPS 接收器确定了一颗卫星的位置时，它可以下载其他所有卫星的位置信息，这有助于它更快地得到所需的其他卫星的信息。

GPS 最初是为军方提供精确定位而建立的，至今它仍然由美国军方控制。军用 GPS 产品主要用来确定并跟踪在野外行进中的士兵和装备的坐标，给海洋中的军舰导航，为军用飞机提供位置和导航信息等。

GPS 也在商业领域大显身手，消费类 GPS 主要用在勘测制图，航空、航海导航，车辆追踪系统，移动计算机和蜂窝电话平台等方面。勘测制图由一系列定位系统组成，一般都要求特殊的 GPS 设备。在勘测方面的应用有结构和工程勘测、道路测量和地质研究。收集到的数据可以以后再估算，也可以在野外实时使用。制图过程中使用大量的 GIS 数据库的数据，还有纸质地图的数据。许多商业和政府机构使用 GPS 设备来跟踪他们的车辆位置，这一般需要借助无线通信技术。一些 GPS 接收器集成了收音机、无线电话和移动数据终端来适应车队管理的需要。

8.5.3　GIS/GPS 技术在物流领域的应用

GPS 与 GIS、无线电通信网络及计算机车辆管理信息系统相结合，可以实现车辆跟踪和交通管理等许多功能。

1．车辆跟踪

利用 GPS 和电子地图可以实时显示车辆的实际位置，并任意放大、缩小、还原、换图；可以随目标移动，使目标始终保持在屏幕上；还可实现多窗口、多车辆、多屏幕同时跟踪，利用该功能可对重要车辆和货物进行跟踪运输。

2．提供行车路线的规划和导航

规划出行路线是汽车导航系统的一项重要辅助功能，包括以下方面。

（1）自动线路规划。由驾驶员确定起点和终点，由计算机软件按照要求自动设计最佳行驶路线，包括最快的路线、最简单的路线、通过高速公路路段次数最少的路线等。

（2）人工线路设计。由驾驶员根据自己的目的地设计起点、终点和途经点等，自动建立线路库。线路规划完毕后，显示器能够在电子地图上显示设计线路，并同时显示汽车运行路径和运行方法。

3．信息查询

为用户提供主要物标，如旅游景点、宾馆、医院等数据库，用户能够在电子地图上根据需要进行查询。查询资料可用文字、语言及图像的形式显示，并在电子地图上显示其位置。同时，监测中心可以利用监测控制台对区域内任意目标的所在位置进行查询，车辆信息将以数字形式在控制中心的电子地图上显示出来。

4．话务指挥调度

指挥中心可以监测区域内车辆的运行状况，对被监控车辆进行合理调度。指挥中心也可随时与被跟踪目标通话，实行管理。

5．紧急援助

通过 GPS 定位和监控管理，系统可以对遇有险情或发生事故的车辆进行紧急援助。监控台的电子地图可显示求助信息和报警目标，规划出最优援助方案，并以报警声、光提醒值班人员进行应急处理。

综合上述应用，人们开发出 GIS/GPS 车辆定位、跟踪调度系统，如图 8-10 所示。在长途干线运输与城市配送中，利用车载导航系统建立完善的车辆跟踪系统，可以实现车辆的全程定位、全程跟踪，实现真正的物流可视化。

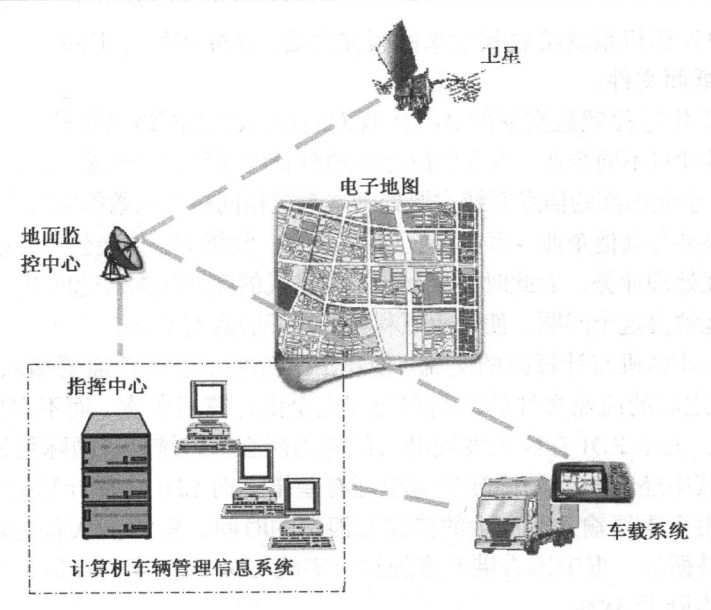

图 8-10　GIS/GPS 车辆定位、跟踪调度系统

8.6　EDI 技术及其应用

8.6.1　电子数据交换技术概述

电子数据交换(EDI)技术最初由美国企业应用在企业间的订货业务活动中,其后其应用范围从订货业务向其他的业务扩展,如 POS 销售信息传送业务、库存管理业务、发货送货信息和支付信息的传送业务等。近年 EDI 在物流领域广泛应用,被称为物流 EDI。所谓物流 EDI,是指货主、承运业主及其他相关的单位之间,通过 EDI 系统进行物流数据交换,并以此为基础实施物流作业活动的方法。物流 EDI 参与单位有货主(如生产厂家、贸易商、批发商、零售商等)、承运业主(如独立的物流承运企业等)、实际运送货物的交通运输企业(铁路企业、水运企业、航空企业、公路运输企业等)、协助单位(政府有关部门、金融企业等)和其他的物流相关单位(如仓库经营者、专业报送经营者等)。

按照国际标准化组织 1994 年对 EDI 的定义,EDI 是使用商定的结构化的交易或信息数据结构标准来处理在计算机之间传递的有关贸易和管理的事务。简单地说,EDI 就是将数据和信息规范化和格式化,并通过计算机网络进行交换和处理。

8.6.2　EDI 的工作流程

EDI 的工作流程可简述如下。

(1)用户首先将原始的纸面文件,经计算机处理,形成符合 EDI 标准的、具有标准格式的 EDI 数据文件。

(2)用户自己的本地计算机系统将形成的标准数据文件,经过 EDI 数据通信和交换网传送到登录的 EDI 服务中心,继而转发到对方用户的计算机系统。

(3) 对方用户计算机系统接收到发来的报文之后，立即按照特定的程序自动进行处理，如有必要，则输出纸面文件。

EDI 的基本工作过程就是交易的 A、B 双方通过计算机网络交换信息。

首先，EDI 是针对不同企业、事业单位之间的商业数据和信息传递。它不同于物资流通企业内部的信息系统，企业内部的信息系统主要处理本系统相同格式的数据文件。当物资流通企业开展商贸活动时，势必与其他企业、事业单位(如供货方、收货方、保险公司、银行、税务等)发生相关的贸易单、证处理业务，而此时必然涉及不同格式的商业数据转化问题。企业的 EDI 系统可以高效、准确地解决这个问题，使企业顺利与外界开展商贸活动。

其次，EDI 是计算机与计算机的交流。使用 EDI 系统，企业仅需要输入一次原始单证(如订货单等)数据，之后的商业文件的编制和处理完全由计算机负责，而不需要人的干预。这是产生 EDI 的动因，也是 EDI 有巨大发展潜力的魅力所在。据统计，国际贸易文件的成本每年达 400 亿美元，其中还有 40%的国际货运单证有差错。而 EDI 这种计算机到计算机的特性，可以有效地减少由于重复输入而产生的错误和浪费的时间、资源，从而提高企业对市场的应变能力，加快贸易循环。据中国香港专家统计，实施 EDI 的直接效益是商业文件传播速度提高 81%，文件成本降低 38%。

最后，EDI 是面对"商业文件"的，如订单、货运单、报关单等。这些"文件"必须根据相应的统一标准格式进行编制。EDI 报文之所以能被不同的商业伙伴的计算机编制和处理，其关键全在于标准。目前，国际上统一的 EDI 报文标准是 UN/EDIFACT。

如今，EDI 已成为一种全球性的、具有战略意义和巨大商业价值的贸易手段，它所倡导的是一种"无纸贸易"的新型贸易方式。

8.6.3 EDI 的通信方式

EDI 系统之间通信方式的不同，将直接影响到企业 EDI 系统的应用效果。EDI 的通信方式主要有点对点连接、第三方网络、Internet、Intranet、EDI 到传真/传真到 EDI。

1. 点对点连接

这种方式的使用者把商业文件信息转化为预定的格式，并把它们传输到公共电话网上，接收方在约定的时间进入电话网系统取回传递给他们的信息，之后将数据翻译回一般的商业格式。一般来说，当使用这种通信方式和外界交换信息时，由于受到私有文件格式的限制，只能在企业内部或合作伙伴间进行贸易活动。同时，它的信息安全性和贸易伙伴数量等也受到本身技术方面的限制。所以，仅有少数一些公司采用这种和外界交换信息的手段。使用者可以不受服务区域的限制来进行贸易活动，而且传输数据的费用也仅是普通电话费。

2. 第三方网络

新的 EDI 贸易伙伴很少采用点对点的直接通信方式，而是使用第三方增值网络(VAN，Value Added Net-work) EDI，VAN 管理所有连接到 VAN 的商业伙伴。发送信息的公司把数据传到 VAN 的邮箱中，要得到信息的公司在他们方便的时候访问 VAN，取回信息。VAN 也提供数据安全保护、不同格式和标准的文件间的转换，以及与其他网络连接等功能。VAN 也存在一些缺点，如使用的费用很高；不同 VAN 之间如没有连接，使用 VAN 的企业不能和使用另一个 VAN 的企业进行贸易活动等。

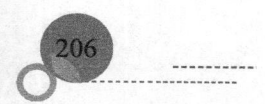

3. Internet

Internet 的日益发展和成熟，提供了一种新的 EDI 通信方式。Internet 具有为商业提供无限、高效、经济的接触新贸易伙伴和顾客的潜力，因此，它在 EDI 方面的应用增长很快。在 Internet 上进行 EDI 通信的主要工作模式是由 EDI 服务提供商提供的。企业可以通过商业网络浏览器获得这项服务。在网络浏览器界面中，企业可以用超文本链接标示语言(HTML)格式写好信息后发给合作者，在发送开始时，Internet 上的 EDI 服务系统会先把信息转化为标准的 EDI 格式，然后继续发送。这种方式的主要缺点是安全性和通信带宽受到限制。

4. Intranet

目前，Intranet 方式的使用主要是促进企业内部大量的通信和信息交换，Intranet 不仅比传真速度快，而且作为一个交换信息的网络，它比开放的 Internet 更具有数据安全性。Intranet 也提供和 Internet 相同的 EDI 服务，数据在 Intranet 上的传播过程和 Internet 相同。对于小企业来说，采用 Intranet 这种 EDI 的通信方式来进行电子贸易更具有吸引力，因为使用网络浏览器软件和基于 TCP/IP 的连接比采用完全的集成 EDI 解决方案要便宜许多。

5. EDI 到传真/传真到 EDI

EDI 服务提供者也提供将 EDI 格式转化为传真的服务，而且这种 EDI 到传真/传真到 EDI 的转换服务不需要昂贵的软件包装就能实现 EDI 的交流。使用者只需要一台传真机来发送(或接收)和顾客(或供应商)进行的 EDI 文件交流信息。当交易双方的一方是一个大公司，而另一方是一个很小的公司，且交易量并不很大时，这种方式很值得推荐。但从传真技术的本质属性方面来看，它有一些固有的问题，如光滑纸打印和传输通知仅在某些传真机上是可行的，因此，发送方可能无法确认接收方是否接收到了商业文件。此外，传真信息可能在 6 个月内自动消失，很难进行正确的审计复核。最重要的一点是，传真信息需要重新输入到计算机中，而重新输入不仅费事、费时，而且不可避免地会出现错误。

8.6.4 EDI 系统在物流中的应用

现今，在国际贸易中，"没有 EDI，就没有订单"。在不久的将来，EDI 必将在物流企业的发展中起到举足轻重的作用。物流企业在建立 EDI 系统时，应根据自己企业的规模和特点，以及内外部环境来决定采用哪种 EDI 通信方式和如何配置 EDI 软、硬件。如图 8-11 所示为配送中心 EDI 系统结构。

下面以由发送货物业主、物流运输业主和接收货物业主组成的物流模型为例，探讨 EDI 支持下的物流运作模型。

(1) 发送货物业主(如生产厂家)在接到订货后制订货物运送计划，并把运送货物的清单及运送时间安排等信息通过 EDI 发送给物流运输业主和接收货物业主(如零售商)，以便物流运输业主预先制订车辆调配计划和接收货物业主制订货物接收计划。

(2) 发送货物业主依据顾客订货的要求和货物运送计划下达发货指令，分拣配货，打印出有物流条码的货物标签(即 SCM 标签，Shipping Carton Marking)并贴在货物包装箱上，同时把运送货物的品种、数量、包装等信息通过 EDI 发送给物流运输业主和接收货物业主，依据请示下达车辆调配指令。

(3) 物流运输业主在向发送货物业主取运货物时，利用车载扫描仪读取货物标签的物流条码，并与先前收到的货物运输数据进行核对，确认运送的货物。

(4) 物流运输业主在物流中心对货物进行整理、集装，制成送货清单并通过EDI向接收货物业主发送发货信息。在货物运送的同时进行货物跟踪管理，并在货物交纳给接收货物业主之后，通过EDI向发送货物业主发送完成运送业务信息和运费请示信息。

(5) 接收货物业主在货物到达时，利用扫描仪读取货物标签的物品条码，并与先前收到的货物运输数据进行核对确认，开出收货发票，货物入库。同时通过EDI向物流运输业主和发送货物业主发送收货确认信息。

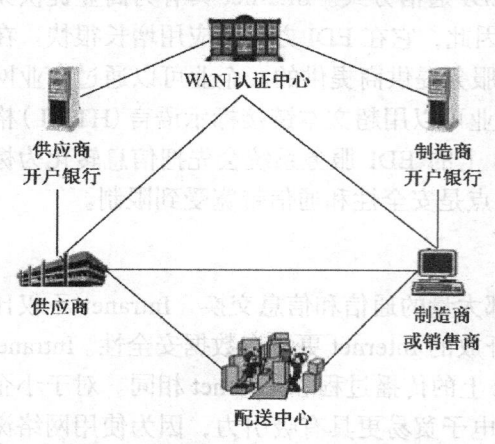

图 8-11 配送中心 EDI 系统结构

物流 EDI 的优点在于供应链组成各方基于标准化的信息格式和处理方法，通过EDI共同分享信息、提高流通效率、降低物流成本。例如，对零售商来说，应用EDI系统可以大大降低进货作业的出错率，节省进货商品检验的时间和成本，能迅速核对订货与到货的数据，易于发现差错。

8.7 配送中心信息系统

8.7.1 配送中心信息系统概述

配送中心其实是一种场所或组织，对商品的实体配销进行整体分配，它具有订单处理、仓储管理、流通加工、拣货配送的功能，甚至还能寻找客源、拥有最终渠道、采购、设计产品及开发品牌等。在产销垂直整合方面，物流中心具有缩短上下游产业流通过程、减少产销差距的中介机能，还可对处于水平关系的同行业及不同行业间的交流进行整合支持，以合理降低成本。配送中心这些功能的实现，其核心是信息系统的建立。因此可以说，物流信息系统是配送中心的灵魂，物流信息系统构建是配送中心能否发挥作用的关键。

一个典型的配送中心对客户企业主要有以下两个方面的作用。

(1) 及时地了解产品市场销售信息和产品的销售渠道，帮助企业开拓市场和收集信息。

(2) 及时掌握商品的库存流通情况，进而达到企业产销平衡。

这两个作用实际上就是通过信息的传递与交换而发生的，因此，信息系统在配送中心的作用显而易见，具体体现以下几个方面。

(1) 信息系统是配送中心的神经中枢，如果没有先进的信息系统支持，配送中心的功能就不能体现。配送中心面向社会服务，为企业提供功能健全的物流服务，面对众多的企业和零售商甚至是客户，如此庞杂的服务，只有在一个完善的信息系统基础上才可能实现。

(2) 信息系统的建立可以有效地节约企业的运营成本，通过规模化的、少品种、业务统一管理节约企业的物流运作成本。生产企业只要通过物流中心的信息系统就能够及时地了解产品销售情况，及时地调整生产，并可以通过信息系统完成企业的一系列的活动，如报关、订单处理、库存管理、采购管理、需求计划、销售预测等。

(3)信息系统的建立使物流中心的服务功能大大拓展。一个完善的信息系统使企业能够把物流过程与企业内部管理系统有机地结合起来，如与 ERP 软件结合，可以使企业管理更加有效。

如何构造配送中心管理信息系统，是一个复杂的系统工程。首先，为了实现配送中心的信息化，必须从物流标识编码入手，确定物流信息采集系统技术方案，建立完善的信息化体系。其次，结合配送中心区域规划，配备内部作业设备和设施，并根据业务流程及作业流程需求，对计算机网络及管理信息系统软件等方面进行全面系统的规划。

8.7.2 信息系统功能模型

尽管现代物流配送中心日趋向多样化和全面化发展，但其核心竞争能力或有助于其获取竞争优势的还是其核心业务，如汇集客户的订货信息，从供应商处采购货物，组织货物的入库、配货、分拣、储存、出库、配送等。配送中心的信息系统模型，也应依照其核心业务流程来进行设计和规划。

这就需要配送中心在自身的硬件和软件建设上进行一定的投资和做相应的调整，如采用自动化的分拣系统、扫描系统，配备高效率的货物传送、储存及包装等系统。

配送中心信息系统的功能设计如下。

1. 业务主系统

业务主系统是信息系统的核心部分，主要具有订货管理、入库管理、配货管理、在库管理、出库管理和配送管理等信息处理和作业指示等功能。

(1)订货管理。主要包含客户订单接受与处理、客户订货确认两个功能模块部分。

① 客户订单接受与处理：配送中心应要求客户逐步采取网上订货和进行在线实时信息传递，这样，配送中心不仅可以有效克服以前通过电话、传真等订货方式所造成的订货成本较高的弊端，而且还可以使客户的订单信息自动地转入配送中心的信息系统，从而减少了订单输入的工作量，并防止了订单输入错误的发生。

在设计客户订单接受与处理功能模块时，配送中心要把握好两点：一是要让接受订货的信息尽可能充分全面，应当包含客户名称、客户代码、客户资信等级、订货时间、订货商品名称、数量，以及客户期望的到货时间、地点、商品属性、包装形态等信息；二是要坚持20/80原则，即确保对重要客户进行特殊化服务，如优先配送、提供增值服务等。对重要客户的确认可通过对客户资信等级进行检查和分析客户的历史记录得出。

② 客户订货确认：配送中心可通过采用 GPS、GIS 等信息监控技术，更好地掌握客户订货商品的物流运动状态，尽量使客户的订货商品在入库时就处于随时待发的准备状态。

(2)入库管理。其主要功能应当包括接收货物入库、货物储存计划及储存确认、数据库系统的数据更新、入库确认、生成相应的财务数据信息等。在这一环节，更多的内容属于业务操作工作。配送中心应通过采用条码技术、RF 技术、智能卡等提高员工入库操作的准确性和工作效率。在入库货物的货位选择方面，还应当考虑货物出库和保管的效率和便利性。

(3)配货管理。是配送中心在员工对客户订单的相关信息(如商品名称、数量、到货时间等)进行与配货有关的处理时做出相关的作业指示。例如，每个货位上设置一个配货提示器，在提示器亮灯并显示数量时，员工进行商品寻找作业，这样可提高配货的效率并减少差错。

根据订单和拣取商品的对应关系及操作流程,可将配货作业分为摘取式配货和播种式配货。摘取式配货一般用于配送对象多但商品货位固定的情形,这种作业方式具有作业方法单纯、订单处理前置时间短、作业人员责任明确等优点,但其突出缺点是作业人员的工作量较大。在配送中心大多采用自动化分拣系统的情形下,配货方式也逐渐由摘取式改为播种式,从而大大减轻了配货工作量,缩短了配货时间,压缩了配货费用和成本。

(4)在库管理。其核心工作在于确定货物的保管位置、数量和入库日期,使在库数据与实际货物保持一致。从不同货物接受订货处理到做出货物出库指示,应保证货物快进快出和先进先出。

① 接收货物:该环节主要确认客户的订货是否到货或入库。系统管理人员可首先对当天未到订货清单或当天计划到货的订货清单进行详细核查,然后将订货清单打印并交给验货人员进行核对。验货人员可采用手持条码输入终端进行验货确认。

② 入库保管:对货物的入库保管作业来说,信息系统的应用,不仅在于提高作业效率和精度,而且在于最大限度地利用有限的商品储存空间,尽量避免缺货或货物出库后货位空闲所造成的巨大损失和资源浪费。例如,库存管理系统可随时对货物的保管存放货位进行恰当安排,库存操作人员只要按照系统所指示的位置进行商品存放就可以了。操作人员可从存取货物较方便的近距离货位开始存放,因而存货效率较高。

③ 货物盘点:货物盘点是指作业人员对在库货物实数与信息系统的在库数据进行核实并作相应更正。货物盘点工作主要是为了防止由于作业人员在出库操作时出现差错及货物损坏等原因,而造成实际在库货物数据与信息系统数据不吻合。

(5)出库管理。包含出库计划、出库指示和未能出库等内容。其中,出库计划包括出库日的指示、每个客户的订货数据汇总、分批发货和完成发货等内容;出库指示包括出库部门输出各种出库用的票据;未能出库是掌握出库的实态,对预订出库但还未出库情况的管理。

(6)配送管理。既是最后一个主要环节,也是全部配送工作中的核心业务。要想合理、经济地进行货物配送,必须尽可能地实现6个"最",即最少环节、最短距离、最低费用、最高效率、最大效益和最佳服务。配送管理中的配送路线选择和配送车辆安排都要紧紧围绕上述目标来展开工作。

① 配送路线选择:配送中心应在利用计算机系统进行货物配送路线的大量模拟基础上,选择适宜的配送路线。配送路线的选择要避免迂回运输、相向运输、空车往返等不经济的现象。

② 配送车辆安排:可利用一些车辆配送安排的软件模型作为决策的参考依据。要立足于对车辆实行单车经济核算,提高配送车辆的装载使用效率。

2. 业务支持系统

配送中心的业务支持系统为信息系统提供了一个完备的后台支持和保证系统正常运转的信息平台。它主要由配送中心的自动技术系统、互联网络系统和数据库系统三部分组成。

(1)自动技术系统。主要包括自动扫描系统、条码系统、RF系统、计算机辅助分拣系统、全程控制系统、GPS(卫星定位系统)、GIS(地理信息系统)等。这些自动技术系统的应用,主要是为了更好地配合信息系统管理效用的发挥。若没有上述先进技术手段的应用,信息系统的优势将很难发挥出来的,这也是配送中心在建设信息系统之前应当解决的主要问题。

(2)互联网络系统。配送中心应充分利用低廉的互联网络技术,以自己为系统枢纽,上游至供应商,下游至零售商,实行计算机联网,以便进行实时、快捷的信息交流和传递。配送中心所处理的联网业务应包括下列内容。

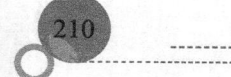

① 接受订货业务：快速处理数据并进行信息传递。
② 配货作业。
③ 在库管理：保证先进先出，依据货物出库情况及时更新货物在库信息。
④ 业务查询：在库确认和出库确认，以及价格变动和货物销售的时期等是客户经常需要查询的重要内容。为满足客户的需求，配送中心应及时更新货物信息并确保信息的准确性。

(3) 数据库系统。
① 数据文件管理：主要对商品主文件、作业人员主文件、客户主文件、入出库主文件等进行管理。
② 订单输出管理：包括订单查询处理、订单查询时间、订单清单等。
③ 入出库管理的输入和输出：入出库管理的输入内容包括入库、即时出库、出库指示、实际出库、入出库变更等；入出库管理的输出内容包括入出库变更查询、出库指示查询、历史查询、货标签、入出库票据、配货清单、入库流通加工清单、入出库日报、历史清单等。
④ 货物在库的输入和输出：货物在库的输入内容包括在库变更等；输出内容包括不同货物的在库查询、货位使用情况查询、盘点清单、在库报告书等。
⑤ 货物配送的输入和输出：货物配送的输入包含配送指示、货物明细表、实际配送一览表等内容；货物配送的输出则包括配送查询浏览、配送指示查询、配送货物量一览表等。建立良好的配送中心信息系统的关键是有高效率、正确、良好的操作环境。

8.7.3 配送中心信息系统功能结构

以商业配送中心为例，配送订单处理流程如图 8-12 所示。

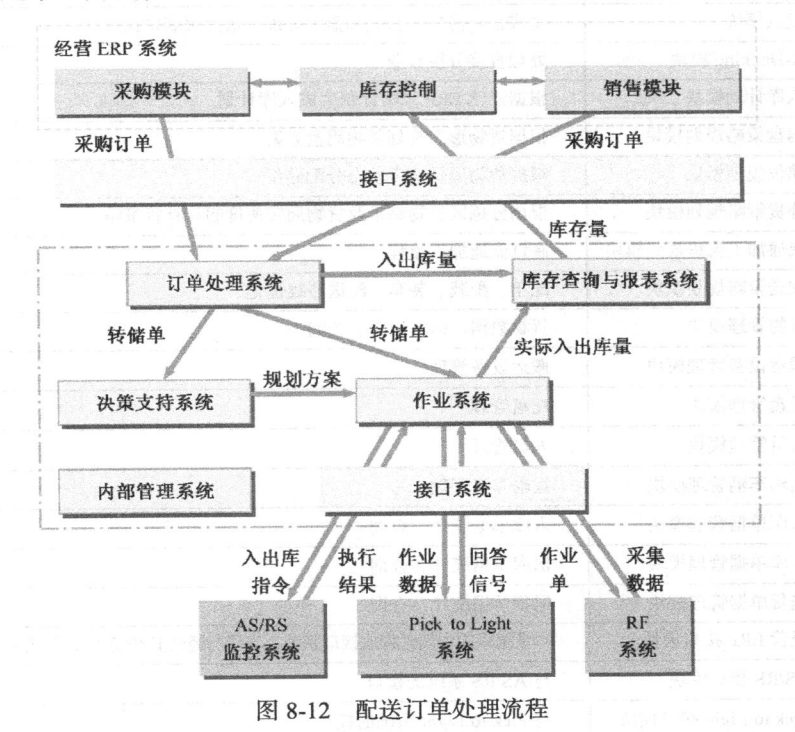

图 8-12 配送订单处理流程

配送中心的信息系统是经营 ERP 系统的一个重要执行系统，要求与 ERP 系统无缝对接。

而配送中心内部配备了 AS/RS 系统、电子标签数字拣选系统、RF 系统。为了满足订单处理业务需要，仓库管理(WMS)系统由订单处理系统、库存查询系统、内部作业系统、决策支持系统及接口系统组成。

信息系统功能模块如表 8-1 所示。

表 8-1 信息系统功能模块

子系统	模块	功能	备注
订单处理系统	接货入库	接收经营 ERP 系统的采购订单，生成入库计划	
	出库发货	接收经营 ERP 系统的销售订单，发货出库	
	退货处理	协助经营 ERP 系统，实现无障碍退货	
库存查询与报表系统	库存查询系统	向经营 ERP 系统相关子模块提供库存查询功能，包括储位查询、库存货物品项查询、订单查询等	
	报表打印模块	按货物品项、储位、订单序号、日期等各种方式打印报表	
作业管理系统	接货模块	交验送货单据，查验入库计划	
	入库模块	理货、分类、码盘、入库等环节信息采集，控制完成各个储存区域的入库操作	
	补货模块	根据补货策略自动补货	
	分拣模块	根据拣选策略控制拣选作业	
	流通加工模块	根据流通加工流程配置零部件品项、数量	
	打包、集货模块	装箱单打印、出库清单打印	
	出货模块	根据销售订单控制出库	
	装车模块	根据配送路线控制装车顺序	
	配送模块	按照配送顺序打印配送清单	
	盘点模块	生成盘点清单、盘盈和盘亏处理、盘点报表输出	
	X-Docking 模块	处理直接分拨作业	
决策支持系统	入库计划模块	根据经营 ERP 采购计划生成入库计划	
	码盘策略规划模块	根据货物形态规划货物码盘方案	
	储位规划模块	根据货物周转速度动态分配储位	
	补货策略规划模块	根据分拣区货物储量及货物周转速度制订补货策略	
	流通加工流程规划模块	制订流通加工流程	
	配送策略规划模块	配车、配载、装车、配送路线优化	
管理系统	货物管理模块	货物数据、形态记录、查询	
	搬运设备管理模块	搬运设备管理	
	托盘管理模块	托盘管理	
	人员管理模块	人员管理	
	运输车辆管理模块	运输车辆管理	
	入库单据管理模块	入库单据统计、查询	
	出库单据管理模块	出库单据统计、查询	
	退货单据管理模块	退货单据统计、查询	
接口系统	经营 ERP 接口模块	本系统采用中间件构成接口系统，实现与经营 ERP 系统的无缝对接	
	AS/RS 接口模块	与 AS/RS 系统的接口	
	Pick to Light 接口模块	与 Pick to Light 系统的接口	
	RF 接口模块	与 RF 系统的接口	

8.7.4 配送中心计算机网络规划

配送中心计算机网络结构与其功能、服务客户、内部区域设置、设备系统类型、部门组织结构、操作流程等因素密切相关，图8-13给出了一个具有上位 ERP 系统的 IT 产品分销企业的配送中心计算机网络结构。

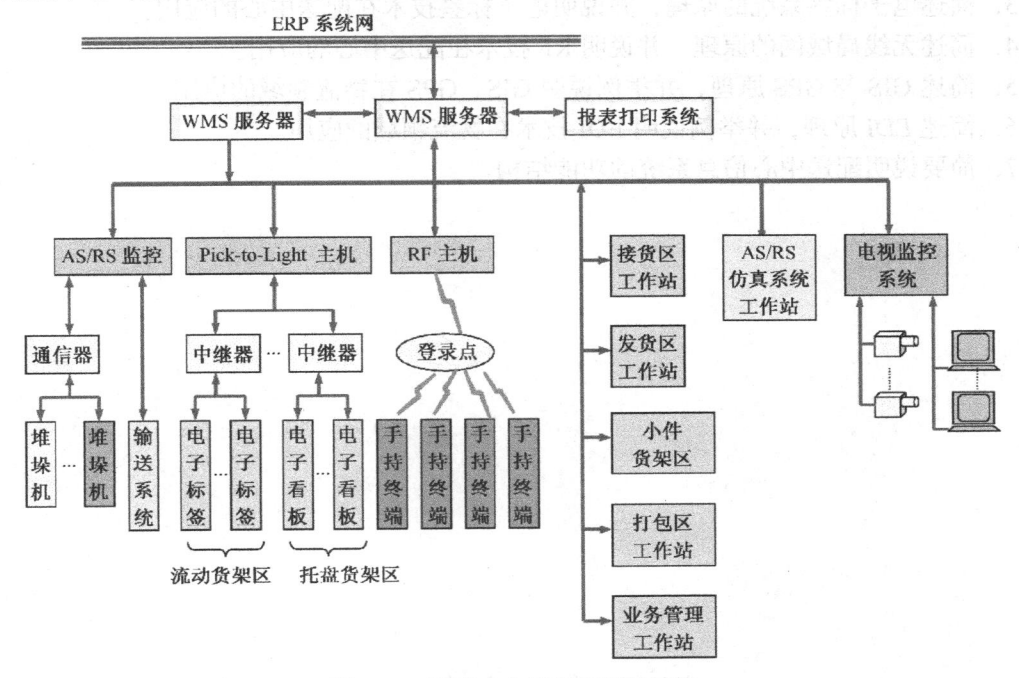

图 8-13 配送中心计算机网络结构

配送信息系统硬件选型包括数据库服务器、Web 服务器、网线、交换机、客户端工作站、集线器、路由器、MODEM、扫描仪等设备选择。

本章小结

配送中心连接着上游供应商和下游客户，其作业速度、准确率和响应速度将直接影响这个枢纽的效率，进而影响整个物流网络的效率。一个现代化的配送中心除了应具备自动化程度高的物流设备和物流技术之外，还应具备现代化的信息化技术，这样才能取得最高的效率和最大的效益。

配送中心常用的信息技术包括物流标识与识别技术、电子标签技术、RF 技术、GIS/GPS 技术、EDI 技术等，这些技术在物流中心的应用可以极大地提升其作业效率和管理水平，是现代化物流系统的标志。

配送中心信息系统一般具有订货管理、入库管理、配货管理、在库管理、出库管理和配送管理等信息处理和作业指示等功能。配送中心信息系统是配送中心的神经中枢，是配送中心高效运营的关键。

思考与练习

1. 配送中心常用的信息化技术有哪些？
2. 什么叫物流编码与物流条码？二者的关系是什么？
3. 简述电子标签系统的原理，并说明电子标签技术在配送中心的应用。
4. 简述无线局域网的原理，并说明 RF 技术在配送中心的应用。
5. 简述 GIS 与 GPS 原理，并举例说明 GIS、GPS 在物流领域的应用。
6. 简述 EDI 原理，并举例说明 EDI 技术在物流领域的应用。
7. 简要说明配送中心信息系统的功能结构。

第 9 章　配送中心规划资料分析

引言

要建造一个设施完整、功能齐全、服务优良的现代的配送中心，物流系统规划设计是决定成败的关键。一般来说，配送中心的规划设计分为前期准备和系统规划设计两个阶段。前期准备阶段包括规划基础资料的收集与分析、立项选址与功能规划等；系统规划设计包括设施规划设计、区域布置、信息系统设计及详细设计等。规划基础资料的收集与分析是系统设计的前提，影响配送中心系统规划的要素主要包括配送的对象或客户(E, Entry)、配送货品的种类(I, Item)、配送货品的数量或库存量(Q, Quantity)、配送的通路(R, Route)、物流服务水平(S, Service)、物流的交货时间(T, Time)、配送货品的价值或建造的预算(C, Cost)。

本章将详细介绍配送中心系统规划基础资料的内容与分析方法，全面系统地介绍 EIQ 分析技术及其应用。

学习目标

➢ 掌握 PCB 分析的方法；
➢ 掌握 EIQ 分析使用的统计方法和图表分析；
➢ 掌握 EIQ 分析的应用；
➢ 掌握物流与信息流的分析方法。

9.1　配送中心规划资料分析概述

9.1.1　规划基础资料

配送中心规划开始时，首先需要进行规划基础资料的收集与需求调查。收集的方法包括现场访谈记录以及企业数据资料的收集，对于规划需求的基本资料，也可借助事前规划好的需求分析表格，要求使用单位填写完成。至于表格中企业未能详实填写的重要资料，则需要规划人员通过访谈与实地勘察测量等方法完成。规划资料分为两大类，包括现行作业资料及未来规划需求资料，如表 9-1 所示。

1. 现行作业资料

现行作业资料包括以下内容。

① 基本营运资料：包括业务形态、营业范围、营业额、人员数、车辆数、上下游点数等。
② 商品资料：包括商品形态、分类、品项数、供应来源、保管形态（自有/他人）等。
③ 订单资料：包括订购商品种类、数量、单位、订货日期、交货日期、订货企业等资料，最好能包含一个完整年度的订单资料，以及历年订单按月或年分类的统计资料。

表 9-1　配送中心系统规划的基础资料

现行作业资料	未来规划需求资料
基本运营资料	
商品资料	营运策略与中长程发展计划
订单资料	商品未来需求预测资料
物品特征资料	品项数量的变动趋势
销售资料	可能的预定厂址与面积
作业流程	作业实施限制与范围
业务流程与使用单据	附属功能的需求
厂房设施资料	预算范围与经营模式
人力与作业工时资料	时程限制
物料搬运资料	预期工作时数与人力
供货商资料	未来扩充的需要
配送网点与分布	

④ 物品特性资料：包括物态、气味、温湿度需求、腐蚀变质特性、装填性质等包装特性资料，物品重量、体积、尺寸等包装规格资料，商品储存特性、有效期限等资料。包装规格还需区分单品、内包装、外包装单位等的包装规格。另外，配合通路要求，有时也需配合进行收缩包装以及其他非标准的包装形式。

⑤ 销售资料：可按地区、商品、通路、客户及时间等分别统计其销售额资料，并需将产品单位换算为相同计算单位（如体积、重量等）。

⑥ 作业流程：包括一般物流作业（进货、储存、拣货、补货、流通加工、出货、输配送等）、退货作业、盘点作业、仓储配合作业（移仓调拨、容器回收流通、废弃物回收处理）等作业流程现况。

⑦ 业务流程与使用单据：包括接单、订单处理、采购、拣货、出货、配派车等作业及相关单据流程，以及其他进销存库存管理、应收与应付账款系统等作业。

⑧ 厂房设施资料：包括厂房仓库使用来源、厂房大小与布置形式、地理环境与交通状况、使用设备主要规格、产能与数量等资料。

⑨ 人力与作业工时资料：人力组织架构、各作业区使用人数、工作时数、作业时间与时序分布。

⑩ 物料搬运资料：包括进、出货及在库的搬运单位，车辆进、出货频率与数量，进、出货车辆类型与时段等。

⑪ 供货商资料：包括供货商类型、供货商规模及特性、供货家数及分布、送货时段、接货地需求等。

⑫ 配送网点与分布：包括配送通路类型，配送网点的规模、特性及分布，卸货地状况、交通状况、收货时段、特殊配送需求等。

2. 未来规划需求资料

未来规划需求资料包括以下内容。

① 营运策略与中长程发展计划：需配合企业使用者的背景、企业文化、未来发展策略、外部环境变化及政府政策等必要因素。

② 商品未来需求预测资料：依目前成长率及未来发展策略预估未来成长趋势。

③ 品项数量的变动趋势：分析企业使用者在商品种类、产品规划上可能的变化及策略目标。

④ 可能的预定厂址与面积：分析是否可利用现有场地、有无可行的预选地，或是另行寻找合适区域及地点。

⑤ 作业实施限制与范围：分析配送中心经营及服务范围，是包含企业所有营业项目范围，还是仅针对部分商品或区域实施，是否有新事业项目或单位的加入。

⑥ 附属功能的需求：分析是否需包含生产、简易加工、包装、储位出租或考虑福利、休闲等附属功能，以及是否需配合商流与通路拓展等目标。

⑦ 预算范围与经营模式：需预估可行的预算额度及可能的资金来源，必要时还需考虑独资、合资、部分出租或与其他经营者合作的可能性，另外也要考虑策略联盟组合或共同配送等经营模式。

⑧ 时程限制：需预估计划执行时间、配送中心开工时间，分年、分阶段实施的可行性。

⑨ 预期工作时数与人力：预期未来工作时数、作业班次及人力组成，包括正式、临时及外包等不同性质的人力编制。

⑩ 未来扩充的需求：需了解企业扩充弹性的需求以及未来营运策略可能的变化。

9.1.2 规划资料分析内容

通过对规划基础资料的整理和分析，可以为规划设计阶段提供参考依据。

配送中心规划资料分析包括总体分析、货品分析、库存分析、入库分析和出库分析几个方面，如图 9-1 所示。

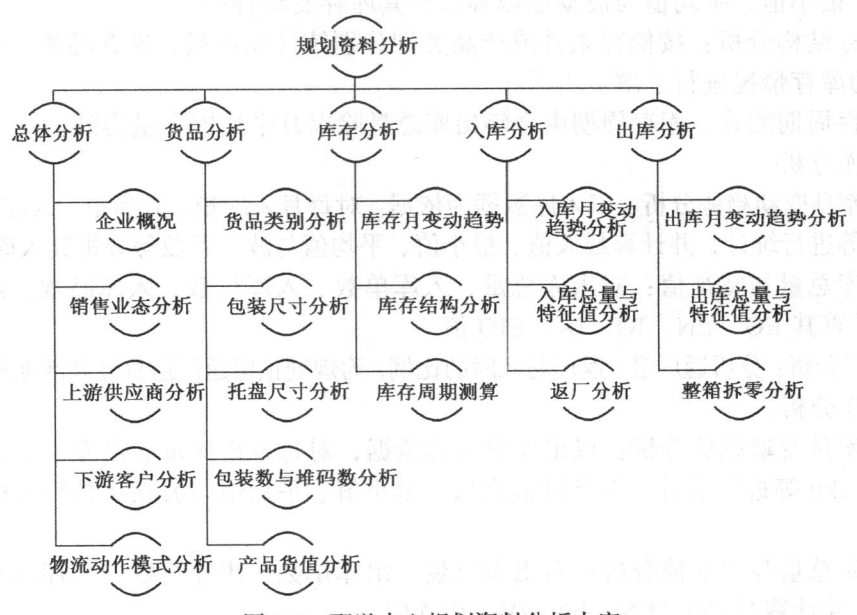

图 9-1 配送中心规划资料分析内容

(1) 总体分析。是对企业概况、经营业态、上游供应商、下游客户、物流通路及运作模式的分析。

① 企业概况：对企业目前的背景资料进行概括，包括目前规模，组织结构等有整体的了解。

② 销售业态分析：对目前业态进行分析。一般业态有批发、零售等。

③ 上游供应商分析：以入库数据为依据，对上游供应商的数量、供应商分布地区、供应量等进行分析。

④ 下游客户分析：以出库数据为依据，对下游的客户数量、客户分布地区、配送量等进行分析。

⑤ 物流运作模式分析：物流通路、入仓模式和发货模式。

(2) 货品分析。

① 货品储存特性分析：分析货品的储存温度、储存条件、保管要求，为配送中心的分区储存提供基础。

② 货品类别分析：对物流中心经营的产品进行统计，并按产品特性进行分类，例如医药：分为一般药品和特殊药品。

③ 包装尺寸分析：对产品外包装尺寸分析，包括长、宽、高。平均包装尺寸是货格和周转箱尺寸设计的依据。

④ 托盘尺寸分析：托盘平面尺寸分析，选择表面利用率最高的托盘尺寸。托盘堆码高度分析，而在合理范围内选择利用率最高的堆码高度。

⑤ 包装数与堆码数分析：以出库数据、库存数据为依据，分别计算出库、库存平均包装数。选定的托盘尺寸与高度的情况下计算平均堆码数。

⑥ 产品货值分析：以销售额与出库数据为依据，估算产品的单箱货值。

(3) 库存分析。

① 库存月变动趋势分析：对每月库存量、库存品规、库存 sku 等进行统计，并计算其最大值、最小值、平均值与波动系数等分析其库存变动特征。

② 库存结构分析：按储存条件或产品类别分别统计库存量、库存品规、sku 等。对每一产品的库存情况进行了解。

③ 库存周期测算：库存周期由全年出库总量除以月平均库存量得到。

(4) 入库分析。

① 入库月变动趋势分析：以入库数据为依据，对每月入库量、入库单、入库行数、入库品规、sku 等进行统计，并计算最大值、最小值、平均值与波动系数等分析其入库变动特征。

② 入库总量与特征值：对入库总量、入库单数、入库行数、入库品规、sku 等进行统计。并计算其 EQ、EN、IQ、IK、EIQ 值。

③ 返厂分析：分析返厂量、返厂与入库的比例，为规划预留返厂退货处理区面积提供依据。

(5) 出库分析。

① 出库月变动趋势分析：以出库数据为依据，对每月出库量、出库单、出库行数、出库品规、sku 等进行统计，并计算最大值、最小值、平均值与波动系数等分析其出库变动特征。

② 出库总量与特征值分析：对出库总量、出库单数、出库行数、出库品规、sku 等进行统计。并计算其 EQ、EN、IQ、IK、EIQ 值。

③ 整箱与拆零分析：分别统计整箱(走分类机)与拆零量(走打包台)、单数、行数、品规、sku 等，并分析计算整箱特征值与拆零特征值。

一般规划分析者最容易犯的错误是无法确定分析的目的，仅将收集获得的资料进行一番整理及统计计算，最后只得到一堆无用的数据与报表，无法与规划设计的需求相结

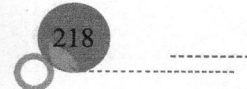

合。因此，在资料分析过程中，建立合理的分析步骤并有效地掌握分析数据是规划成功的关键。

9.2 物品特性与储运单位分析

9.2.1 物品特性分析

在配送中心内，不同特性的物品是需要分开储存的，因此对于物品特性的分析非常重要。一般需要对储存物品的物态、储存条件、温湿度要求、储放单元类别及重量等进行分类，并分别存放在不同储区。如按储存保管特性可分为干货区、冷冻区及冷藏区；按货品重量分为重物区、轻物区；按货品价值分为贵重物品区及一般物品区等。一般货品基本物性的分析要素如表9-3所示。

表9-3 货品物性分析表

资料项目	资料内容
1.物态	□气体 □液体 □半液体 □固体
2.气味特性	□中性 □散发气味 □吸收气味 □其他
3.储存保管特性	□干货 □冷冻 □冷藏
4.温湿度需求特性	_____℃，_____%
5.内容物特性	□坚硬 □易碎 □松软
6.装填特性	□规则 □不规则
7.可压缩性	□可 □否
8.有无磁性	□有 □无
9.单品外观	□方形 □长条形 □圆筒 □不规则形 □其他

9.2.2 储运模式分析

配送中心储存物品的大小和形状是各式各样的，往往利用各种集装单元把需要储运的物料装成一个单元，便于搬运。配送中心内的集装单元常见的有托盘、货箱、料箱以及容器等。配送中心的各个作业(进货、拣货、出货)环节均是以各种包装单位(P—托盘、C—箱子、B—单品)为作业的基础。每个作业环节都需要人员、设备的参与，即每移动或转换一种包装单位都需使用到设备、人力资源。而且不同的包装单位可能有不同的设备、人力需求。因此，掌握物流过程中的单位转换相当重要，必须先确定拣货单位和储存单位，同时协调外部供应商确定货品的入库单位。所有单位的确定都取决于客户的订单，即由客户订单决定拣货单位，拣货单位决定储存单位，再由储存单位要求供应商的入库单位。配送中心常见的储运单位组合形式如表9-2所示。

表9-2 储运单位组合形式

入库单位	储存单位	拣货单位
P	P	P
P	P, C	P, C
P	P, C, B	P, C, B
P, C	P, C	C
P, C	P, C, B	C, B
C, B	C, B	B

一般企业的订单资料中同时含有各类出货形态，订单中可包括整箱与零散两种类型同时出货，也可仅有整箱出货或仅有零星出货。为适当地规划仓储与拣货区，必须将订单资料按出货单位类型加以分割，以正确计算各区的实际需求。

配送中心储运单元可以有各种组合，一般的储运模型如图 9-2 所示。

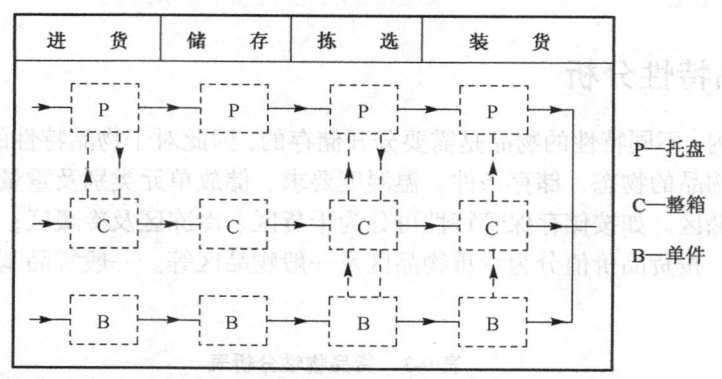

图 9-2 配送中心储运模型

9.2.3 PCB 分析

所谓 PCB 分析，即以配送中心各种接受订货的单位来进行分析，对各种包装单位的 EIQ 资料表进行分析，以得知物流包装单位特性。

进行 EIQ 分析时，如能配合相关物性、包装规格及特性、储运单位等因素，进行关联及交叉分析，则更易于对仓储及拣货区域进行规划。结合订单出货资料与物品包装储运单位的 EIQ-PCB 分析（P—托盘、C—箱子、B—单品），即可将订单资料以 PCB 的单位加以分类，再按照各类别分别进行分析。

PCB 分析是将各订单的订货数量以托盘（P）、箱子（C）、单件（B）等单位加以换算分析。一张订单需要多少托盘、多少箱子、多少单件，全部订货量里有多少 PCB，各品项的 PCB 及所有出货品项的 PCB，以了解客户的订货规模、货品的出货规模。

1. P-EIQ

将 EIQ 表中 Q 的箱数换算为托盘数，并将剩余的箱数去除而做成以托盘为单位的 EIQ 表，此表可看出各订单以托盘出货的出货量及出货品项数，全部订单以托盘出货的出货量及出货品项数。此表除可看出客户的订货规模外，还可作为以托盘为单位的拣货方法、拣货设备、拣货储区的规划。

2. C-EIQ

将 EIQ 表中的箱单位换算为托盘数后，将剩余的箱数做成 EIQ 表。从此表可看出以箱为单位的出货情形，可作为以箱为单位的拣货方法、拣货设备、拣货储区的规划。

3. EQ-PCB

从 EIQ 表中换算出客户订单中每一品项直接以托盘为出货单位的托盘数，以及从托盘上以箱拣取而混合成托盘的托盘数。

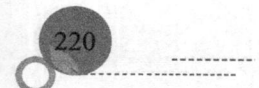

4. IQ-PCB

从 EIQ 表中换算出每一出货品项以托盘为单位的出货托盘数，以及从托盘上以箱拣取所需的托盘数。

5. PC-CB 分析

换算出箱子拣取所需的托盘数，以及以单件拣取所需的箱子数。

9.3 EIQ 分析方法

配送中心在出货特性上，常有出货日程不确定、前置时间短、出货量变化大等现象，如果面对出货品项繁多，订单资料量又大，则往往使规划分析者无从下手。一般分析者在无法深入分析的情形下，常用总量或平均量来概括估计相关需求条件，往往与实际的需求变动产生很大的差异。若能掌握数据分析的原则，通过有效的资料统计以及进一步的相关分析，将能使分析的过程简化，并可把握实际有用的信息。

EIQ 分析就是利用"E"、"I"、"Q"这三个物流关键要素，来研究配送中心的需求特性，为配送中心提供规划依据。日本铃木震先生积极倡导以订单品项数量分析手法(EIQ)来进行配送中心的系统规划，即从客户订单的品项、数量与订购次数等观点出发，进行出货特性的分析。而在配送中心的规划中，EIQ 确实是简明有效的分析工具。

下面介绍订单品项数量的分析方法和步骤。

9.3.1 订单数据分解

收集到的企业订单出货数据，通常数据量庞大且数据格式不易直接应用，最好能从企业信息系统的数据库中直接取得电子化数据，以便于数据格式转换，便于借助计算机运算功能处理大量的分析数据。

在进行订单品项数量分析时，首先必须考虑时间的范围与单位。在以某一工作天为单位的分析数据中，主要的订单出货数据可分解成表 9-4 所示的格式，并由此展开 EQ、EN、IQ、IK 4 个类别的分析步骤。主要分析项目及意义说明如下。

① 订单量(EQ)分析：单张订单出货数量的分析。
② 订货品项数(EN)分析：单张订单出货品项数的分析。
③ 品项数量(IQ)分析：每单一品项出货总数量的分析。
④ 品项受订次数(IK)分析：每单一品项出货次数的分析。

在数据分析过程中，要注意数量单位的一致性，必须将所有订单品项的出货数量转换成相同的计算单位，如体积、重量、箱、个或金额等，否则分析将失去意义。金额的单位与价值功能分析有关，常用在按货值进行分区管理的场合；体积与重量等单位则与物流作业有直接密切的关系，也将影响整个系统的规划，但是在数据分析过程中，需再将商品物性数据加入，才可进行单位转换。

上述 EIQ 格式是针对某一天的出货数据进行分析的，若分析数据范围为一个时间周期(如1周、1月或1年等)，则另需加入时间的参数，即为 EIQT 分析，如表 9-5 所示。

表 9-4　EIQ 数据统计格式（单日）

出货订单	出货品项						订单出货数量	订单出货品项
	I_1	I_2	I_3	I_4	I_5	…		
E_1	Q_{11}	Q_{12}	Q_{13}	Q_{14}	Q_{15}		Q_1	N_1
E_2	Q_{21}	Q_{22}	Q_{23}	Q_{24}	Q_{25}		Q_2	N_2
E_3	Q_{31}	Q_{32}	Q_{33}	Q_{34}	Q_{35}		Q_3	N_3
⋮								
单品出货量	Q_1	Q_2	Q_3	Q_4	Q_5		Q	N
单品出货次数	K_1	K_2	K_3	K_4	K_5		—	K

注：Q_1（订单 E_1 的出货量）= $Q_{11} + Q_{12} + Q_{13} + Q_{14} + Q_{15} + \cdots$；
　　Q_1（品项 I_1 的出货量）= $Q_{11} + Q_{21} + Q_{31} + Q_{41} + Q_{51} + \cdots$；
　　N_1（订单 E_1 的出货项数）= 计数（$Q_{11}, Q_{12}, Q_{13}, Q_{14}, Q_{15}, \cdots$）>0 者；
　　K_1（品项 I_1 的出货次数）= 计数（$Q_{11}, Q_{21}, Q_{31}, Q_{41}, Q_{51}, \cdots$）>0 者；
　　N（所有订单的出货总项数）= 计数（$K_1, K_2, K_3, K_4, K_5, \cdots$）>0 者；
　　K（所有产品的总出货次数）= $K_1 + K_2 + K_3 + K_4 + K_5 + \cdots$。

表 9-5　EIQT 数据分析格式（加入时间范围）

日期	客户订单	出货品项						订单出货数量	订单出货品项
		I_1	I_2	I_3	I_4	I_5	…		
T_1	E_1	Q_{111}	Q_{121}	Q_{131}	Q_{141}	Q_{151}		Q_{11}	N_{11}
	E_2	Q_{211}	Q_{221}	Q_{231}	Q_{241}	Q_{251}		Q_{21}	N_{21}
	⋯								
	单品出货量	Q_{11}	Q_{21}	Q_{31}	Q_{41}	Q_{51}		$Q_{.1}$	N_1
	单品出货品项	K_{11}	K_{21}	K_{31}	K_{41}	K_{51}		—	K_1
T_1	E_1	Q_{112}	Q_{122}	Q_{132}	Q_{142}	Q_{152}		Q_{12}	N_{12}
	E_2	Q_{212}	Q_{222}	Q_{232}	Q_{242}	Q_{252}		Q_{22}	N_{22}
	⋯								
	单品出货量	Q_{12}	Q_{22}	Q_{32}	Q_{42}	Q_{52}		$Q_{.2}$	N_2
	单品出货品项	K_{12}	K_{22}	K_{32}	K_{42}	K_{52}		—	$K_{.2}$
⋮	⋮								
合计	单品总出货量	Q_1	Q_2	Q_3	Q_4	Q_5		Q	N
	单品出货品项	K_1	K_2	K_3	K_4	K_5		—	K

注：Q_1（品项 I_1 的出货量）= $Q_{11} + Q_{12} + Q_{13} + Q_{14} + Q_{15} + \cdots$；
　　Q（所有品项的总出货量）= $Q_1 + Q_2 + Q_3 + Q_4 + Q_5 + \cdots$；
　　K_1（品项 I_1 的出货次数）= $K_{11} + K_{12} + K_{13} + K_{14} + K_{15} + \cdots$；
　　K（所有产品的总出货次数）= $K_1 + K_2 + K_3 + K_4 + K_5 + \cdots$。

9.3.2　EIQ 数据取样

要了解配送中心实际运作的物流特性，单从 1 天的数据分析无法有效判断并得出结论，但是若分析 1 年以上的数据，往往因数据量庞大，而使分析过程费时费力。因此，可对单日的订单先进行初步分析，找出可能的作业周期及其波动幅度。若各周期内出货量大致相似，则可缩小数据范围，以一较小周期内的数据进行分析；若各周期内趋势相近，但是作业量仍有很大的差异，则应对数据做适当分组，再从各群组中找出代表性的数据进行分析。一般常见的分布趋势有1周内出货量集中在周五、周六；1月内集中于月初或月尾；1年集中于某一季出货量最大等。实际分析过程如能找出可能的作业周期，则使分析步骤较易进行，如将分析数据缩至某一月份、一年中每月月初第一周或一年中每周的周末等范围。

但是，一般配送中心1天的订单可能有上百张，订货品项数据可能有上千笔，要集中处理这么多的数据不是一件容易的事，因此需要数据的取样分类。EIQ数据量过大不易处理时，通常可根据配送中心的作业周期性，先取1个周期内的数据加以分析（若配送中心作业量有周期性的波动），或取1周的数据分析，若有必要再进行更详细的数据分析。

同时也可按商品特性或客户特性将订单数据分成数个群组，针对不同的群组分别进行EIQ分析；或是以某群组为代表，进行分析后再将结果乘上倍数，以求得全体数据；或是采取抽样方式，分析后再将结果乘上倍数，以得全体数据。不管采用何种分类和抽样方式进行数据取样，都必须注意所取样的数据是否能反映、代表全体的状态。

9.3.3 数据分析方法

EIQ分析以量化的分析为主，常用的统计方法包括平均值、最大、最小值、总数、柏拉图分析、次数分布及ABC分析等，以下介绍几种常用的分析方法。

1. 柏拉图分析

在一般配送中心的作业中，如将订单或单品品项出货量经排序后绘图（EQ、IQ分布图），并将其累积量以曲线表示出来，即为柏拉图，这是数量分析时最基本的绘图分析工具，如图9-3所示。其他只要可表示成项与量关系的数据，均可以柏拉图方式描述。

2. 次数分布

绘出EQ、IQ等柏拉图分布图，常可得到如图9-3的图形，但是若想进一步了解产品别出货量的分布情形，可将出货量范围做适当分组，并计算各产品出货量出现于各分组范围内的次数，如图9-4所示。

由图9-4可知，次数分布图的分布趋势与数据分组的范围有密切关系，在适当的分组之下，可得到进一步有用的信息，并找出数量分布的趋势及主要分布范围。但是在数据分组的过程中，仍有赖于规划分析者的专业素养和对数据认知的敏感性，以快速找出分组的范围。

3. ABC分析

在制作EQ、IQ、EN、IK等统计分布图时，可由次数分布图找出分布趋势，进一步可由ABC分析法找出某一特定百分比内的主要订单或产品，以做进一步的分析及重点管理。通常先以出货量排序，以占前20%及50%的订单件数（或品项数）计算所占出货量的百分比，并作为重点分类的依据。如果出货量集中在少数订单（或产品），则可针对此产品组（少数的品项数但占有重要出货比例）做进一步的分析及规划，以达到事半功倍的效果。相对的出货量很少而产品种类很多的产品组群，在规划过程中可先不考虑或以分类分区规划方式处理，以简化系统的复杂度，并提高规划设备的可行性及利用率。

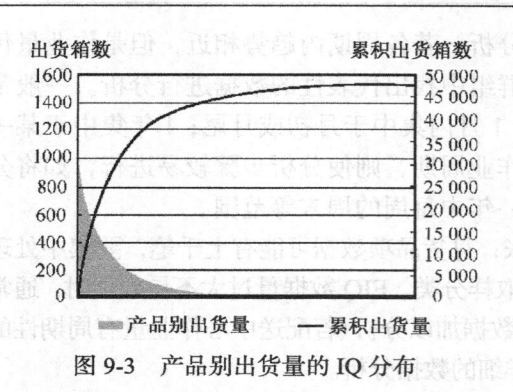

图 9-3　产品别出货量的 IQ 分布 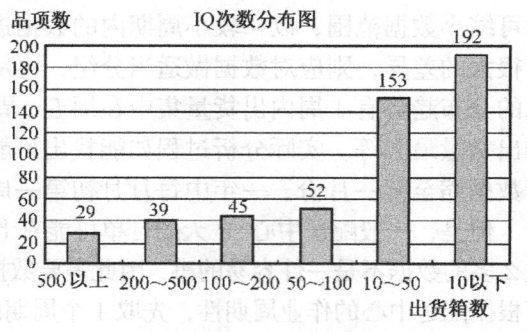　　　　　图 9-4　出货量的品项次数分布图

4．交叉分析

在进行 EQ、IQ、EN、IK 等 ABC 分析后，除可对订单数据分别进行分析外，还可以就其 ABC 的分类进行组合式的交叉分析。如以单日别及全年进行组合分析，或其他如 EQ 与 EN、IQ 与 IK 等项目，均可分别进行交叉汇编分析，以找出有利的分析信息。其分析过程是先将两组分析数据经 ABC 分类后分为 3 个等级，经交叉汇编后，产生 3×3=9 组数据分类，再逐一就各数据分类进行分析探讨，找出分组数据中的意义及其代表的产品组。在后续的规划中，如结合订单出货与物性数据，则可产生有用的交叉分析数据。

9.3.4　EIQ 分析用途

通过 EIQ 分析，可以得到许多有用的信息，对配送中心的规划和改善具有重要意义。EIQ 分析对配送中心规划的作用可以概括如下。

1．了解物流特性

利用 EIQ 加以分析之后，可归纳出如下物流特性。

(1) 订单内容。即客户订购何种物品、多少数量，这些"种类"及"数量"为物流系统的基本要素。

(2) 订货特性。从客户处接收的订单，不同的客户具有不同的特性。统计分析这些特性，可得出客户的订货特性。

(3) 接单特性。对各个具有订货特性的客户而来的订单加以收集和累积后，即成为一天的接单，长期分析后可看出配送中心的接单特性。

(4) 配送中心特性。接单特性再加上入库特性、保管特性，即构成配送中心特性。

(5) EIQ 特性。将客户订单(E)的内容中的种类(I)、数量(Q)加以收集，得到 1 日、1 月、1 年的接单特性，当业务状态稳定时就形成一定的特性，即 EIQ 特性。

2．得出配合物流系统特性的物流系统模块

尽管配送中心的形态有许多变化，可是组成一个配送中心的子系统，如自动仓库、高速自动分类机、拣货系统，流动货架、旋转货架、输送机等模块，台车、叉车等要素都有一定规则。从 EIQ 分析数据可以得到选择子系统、模块、要素等的条件，再依据这些条件，选出候选的各个模块，这样可以节省许多设计时间。

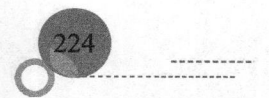

3. 选择物流设备

事先建立物流设备选择时所需的条件，只要 EIQ 分析结果符合这些条件，即可得出所需的物流设备。

4. 仿真分析

EIQ 数据为日常物流数据，可用于仿真分析系统所需作业人员数、作业时间。

5. 进行物流系统的基础规划

在规划物流系统时有些重要的事必须先加以确定：规模的需求是什么？有多少出货量、多少入货量？由 EIQ 分析可得出过去（历史）的需求状况，这些数据可以当作假定的需求，将这些数据与阶层式的系统设备条件加以对应，即可得到概略性的系统规格（系统轮廓）。这些方案可能有好几个可供选择，若将入库条件、库存条件、预算金额、建筑法规等条件列入考虑因素，即可进一步将系统的轮廓细化，最后定案的系统规格也可依据实际的情况加以展开。整个规划概念如图 9-5 所示。

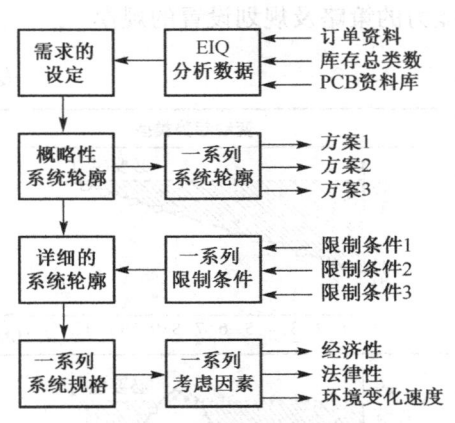

图 9-5 EIQ 分析在物流系统规划中的作用

9.4 EIQ 分析判读与应用

9.4.1 订单变动趋势分析

所有利用历史数据的分析过程，均是利用过去的经验值来推测未来趋势的变化。在配送中心的规划过程中，首先需针对历史销售或出货数据进行分析，以了解销货趋势及变动。如能找出各种可能的变动趋势或周期性变化，则有利于后续数据的分析。

一般分析过程的时间单位需根据订单数据收集的范围而定，如要预测未来成长的趋势，通常以年为单位；如要了解季节变动的趋势通常以月为单位；而要分析月或周内的倾向或变动趋势，则需将选取的期间展开至旬、周或日别等时间单位。如此将使分析数据更为充实，但是相对所花费的时间较多，分析过程也繁复许多。在分析时间有限的情形下，找出特定单月、单周或单日平均及最大、最小量的销货数据来分析，也是可行的方法。变动趋势分析常用的方法包括时间数列分析、回归分析等，读者可参考一般统计分析图书，以下就时间数列分析做简要说明。

针对一段时间周期内的销货数据进行分析时，通常先进行单位换算，以求数量单位统一，否则分析结果将无意义。常见的变动趋势包括以下几种。

(1) 长期趋势。长时间内呈现渐增或渐减的趋势，必须在时间数列中去除其他可能的变动影响因子。

(2) 季节变动。以 1 年为周期的循环变动，发生原因通常是由于自然气候、文化传统、商业习惯等因素。

(3)循环变动。以一个固定周期(如月、周)为单位的变动趋势。部分长期的循环(如景气循环)有时长达数年以上。

(4)偶然变动。是一种不规则的变动趋势，可能为多项变动因素的混合结果。

如以各年度月份别的时间单位为横轴，进行时间序列分析，常可得到表 9-6 所示的变动形态，包括长期趋势、季节变动、循环变动及偶然变动。在不同的变动趋势下，可调整规划能力的策略及规划设置的规模。

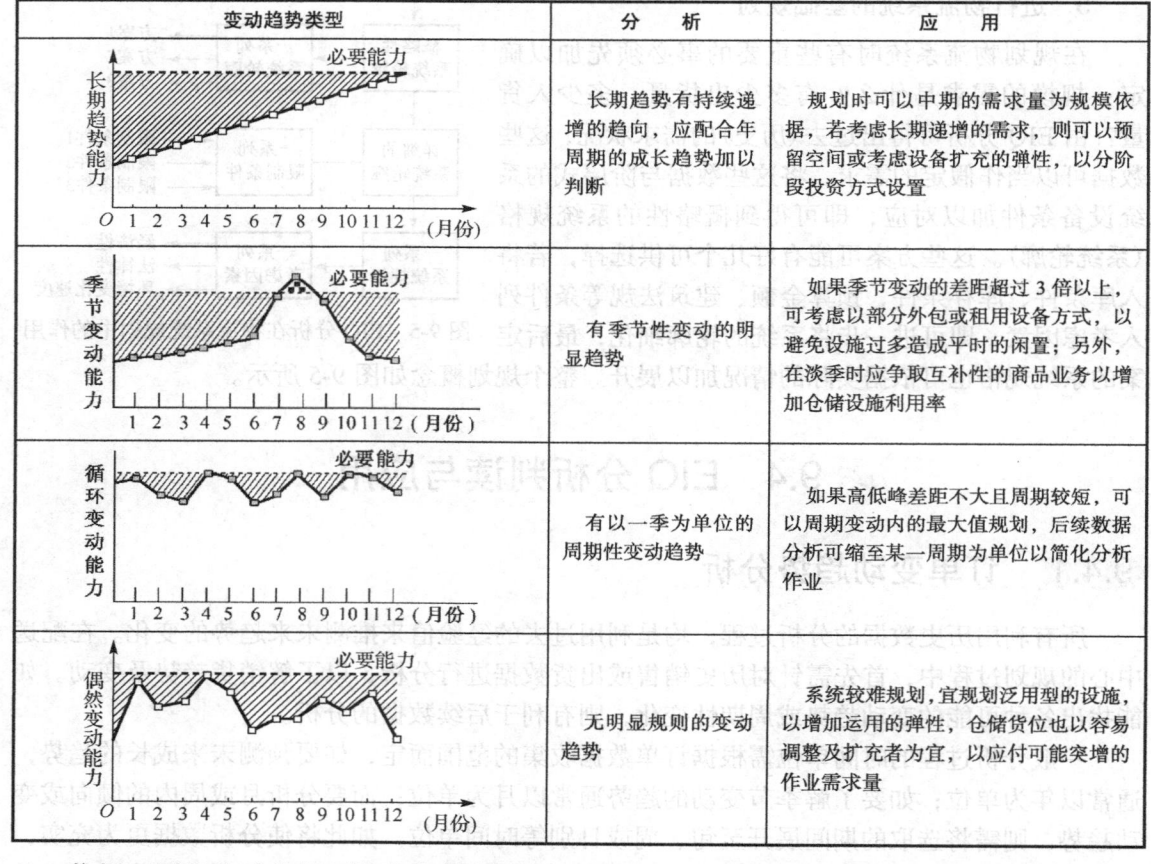

表 9-6 变动趋势分析的形态

变动趋势类型	分析	应用
长期趋势能力（图）	长期趋势有持续递增的趋向，应配合年周期的成长趋势加以判断	规划时可以中期的需求量为规模依据，若考虑长期递增的需求，则可以预留空间或考虑设备扩充的弹性，以分阶段投资方式设置
季节变动能力（图）	有季节性变动的明显趋势	如果季节变动的差距超过 3 倍以上，可考虑以部分外包或租用设备方式，以避免设施过多造成平时的闲置；另外，在淡季时应争取互补性的商品业务以增加仓储设施利用率
循环变动能力（图）	有以一季为单位的周期性变动趋势	如果高低峰差距不大且周期较短，可以周期变动内的最大值规划，后续数据分析可缩至某一周期为单位以简化分析作业
偶然变动能力（图）	无明显规则的变动趋势	系统较难规划，宜规划泛用型的设施，以增加运用的弹性，仓储货位也以容易调整及扩充者为宜，以应付可能突增的作业需求量

依据不同的变动趋势可设定产能水平的目标，并制订必要能力的水平，通常以达到尖峰值的 80%为基准，再视尖峰值出现的频率来调整。一般曲线的峰值与谷值差距超过 3 倍时，若要在同一个配送中心系统内处理，将使效率降低，营运规模的制订将更加困难，因此必须制订适当的营运量策略，以取得经济效益与营运规模的平衡。不足的产能或储运量可借助外包、租用调拨仓库、订单平准化，或设计弹性功能较大的仓储物流设备来适应；至于多余的产能或储运空间，则可以考虑出租给他人使用，或者开发与时间互补的产品，以消化淡季时的剩余储运能力。

9.4.2 EIQ 图表分析

EIQ 图表分析是订单数据分析过程中最重要的步骤，通常需对各个分析图表进行认真分

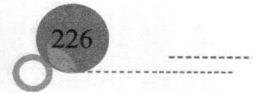

析，并配合交叉分析及其他相关数据作出综合判断的结论。以下为一些基本的分析准则及类型，以供参考，至于较深入的判读技巧仍需规划分析者不断地从各类不同的产业类型及实务信息中获得。

1. EQ 分析

EQ 分析主要可了解单张订单订购量的分布情形，可用于决定订单处理的原则、拣货系统的规划，并将影响出货方式及出货区的规划。通常以单一营业日的 EQ 分析为主。各种 EQ 分布图的类型分析如表 9-7 所示。

表 9-7 EQ 分布图的类型分析

EQ 分布图类型	分析	应用
曲线急剧下降（含ABC分段）	为一般配送中心常见模式，由于量分布趋两极化，可利用 ABC 进行进一步分类	规划时可将订单分类，少数而量大的订单可进行重点管理，相关拣货设备的使用也可分级
平坦后急降	大部分订单量相近，仅少部分有特大量及特小量	可以主要量分布范围进行规划，少数差异较大者可以特例处理，但要注意规范特例处理模式
线性递减	订单量分布呈逐次递减趋势，无特别集中于某些订单或范围	系统较难规划，宜规划泛用型的设备，以增加运用的弹性、货位也以容易调换者为宜
平坦后缓降	订单量分布相近，仅少数订单量较少	可区分成两种类型，部分少量订单可以批处理或以零星拣货方式规划
阶梯状下降	订单量集中于特定数量而无连续性递减，可能为整数（箱）出货，或为大型对象的少量出货	可以较大单元负载单位规划，而不考虑零星出货

EQ 图形分布，可作为决定储区规划及拣货模式的参考，当订单量分布趋势越明显时，分区规划的原则越易运用，否则应以弹性化较高的设备为主。当 EQ 量很小的订单数所占比例很高(>50%)时，应将该类订单另行分类，以提高拣货效率；如果以订单别拣取，则需设立零星拣货区，如果采取批量拣取，则需视单日订单数及物性是否具有相似性，综合考虑物品分类的可行性，以决定是否于拣取时分类或于物品拣出后于分货区进行分类。有关拣货作业类型及特性的说明可参阅第 5 章相关内容。

2. 品项数量(IQ)分析

工具分析主要了解各类产品出货量的分布状况，分析产品的重要程度与运量规模，可用于仓储系统的规划选用、储位空间的估算，并将影响拣货方式及拣货区的规划，各 IQ 分布图的类型分析如表 9-8 所示。

表9-8 IQ分布图的类型分析

IQ分布图类型	分析	应用
(Q-I曲线图，急剧下降后平缓，标注A、B、C区)	为一般配送中心常见模式，由于量分布趋两极化，可进行进一步分类	规划时可将产品分类以划分储区方式储存，各类产品储存单位、存货水平可设定不同水平
(Q-I曲线图，急剧下降后长平台再下降)	大部分产品出货量相近，仅少部分有特大量及特小量	可以同一规格的储存系统及寻址型储位进行规划，少数差异较大者可以特例处理
(Q-I曲线图，线性递减)	各产品出货量分布呈逐次递减趋势，无特别集中于某些订单或范围	系统较难规划，宜规划泛用型的设备，以增加运用的弹性，货位也以容易调换者为宜
(Q-I曲线图，平台后缓慢下降)	各产品出货量相近，仅部分品项出货量较少	可区分成两种类型，部分中、少量产品可以轻量型储存设备存放
(Q-I阶梯图)	产品出货量集中于特定数量而无连续递减，可能为整数(箱)出货或为大型对象但出货量较小	可以较大单元负载单位规划，或以重量型储存设备规划，但仍需配合物性加以考虑

在规划储区时应以某一时间周期的 IQ 分析为主(通常为 1 年)，配合进行拣货区的规划时，则需参考单日的 IQ 分析。另外，单日 IQ 量与全年 IQ 量是否对称也是分析观察的重点，因为结合出货量与出货频率进行关联性的分析时，整个仓储拣货系统的规划将更趋于实际，因此可进行单日 IQ 量与全年 IQ 量的交叉分析。

若将单日及全年的 IQ 图以 ABC 分析将品项依出货量分为 ABC(大、中、小)3 类，并产生对照组合后进行交叉分析，则将其物流特性分成如表9-9所示的几类。

表9-9 单日与全年IQ分析对照表

分类	对比
I	年出货量及单日出货量均很大，为出货量最大的主力产品群，仓储拣货系统的规划应以此类为主，仓储区以固定储位为较佳；进货周期宜缩短而存货水平较高，以应付单日可能出现的大量出货，通常为供货商型配送中心或工厂发货中心
II	年出货量大但单日出货量较小，通常出货天数多且出货频繁，而使累积的年出货量放大。可考虑以零星出货方式规划，仓储区可以固定储位规划，进货周期宜缩短并采取中等存货水平
III	年出货量小但单日出货量大，虽总出货量很少，但是可能集中于少数几天内出货，是容易造成拣货系统混乱的可能因素。若以单日量为基础规划易造成空间浪费及多余库存，宜以弹性储位规划，基本上平时不进货，于接到订单后再行进货，但前提是必须缩短进货前置时间
IV	年出货量小且单日出货量也小，虽出货量不高，但是所占品项数通常较多，是容易造成占用仓储空间使周转率降低的主要产品群。因此仓储区可以弹性储位规划，以便于调整货位大小的储存设施为宜，通常拣货区可与仓储区合并规划以减少多余库存，进货周期宜缩短并降低存货水平
V	年出货量中等但单日出货量较小，为分类意义较不突出的产品群，可视实际产品分类特性再归纳入相关分类中

228

3. 订单品项数(EN)分析

订单品项数(EN)分析主要了解订单别订购品项数的分布,对于订单处理的原则及拣货系统的规划有很大的影响,并将影响出货方式及出货区的规划。通常需配合总出货品项数、订单出货品项累计数及总品项数3项指针综合参考。

若以 Q_{ei}=数量(订单 e,品项 i)表示单一订单订购某品项的数量,则分析各指针的意义如下。

(1)单一订单出货品项数。计算单一订单中出货量大于0的品项数,就个别订单来看,可视为各订单拣取作业的拣货次数,即

$$N_1 = \text{COUNT}(Q_{11}, Q_{12}, Q_{13}, Q_{14}, Q_{15}, \cdots) > 0$$

(2)总出货品项数。计算所有订单中出货量大于0或出货次数大于0的品项数,即

$$N = \text{COUNT}(Q_1, Q_2, Q_3, Q_4, Q_5, \cdots) > 0 \text{ 或 } \text{COUNT}(K_1, K_2, K_3, K_4, K_5, \cdots) > 0$$

且 $N \geq N_1$(总出货品项数必定大于单一订单的出货品项数)

此值表示实际有出货的品项总数,其最大值即为配送中心内的所有品项数。若采用订单批次拣取策略,则最少的拣取次数即为总出货品项数。

(3)订单出货品项累计次数。将所有订单出货品项数加总所得数值,即以EN绘制柏拉图累积值的极值,即

$$GN = N_1 + N_2 + N_3 + N_4 + N_5 + \cdots$$

且 $GN \geq N$(个别订单间的品项重复率越高,则 N 越小)

此值可能会大于总出货品项数甚至所有产品的品项数。若采订单别拣取作业,则拣取次数即为订单出货品项累计次数。

由以上说明,针对EN图与总出货品项数、订单出货品项累计次数两项指针,及配送中心内总品项数的相对量加以比较,可整理如表9-10所示的模式。基本上,表中各判断指针的大小需视配送中心产品特性、品项数、出货品项数的相对大小及订单品项的重复率来决定,并配合其他的因素综合考虑。

表9-10 EN分布图的类型分析

EN分布图类型	分析	应用
N总品项数, GN出货品项累计数, N'总出货品项数, EN=1	单一订单的出货品项数较小,EN=1的比例很高,总品项数不大而与总出货品项数差距不大	订单出货品项重复率不高,可考虑订单拣取方式作业,或采取批量拣取配合边拣边分类作业
N总品项数, GN出货品项数, N'总出货品项数, EN≥10	单一订单的出货品项数较大,EN≥10,总出货品项数及累积出货品项数均仅占总品项数的小部分,通常为经营品项很多的配送中心	可以订单别拣取方式作业,但由于拣货区路线可能很长,可以订单分割方式分区拣货再集中,或以接力方式拣取

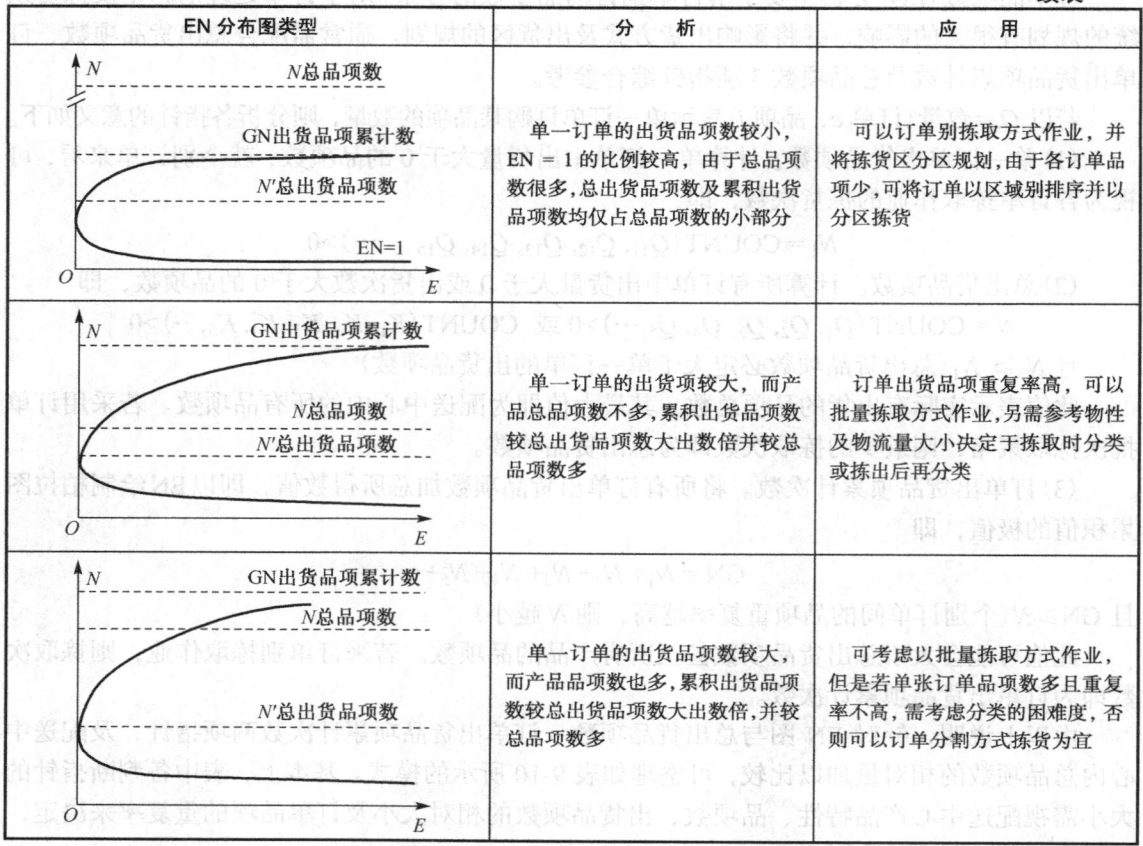

EN 分布图类型	分 析	应 用
（图：N-E 曲线，标注 N 总品项数、GN 出货品项累计数、N'总出货品项数、EN=1）	单一订单的出货品项数较小，EN=1 的比例较高，由于总品项数很多，总出货品项数及累积出货品项数均仅占总品项数的小部分	可以订单别拣取方式作业，并将拣货区分区规划，由于各订单品项少，可将订单以区域别排序并以分区拣货
（图：N-E 曲线，标注 GN 出货品项累计数、N 总品项数、N'总出货品项数）	单一订单的出货项较大，而产品总品项数不多，累积出货品项数较总出货品项数大出数倍并较总品项数多	订单出货项重复率高，可以批量拣取方式作业，另需参考物性及物流量大小决定于拣取时分类或拣出后再分类
（图：N-E 曲线，标注 GN 出货品项累计数、N 总品项数、N'总出货品项数）	单一订单的出货品项数较大，而产品品项数也多，累积出货品项数较总出货品项数大出数倍，并较总品项数多	可考虑以批量拣取方式作业，但是若单张订单品项数多且重复率不高，需考虑分类的困难度，否则可以订单分割方式拣货为宜

4. 品项受订次数（IK）分析

品项受订次数（IK）分析主要分析产品别出货次数的分布，对于了解产品别的出货频率有很大帮助，主要功能可配合 IQ 分析决定仓储与拣货系统的选择。另外，当储存、拣货方式已决定后，有关储存区的划分及储位配置，均可利用 IK 分析的结果作为规划参考的依据，基本仍以 ABC 分析为主，并决定储位配置的原则，各类型分析如表 9-11 所示。

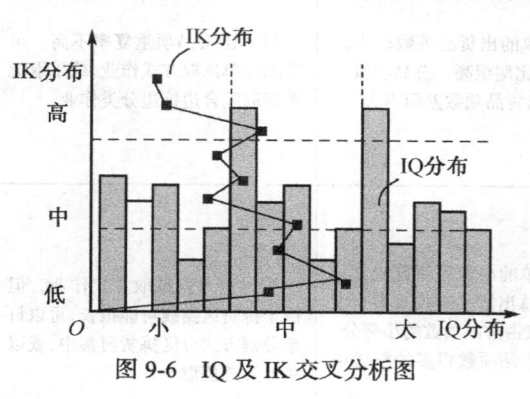

5. IQ 及 IK 交叉分析

将 IQ 及 IK 以 ABC 分析分类后，可对拣货策略的决定，提供参考的依据，如图 9-6 所示。将 IQ 及 IK 以 ABC 分析分类后，所得交叉分析的分类整理如表 9-12 所示。依其品项分布的特性，可将配送中心规划为以订单别拣取或批量拣取的作业形态，或者以分区混合处理方式运作。实际上，拣货策略的决定仍需视品项数与出货量的相对量来作判断的依据。

图 9-6 IQ 及 IK 交叉分析图

表 9-11　IK 分布图的类型分析

IK 分布图类型	分 析	应 用
K（出货次数） 曲线图，标注 A B C 区域	为一般配送中心常见模式，由于量分布趋两极化，可利用 ABC 进行进一步分类	规划时可依产品分类划分储区及储位配置，A 类可接近入出口或便于作业的位置及楼层，以缩短行走距离，若品项多时可考虑作为订单分割的依据来分别拣货
K（出货次数） 曲线图	大部分产品出货次数相近，仅少部分有特大量及特小量	大部分品项出货次数相同，因此储位配置依物性决定，少部分特异量仍可依 ABC 分类决定配置位置，或以特别储存区规划

表 9-12　IQ 及 IK 交叉类型分析

IK \ IQ	高	中	低
高	可采用批量拣货方式，再配合分类作业处理	可采用批量拣货方式，视出货量及品项数是否便于拣取时分类来决定	可采用批量拣货方式，并以拣取时分类方式处理
中	以订单别拣取为宜	以订单别拣取为宜	以订单别拣取为宜
低	以订单别拣取为宜，并集中于接近出入口位置处	以订单别拣取为宜	以订单别拣取为宜，可考虑分割为零星拣货区

9.4.3　EIQ 分析在规划中的应用

经由上述各步骤所得出的分析结果如何提供给规划人员进行规划，就如同医生通过各种诊断得知病人身体情况、病症之后，要开药方。显然，除了根据诊断结果的数据外，还需依据医生的专业知识、经验，将病人的身体特性（如体质、年纪等）等状况加以汇总归纳分析，才能开出一张药方。有时不是一张药方即可使患者痊愈，需反复地诊断、修改药方。

利用 EIQ 分析规划配送中心也如此，经由各种图表所得到的各种分析结果显示物流系统的目前特性，这些结果并不足以直接进行规划甚至做决策，还要依赖规划人员的经验、配送中心的其他相关基础数据，进行认真的考虑和斟酌，最后做出几个方案，再加以评估比较，才可确认出一个合适的系统大架构。下面介绍 EIQ 数据是如何帮助进行保管系统的规划。

以往仓库的主要功能是储存保管，随着物流效率化的发展，储存保管已不是仓库的主要功能，其功能是任何时刻都能将必要的物品立即出货，这已成为配送中心的保管作业目标。表 9-13 所示是 EIQ 分析数据在保管系统规划中的应用。

表 9-13　EIQ 分析数据在保管系统规划中的应用

分析结果	保管规划项目			
	储存区规划	保管设备	保管面积	保管存量
P_EIQ	以 P 出货的量有多少？比例为多少？是否设立托盘保管区？P→P P→C	自动仓库；托盘货架；直接堆码；评估每种设备所需的拣货时间及人力	每天出货托盘数为多少？	每天出货托盘数为多少？

续表

分析结果	保管规划项目			
	储存区规划	保管设备	保管面积	保管存量
C_EIQ	以 C 出货的量有多少？ 比例为多少？ 是否设立箱保管区？ C→C C→C+B C→B	自动仓库； 流动货架； 回转货架； 评估每种设备所需的拣货时间及人力	每天出货箱数为多少？	每天出货箱数为多少？
B_EIQ	以 B 出货的量有多少？ 比例为多少？ 是否设立单品保管区？ B→B	回转货架； 单品货架； 评估每种设备所需的拣货时间及人力	每天出货单品数为多少？	每天出货单品数为多少？
PC 频数分析				平均每品项需补货多少托盘？
CB 频数分析				平均每品项需补货多少箱？

9.5 EIQ 分析案例

为了说明 EIQ 分析方法的流程、步骤，本节介绍一个 EIQ 分析示例，详细介绍从数据的收集、取样到数据分析图表制作、图表的应用，及最后的规划运用整个过程，如图 9-7 所示。

9.5.1 数据收集和取样

进行分析之前需先取得 EIQ 数据(EIQ 表上的数据或与 EIQ 表上的数据形态一样的档案)，以 1 日或 1 月的 EIQ 数据进行分析，其分析步骤或分析结果的研究方法是一样的，因此下面以 1 日的数据分析来说明接下来的分析步骤。

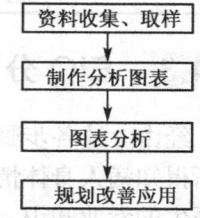

图 9-7 EIQ 分析步骤

9.5.2 制作分析图表

将取样到的 EIQ 数据，利用前面所提到的数据统计方法进行 EQ/EN/IQ/IK 及 PCB 等各类数据分析，并将所得出的分析数据加以图表化，这些数据、图表即 EIQ 的数据分析结果。表 9-14 列出了所有的分析图表。还可将各图表的主要结果汇总为表 9-15，以方便数据的分析使用。

表 9-14　EIQ 数据分析一览表

	分析数据名称	资料形态	备　注
	EIQ 数据	图表、档案	1 日、1 周或 1 月的数据
	排序后的 EIQ 数据	图表、档案	1 日、1 周或 1 月的数据
	EIQ 立体图	图表、档案	1 日、1 周或 1 月的数据
EQ 分析	EQ 分析	图表、档案	EQ 的 ABC 分析
	EQ 度数分析	图表、档案	
EN 分析	EN 分析	图表、档案	EN 的 ABC 分析
	EN 度数分析	图表、档案	

续表

分析数据名称		资料形态	备注
IQ 分析	IQ 分析	图表、档案	IQ 的 ABC 分析
	IQ 度数分析	图表、档案	
IK 分析	IK 分析	图表、档案	IK 的 ABC 分析
	IK 度数分析	图表、档案	
PCB 分析	P-EIQ	图表、档案	
	P-度数分析	图表、档案	
	C-EIQ	图表、档案	
	C-度数分布	图表、档案	
	B-EIQ	图表、档案	
	B-度数分布	图表、档案	
	EQ-PCB 分析	图表、档案	
	IQ-PCB 分析	图表、档案	
	PC-CB 分析	图表、档案	
	PC 度数分析	图表、档案	箱子拣取用托盘数
	CB 度数分析	图表、档案	散装拣取用箱子数

表 9-15 EIQ 分析结果总览

1	订单件数 $E = 41$	$20\% E = 8$ 件	$50\% E = 20$ 件
2	出货种类数 $I = 57$	$20\% I = 11$ 种	$50\% I = 29$ 种
3	总订货数量 $GEQ = Q = 2077$	$80\% Q = 1600$	$50\% Q = 1000$，$50\% Q = 100$
4	库存品项数 $ZI = 80$ 种		
5	库存数量 $ZQ = 5600$ 件		
6	1 托盘码放箱数	$P = 12 C$	
7	1 箱的件数	$C = B$	
8	1 日总出货量	$GEQ = GIQ$	2077 箱
9	每张订单平均订货数量	$EQ(avg) =$	50 箱
10	每出货品项平均出货量	$IQ(avg) =$	36 箱
11	订单最大订货量	$EQ(max) =$	620 箱
12	订单最小订货量	$EQ(min) =$	1 箱
13	订单最大订货品项数	$EN(max) =$	10 项
14	订单最小订货品项数	$EN(min) =$	1 项
15	品项最大出货量	$IQ(max) =$	1023 箱
16	品项最小出货量	$IQ(min) =$	1 箱
17	品项最大订购次数	$IK(max) =$	10
18	品项最小订购次数	$IK(min) =$	1
19	总订货量	$GEQ =$	2077 箱
20	总订货品项数	$GEN =$	217
21	总拣取数	$GIK =$	127

9.5.3 EIQ 分析数据应用

表 9-15 所列举的内容反映了配送中心的性能和特征数据，如何应用这些分析数据是很重要的。就像医生如何从一些体检数据、图表得知病人的身体健康状况，判断是否有生病症兆等，然后再对症下药。

EIQ 数据的应用工作需要多方分析(参考其他相关数据或实际状况)、多方比较(互相交叉使用)。看得越多,看得越广,所得到的也越多,越能反映实际状况,越能帮助做决策。

以下列举一些基本的应用方法以供参考。

1. E、I、Q 数据分析

(1) E、I、Q 位数

E、I、Q 是配送中心的关键要素,因此这 3 个数值即使只有一位数的差别,整个系统的运作就可能不同。如 1 天 100 张订单的配送中心和 1 天 1000 张订单的配送中心,所需的作业场地、作业人员数就可能不同。因此在分析之前,需先认清配送中心的整体业务量、业务繁杂程度,E、I、Q 属于一位数、二位数还是三位数的规模。

(2) E、I、Q 大小关系

I 较小、Q 较大时,可能是少样多量的出货形式;反之,则为多样少量的出货模式。这里的 I、Q 大小认定可能不是很容易,如 I 怎样才算大,才算多样,可能就要参考上面提到的位数大小,以及与整个库存的总品项相比较;至于 Q,可能考虑其位数大小以及其单位,若出货单位为托盘,可见其出货量不小。

观察 E、I、Q 三个数据大小的关系,可得知物流系统的大概状况。

2. EQ 分析

EQ 的分析可从下述几个角度来进行。

(1) ABC 分析(订单件数与出货量的分析)。最主要的目的在于面对众多的处理对象时给予分类管理,或是在资源有限时给于重点管理,以达到事半功倍的效果。

EQ 的 ABC 分析目的在于对众多的客户做分类、重点管理,也就是观察多少百分比的订单数占多少百分比的出货量,是否出货量集中在某些客户。

EQ 的 ABC 分析,一般是观察是否 20%的订单件数占 80%的出货量,但通常也有 10%、20%、30%、40%、50%的订单数占 80%的出货量。若 EQ 的分析结果显示 10%~20%的订单数占 80%的出货量,则表示出货量集中在某些客户,此时可调整客户的管理策略,加强这 20%客户的管理,或是考虑将其订单另外处理,看是否能提升作业效率,以求在有限资源之下能达到事半功倍的效果。

(2) 最大订货量 EQ(max)分析。若 EQ(max)为数托盘,可看出其出货量相当多;若其订货品项数(EN)仅为几项,则其为少样多量订单。

(3) 最小订货量 EQ(min)分析。EQ = 1 的比例不低时,可考虑将这些订单另外处理,看是否能提高作业效率,尤其是采用批次拣货时。

(4) EQ 度数分布。了解客户订货量的集中情况。

(5) EQ、IQ、EIQ 综合考虑。因 EQ 是累积整张订单的出货量,并无法看出各订货品项与出货量的关系,此时就需合并 IQ、EIQ 数据一起分析。

3. EN 分析

EN 分析可从下述几个角度进行。

(1) GEN 分析。GEN 为所有订单订货品项数的累加值,若采用订单别的拣货作业方法,则 GEN 可表示为总拣取次数。可用以分析拣货时间、拣货人力需求,或作为生产力指针。

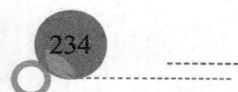

不过需考虑每一品项的拣取量,若一次可拣取完毕则 GEN 为总拣货次数,否则需将其乘上必要的倍数才是实际的拣取次数。

(2) EN 度数分析。分析中的 EN = 1 占全体多少百分比很重要。若 EN = 1 的比例不低,对于这些 EN = 1 的订单可考虑将其与其他订单分开处理(尤其采用批量拣货作业方式时);若其比例大于 50% 时,则考虑是否采用订单别拣货方式更有效率。

4. IQ 分析

(1) ABC 分析(出货种类与出货量的关系)。分析目的在于对众多的商品进行分类、重点管理,也就是观察多少百分比的出货商品占多少百分比的出货量,是否出货量集中在某些商品。

IQ 的 ABC 分析,一般是观察是否 20% 的出货品项占 80% 的出货量,但通常也有 10%、20%、30%、40%、50% 的出货品项占 80% 的出货量。若 IQ 的分析结果显示 10%~20% 的出货品项占 80% 的出货量,则表示出货量集中在某些商品,此时可调整商品管理策略,加强这 10%~20% 商品的管理。

① IQ 曲线与自动化设备选用:管理众多的库存品项是一件令人困扰的事。若欲采用自动化设备来辅助,则要对所有的商品给予自动化,是相当耗费成本的。此时,若从 IQ 曲线来分析,将 A 类商品先予以自动化,即可达到约 80% 的出货量自动化,也就是以 20% 的自动化成本,可达到 80% 的自动化效益。

② IQ 曲线与物流设备:设备是否适用于各种储存、拣货方式。拣货的单位和量是一个重要的因素。例如,属于少品种、多量的啤酒业,其保管方式常采用平置堆码方式或是把货品堆码于托盘上,再保管于托盘式货架、立体自动仓库。若出库量少,则以箱为出库单位,其保管方式是将货品置于箱用自动仓库、箱用流动货架;若出货种类多、出货量更少,则采用回转货架、单品货架等。

(2) 最大订货量 IQ(max) 分析。若 IQ(max) 为托盘数,可看出其出货量相当多,若其订货次数(IK)仅为几次,则其订单的订货量为大量订货。

(3) 最小订货量 IQ(min) 分析。注意其最小订货量值及其所占比例。

5. IK 分析

IK 的分析可从下述几个角度来看。

(1) GIK 分析。即 GIK = GEN。

(2) IK 度数分析。分析中 IK = 1 占全体的百分比很重要。若 IK = 1 的比例不低,则显示出货频率低的 C 类商品不少。

本 章 小 结

本章介绍了配送中心规划数据分析的各个方面与多种分析方法,这是对后期配送中心规划设计的重要基础。这些基础规划数据主要包括现行作业环境资料和对未来规划的需求资料。

这些从多种途径获取的数据,必须进行科学的整理分析,并结合配送中心的实际情况加以修正，才能作为规划设计的参考依据。基本规划数据分析的重点为物品特性分析、储运单元 PCB 分析、订单 EIQ 分析。

EIQ 分析就是利用"E"、"I"、"Q"这 3 个物流关键要素来研究配送中心的需求特性，为配送中心提供规划依据。PCB 分析就是以配送中心的订货单位来进行分析，对各种包装单位的订单数据进行分析，得到物流包装单位特性。

在对订单进行 EIQ 分析时，配合物品特性进行关联及交叉分析，可对仓储及拣货区域进行规划。结合订单出货数据与物品包装储运单位的分析(托盘、箱子、单品)，即可将订单数据按储运单位加以分割，再按照各储运单位进行分析。

为了保证配送中心的成功设计，必须有专业人员来协调和指挥配送中心的建设工作，同时还应与该领域的专家学者、物流系统工程技术人员紧密合作，全面听取有关物流配送中心建设的合理化建议，确保配送中心规划的顺利实施。

思考与练习

1. 配送中心规划数据包括哪两大类，分别包括哪些内容？
2. 配送中心规划分析的内容包括哪些？
3. 什么是 EIQ 分析？其分析方法及内容是什么？
4. 举例说明 EIQ 分析的用途。
5. 分析说明 EIQ 分析时订单数据的取样方法。
6. 什么是订单变动趋势分析？说明其在配送中心规划中的应用。

第 10 章 配送中心系统规划

引言

配送中心是一个系统工程，其系统规划包括物流系统规划、信息系统规划和运营系统规划 3 个方面。科学合理的规划可以为配送中心创造良好的经营管理条件，并能节省大量投资，为企业带来经济效益。

在配送中心的总体规划阶段，首先要对配送中心的背景条件和可行性进行详细分析、评估和论证，确定配送中心的定位和规划目标；其次进行配送中心工艺流程和能力规划，在此基础上，才可以进行配送中心的布置规划、信息系统规划和运营体系规划等工作。这是配送中心系统规划的方法论。

本章将系统介绍配送中心总体规划程序、配送中心定位与目标、配送中心的储存区设置与能力规划、配送中心布局规划和运营规划等。

学习目标

- 掌握配送中心系统规划的内容及程序；
- 掌握配送中心规划要素；
- 了解配送中心储存区配置方法；
- 了解配送中心能力规划原理；
- 掌握配送中心区域布置的思路；
- 了解配送中心运营规划的内容。

10.1 配送中心系统规划概述

10.1.1 配送中心系统规划的内容

配送中心是以组织配送式销售和供应，执行实物配送为主要机能的流通型物流节点。配送中心的建设是基于物流合理化和发展市场两个需要而发展的。所以配送中心就是从事货物配备(集货、加工、拣选、分货、配货)和组织对用户的送货，以高水平实现销售和供应服务的现代流通设施。

配送中心是一个系统工程，其系统规划包括物流系统规划、信息系统规划、运营系统规划 3 个方面，如图 10-1 所示。物流系统规划包括设施布置设计、物流设备规划设计和作业方法设计，信息系统规划也就是对配送中心信息管理与决策支持系统的规划，运营系统规划包括组织机构、人员配备、作业标准和规范等的设计。通过系统规划，可实现配送中心的高效化、信息化、标准化和制度化。

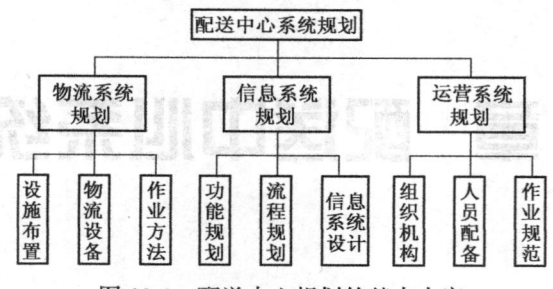

图 10-1 配送中心规划的基本内容

10.1.2 配送中心的规划程序

配送中心的规划分为 5 个主要阶段,包括筹建准备阶段、系统规划阶段、方案评估阶段、详细设计阶段和系统实施阶段。下面分别说明各阶段的主要工作。

1. 筹建准备阶段

在配送中心的筹建准备阶段,首先应该明确建设配送中心的任务、目标以及有关的背景条件。一个配送中心的建设可能有多方面目标,需分清主次以便设计时更好地体现既定方针。在对配送中心建设的必要性和可行性有了初步结论后,就应该建立筹建小组(或委员会)进行具体规划。为了避免片面性,筹建小组应吸收多方面成员参加,包括企业内部、物流设备制造厂、土建部门的人员以及一些经验丰富的物流专家或顾问,如图 10-2 所示。

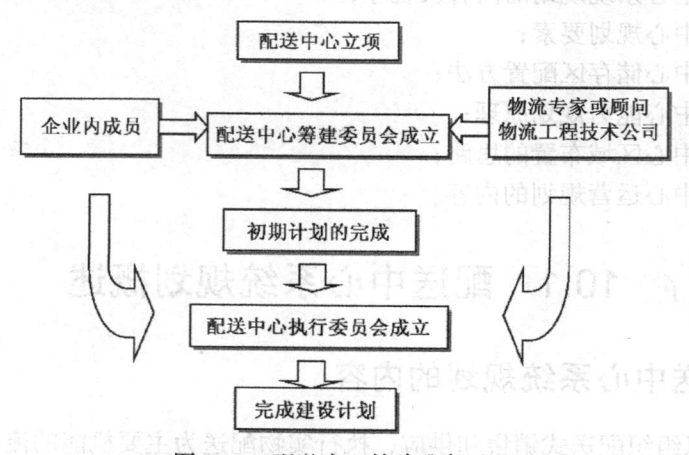

图 10-2 配送中心筹建准备过程

筹建小组应根据企业经营决策的基本方针,进一步确认配送中心建设的必要性,如配送中心的建设地点,在物流网络中是采取集中型配送中心还是分散型配送中心,和生产工厂以及仓库的关系,配送中心的规模以及配送中心的服务水平基本标准(如接受客户订货后供货时间的最低期限、能满足多少客户需要、储存商品量有多少等)。

在本阶段,还应确认配送系统的背景条件,包括配送对象的地点和数量、配送中心的位置和规模、配送商品的类型、库存标准、配送中心的作业内容等;应进行实际调研或具体构想,把握物流系统的状况以及商品的特性,如商品的规格、品种、形态、重量,各种商品进出库数量,每天进货、发货总数量,以及供货时间要求、订货次数、订货费用和服务水平等;

还要考虑将来的发展，如 2 年、5 年，甚至 10 年以后可能发生的变化，对于配送中心所处的环境以及法规方面的限制也应有所考虑。

筹划准备阶段也是配送中心概念设计和详细论证阶段，将为以后的设计打下一个可靠的基础，这一阶段所进行的工作如果证明原先的决策有误，可能导致项目终止，或有方向性的变更。因为本阶段要进行大量的调研，同时也需要对资料数据进行科学分析，必须给以足够重视，投入必要的人力和费用。

2．系统规划阶段

本阶段需要对配送中心的基本流程、设施配备、运营体制、项目进度计划以及预算等进行全面的规划与设计。

(1) 基本流程设计。将配送中心的作业流程如进货、保管、流通加工、拣取、分货、配货等作业按顺序作出流程图，并初步设定各作业环节的相关作业方法。例如，进货环节是用铁路专用线或卡车进货，还是用人力或机械进行卸货，机械卸货又要考虑用传送带或叉车，再根据卸货点到仓库的距离，确定搬运作业方法。在库内应使用和保管设施相适应的作业方法，如保管环节，是用自动高架仓库还是普通货架进行人工存取，还是采用高架叉车作业配合中高货架存放等。

(2) 配送中心的设备和能力设计。根据配送中心各作业环节的功能要求，选定各作业环节的设备类型，并根据设定条件初步确定各设备应具备的能力。例如，选定叉车作为系统作业设备，应确定叉车类型，并根据其应具备的能力初步决定叉车的规格型号。

(3) 运营系统设计。包括作业程序与标准、管理方法和各项规章制度、对各种票据处理及各种作业指示图、设备的维修制度与系统异常事故的对策设计以及其他有关配送中心的业务规划与设计等。

(4) 平面布置。确定各储区所需要的占地面积及其相互关系，考虑物流量、搬运手段、货物状态等因素，作出位置相关图，再根据此图进行配送中心的平面布置。在平面布置设计中还要考虑到将来可能发生的变化，要留有余地。

(5) 建筑规划。在位置相关图的基础上进行建筑规划。既要确定建筑物的类型，如采用平面或是多层建筑，还应对车辆的行驶路线、停车场地等因素进行规划。最后结合有关法规限制与周围环境因素决定建筑物的最终形态与配置。

(6) 制订进度计划。对项目的基本设计、详细设计、土建、机器的订货与安装、系统试运转、人员培训等都要制订初步的进度计划。

(7) 建设成本的概算。以基本设计为基础，对于设计研制费、建设费、试运转费、正式运转后所需作业人员的劳务费等作出费用概算。

3．方案评估阶段

在基本设计阶段往往产生几个可行的系统方案，应根据各方案的特点，采用各种系统评价方法或计算机仿真的方法对各方案进行比较和评估，从中选择一个最优的方案进行详细设计。

4．详细设计阶段

对所使用的设备类型、能力等作出规定以及决定作业场所详细配置、办公及信息系统的设施规格与数量、制订设计施工计划等。包括以下内容。

(1) 设备制造厂的选定。一般通过投标竞争的方式选择。选定制造厂后,应和制造工厂一起对基本设计的指导思想进行认定,取得共识,并考虑和采纳厂方的新方案和意见,制订下一步的计划。

(2) 详细设计。在详细设计阶段,要编制具体的实施条目和有关设备形式的详细计划,主要有以下各点:
- 装卸、搬运、保管所用的机械和辅助机械的型号规格;
- 运输车辆的类型、规格;
- 装卸搬运用的容器形状和尺寸;
- 配送中心内部详细的平面布置与机械设备的配置方案;
- 办公与信息系统的有关设施规格、数量等。

大规模的配送中心是由许多参加单位共同进行系统规划与实施的。为了保证系统的统一性,要制订共同遵守的规则,如通信和信号的接口、控制方式等。

5. 系统实施阶段

为了保证系统的统一性和系统目标与功能的完整性,应对参与设计施工各方所设计的内容从性能、操作、安全性、可靠性、可维护性等方面进行评价和审查,在确定承包工厂前应深入现场,对该厂生产环境、质量管理体制以致外协件管理体制等进行考察,如发现问题应提出改善要求。在设备制造期间也需进行现场了解,对质量和交货日期等进行检查。

10.1.3 配送中心的规划要素

配送中心的规划中,除了必须先了解属于哪一种配送中心外,还要注意规划要素,包括E、I、Q、R、S、T、C等,它分别代表的意义如下:
- E——Entry,指配送的对象或客户。
- I——Item,指配送商品的种类。
- Q——Quantity,指配送商品的数量或库存量。
- R——Route,指配送的通路。
- S——Service,指物流的服务品质。
- T——Time,指物流的交货时间。
- C——Cost,指配送商品的价值或建造的预算。

1. 配送的对象或客户——E

由于配送中心的种类很多,因此配送的对象也是五花八门。

例如,制造商型配送中心的配送对象有经销商(营业所)、批发店、百货公司、超市、便利商店及平价商店等几种。其中,经销商(营业所)、统仓及批发店等的订货量较大,它的出货形态可能大部分是整托盘出货(P→P),少部分小整箱出货;而超市的订货量其次,它的出货形态可能30%属于整箱出货(P→C),70%属于拆箱出货(C→B)。制造商型配送中心有可能同时出现整托盘、整箱及拆箱拣货的情形,这种情形由于客户层次不齐与订单量大小差异性大,订货方式也是非常复杂,同时有业务员抄单、电话订货、传真订货及计算机连线等方式(EOS、POS),是配送中心中比较复杂的一种,难度也比较大。

如果是零售商型配送中心,它的配送对象可能是批发店(百货公司)、超市及便利商店中

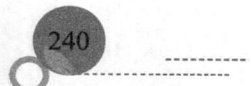

的一种，因此它的出货形态可能出现整托盘及整箱拣货的形态(批发店及百货公司)与整箱及拆箱拣货的形态(超市及便利商店)。由于客户层次整齐、订单量大小差异性小，订货大部分采用计算机连线方式(EOS、POS)，是配送中心中比较简单的一种，难度比较低，如表10-1所示。

表 10-1　零售商型配送中心

储运模式	批发店	超市	便利商店
P→P	40%	10%	—
P→C	60%	60%	30%
C→B	—	30%	70%

2. 配送商品的种类——I

配送中心所处理的商品品项数差异性非常大，多则超过上万种，如图书、医药及汽车零件等配送中心；少则数百种甚至数十种，如制造商型配送中心。由于品项数的不同，则其复杂性与困难性也有所不同。例如，所处理的商品品项数为1万种的配送中心与1000种的配送中心是完全不同的，其商品储存的储位安排也完全不同。

另外，配送中心所处理的商品种类不同，其特性也完全不同。例如，目前比较常见的配送商品有食品、日用品、药品、家电、3C产品、服饰、光盘、化妆品、汽车零件及图书等。它们分别有其商品的特性，配送中心的厂房硬件及物流设备的选择也完全不同。例如，食品及日用品的进出货量较大，而3C产品的尺寸大小差异性非常大，家电产品的尺寸较大。

服饰产品的物流特性是，其中约80%直接送货到商店，20%左右才存储于配送中心，等待理货及配送。另外，服饰中较高档的产品必须使用悬吊的搬运设备及仓储设备。

图书物流的特性是库存的图书种类很多，而畅销书与不畅销书的物流量差异性非常大；退货率高达30%～40%；新出版的图书、杂志有80%直接送货到书店，20%库存于配送中心等待补书等。

3. 配送商品的数量或库存量——Q

配送商品的出货数量也是变化莫测的。例如，货款结算的问题、年节的高峰问题，以及由于忽然流行某种商品而造成出货量的波动等。

以货款结算的问题来说，一般而言，如果每月的20日是货款结算的截止日期，也就是20日以前订货是算这个月的货款，而20日以后订货是算下个月的货款，那么15～20日之间的订货量就会明显降低，而20～25日的订货量就会明显增加。

那么，配送中心的库存量到底要以最多量、最少量，还是平均量来考虑？若以最多量来考虑，则低潮时的空间太浪费；若以最低量来考虑，则高潮时的商品不够卖。另外，作业人力的安排也不一样，若以最多量来考虑，则低潮时的人力太浪费；若以最低量来考虑，则高潮时的人力不足。

因此，如何确定平衡点显得非常重要，想实现既不会缺货也不会浪费空间，并且不会人力不足也不会人力过剩，就必须有一套有效的控制办法。例如，利用外面的协作仓库及临时作业人员的方式，同时也必须事先分析了解客户的订货规律而"对症下药"。

另外，对配送中心的库存量而言，进口商型配送中心因进口船期的原因，必须拥有较大的库存量(约2个月以上的用量)。

对于通过型配送中心,则完全不需要考虑库存量,但必须注意分货的空间及效率。一般的配送中心库存量为7~10日的用量。

4. 配送的通路——R

物流配送的通路对配送中心的规划有很大的影响。因此,在规划配送中心之前,首先必须了解物流配送的通路属于哪一种,然后再进行规划,才不会造成失败。以下是目前物流配送的几种通路模式:

- 工厂→营业所(经销商)→零售商→消费者;
- 工厂→配送中心→营业所(经销商)→零售商→消费者;
- 工厂→配送中心→零售店→消费者;
- 工厂→配送中心→消费者。

5. 物流的服务品质——S

配送中心与传统的营业所、经销商最大的不同就是服务品质,改变了过去买商品必须自己亲自去拿的观念,以及订购商品必须3~5天以后才会送达的习惯。但物流服务品质的高低恰恰与物流成本成正比,也就是物流服务品质越高则其成本也越高。站在客户的立场而言,希望以最经济的成本得到最佳的服务。所以原则上物流的服务水平应该是合理的物流成本之下的服务品质,也就是物流成本不会比竞争对手高,而物流的服务水平高一点即可。

目前物流的服务内容包括订货交货时间,商品缺货率,流通加工的服务,商品店头陈列服务,紧急配送、夜间配送及假日配送,驾驶员服务态度,信息提供的服务,咨询服务等几种。

(1)订货交货时间。物流服务水平的最重要的指标。

(2)商品缺货率。是物流服务品质之一,因为商品缺货往往造成零售经营者很大的困扰及损失。因此,商品的缺货率越低代表其服务品质越好。

(3)流通加工服务。也称物流加工,它主要是针对零售商的需求所做的进一步服务,包括贴价格标签、贴进口商品的中文说明、贴进口商品税条、年节的礼盒包装、批发店的最低购买量的热收缩包装、商品品质检查等多种服务。因此,在配送中心集中作业可以提高作业效率及降低成本。

(4)商品店头陈列服务。有的配送中心提供商品店头陈列的服务,但是这种的服务仅限于小超市及平价商店,一般零售商自己陈列上架。

(5)紧急配送、夜间配送及假日配送。目前配送中心的服务越来越多元化,为了提供更完善的服务品质,除全年无休365日提供服务外,甚至提供紧急配送、夜间配送及指定时间配送等服务,以满足客户需求。

(6)驾驶员服务态度。在物流服务品质中,驾驶员服务态度也是重点项目之一,因为过去货运驾驶员的形象,给人的感觉是粗鲁、摔货、吃槟榔、不穿上衣及礼貌不佳等;而现在已经有了非常大的进步,如彬彬有礼、穿制服、不摔货等,甚至会与客户打交道,强化客户关系,逐渐以业务驾驶员的形象出现。

(7)提供信息服务。配送中心还提供信息服务,它可以提供各种资料给零售商,物流经营者也可以给制造商提供商品的销售情报,作为其生产及经营策略的参考。

(8)咨询服务。物流经营者还可以向零售业及制造业提供物流方面的建议,尤其是较小的零售业及制造业本身的经营管理能力不强。因此,日本零食批发商为了给超市及便利店提供进一步的服务，在公司内部成立一个模拟的商店，然后把技术提供给零售业参考，以增进客户关系。另外，国内物流企业也把物流运输的技术提供给客户(进口商或制造商)，双方降低成本，增进彼此感情。

6．物流的交货时间——T

在物流服务品质中，物流的交货时间非常重要，因为交货时间太长或不准时都会严重影响零售商的业务，因此交货时间的长短与守时与否成为物流经营者重要的评估项目。

所谓物流的交货时间，是指从客户下订单开始，订单处理、库存检查、理货、流通加工、装车、卡车配送到达客户手上的这一段时间称为物流的交货时间；物流的交货时间按厂商的服务水平的不同，可分为 4 h、12 h、24 h、2 天、3 天、1 星期送达等几种。目前，国内一般承诺自订货后 24～48 h 可以送达。一般物流的交货时间越短则其成本会越高，因此最好的服务水平为 12～24 h，比竞争对手稍微好一点，但成本又不会增加。

除了物流的交货时间外，还有物流的送货频度，也就是同一客户多长时间送一次货。目前，根据各厂商商品特性的不同可分为一天两次、一天一次、两天一次、三天一次、四天一次等几种，最常见的是一天一次及两天一次的配送频度。

当全部都是一天一次或两天一次的配送频度，而订货的数量又不多时，对物流经营者而言成本太高，因此目前的做法是通过对客户分类来决定配送的频度。例如，A 级厂商的订货量较大，每天配送；B 级厂商的订货量中等，则两天配送一次；C 级厂商的订货量较少，则三天或四天配送一次，原则上如此规划。当然也有例外，当客户的配送量达到经济配送量时，可以弹性调整，使客户满意。

7．配送商品的价值或建造的预算——C

在新配送中心的设立中除了以上的基本要素外，还应该注意研究配送商品的价值和建造预算。因为如果没有足够的建造费用时，那些理想的计划是无法实现的。

另外，与物流成本息息相关的是配送商品的价值，因为在物流的成本计算方法中，往往会计算它占商品价值的比例，如果商品的单价高则其百分比相对会比较低，则客户比较能够负担得起；如果商品的单价低则其百分比相对会比较高，则客户负担会比较高。

目前物流费用的计算方式有两种。一种是以商品营业额的百分比计费(包括仓储、理货、流通加工及配送费用)，是以进货的价格计算的，商品种类的不同比例也不同。表 10-2 所示为中国台湾商业配送中心各种商品的物流收费百分比。

表 10-2　中国台湾商业配送中心各种商品的物流收费

商品名称	收费百分比(%)	商品名称	收费百分比(%)
医药	1～2	食品(平均)	5
化妆品	1.5～2.5	方便面	8
烟酒	1.5～2.5	矿泉水	8
电子(3C)产品	1.5～2.5	罐头食品	5
服饰	3～6	日用品	6～8
图书、杂志	5		

另外一种是按仓储费、理货费、装卸费(装柜或拆柜)流通加工费及配送费等分别计费的，这些费用与厂商的业务量、处理量、配送中心的设备与地点及作业的标准有关。例如，流通加工

的贴价格标签作业,有的必须拆箱之后才能作业,有的直接就可以作业,报价不同;另外,有的箱子是收缩包装,有的是封胶带的纸箱,其作业困难度完全不同。

以目前的物流处理的商品价值高低排列顺序:① 医药品;② 化妆品;③ 电子计算机产品;④ 汽车零件;⑤ 光盘;⑥ 高级服饰;⑦ 小家电产品;⑧ 出版物;⑨ 食品;⑩ 日用品。

以下用两个实例说明商品单价高低对物流收入的影响,如表10-3所示。在实例一中,同样的3.5 t卡车有两部,其配送的商品价值一样,但是所配送的商品数不同,则其配送时间及效率不一样,因此物流费的收入也不一样。

表10-3 物流成本比较

实例一	配送车	A车(3.5 t)	B车(3.5 t)
	产品价值	20万元/车	20万元/车
	配送店数	20店	10店
	配送时间	8h	4h
实例二	配送车	A车(3.5t)	B车(3.5t)
	产品	化妆品(药品)	饮料
	产品价值	10 000元/箱	400元/箱
	物流费用	1%(100元)	5%(20元)

实例二表明,同样是3.5 t的两辆卡车,其中,一辆的配送商品是高单价的药品或化妆品,另一辆的配送是低单价的食品或日用品。假设药品或化妆品一箱的价值为10 000元,而物流费以1%计费则每箱可收100元;假设食品或日用品一箱的价值为400元,而物流费以5%计费则每箱可收20元。

由以上可知,虽然高单价的商品只收1%,比低单价的商品收5%的费用还高出5倍。由此可见,在规划配送中心时,必须特别注意商品的价值是与物流成本有关的。也可以发现,高单价的商品才比较可能导入自动化的配送中心,如化妆品、医药及烟酒。

10.2 配送中心定位与规划目标

在对配送中心进行总体规划前,首先需要对配送中心的基础资料进行分析,明确配送中心的定位与规划目标,规划目标决定了配送中心预期的功能与基本限制条件。

10.2.1 配送中心定位与策略

配送中心的物流策略与一般企业内的分销与生产策略相类似,分销提供了物流的外在环境需求,生产则是提供内部环境的需求,而物流管理一方面需直接面对下游客户的挑战,另一方面则需兼顾生产(或上游供应源)的状况。配送中心要在市场中取胜,就必须确定一个最合理的定位与物流策略。

配送中心的主要策略要素分述如下。

1. 配送中心定位

在进行配送中心的规划时,首先必须确定配送中心的市场定位和客户群。不同类型配送中心的规划重点和方法会有很大区别。一般需明确以下几个问题。

(1) 服务内容。配送中心为客户提供的服务项目及其具体内容。

(2) 服务地域范围。为某一城市服务还是为某一地区或者全国提供物流服务，对配送中心的规划影响很大。

(3) 物品种类。物品种类千差万别，不同类别的物品，其配送中心的规划思路和要点就不同。一般高价值、时效强的物品，其配送中心较为复杂，需要一些先进设备和信息系统的支持，如电子元器件、汽车零配件、药品、图书音像制品、品牌日用消费品等，单位重量与体积的价值较高，物流服务的附加值也相应较高，配送中心的建设规格和投资一般较高。

(4) 重点服务行业。一般包括电子行业、医药行业、出版行业、汽车行业、百货业等，不同服务行业的配送中心，其流程和设备有不同的需求。

(5) 客户群。同一个行业、同一类别的物品，其客户群的特征不同，对配送中心的规划也会产生很大影响。如生产制造企业、流通企业、电子商务企业，其对配送中心的功能需求和配送流程是完全不一样的。

2．物流通路策略

明确配送中心的市场定位和客户群后，需要对配送中心的物流通路进行分析，明确配送中心在产销物流通路结构中的位置，分析上游供应源及下游配送点的特征。一般需进行以下几个方面的分析。

(1) 客户对象是属于企业体系内的单位还是其他企业。

(2) 客户偏向于制造业、中间批发商、经销商还是末端的零售业。

(3) 配送客户之间属于独立经营的企业还是具有连锁性质。

(4) 上、下游企业属于开放性的还是封闭性的。

(5) 是否随时会有新客户产生。

上述类型均将影响配送中心在通路中的作用与经营特性，也间接限制了配送中心区位的选择和内部规划。

一般配送中心的类型与上、下游点数的分布有一定的关系，如图 10-3 所示。制造企业的发货中心，其服务对象就是企业本身，属于最单纯的配送中心，但随着厂内生产线数增加或外部委托作业的增加，其上、下游点数的分布也增加；委托配送型的配送中心，上、下游点数分布具开放特性，随时可能增加或减少，而点数也多；快递货物配送中心，上、下游点数与分布可能均以个人为单位，上、下游点数分布最为分散。但是由于企业特性与规模的差异，一般不易明确区分，必须进行仔细分析，并根据企业的组织策略与目标，来确定配送中心在通路结构中的功能定位。

3．位置网络策略

位置网络策略就是确定配送中心的网点数量及布局。

就地理区位而言，在整个供应链物流通路的运作过程中，接近末端消费者的通路一般较多且分散，储运配送成本相对也较高，因此一般配送中心若以末端消费通路为主，则应设在接近消费者的地区为宜；相反，若以上游原料或半成品的供应为主，则以接近生产厂为宜。若以末端消费通路为主，由于距离与配送量分散，将使物流管理协调困难度增加，反应速度降低，因此当各区营运量足够大时，可考虑分区设立配送中心以提高储运效率；但是若据点太过分散使各区均无足够的营运规模，则效率又将降低。

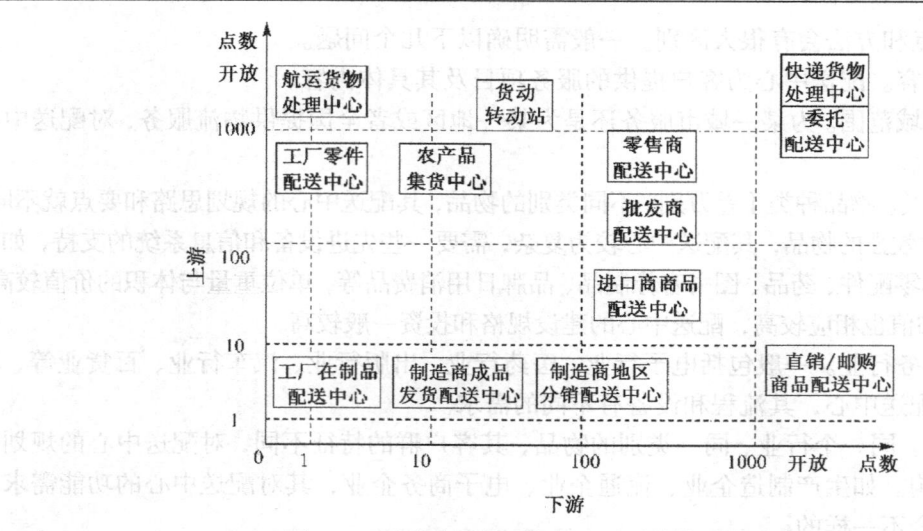

图 10-3　配送中心类型与上、下游点数分布关系

在评估整个配送网络成本时，在各种成本与效益组合的方案中，配送网络的分布与据点配置之间必须取得平衡，并决定主要的区位与范围，以发挥最大的效益。

4．客户服务水平

一般客户较为关心的物流服务项目主要以服务内容、时效、品质、成本、弹性、付款方式等为主，包括接单后的处理时间、及时送货能力、可接受送货的频率、送货内容的正确性、是否可配合上架作业、客户抱怨的响应、商品信息的提供等。

以接单后的处理时间为例，如 90%的订单必须在 1 天内完成出货，所有订单要在 5 天内完成出货，重要客户的紧急订单必须在 12 h 内完成。一家企业的部分地区客户一般在下单 1~3 天可收到货品，而另外的部分地区客户则较固定为下单 4 天内可收到货品，经调查客户满意程度发现，后者较高，因为稳定的订货前置期给予客户事前规划的机会，时间虽短但不一定可靠。因此，根据客户实际需求来提高该项服务水平，要比盲目改善效率更有意义。

若要满足所有客户的需求，其成本势必很高，即服务水平是与成本成正比的。而物流策略的最终目标是在合理的成本下提高客户的满意度，以达到最具竞争力的服务水平。因此，在制订配送中心客户服务水平的策略目标时，应把握主要的客户群，以其物流服务需求水平为目标。若满足中、小量的需求则可考虑折中方案或以部分外包方式作业，以取得物流成本与服务水平的平衡。而取得平衡的关键则是客户及产品资料的有效分类。应通过对客户贡献度及产品贡献度的分类分析，找出主要的服务客户与产品类型，并据此制订相应的服务水平。

5．系统整合策略

配送中心主要实现从上游供应源到下游客户的流通服务过程，如果只是单纯作为储运连接的角色，则失去了整合功能。信息技术的应用与系统整合，应该是现代化的配送中心最重要的关键因素。因此，设置配送中心时必须对系统整合的层次及范围进行界定，主要包括如下内容。

(1)作业层次。如储运作业的整合与标准化(托盘、储运箱与容器共同化)、配送运输作业整合(车辆共同化)、作业信息输入整合(条码化)、采购作业与订单信息传递(EDI、EOS)等。

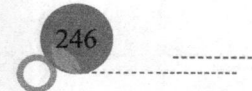

(2) 作业管理层次。如库存管理、存货管理(MRP、ABC 分级)、分销信息反馈(POS)与分析、出货订单排程、拣货工作指派等作业的规划管理。

(3) 决策支持层次。如配派车系统、配送区域规划、物流成本分析与计费定价策略等。

(4) 经营管理层次。策略联盟、联合采购、共同配送等企业间的资源整合。可由产业垂直整合、水平整合或异业间的整合方向进行。目前流通行业通路整合的方向整理如图 10-4 所示。

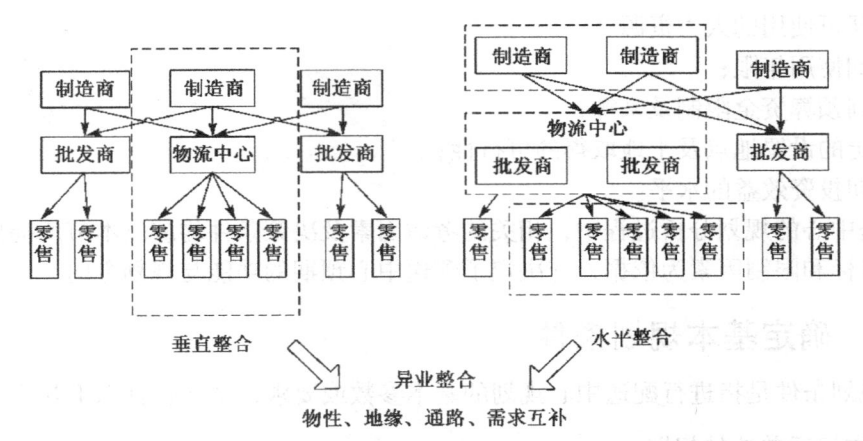

图 10-4 流通行业通路整合的策略模式

一个配送中心除了内部管理系统的整合功能外，如还能向整合客户及供货商的系统发展，并配合业务范围的整合，加强客户化及垂直化的服务功能(如部分代工、贴印条码、分装、容器流通回收、联合促销、信息共享与销售信息实时反馈等)，将大大提高配送中心的物流服务附加价值，从而提高企业的竞争优势。在企业整合与策略联盟过程中，若能有效降低作业成本，提高企业间互惠互利的基础，也能增加配送中心运营规模与经济效益，这是在建设配送中心前必须掌握的原则。

10.2.2 配送中心规划目标

明确配送中心的物流策略与定位后，就需要确定配送中心的具体规划目标。一般企业设立配送中心常见的规划执行目标如下：

① 降低物流成本。
② 降低库存水平。
③ 提高客户服务水平。
④ 缩短物流作业周期。
⑤ 整合上、下游通路环境。
⑥ 支持零售通路据点。
⑦ 降低物流作业错误率。
⑧ 提升物流服务竞争力。
⑨ 集中分散的处理量以产生规模经济效果。
⑩ 迅速掌握分销分配信息。

以上目标包括定性和定量两部分，对于确定的配送中心，其规划目标应尽可能的量化。

10.2.3 规划限制因素

在决定配送中心的执行目标、基本定位与策略功能后，还需考虑在实际规划时的限制因素，因为有许多因素均将影响系统规划运作的方向，包括：
- 预定时间进程；
- 预期可使用的人力资源；
- 预期使用年限；
- 计划预算资金限制及来源；
- 预定的设置地点及土地取得的可行性；
- 预期投资效益的水平。

在配送中心的规划分析过程中，相关的考虑因素及决策条件均应以本节所提出的物流策略、规划目标和限制因素为依据，它决定了配送中心预期的功能与规划方向。

10.2.4 确定基本规划条件

基本规划条件是指进行配送中心规划的基本参数或要求，主要包括以下几个方面。

1. 基本储运单位的规划

通常各区域的储运单位不尽相同，如进货时为托盘进货，储存时以箱储存，出货时则以箱或单品出货等。在此需强调，在进行后续分析及配送中心各项设备规划时，必须先确定基本储运单位的规划。

2. 基本运转能力的规划

进货区、仓储区、拣货区、出货区的基本运转能力的估计及规划，除需考虑基本作业需求量以外，还需配合作业弹性及未来成长趋势，而在此处所估计的运转能力为一个初估的参考值，当进入各区域的详细规划时，还将逐步修正至比较实际的数值。

3. 自动化程度的规划

在对自动化需求、作业时序及基本运转能力分析的基础上，确定配送中心各类设备的自动化策略。应该根据实际需求及改善效益而引入自动化设备，才可发挥自动化整合的效果。因此，在制订未来设置配送中心的自动化水平时，规划者仍应进行慎重的考虑。

10.3 配送中心区域设置与工艺流程

10.3.1 配送中心功能区设置

配送中心的主要功能区包括物流作业区及外围辅助活动区。物流作业区（如装卸货、入库、订单拣取、出库、出货等作业区）通常具有流程性的前后关系，而外围辅助活动区有办公室、计算机室、维修间等。

1. 物流作业区

确定配送中心的基本功能区后，需建立完整的功能区汇总表，并依据各项基础需求分析

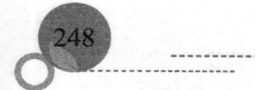

资料，考虑各区域的规划要点，来确定各区域的功能及作业能力，完成功能区的基本需求规划。区域需求分析表如表 10-4 所示。

表 10-4 配送中心物流功能区需求分析表

序 号	作业区域	规 划 要 点	功 能 设 定
1	装卸货平台	□进出货口共享与否　□进出货口相邻与否 □装卸货车辆进出频率　□装卸货车辆型式 □有无装卸货物配合设施　□物品装载特性 □装卸货车辆回车空间　□每车装卸货所需时间 □供货厂商数量　□配送客户数量 □进货时段　□配送时段	
2	进货暂存区	□每日进货数量　□托盘使用规格 □容器流通程度　□进货点收的作业内容 □进货等待入库时间	
3	理货区	□理货作业时间　□进货品检作业内容 □品检作业时间　□容器流通程度 □有无拆码盘配合设施	
4	库存区	□最大库存量需求　□物品特性基本资料 □产品品项　□储区划分原则 □储位指派原则　□存货管制方法 □自动化程度需求　□产品使用期限 □储存环境需求　□盘点作业方式 □物品周转效率　□未来需求变动趋势	
5	拣货区	□物品特性基本资料　□配送品项 □每日拣出量　□订单处理原则 □订单分割条件　□订单汇总条件 □客户订单数量资料　□订单拣取方式 □有无流通加工作业需求　□自动化程度需求 □未来需求变动趋势	
6	补货区	□拣货区容量　□补货作业方式 □每日拣出量　□盘点作业方式 □拣取补充基准　□拣取补充基本量	
7	散装拣货区	□物品特性基本资料　□单品拣货需求量 □每日拣出量	
8	分类区	□出货频率　□客户配送资料 □每日拣出量　□平均配送客户数量 □配送点形式　□配送时段	
9	集货区	□出货频率　□集货等待时间 □每日拣出量　□平均配送客户数量 □配送点形式　□配送时段	
10	流通加工区	□流通加工作业项目　□流通加工作业时间 □流通加工作业数量	
11	出货暂存区	□出货等待时间　□出货品检作业内容 □品检作业时间　□每日出货量 □配送对象　□平均配送客户数量 □配送点形式　□配送时段	
12	秤重作业区	□秤重作业项目　□秤重作业单位 □秤重作业时间	

续表

序号	作业区域	规划要点		功能设定
13	退货卸货区	□退货送回方式 □退货频率	□退货车辆型式 □退货数量	
14	退货处理区	□退货种类 □退货处理原则 □退货处理周期	□退货数量 □退货处理时间	
15	退货良品暂存	□退货良品比例	□退货良品处理方式	
16	瑕疵品暂存区	□退货瑕疵品比例	□退货瑕疵品处理方式	
17	废品暂存区	□退货废品比例 □退货废品处理周期	□退货废品处理方式	
18	容器回收区	□流通中容器使用量 □容器回收处理时间	□容器规格与种类 □容器流通程度	
19	容器暂存区	□空容器存量 □容器规格与种类	□每日进出货容器用量	
20	容器储存区	□容器总使用量 □空容器存量	□流通中容器使用量 □容器规格与种类	
21	废纸箱暂存区	□每日废纸箱产生量 □废纸箱种类		
22	废料处理区	□废料处理方法 □废料处理量		
23	调拨仓储区	□调拨作业需求内容 □储区划分原则 □盘点作业内容	□调拨品项与数量 □调拨作业周期	

2．外围辅助活动区域

配送中心的外围辅助活动区域分为厂房使用配合作业区、办公区、劳务活动区、厂区相关活动区等。

配送中心的主要外围辅助活动区域及需求分析方法如表10-5所示。

表10-5 配送中心的主要外围辅助活动区域需求分析表

序号	作业区域	规划要点		功能设定
1	厂区大门	□出入车辆形式 □门禁管制造度 □对外出入 □厂区入门	□车辆进出频率 □厂区联外道路的方位 □是否同处 □与出入口是否区分	
2	警卫室	□警卫值勤项目 □员工差勤记录	□门禁管制作业 □保全需求	
3	厂区通道	□出入车辆形式	□车辆进出频率	
4	一般停车场	□员工机车位使用人数 □实际可用面积与长宽比例	□员工汽车位使用人数 □停车角度与形式	
5	运输车辆停车场	□运输车辆临时停车需求数 □实际可用面积与长宽比例	□进出车辆频率 □进出车辆形式	
6	环境美化区域	□厂区营业规模 □厂区照明考虑 □厂区用地的目的与营业性质	□企业标帜与形象 □厂区建筑屏蔽率	
7	厂房扩充区域	□厂商营业规模 □实际厂地可用面积	□未来成长趋势 □厂区配置的形式	

续表

序号	作业区域	规划要点		功能设定
8	厂房大门	□搬运设备形式 □物品保管与管制需求 □空调与通风的考虑	□搬运进出频率 □进出货月台布置形式	
9	大厅	□通行人数	□外宾来访需求	
10	走廊	□通行人数	□人员行走速度	
11	电梯间	□楼层数 □行人与物料是否共享	□楼层通行人数	
12	楼梯间	□楼层数	□楼层通行人数	
13	主要通道	□每日进出货流量 □搬运物料种类	□搬运车辆形式 □进出货口的位置	
14	辅助通道	□搬运车辆形式 □作业特性 □人员行走速度	□搬运物料种类 □通行人数	
15	主管办公室	□主管级人数	□组织架构	
16	一般办公室	□办公人员数 □组织架构与管理模式	□办公桌椅排列形式	
17	总机室	□配合大厅入口位置		
18	会议室	□会议室使用人数 □演示文稿设备的需求程度		
19	训练教室	□训练教室使用人数 □训练教室设备需求程度		
20	计算机室	□计算机系统规模与功能 □网络与通信界面需求功能 □计算机设备数量		
21	档案室	□计算机档案储存量 □计算机档案保存周期	□报表保管量	
22	资料室	□数据量	□数据存取频率	
23	收发室	□文件收发数量	□收发作业时间	
24	设备维修间	□维修设备的种类与数量 □维修保养的作业内容		
25	工具室	□使用工具的类型与数量 □工具储存方法		
26	器材室	□使用器材的类型与数量 □器材储存方法		
27	物料存放间	□物料种类与存量 □办公事务用品种类与存量		
28	搬运设备停放区	□搬运设备类型 □作息时间的安排	□搬运设备数量	
29	机房与动力间	□压缩空气消耗量 □压缩空气需求位置分布 □压力管线口径需求 □动力使用类型	□动力需求量	
30	配电室	□电压相位需求规格 □电力消耗量	□厂区供电总能力 □电力需求分布	
31	空调机房	□温湿度需求范围 □作业人数	□设备发热量	
32	电话交换室	□电话网络需求数量	□电话需求分布	
33	安全警报管制室	□安全管制范围 □保全需求	□自动警报系统项目	

续表

序号	作业区域	规划要点	功能设定
34	盥洗室	□各区男女员工人数 □各区作业时间安排	
35	休息室	□作息时段规划　　　□员工福利水平 □休闲康乐设施项目　□休息室使用人数	
36	医务室	□紧急救护的项目	
37	接待室	□接待厂商或客户的需求 □与主管办公室的配合	
38	驾驶员休息室	□厂商驾驶员使用休息室人数 □是否需管制厂商驾驶员进入仓库区	
39	厨房	□员工福利水平　　　□作息时间安排 □用餐人数	
40	餐厅	□员工福利水平　　　□作息时间安排 □用餐人数	

10.3.2 配送中心储区配置

配送中心储区是指一个可以独立进行储存或分拣作业的区域，储运模式是指该储区的进货储存单位和分拣出货单位的类型。由于配送系统的复杂性，配送中心一般是由多个储区构成的，每个储区具有不同的储运模式或者储存不同的物料。因此，各储区的物流设备也是不同的，需要根据每个储区的储运方式和拣选频率进行物流设备的选择。

配送中心的储区配置包括 3 个层面：基于储存条件的储区设置、基于储运模式的储区设置和基于出货频率的储区设置。

1. 基于储存条件的储区设置

配送中心货品的储存条件包括温湿度、价值、尺寸/重量等，分别从储存货物所要求的环境、储存货物本身的价值、储存货物本身的尺寸/重量特征 3 个方面进行储区设置。基于储存条件的储区设置方法如图 10-5 所示。

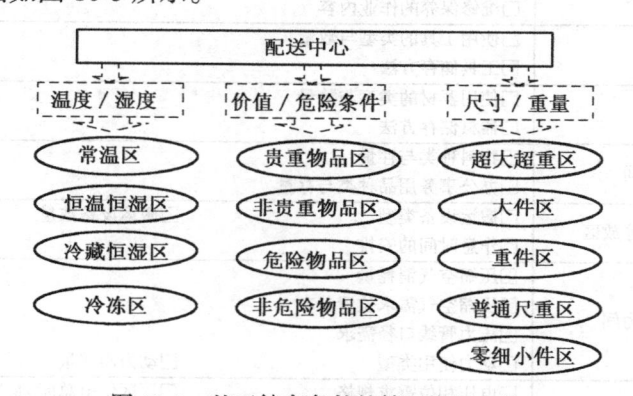

图 10-5 基于储存条件的储区设置方法

2. 基于储运模式的储区设置

在配送中心的储运过程中，物料的大小和形状是各式各样的，往往利用各种集装单元把需要储运的物料装成一个单元，以便于搬运。配送中心内的集装单元常见的有托盘、货箱、料箱及容器等。

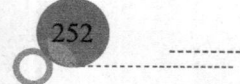

一般配送中心的出库包含整盘、整箱与零散出货。为了更好地规划仓储区与拣货区，必须将订单资料按出货单位类型加以分割，以准确计算各区实际的需求。配送中心常见的储运单位组合形式如图10-6所示。其中，P代表托盘，C代表整箱，B代表单件。

配送中心的储运模式主要包括P→P、C→C、P→C、C→B和B→B共5种单储运模式和P→(P、C)、C→(C、B)和P→(P、C、B)共3种复合储运模式。储运模式的选择取决于配送中心订单的订货单位和订货量，根据配送中心的储运模式和物料出货频率即可进行储区配置。

根据目前的出入库和拣货形态，依托基本的储运模型对目前的储存及分拣区域进行划分，如图10-7所示。

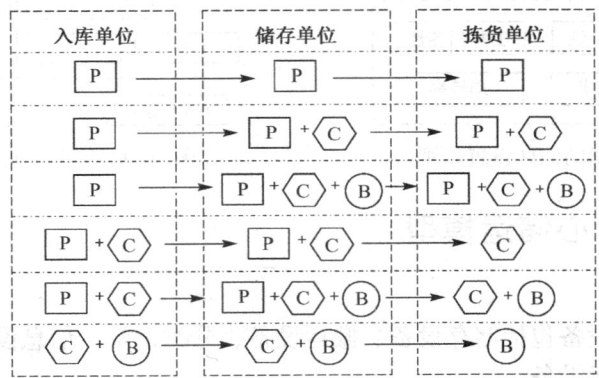

图 10-6 配送中心的储运单元

从图10-7中可以看出，根据出入货形态，可以将储区分为8类，分别为PP区、CC区、BB区、PC区、CB区，以及P-PC区、P-PCB区、C-CB区。其中，PP区、CC区、BB区、PC区、CB区为单一模式储区，该类储区的入库单位和出库单位都是唯一的；P-PC区、P-PCB区、C-CB区为复合模式储区，该类储区的入库单位是唯一的，但出库单位为2种或3种。

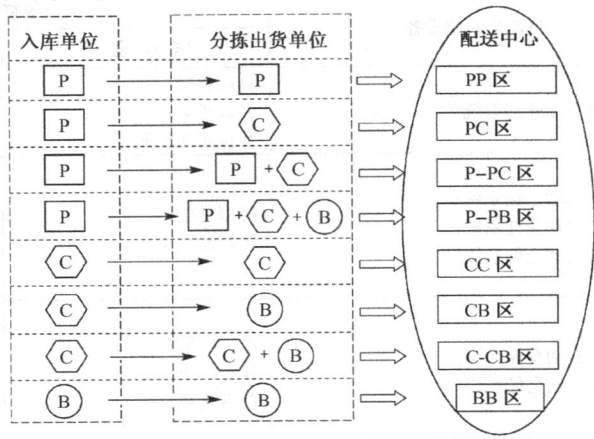

图 10-7 基于物流单元状态的区域划分

3．基于出货频率的储区设置

这种储区设置思路是根据各种物料的拣选频率，并结合拣选策略和储位指派原则进行储区划分，如图10-8所示。

在这种储区配置方法中，储区划分主要依据的是物料的出货频率，需要分别计算各物料的出货及分拣频率，根据频率的大小进行分类，按类别设置储区。

综上所述，配送中心的储区配置方法可分为按储存条件分区、按储运模式分区、按出库频率分区 3 个层次，从而形成层次化的储区配置方法，如图 10-9 所示。

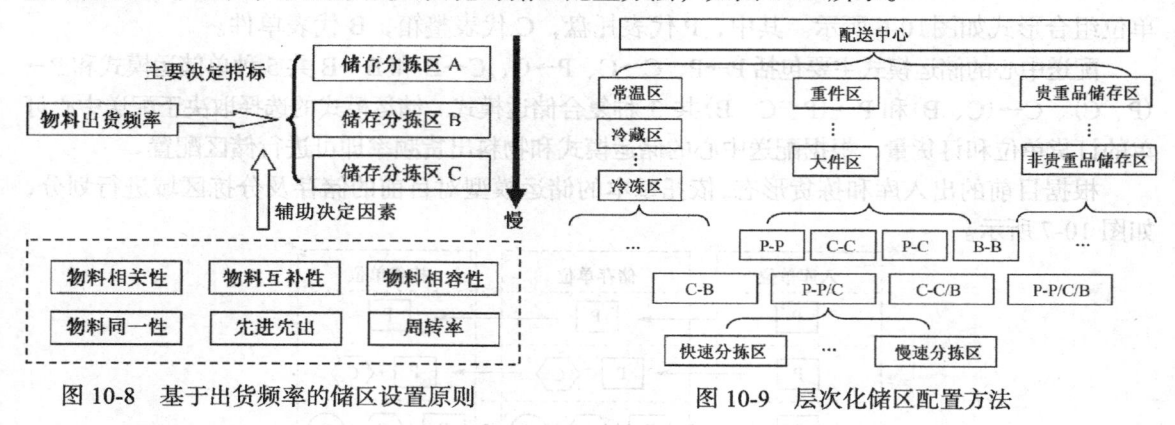

图 10-8　基于出货频率的储区设置原则

图 10-9　层次化储区配置方法

10.3.3　配送中心储运模型

1. 储区设备配置

配送中心的物流设备包括储存设备、搬运设备、分类设备、信息设备等，本节只讨论各储区的储存设备和搬运设备。

配送中心各储区的储运模式不同，其设备的配置也不同。配送中心的物流设备按自动化程度不同，可以分为自动化物流设备和一般物流设备。不同储运模式下物流设备的配置如表 10-6 所示。

表 10-6　不同储运模式下物流设备的配置

储运模式	自动化系统设备	一般物流设备	
		储存设备	搬运设备
P→P	单元负载自动仓储系统	高层货架； 托盘货架； 托盘流动货架	叉车； 无轨堆垛机
C→C	料箱单元自动仓储系统； 垂直旋转自动仓储系统； 水平旋转自动仓储系统	轻型货架； 箱流动货架	无动力拣货台车； 动力拣货台车； 计算机辅助拣货台车； 无动力输送机； 动力输送机
P→C	单元负载自动仓储系统； 水平旋转自动仓储系统	高层货架； 托盘货架； 托盘流动货架	叉车； 拣选车； 动力牵引车； 载人堆垛机； 动力输送机
C→B	料箱单元自动仓储系统； 垂直旋转自动仓储系统； 水平旋转自动仓储系统	轻型货架； 箱流动货架	无动力拣货台车； 动力拣货台车； 计算机辅助拣货台车； 无动力输送机； 动力输送机
B→B	垂直旋转自动仓储系统； 自动货柜	货柜	无动力拣货台车； 动力拣货台车； 计算机辅助拣货台车

根据配送中心的储区配置及储运模式，即可根据表10-6进行储存和搬运设备的选择。

2. 配送中心的储运模型

根据10.3.2节的储运模式分区类型，可得到配送中心的一般储运模型，如图10-10所示。

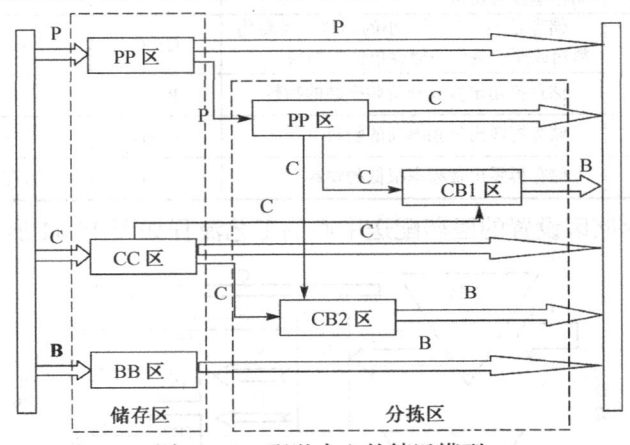

图 10-10 配送中心的储运模型

10.3.4 配送中心的工艺流程

配送中心的工艺流程是指货品在物流中心内从接货、储存、补货、分拣、分类到打包发货的方法与过程。配送中心的工艺流程是描述货品在配送中心各储区的流转关系的。由于不同的配送中心的储区设置、设备配置、分拣方法以及工人熟练程度等因素都不相同，所以对于不同的配送中心其工艺流程一般都是不同的，而且同一配送中心不同的货种的工艺流程也可能是不同的。因此，就同一个配送中心而言，其工艺流程具有不确定性和不唯一性。

工艺流程设计的原则是技术先进和经济合理，下面以分销领域的医药配送中心为例说明工艺流程的设计方法。

分销领域的医药配送中心的经营业态主要包括批发、医院销售、社会零售和连锁经营4种类型，相应的客户也包括商业客户、医院(包括医务室、诊所)、社会药店和连锁药店4类，其中前3类属于系统外客户，后1类属于系统内客户。

系统外客户的订货量中，商业客户订单量最大，可达1托盘以上；医院订单量次之，一般为10~20箱；社会药店订单量最小，一般为几盒(包、支)。连锁药店由于属于系统内部，因此其订货品项很多(一般多于100种)，订货频率比较固定，订货量随市场淡旺季影响波动。

现代化的医药配送中心是由多个保管储区和分拣储区构成的，具有多种储存和分拣方式、多种储存和搬运设备构成的错综复杂的物流系统。配送中心储区根据储存环境可以分为常温储区、冷藏储区和冷冻储区等；根据储运模式可以分为整盘储区、整箱储存分拣区、拆零分拣区；根据分拣出货频率可以分为快速分拣区和慢速分拣区。

医药配送中心的物料储存单位一般有托盘(P)、料箱(C)和最小包装(B)3类，其基本储运模式分为5种，复合储运模式包括2种。通过对数十个国内外医药配送中心的设计案例的分析和研究，本项目提出了基于P→P、P→C、C→C和C→B 4种典型储运模式和出货频率的储区设置模型以及配送中心的典型储运模型。基于储运模式和出货频率的储区配置模型如表10-7所示。

表 10-7 医药配送中心的储区设置

代号	储 区	定 位 原 则	储运模式	储存功能	拣选/出货功能
CP	主储存区	储存量大或体积较大，需要用托盘为储存单位的物料	P→P	有	有
CC	箱储存区	储存量小、外形较小的物料，需要用料箱或原包装作为储存单位的物料	C→C	有	有
JP	箱分拣区	储存整箱出货或补货频率高的物料	P→C	暂存	有
JB1	快速拆零分拣区	储存拆零出货频率高的物料	C→B	暂存	有
JB2	慢速拆零分拣区	储存拆零出货频率很低的物料	C→B	暂存	有

基于表 10-7 所示储区设置的医药配送中心的工艺流程如图 10-11 所示。

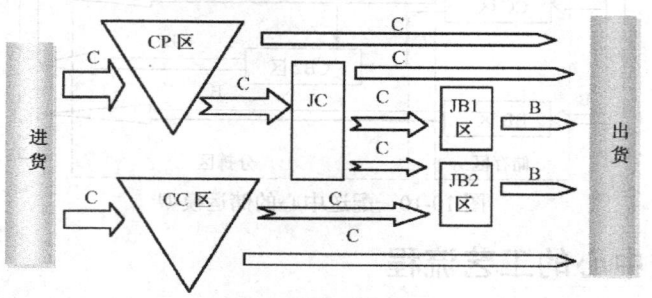

图 10-11 医药配送中心的工艺流程

10.4 配送中心能力规划

10.4.1 配送中心能力分析原理

配送中心能力规划也就是配送中心的纲领设计，配送中心纲领设计就是基于配送中心的工艺方案，明确配送中心储存货品的物流量与储存规模。

配送中心能力规划是配送中心系统规划的核心，也是决定配送中心方案优劣的关键。配送中心的能力规划包括配送中心的总能力规划和各储区的能力规划 2 个方面。配送中心的总能力根据 EIQ 分析、基础运营资料分析和预期建设目标确定，配送中心各储区的能力则根据储区设置、工艺流程、各储区储存物料定位及其 EIQ 分析确定。配送中心的能力规划模型如图 10-12 所示。

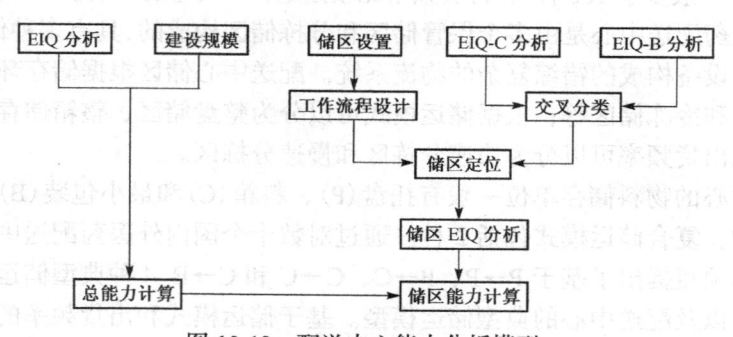

图 10-12 配送中心能力分析模型

10.4.2 配送中心能力指标体系

在配送中心的系统规划过程中,首先需要进行配送中心的需求分析,然后根据需求分析的结果进行配送中心的能力规划,最后进行配送中心的详细规划。

配送中心能力是指企业物流系统对配送中心的能力需求,用一系列静态和动态设计指标来描述。各储区的能力指标体系如图10-13所示。

配送中心的能力指标体系包括总能力指标体系和各储区的能力指标体系,这些指标构成了配送中心系统规划的设计纲领。

1. 总体能力指标体系

配送中心总体能力指标是描述配送中心总体规模和能力需求的一系列指标,主要包括出货量、库存量、库存品种、订单、整箱出货与拆零出货等指标,这些指标是进行配送中心系统规划的基本依据。配送中心总体能力指标体系可用式(10-1)表示,各指标的含义如表10-8所示。

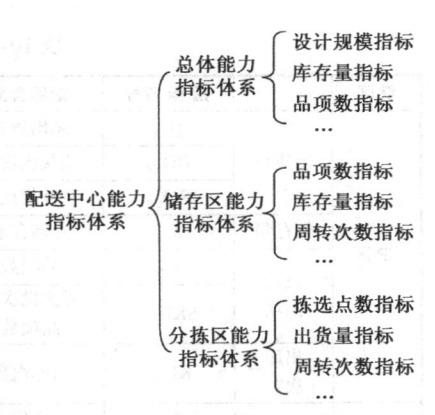

图 10-13 配送中心的能力指标体系

$$U = (Q, ZQ, ZI, SKU, ZO, ZL, QP, NP, QC, NC, QB, NB) \tag{10-1}$$

表 10-8 配送中心总体能力设计指标

序号	指标	符号	含义	单位
1	出货量	Q	总出货量	P(盘)/C(箱)/B(件)
2	库存量	ZQ	总储存量	P(盘)/C(箱)/B(件)
3	设计品种	ZI	设计品项数	品项
		SKU	考虑批次的品项数	品项
4	订单指标	ZO	订单数量	单/日
		ZL	订单行	行/日
5	整盘出货指标	QP	整盘出货量	P/日
		NP	整盘出库次数	次/日
6	整箱出货指标	QC	整箱出货量	C/日
		NC	整箱点击次数	次/日
7	拆零出货指标	QB	拆零出货量	B/日
		NB	拆零点击次数	次/日

2. 储区能力指标体系

根据储运模式不同,配送中心的典型储区可以分为整盘储存区(CP)、箱储存区(CC)、箱分拣区(JC)和拆零分拣区(JB),如表10-9所示。

表 10-9 配送中心的典型储区及储运模式

储区代号	储区名称	储存单位	出货单位	功能定位
CP	主储存区	P	P	储存、整盘出货、整盘补货
CC	箱储存区	C	C	储存、整箱出货、整箱补货
JC	箱分拣区	P	C	暂存、整箱出货、整箱补货
JB	拆零分拣区	C	B	暂存、拆零出货

配送中心各典型储区的能力指标体系可用式(10-2)表示,式中各指标的含义如表10-10所示。

$$U_F = \begin{pmatrix} U_{CP} \\ U_{CC} \\ U_{JC} \\ U_{JB} \end{pmatrix} = \begin{pmatrix} Q_{CP}, DQ_{CP}, RQ_{CP}, S_{CP}, I_{CP}, SKU_{CP}, KL_{CP} \\ Q_{CC}, DQ_{CC}, RQ_{CC}, S_{CC}, I_{CC}, SKU_{CC}, KL_{CC} \\ Q_{JC}, DQ_{JC}, RQ_{JC}, S_{JC}, I_{JC}, SKU_{JC}, KL_{JC} \\ Q_{JB}, DQ_{JB}, RQ_{JB}, S_{JB}, I_{JB}, SKU_{JB}, KL_{JB} \end{pmatrix} \tag{10-2}$$

表 10-10 配送中心典型储区的能力设计指标

储区		指标符号	指标含义	单位	储区		指标符号	指标含义	单位
CP 区	出货量	Q_{CP}	总出货量	P(盘)	JC 区	出货量	Q_{JC}	总出货量	C(箱)
		DQ_{CP}	直接出货量	P(盘)			DQ_{JC}	直接出货量	C(箱)
		RQ_{CP}	补货量	P(盘)			RQ_{JC}	补货量	C(箱)
	储存量	S_{CP}	总储存量	P(盘)		储存量	S_{JC}	总储存量	C(箱)
	设计品项	I_{CP}	品项数			设计品项	I_{JC}	品项数	
		SKU_{CP}	考虑批次的品项数				SKU_{JC}	拣选点	SKU
	出库次数	KL_{CP}	出库次数			拣选次数	KL_{JC}	拣选次数	次/日
CC 区	出货量	Q_{CC}	总出货量	C(箱)	JB 区	出货量	Q_{JB}	总出货量	B(件)
		DQ_{CC}	直接出货量				DQ_{JB}	直接出货量	B(件)
		RQ_{CC}	补货量						
	储存量	S_{CC}	总储存量	C(箱)		储存量	S_{JB}	总储存量	B(件)
	设计品项	I_{CC}	品项数	品项		设计品项	I_{JB}	品项数	品项
		SKU_{CC}	考虑批次的品项数	sku			SKU_{JB}	拣选点	SKU
	拣选次数	KL_{CC}	拣选次数	次/日		拣选次数	KL_{JB}	拣选次数	次/日

10.4.3 基于 EIQ 分析的能力指标分析方法

1. 总能力计算

配送中心总能力指标的计算依据是 EIQ 分析和订单变动趋势分析。通过 EIQ 分析可以得到配送中心当前的物流量、订单量和出货形态分布；通过订单变动趋势分析可以得到配送中心的需求增长趋势从而对未来需求进行预测。根据配送中心的 EIQ 分析和未来需求增长率的预测，即可确定配送中心的总体设计规模和能力要求。

基于 EIQ 分析的配送中心总体设计规模和能力指标的计算方法如表 10-11 所示。

表 10-11 基于 EIQ 分析的配送中心总体设计规模和能力指标计算公式

序号	设计指标	计算公式	说明
1	出货量	$Q = \gamma \sum_{j=1}^{n} \sum_{i=1}^{m} Q_{ij}$	Q_{ij}：第 i 张订单第 j 个品项的订货量； γ：设计放大系数
2	库存量	$ZQ = \dfrac{QT}{360 K_{CB}} \alpha$	T：库存周期； K_{CB}：包装数，B/C； α：宽放比
3	设计品种	$ZI = \beta n$ $SKU = IN \times ZI$	n：EIQ 活动品项数； IN：平均批次； β：品项增长率

续表

序号	设计指标	计算公式	说明
4	订单指标	$ZO = \gamma m / 360$ $ZL = \gamma \sum_{i=1}^{m}\sum_{j=1}^{n} N_{ij} / 360$	m：EIQ 订单数； N_{ij}：第 i 张订单第 j 个品项的订货次数
5	整盘出货指标	$QP = \gamma \sum_{j=1}^{n}\sum_{i=1}^{m} QP_{ij} / 360$ $NP = \gamma \sum_{j=1}^{n}\sum_{i=1}^{m} NP_{ij} / 360$	QP_{ij}：第 i 张订单第 j 个品项的整盘订货量（P）； NP_{ij}：第 i 张订单第 j 个品项的整盘订货次数
6	整箱出货指标	$QC = \gamma \sum_{j=1}^{n}\sum_{i=1}^{m} QC_{ij} / 360$	QC_{ij}：第 i 张订单第 j 个品项的整箱订货量（C）； NC_{ij}：第 i 张订单第 j 个品项的整箱订货次数
7	整箱出货指标	$NC = \gamma \sum_{i=1}^{m}\sum_{j=1}^{n} NC_{ij} / 360$	
8	拆零出货指标	$QB = \gamma \sum_{i=1}^{m}\sum_{j=1}^{n} QB_{ij} / 360$ $NB = \gamma \sum_{i=1}^{m}\sum_{j=1}^{n} NB_{ij} / 360$	QB_{ij}：第 i 张订单第 j 个品项的拆零订货量（B）； NB_{ij}：第 i 张订单第 j 个品项的拆零订货次数

2．储区能力计算

储区能力的计算需要根据储区物料的定位、工艺流程及各储区储存物料的 EIQ 分析特征值确定。配送中心各典型储区包括整盘储存区（CP）、箱储存区（CC）、箱分拣区（JC）和拆零分拣区（JB），各典型储区的能力计算方法如表 10-12 所示。

表 10-12 配送中心典型储区能力指标计算方法

储区	设计指标	计算公式	说明
CP 区	出货量	$Q_{CP} = \gamma \sum_{i=1}^{m}\sum_{j \in I_{CP}} Q_{ij} / (360 K_{PC} K_{CB})$ $DQ_{CP} = \gamma \sum_{i=1}^{m}\sum_{j \in I_{CP}} QP_{ij} / 360$ $RQ_{CP} = \gamma \sum_{i=1}^{m}\sum_{j \in I_{CP}} \left(\dfrac{QC_{ij}}{K_{PC}} + \dfrac{QB_{ij}}{K_{PC}K_{CB}} \right) / 360$	Q_{ij}、K_{PC}、K_{CB}、γ：同上； I_{CP}：CP 储区定位物料品项集； 且有 $Q_{CP} = DQ_{CP} + RQ_{CP}$
	库存量	$S_{CP} = Q_{CP} / N_{CP}$	N_{CP}：库存周转次数，次/年
	设计品项	$I_{CP} = n_{CP}\beta$ $SKU_{CP} = I_{CP} IN_{CP}$	n_{CP}：CP 储区储存的品项数； β：品项增长率； IN_{CP}：CP 储区货品平均批次
	出库次数	$KL_{CP} = INT(Q_{CP} + 1) / \delta_{CP}$	δ_{CP}：每次出库盘数，盘/次
CC 区	出货量	$Q_{CC} = \gamma \sum_{i=1}^{m}\sum_{j \in I_{CC}} Q_{ij} / (360 K_{CB})$ $DQ_{CC} = \gamma \sum_{i=1}^{m}\sum_{j \in I_{CC}} QC_{ij} / 360$ $RQ_{CC} = \gamma \sum_{i=1}^{m}\sum_{j \in I_{CC}} QB_{ij} / (360 K_{CB})$	I_{CC}：CC 储区定位物料品项集； Q_{ij}、K_{CB}、γ：同上； $Q_{CC} = DQ_{CC} + RQ_{CC}$
	库存量	$S_{CC} = Q_{CC} / N_{CC}$	N_{CC}：库存周转次数，次/年
	设计品项	$I_{CC} = n_{CC}\beta$ $SKU_{CC} = I_{CC} IN_{CC}$	n_{CC}：CC 储区储存的品项数； β：品项增长率； IN_{CC}：CC 储区货品平均批次

续表

储 区	设计指标	计算公式	说 明
CC 区	拣选作业次数	$JL_{CC} = \gamma \sum_{i=1}^{m} \sum_{j \in I_{CC}} \left(NC_{ij} + \dfrac{NB_{ij}}{K_{CB}} \right) \bigg/ 360$	I_{CC}、NC_{ij}、NB_{ij}、K_{CB}、γ：同上
JC 区	出货量	$Q_{JC} = \gamma \sum_{i=1}^{m} \sum_{j \in I_{JC}} \left(QC_{ij} + \dfrac{QB_{ij}}{K_{CB}} \right) \bigg/ 360$ $DQ_{JC} = \gamma \sum_{i=1}^{m} \sum_{j \in I_{JC}} QC_{ij} \bigg/ 360$ $RQ_{JC} = \gamma \sum_{i=1}^{m} \sum_{j \in I_{JC}} QB_{ij} \bigg/ (360 K_{CB})$	I_{JC}：JC 储区定位物料品项集； QC_{CC}、QB_{ij}、K_{CB}、γ：同上； 且有 $Q_{JC} = DQ_{JC} + RQ_{JC}$
JC 区	库存量	$S_{JC} = SKU_{JC} \times PI_{JC}$	PI_{JC}：每品项储存量，盘/品项
JC 区	拣选点数	$I_{JC} = n_{JC} \beta$ $SKU_{JC} = I_{JC} IN_{JC}$	n_{JC}：JC 储区储存品项数； IN_{JC}：JC 储区货品平均批次
JC 区	拣选作业次数	$JL_{JC} = \gamma \sum_{i=1}^{m} \sum_{j \in I_{JC}} NC_{ij} \bigg/ 360$	NC_{ij}，γ：同上
JB 区	出货量	$Q_{JB} = \gamma \sum_{i=1}^{m} \sum_{j \in I_{JB1}} QB_{ij} \bigg/ 360$ $DQ_{JB} = \gamma \sum_{i=1}^{m} \sum_{j \in I_{JB1}} QB_{ij} \bigg/ 360$ $RQ_{JB} = 0$	I_{JB}：JB 储区定位物料品项集； QB_{ij}，γ：同上
JB 区	库存量	$S_{JB} = SKU_{JB} \times PI_{JB}$	PI_{JB}：每品项储存量，箱/品项
JB 区	拣选点数	$I_{JB} = n_{JB} \beta$ $SKU_{JB} = I_{JB} IN_{JB}$	I_{JB}：JB 储区储存品项数； IN_{JB}：JB 储区货品平均批次
JB 区	拣选作业次数	$JL_{JB} = \gamma \sum_{i=1}^{m} \sum_{j \in I_{JB1}} NB_{ij} \bigg/ 360$	I_{JB}，NB_{ij}，γ：同上

3. 配送中心设计纲领

确定配送中心的能力指标后，结合配送中心的工艺流程，即可得到配送中心的设计纲领，可以用如图 10-14 所示流向流量图描述。

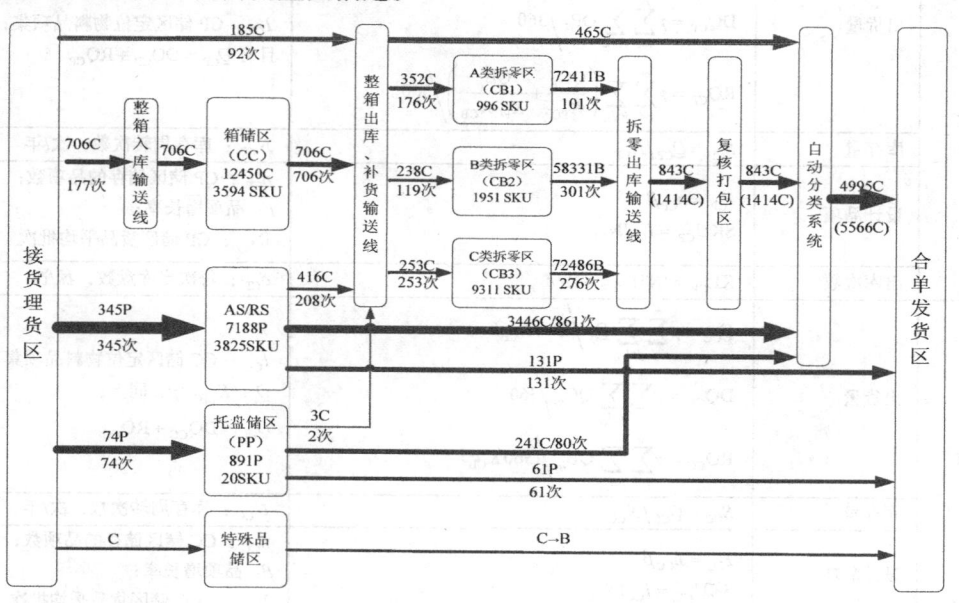

图 10-14 配送中心的流向流量图

10.5 配送中心平面布置

完成各作业程序及功能区的规划，并且确定主要物流设备与外围设施的基本方案后，即可进行空间区域的布置规划，产生功能区的区块布置图，标出各功能区的面积与界限范围。本节将介绍配送中心区域布置规划的方法和程序。

10.5.1 区域布置的基本步骤

1. 系统布置的一般程序

系统布置设计（SLP）是一种采用严密的系统分析手段及规范的系统设计步骤的系统布置设计方法。该方法具有很强的实践性，最早应用于工厂的平面布置规划，同样也可应用于配送中心的系统布置中。配送中心系统布置的一般程序如图10-15所示。

图10-15 配送中心系统布置的一般程序

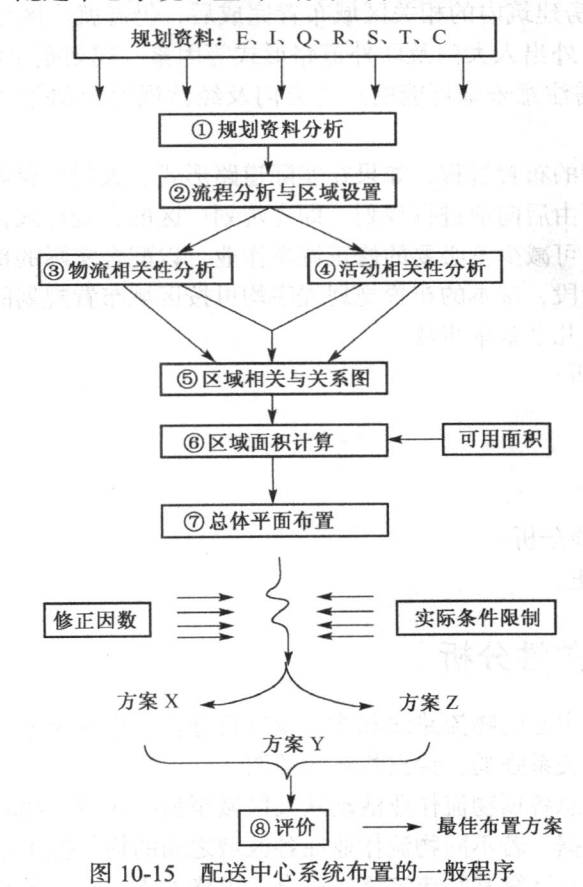

2. 配送中心区域布置

在配送中心的厂房区域布置模式中，基本上可分为以下3个规划阶段。

（1）物流功能区的布置。以物流作业为主，仅考虑物流相关功能区的配置形式。由于配送中心的基本作业形态大部分为流程式作业，不同订单具有相同的作业程序，因此适合以生产线式的布置方法进行配置规划。若订单种类、物品特性或拣取方法有很大的差别，则可以考虑将物流功能区区分为数个不同形态的作业线，分区处理订单，再由集货作业进行合并，从而可高效地处理不同性质的物流作业，这个概念类似于传统制造工厂中群组布置的概念。

(2) 厂房功能区的布置。除了物流作业以外，配送中心中还包含其他管理辅助功能区，与物流作业区之间无直接流程性的关系，因此适合以关系型的布置模式作为厂房区域布置的规划方法。此时的配置模式有以下 2 种参考的程序。

① 可视物流作业区为一个整体性活动区域，并与其他各活动区进行相关配置规划，分析各区域间的活动关系，以决定各区域之间相邻与否的程度。

② 将物流功能区内各单一功能区分别独立出来，将其间的物料流程转化为活动关系的形式，并与厂房内各区域综合分析其活动相关性，来决定各区域的配置。

原则上采用第 1 种方法较为简便，以减少相关分析阶段各区域间的复杂度，但是对配置方位与长宽比例的限制则会增加，因此配合规划者的经验判断，仍需做适当的人工调整，或者以人工排列方式取得初步的布置方案。

(3) 厂区布置。厂房建筑内的相关区域布置完成后，仍需就厂区范围内的相关区域，如厂区通道、停车场、对外出入大门及联外道路形式等因素，规划整个配送中心厂区的布置。此外，厂区布置时还需注意未来可能的扩充方向及经营规模变动等因素，以保留适当的变动弹性。

以上所述 3 个阶段的布置过程，如果在实际道路形式、大门位置等条件已有初步方案或已确定的情形下，也可由后向前进行规划，即先规划厂区的布置形式，再进行厂房内物流及外围辅助区域的规划，可减少不必要的修正调整作业，以配合实际的地理区位限制因素。不论在上述哪一个布置阶段，基本的布置规划程序均可按区域布置规划的程序进行，配送中心区域布置可以分为以下几个基本步骤：

① 物流相关性分析；
② 活动相关分析；
③ 作业空间规划；
④ 区域的配置；
⑤ 区域布置的动线分析；
⑥ 实体限制的修正。

10.5.2 物流相关性分析

物流分析即对配送中心的物流路线和物流量进行分析，用物流强度和物流相关表来表示各功能区域之间的物流关系强弱，绘出物流相关图。

物流流量分析是汇总各项物流作业活动从某区域至另一区域的物料流量，作为分析各区域间物料流量大小的依据，若不同物流作业在各区域之间的物料搬运单位不同，则必须先转换为相同单位后，再合并计算其物流流量的总合，表格如表 10-13 所示。

根据物流量分析表，可得到各区域的物流相关表，表格如 10-14 所示。根据各区域间物流量的大小，将其分为 5 个级别，分别用 A、E、I、O、U 表示。

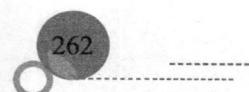

表10-13 配送中心物流流量分析表

从＼至	进货	验收	分类	流通加工	仓储	分拣	配货	发货	合计
进货									
验收									
分类									
流通加工									
仓储									
分拣									
配货									
发货									
合计									

表10-14 各功能区域的物流相关表

	进货区	理货区	分类区	加工区	保管区	特保区	拣选区	发货区
进货区								
理货区	A							
分类区	I	I						
加工区	U	O	U					
保管区	U	A	E	E				
特保区	U	O	I	O	U			
拣选区	U	U	B	C	B	O		
发货区	U	U	A	I	E	O	U	

注：A、E、I、O、U为物流相关性，A—超高，E—特高，I—较大，O——般，U—可忽略。

10.5.3 活动相关性分析

配送中心内除了与物流有关的功能区域(或区域)外，还有许多与物流无关的管理或辅助性功能区域(或区域)。这些区域尽管本身没有物流活动，但与其他区域有密切的业务关系，故还需要对所有区域进行业务活动相关性分析，确定各区域之间的密切程度。

各功能区间的活动关系可以概括如下。

① 程序性的关系：因物料流、信息流而建立的关系。

② 组织上的关系：由部门组织形成的关系。

③ 功能上的关系：区域间因功能需要形成的关系。

④ 环境上的关系：因操作环境、安全考虑而需保持的关系。

活动相关性分析的内容如表10-15所示，基本上将区域间的相关程度分为A、E、I、O、U、X 6个等级，包括"绝对重要"、"重要"到"不可接近"等。评定接近程度的参考因素包括人员往返接触程度、文件往返频度、组织与管理架构、使用共享设备、配合业务流程顺序、使用相同空间区域、物料搬运次数、进行类似性质的活动、作业安全上的考虑、提升工作效率、工作环境改善及人员作业区域分布等因素。确定各区域接近程度的等级后，以权重分数计算两区域间的重要相关程度。

一般相关程度高的区域在布置时应尽量紧临或接近，如出货区与称重区；而相关程度低的区域则不宜接近，如库存区与驾驶员休息室。在规划过程中应由规划设计者根据使用单位或企业经营者的意见，进行综合分析和判断。

不同的关系程度需加以分析，以作为布置参考的依据，在配送中心的布置规划中，可区分为物流功能区、辅助功能区与厂区活动区域 3 部分。在进行布置规划时应先对规划区域的特性及活动的相关性进行分类,再进行活动相关性分析。

表 10-15　活动相关性分析内容

相关程度等级		A	E	I	O	U	X
接近程度说明		绝对重要	特别重要	重要	一般性的接近程度	不重要	不可接近
评分比例等级	I	5	4	3	2	1	−1
	H	16	8	4	2	7	−32
接近程度评定的参考因素		1	2	3	4	5	6
		人员往返接触程度	文件往返频度	组织与管理架构	使用共用设备	配合业务流程顺序	使用相同空间区域
		7	8	9	10	11	12
		进行类似性质活动	物料搬运次数	作业安全上的考虑	提升工作效率	工作环境的改善	人员作业区域分布

10.5.4　功能区空间规划

作业空间的需求规划在整个配送中心的规划设计中占有重要影响,是营运成本与空间投资效益的关键。如何在有效率的使用下使物流作业空间发挥最大效益应是其重点。空间需求规划需对作业流量、作业活动特性、设备形式、主建筑物特性、成本与效率等因素加以分析,以决定适合的作业空间大小及长、宽、高的比例。由于相关物流仓储设备具有整数单位的特性,在面积的估算下,通常需做部分调整,可能增加设备及作业量的需求,或者修改部分设备的规格。在区域布置规划的阶段,相关的设计参数均为参考值,需在详细布置时以明确的设备规格尺寸资料来修正正确的面积需求及配置方案。

在物流设备与外围设施规划选用完成后,已决定各项设备的基本形式与数量,由此可完成各功能区的设备需求表,并提出区域内相关设施的概略配置表,表格如表 10-16 所示。配合各区活动关系的分析后,可进一步估计各区域的需求面积(若厂房面积已固定,则为分配可用面积)。部门区域性质不同,其空间计算的标准也不同,应合理设置安全因数,以求得较合理的部门面积分配。配送中心功能区面积分析表表格如表 10-17 所示。

表 10-16　配送中心设备规划选用汇总表

作业区域					区域功能						
项次	设备项目	设备功能	数量	单位	设备尺寸/mm			承重/kg	电力需求/kW	空压需求/(N·m³/h)	其他配合需求
					长	宽	高				
合计											
长宽比例限制			最小/(长;宽)				最大/(长;宽)				
配合注意事项			□有无空调需求　　　　　　　□有无高度限制 □有无地基特别需求 □是否需预留内部通道　　　□是否需预留外部通道 □是否需预留作业空间　　　□是否需预留扩充空间 □其他配合事项									
设备概略配置											

表 10-17 配送中心功能区面积分析表(单位：m²)

作 业 区 域	基本预估面积	作业活动空间面积	内部通道预留面积	外部通道预留面积	扩充空间预留面积	宽 放 比	面 积 合 计

作业空间规划的程序，除了要预估需求设备的基本使用面积，还需估计操作、活动、物料暂存等作业空间需求、预留通道占用比例、估计面积的安全系数等，其比例的制订可视作业形态、对象体积、厂房建筑本体的占用面积等因素而定。单一区域面积估计完成后，还需按照设备形式决定该面积的长宽比例，以避免面积大小符合但是长宽比不适，使该面积的使用不可行。最后，加总各区域的需求面积后，还需考虑厂区扩充及其他弹性运用的需求面积。至于整体面积的最终需求，需配合长宽比例的调整后估算，其分析程序如图 10-16 所示。

10.5.5 区域布置

1．区域布置逻辑

区域布置逻辑包括下列两种形式。

(1)内围式程序。先决定厂房(或厂区)模板面积的大小与长宽比例，然后在此范围内配置各相关功能区。

(2)外张式程序。先配置各功能区的相邻关系，完成可行的面积组合形式，再框出外部厂房(或厂区)的面积范围，并进行各区域面积的局部调整，以完成各区域面积的配置。

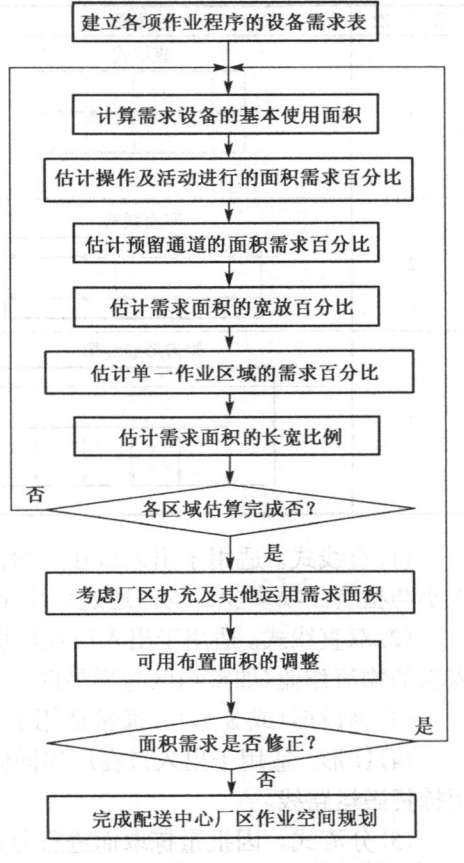

图 10-16 物流中心作业空间规划程序

2．布置方法

区域布置方法有两种，即流程性布置法和相关性布置法。

流程性布置法是根据物流移动路线作为布置的主要依据，适用于物流功能区的布置。相关性布置法是根据各区域的活动相关表进行区域布置，一般用于整个厂区或辅助性区域的布置。

在规划区域布置时应按各功能区性质决定其布置程序。

(1)流程式布置法。以物流功能区的布置为主，因其多半具有流程性的作业关系，在以模板进行布置时需考虑区域间物流动线的形式，作为布置过程的参考。

(2)相关性布置法。以整个厂房功能区或厂区布置为主，经由活动相关性分析得出各区域间的活动流量，可以在两区域之间以线条表示出来，此即活动关系配置图。为减少在流量大的区域间活动时经过太长的距离，应该将此两区域尽量接近。

区域布置可以采用模板布置法，也可采用计算机辅助布置。

3．物流动线类型

配送中心功能区间的物流动线形式如表10-18所示。

表 10-18　功能区间的物流动线形式

项　次	示意图	项　次	示意图
1	直线式	4	U 形
2	双直线式	5	分流式
3	锯齿形或 S 形	6	集中式

(1) 直线式。适用于出入口在厂房两侧，作业流程简单、规模较小的物流作业，无论订单大小与检货品项多少，均需通过厂房全程。

(2) 双直线式。适用于出入口在厂房两侧，作业流程相似但有两种不同进出货形态或作业需求的物流作业(如整箱区与零星区、A 客户与 B 客户等)。

(3) 锯齿形(或 S 形)。通常适用于多排并列的库存料架区内。

(4) U 形。适用于出入口在厂房同侧，可依进出货频率大小安排接近进出口端的储区，缩短拣货搬运路线。

(5) 分流式。因批量拣取而进行分流作业。

(6) 集中式：因储区特性将订单分割在不同区域拣取后进行集货的作业。

4．区域布置步骤

下面以流程布置法为例说明区域布置的步骤。

(1) 决定配送中心对外的联外道路形式。确定配送中心联外道路、进出口方位及厂区布置形式(详见第 7 章相关内容)。

(2) 决定配送中心厂房空间范围、大小及长宽比例。

(3) 决定配送中心内由进货到出货的主要行进路线形式。决定其物流动线形式，如 U 形、双排形等。

(4) 按作业流程顺序布置各区域位置。物流功能区由进货作业开始进行布置，再按物料流程前后相关顺序按序安排其相关位置。其中，功能区内如有面积较大且长宽比例不易变动的区域，应先置入布置建筑平面内，如自动仓库、分类输送机等作业区；再插入面积较小而长宽比例较易调整的区域，如理货区、暂存区等。

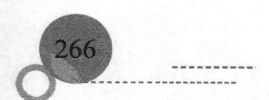

(5) 决定管理办公区与物流仓储区的关系。一般配送中心管理办公区均采取集中式布置，并与物流仓储区相隔，但仍应考虑配置关系与空间利用的可能方案。由于目前一般配送中心仓储区采用立体化设备较多，其高度需求与办公区不同，故办公区布置需进一步考虑空间效率化的运用，如采用多楼层办公室规划、单独利用某一楼层、利用进出货区上层的空间等方式。

(6) 决定管理活动区域内的布置。选择与各部门活动相关性最高的部门区域先行置入规划范围内，再按活动关系与已置入区域关系最重要者按序置入布置范围，然后逐步调整各办公及管理活动区域。

(7) 进行各作业流程与活动相关的布置组合。探讨各种可能的区域布置组合。

5．区域布置实例

根据以上方法，可以逐步完成各区域的概略布置；再以区域模板置入各区相对位置，并做适当调整，减少区域重叠或空隙，形成面积相关配置图；最后调整部分功能区的面积或长宽比例后，即得到功能区配置图。流程式布置程序如图10-17所示，相关性布置程序如图10-18所示。

若各区域配置的面积无法完全置入厂房总面积内，则必须修改部分区域的面积或长宽比例或总面积大小及长宽比例。若修改的幅度超过设备规划的底限，则必须进行设备规划的变更，再重新进入作业空间规划程序及进行面积的配置。

各区域位置经配置及部分调整后即可确定，并绘制区块布置图。布置图内容仅说明各区域的界限并标示尺寸，而未表示详细设备的位置，需待详细布置时再予确认。

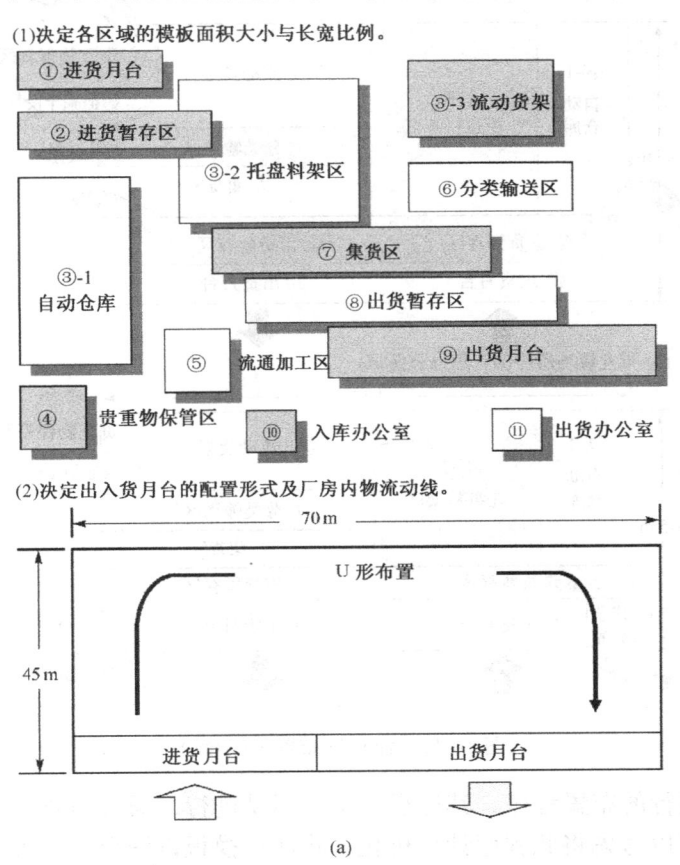

图 10-17 流程性布置程序

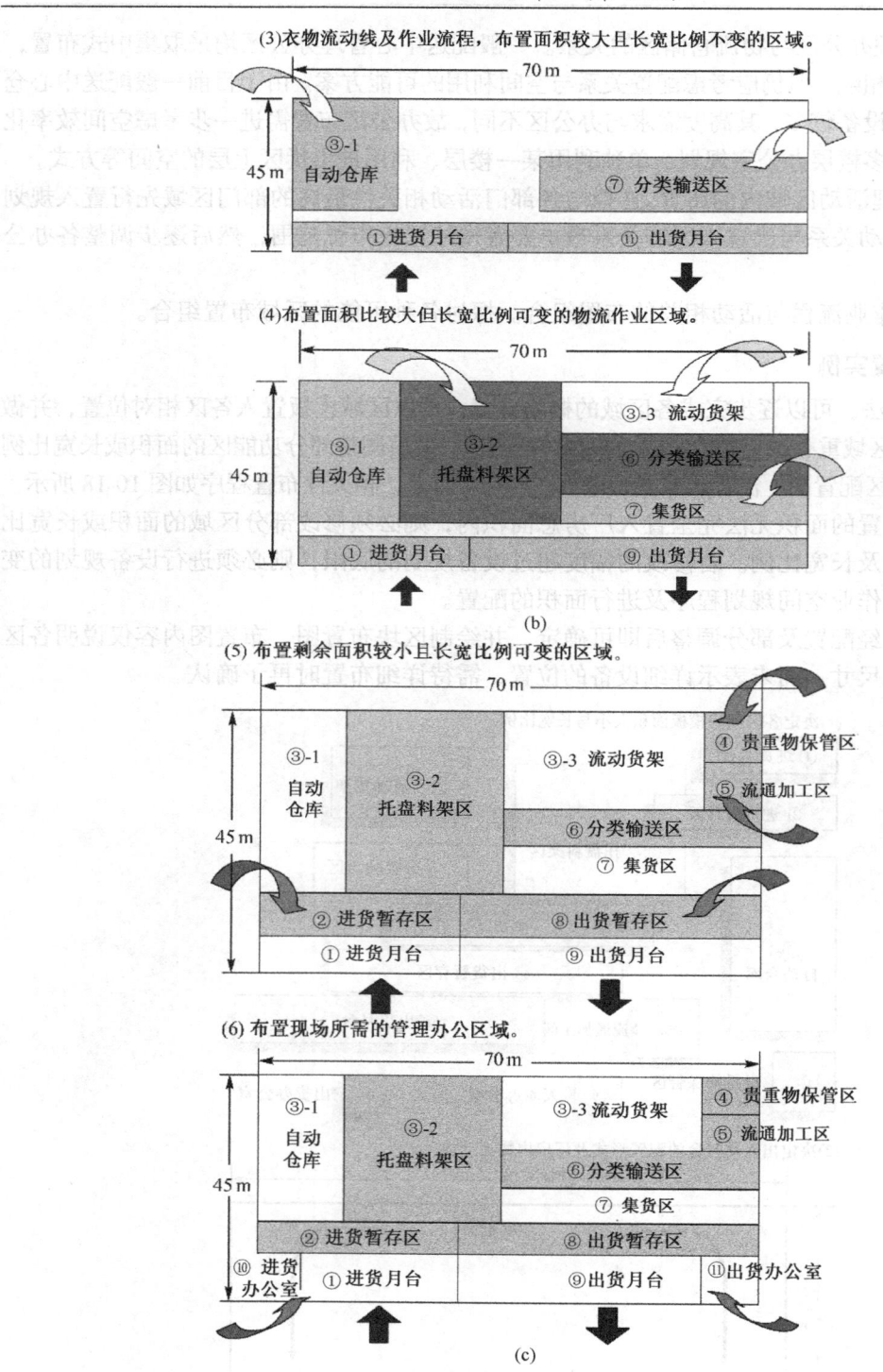

(3) 衣物流动线及作业流程，布置面积较大且长宽比例不变的区域。

(4) 布置面积比较大但长宽比例可变的物流作业区域。

(b)

(5) 布置剩余面积较小且长宽比例可变的区域。

(6) 布置现场所需的管理办公区域。

(c)

图 10-17　流程性布置程序（续）

以人工模板进行的布置程序，其过程烦琐而不易进行，通常需要经过反复比对得到最终方案。因此，可以考虑将此程序计算机化，将面积模板以图形形式表示，由人工在屏幕上安排相关位置，计算机可自动计算其活动关系的流量与距离的乘积，供布置过程参考。

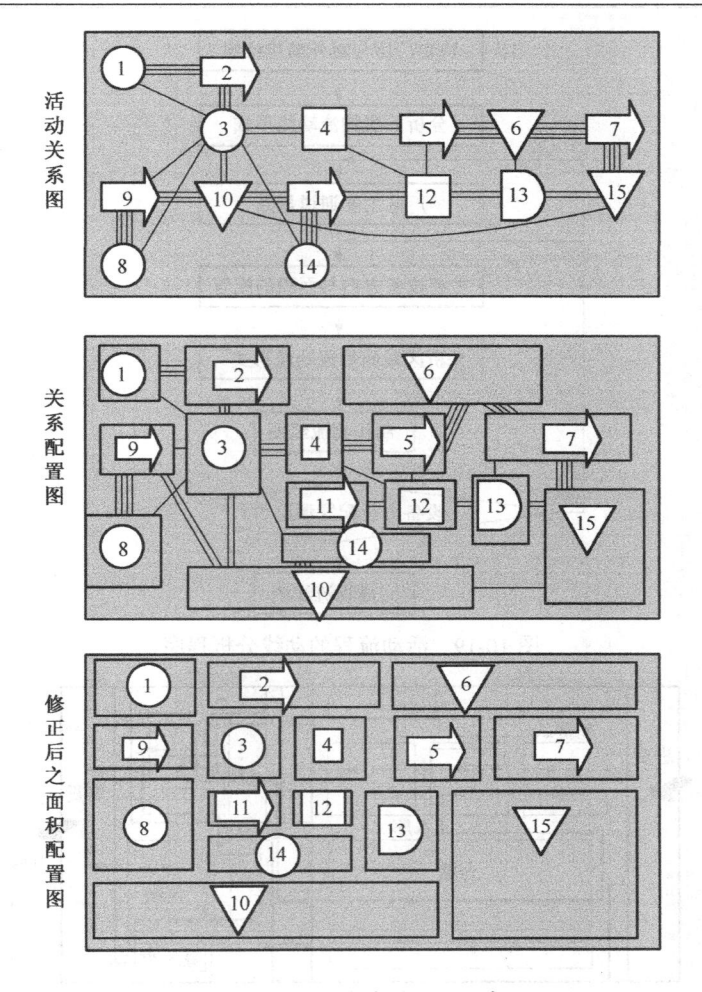

图 10-18　活动关联配置程序

10.5.6　物流动线分析

在区域布置阶段,各项设备的详细规格并未确定,但是在进行物流动线的分析过程中,仍需按设备规划与选用的形式进行概略性的配置规划,标示各项设施的预定位置及物流动线的形式,逐一分析各区域间及区域内的物流动线是否顺畅,确认有无改进的必要。其程序如图 10-19 所示,说明如下。

(1)首先需就厂房装卸货的出入形式、厂房内物流动线形式及各区域的相对位置,规划厂房内的主要通道。

(2)进行主要物流设备方向与面积的布置,布置过程需考虑作业空间及区域内通道等因素。

(3)分析各区域间物流动线的形式,并制作物流动线图,逐一探讨其物流动线的合理性及流畅性。若其流线分析并不顺畅,则可以调整该区域设备方位的布置,经反复调整后完成最后的物流线图,如图 10-20 所示。

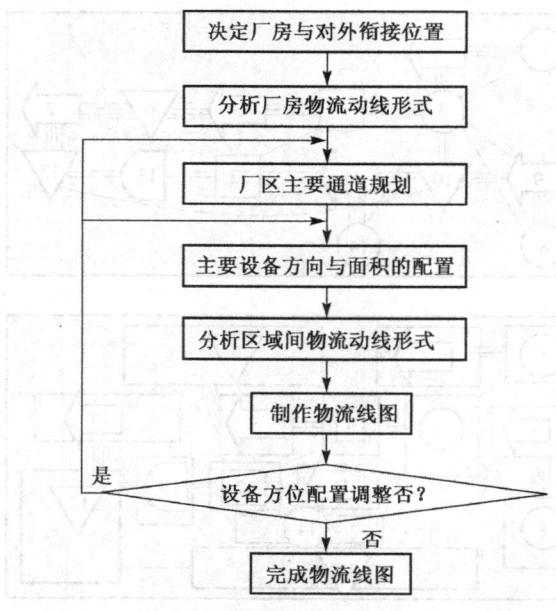

图 10-19　活动流程的动线分析程序

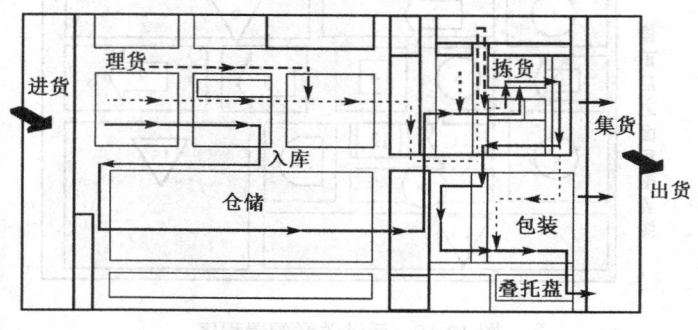

图 10-20　物流线图举例

10.5.7　实体限制的修正

经由前述各阶段的规划分析，厂房区域布置的规划已接近完成，但是仍有一些限制条件必须加以考虑，以做必要的修正与调整。这些限制条件如下。

(1)厂房与土地面积比例。确认厂房建蔽率、容积率、绿地与环境保护空间的比例及限制等因素是否符合。

(2)厂房建筑的特性。有无特定建筑物造形、长宽比例、柱距跨距、梁高等限制或需求。

(3)法规限制。需考虑土地建筑法规、环保卫生安全相关法令、劳动基准法等因素。

(4)交通出入限制。如果已有预定的厂区方案时，需考虑有无交通出入口及所在地形区位的特殊限制等因素。

(5)其他。如经费预算限制、策略配合因素等。

对厂房面积而言，如果已经有预定厂址及面积的资料，则必须配合实际的面积大小与出入口位置等限制，调整使用面积的需求或改变面积方位的布置，必要时需修改物流或外围设施的规划、基本规划条件的变更，以符合实际现况。若受经费预算限制或其他策略配合因素

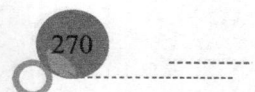

等影响，则也需视需要修改的程度，进行作业空间、物流设备或外围设施规划内容的修改，以使初步区域规划结果为实际可行的方案。

在系统规划设计阶段，通常需针对不同的物流设备选择制作比较方案。因此，对各项比较方案而言，均需进一步规划至区域布置规划完成为止。在反复的过程中，部分选择方案可能陆续产生许多平行的子方案，造成方案过多与评估作业增加，使规划作业难以进行。通常需在必要的阶段，由筹建委员会召开会议，做出初步方案决议，并筛除不可行的方案，以利后续评估作业顺利进行。在功能区及支持性活动区域的内容可能相同，通常可省去部分重复规划。

当各项方案完成后，各区实际布置的面积与基本需求可能略有差异，可制作各方案面积配置比较表，对各方案进行比较评估，并进入方案详细设计的阶段。布置方案的完成及汇总程序如图10-21所示，其汇总表格如表10-19所示。

表 10-19 配送中心布置方案比较表

项次	作业区域	A案布置 基本需求面积	A案布置 规划布置面积	B案布置 基本需求面积	B案布置 规划布置面积	C案布置 基本需求面积	C案布置 规划布置面积
1	装卸货平台						
2	进货暂存区						
3	理货区						
4	库存区						
5	拣货区						
6	补货区						
7	散装拣货区						
8	分类区						
9	集货区						
10	出货暂存区						
11	退货处理区						
12	退货品暂存区						
13	托盘暂存区						
14	容器储存区						
15	厂区大门						
16	警卫室						
17	一般停车场						
18	运输车辆停车场						
19	环境美化区域						
20	大厅						
21	电梯间						
22	楼梯间						
23	主管办公室						
24	一般办公室						
25	会议讨论室						
26	培训室						

续表

项次	作业区域	A案布置		B案布置		C案布置	
		基本需求面积	规划布置面积	基本需求面积	规划布置面积	基本需求面积	规划布置面积
27	计算机室						
28	工具室						
29	搬运设备停放区						
30	机房						
31	盥洗室						
32	休息室						
33	接待室						
34	驾驶员休息室						
35	餐厅						
	合计						

图 10-21　厂房布置方案的整理程序

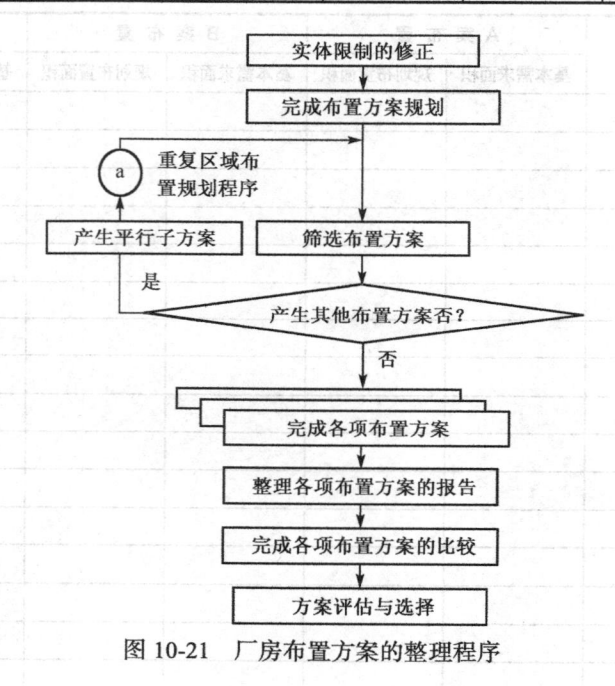

10.6　作业规范与人力需求规划

10.6.1　组织机构及人员配置

配送中心的组织机构应根据企业的经营特性、企业文化及配送中心的角色定位而定，如果配送中心为新设的事业单位或原有单位的重新改造编制，则仍以原有企业内的组织为主，人事编制可参考原有企业内的格式；如果配送中心需要成立新公司进行运营，则需要配合产业状况、经营策略及产品通路特性来确定。

人员配置计划需要考虑人力来源及编制，部分工作项目需考虑是否全部用自有人员，

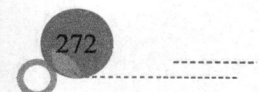

是否可以部分外包或外聘兼职人员，以降低人力成本。组织编制与人力配置案例如表10-20所示。

表 10-20 组织编制人力配置分析案例

部门名称	人力		小计	部门名称	人力		小计
1.总经理室	总经理	1	(正式)2人	(2)车辆维修	成员	2	(正式)8人 驾驶员47人(约聘)
	助理	1		(3)回单处理	成员		
2.管理科	科长	1	(正式)6人	5.商品仓储科	科长	1	(正式)20人 拣货26人(临时)
(1)管理	成员	2		(1)仓储管理	成员	2	
(2)会计	成员	1		(2)进出货	成员	4	
(3)信息	成员	2		(3)理货	成员	4	
3.业务科	科长	1	(正式)5人		拣货	26	
(1)订单处理	成员	3		(4)物流加工	成员	6	
(2)客户服务	成员	1		(5)退货处理	成员	3	
4.运输科	科长	1	(正式)8人 驾驶员47人(约聘)	(6)盘储	成员	9	外包
(1)配送	成员	3		合计	需要员工123人(实聘)		(正式)41人 驾驶员47人(约聘) 盘储9人(外包) 拣货26人(临时)
	驾驶员	47					

10.6.2 作业时序的安排

按照配送中心作业形态、配送点范围、接单处理周期及配送出车时段等因素，进行配送中心的作业时序的安排。以北京的配送中心为例，如果配送地点包括北京地区近距离配送以及其他地区长距离配送，则需制订不同的接单截止时段，以分别完成拣货作业及配送作业，其他长距离运送部分可由夜间发车避免白天高峰塞车时段。因此，作业时序的安排需充分考虑设备、人力、空间及时间等各种因素，做到科学规划与设计。配送中心的作业时序分析图如图10-22所示。

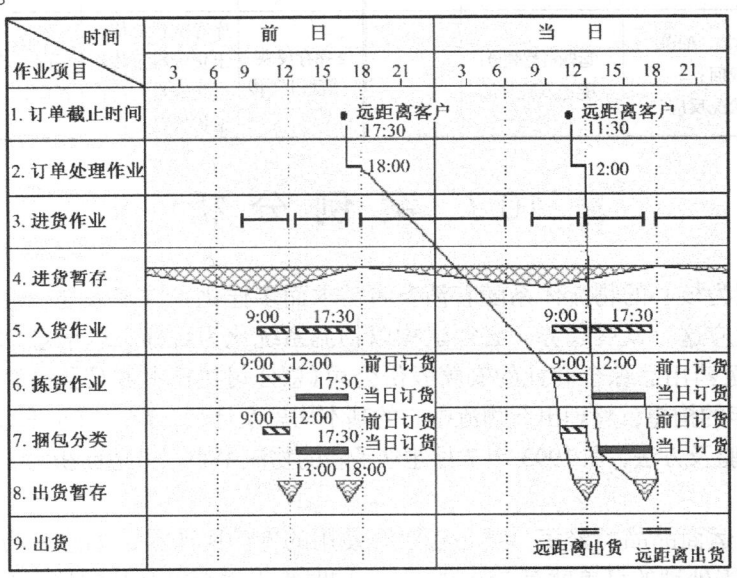

图 10-23 配送中心的作业时序分析图

10.6.3 作业规范

以组织架构为依据，配合业务流程分析、作业制度的规划及作业时序的安排，即可规范各项作业项目的作业内容，并根据相关作业量及设备数估计人员需求，表格如表10-21所示。

表10-21 作业规范与人力需求分析表

作业名称	作业内容	作业人员	人力规划	作业名称	作业内容	作业人员	人力规划
1.订单处理	接收客户订单；商情反应	业务科订单处理员		7.回库处理	配送货品退回处理；退货载回处理单据验入	商品仓储科出货员；运输科驾驶员	
2.派车	配送车辆安排；车辆调度	运输科配送车辆调度员		8.退货处理	损坏等级判定良品入库；退回生产厂；折价出售；报废	商品仓储科退货处理员；商品仓储科进货员	
3.理货	出货拣货、集货；储位补货；缺货报告	商品仓储科理货员		9.进货验收	厂商进货验收；进货验收单据验入；安排入库上架	商品仓储科进货员	
4.物流加工	改包装；贴标签；外包加工；包材验收；加工计价	商品仓储科物流加工员		10.入库上架	商品入库上架	商品仓储科进货员	
5.出货	商品复点、装车；单据验出；出厂检查	商品仓储科出货员；运输科驾驶员；商品仓储科警卫		11.仓库管理	储位管理；库存盘查；托盘管理；厂区警卫	商品仓储科仓库管理员	
6.配送	商品运输、配送；退货载回；配送状况反应	运输科驾驶员；配送点验收员		12.库存反映资料上下传	库存资料上传；出货资料上传；进货资料上传；退货资料上传	商品仓储科仓库管理员	

10.7 案 例 分 析

以信息处理为核心的物流体系随着消费者需求而多样化，许多人都在追求复杂化、高效化的物流。为适应这一发展趋势，必须建构以物流系统化为目标、以信息化为核心的整体物流系统。因此，医药用品综合商社的安藤股份公司(总公司在日本群马县高崎市，资本为9000万日元)经过1年的构想，整理出新物流中心的基本构思及计划，配合富士FACOM制御股份公司的系统整合经验及方法，在1993年7月建立了新的物流中心(占地面积为17 900 m^2，建筑面积为10 300 m^2)。

该中心的营运商品品类繁多，都是在医院使用的专门医药品，如感冒药、营养剂等约有17 000项，每天需处理的订单就有750件左右，同时需发送至群马县内的2400家药店及医院。

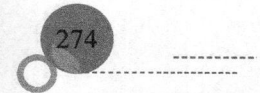

这个新物流中心的建设过程中，富士 FACOM 制御股份公司依据安藤股份公司对新物流中心的需求，提供了从物流系统规划、物流设备及计算机管理系统集成到建设运营的全程规划、集成及建设服务。

下面介绍有关安藤股份公司新物流中心建设的规划方法和设计理念。

1. 工程计划方法

安藤股份公司的新物流中心建设计划，于 1990 年 1 月起正式筹备，随即开始运作，到新物流中心建设完成共用时 3 年 6 个月。其中，从着手规划新中心到确认实施计划的计划阶段约花费 1 年零 6 个月；新工程建设，物流处理设备的制作、施工、测试，信息控制系统的软体开发，综合测试等的建设阶段则耗时 2 年。

为进行这项计划，安藤股份公司与富士 FACOM 制御股份公司自设计阶段起签订了主计划 FPG（Fujitsu Planning）合同及可行性研究 FPG 合同；在物流中心的建设阶段，签订了物流处理设备及物流管理控制电脑系统 SI（System Integration）合同，以促进计划的实施。

在项目进行的过程中，为了使工作能顺利进行，安藤股份公司与富士 FACOM 制御股份公司特别规划了特定人员参与此项建设。

下面介绍实施计划的各个阶段。

(1) 规划阶段。规划阶段需要精确的物流分析，为达到最佳的物流系统基本设计，必须掌握高精度的分析方法，这是物流分析中不可或缺的。这个项目所管理的药品品项多达 17 000 种，需要分析的资料相当庞大，数据分析的目标是如何提高效率和精度。所以，安藤股份公司使用了高峰时段的实际数据，运用本公司开发的 FPG 支援系统进行 I-Q 等分析，根据此分析结果来确切掌握安藤股份公司的物流特性，从而进行最恰当的基本设计工作。可行性研究阶段需要对规划的物流方案进行准确的能力评估和效果分析。

首先，在能力评估方面，根据物流设备的运转率、库存周转等的模拟分析结果来进行评估；其次，在效果分析方面，根据现阶段中心的作业测定出欲达经济效果的投资重点在于人事费用，同时根据这个结果，将目前中心的现状与新中心做比较，进行经济效果分析；最后，由以上结果算出投资金额。

(2) 建设阶段。建设阶段以 WBS 方法进行计划管理。房屋建设工程，物流处理设备的制作、施工、测试，信息控制系统的软体开发，总合测试等，都是由不同供应商提供的。

本计划采用 WBS 化方法（将各供应商之间的作业以时间为工程单位，细分各厂商应承担的工作）的目的在于明确各供应商作业间的合作与任务分担。WBS 化方法的计划管理，能够防止各供应商在作业过程中发生相互之间在设计或工程方面疏忽的情形，以实现建设中的问题能尽早发现和解决。

本计划得以成功，主要得力于安藤股份公司的大力协助。安藤股份公司与富士 FACOM 制御股份公司以及各供应商间确立了良好的人际关系，因此才能顺利完成此次计划活动。

2. 新物流中心的设计理念

(1) 上级经营指导方针。由于安藤股份公司对于此物流中心的构筑期望值相当高，上级经营者对新物流中心系统建设有如下指示：

- 21 世纪物流业务的合理化；

- 适应高频度、小量化的医药品的订货需求；
- 客户服务品质的提升。

(2)系统化的基本方针。为了实现高层经营者对此物流中心的需求，建设者在决定系统化基本方针时，特别参考了其他公司的案例研究，同时与安藤公司现有物流中心的现状进行分析比较，再根据分析结果确立了如下系统化基本方针。

① 提升出入库精确度和彻底的库存管理（自动仓库、条码的有效利用），采用订货拣货方式（采用数字化拣货）。

② 实现药店配送业务的自动化（自动补货）。

基于上述基本方针，研究结果显示，其他公司医药品批发中，医药品自动化案例很多。但因医药品有其紧急特性，自动化的成本效益并不适用于药店的配送方式，所以决定针对药店来推动配送中心业务的自动化。

3. 系统化的重点

按照此方案，小批量 I-Q 分析的结果作为重点研讨。I-Q 分析着重于药店配送（如图 10-23 所示）及医院配送等商品的种类分析，从而决策出系统化的重点。I-Q 分析结果与系统化方案的重点如表 10-22 所示。

(1)药店类别如下。

① A 类（高频度出货商品）：数字化拣货+自动补货装置（自动仓库）。

② B 类（中频度出货商品）：少量拣货（拣货小车方式）。

③ C 类（低频度出货商品）：少量拣货。

(2)医院类别如下。

① A 类（高频度出货商品）：数字化拣货（拣货小车方式）。

② B 类级（中频度出货商品）：数字化拣货（拣货小车方式）。

③ C 类（低频度出货商品）：少量拣货。

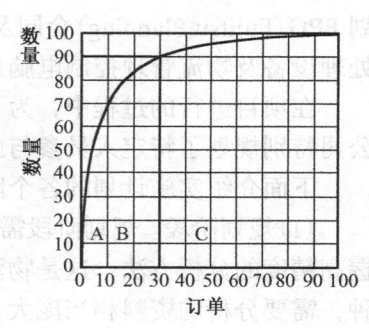

图 10-23 I-Q 分析

表 10-22 运用方式探讨

	储存医药品	I-Q 分析结果		运用方式
药店配送	库存品规：7800 拣货品规：4300 出库个数：43 000 个/日	A 类品种数：400； 出库个数：30 000； B 类品种数：900； 出库个数：8000； C 类品种数：3000； 出库个数：5000；	A 类品 B 类品 C 类品	自动仓库自动补货； 数字化拣选系统 货架+拣货单+台车
医院配送	库存品规：13 000 拣货品规：3400 出库个数：4600 个/日	A 品种数：300； 出库个数：3000； B 品种数：700； 出库个数：900； C 品种数：2400； 出库个数：700	A 类品 B 类品 C 类品	数字化拣选系统；（计算机拣货台车方式） 货架+拣货单+台车

4. 新物流中心系统的概要

在设计新中心的楼层布局时，对于配送给医院的商品，为能在紧急时迅速出货，将其配

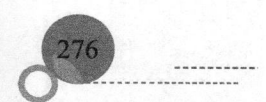

置在一楼,不进入自动仓库,商品置于随手可得之处。配送至药店的商品则配置在二楼,A类商品于自动仓库内利用堆垛机出货,自动补货装置为商品自动补货。三楼则是总公司、事务所的空间,内设中心花园,以创造舒适的办公环境。

物流中心的商品处理与信息管理的联系如图 10-24 所示。

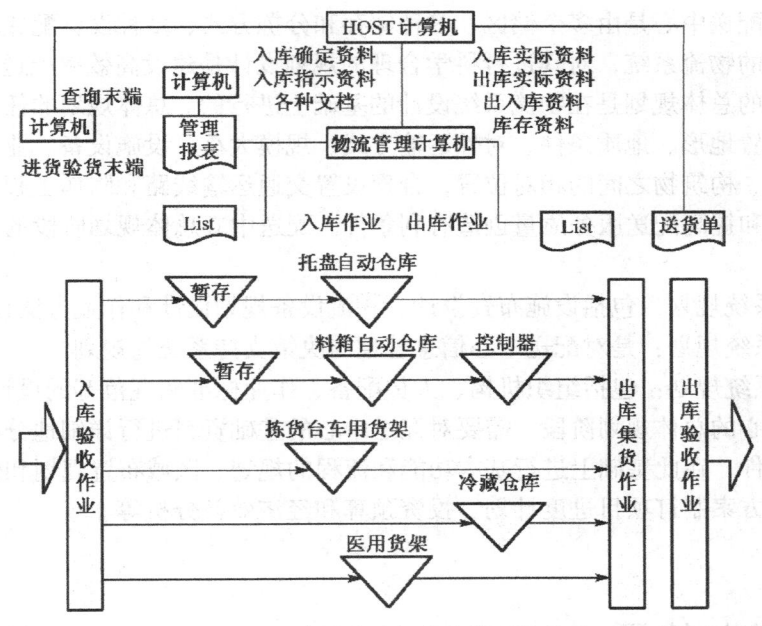

图 10-24 商品处理与信息管理的联系

(1)物流管理中心。实现以下功能:
- 库存管理(品类,货位管理);
- 入库作业管理(入库设定、入库作业指示、分发标签);
- 库存管理(日管理);
- 信息(HOST 间通信);
- 查询、维护。

(2)计算机中心。实现以下功能:
- 供货管理(订货管理、进货验收管理、供应商管理、买入管理);
- 销售管理(接受订货管理、收货单、配送单、客户管理、销售业务管理);
- 库存管理(普通品库存管理、特殊品库存管理);
- 入出货管理。

有关物流中心的建设,原有物流中心作业需要花费相当多的人力与时间,而新物流中心使用了自动仓库及各种物流设备,同时配合有计算机控制。新的物流中心从进货到出货的整体物流成本大大减少,同时也实现了省力化及高效化。

预测将来在劳动力不足及追求优质服务的需求下,新物流中心能够很好地应对各项业务。

案例思考题

(1)该配送中心中使用自动化仓库有什么优越性?哪些商品适合储存在立体仓库内?适用立体仓库的瓶颈是什么?

(2) 该配送中心是如何对商品进行分类的？各类药品的储存分拣策略有什么不同。

本 章 小 结

　　现代化的配送中心是由多个储区、多种储存和分拣方式、多种设备配置和作业方式构成的错综复杂的物流系统，对其进行科学合理的规划设计是建设高效率配送中心的关键。

　　配送中心的总体规划是在物流系统设计的基础上进行的。总体规划的任务是根据配送中心所在的位置地形、地质条件、对外运输方式、规模大小、设施设备、业务性质等特点确定各建筑物、构筑物之间的相对位置，合理设置交通运输线路和附属工程，为安全、方便、多储商品和提高配送服务质量创造有利条件。配送中心总体规划阶段的主要任务包括以下几项。

　　① 物流系统规划：包括设施布置设计、物流设备规划设计和作业方法设计。
　　② 信息系统规划：是对配送中心信息管理与决策支持系统的规划。
　　③ 运营系统规划：包括组织机构、人员配备、作业标准和规范等的设计。

　　在配送中心的总体规划阶段，需要对配送中心的基础资料进行详细地分析，确定配送中心的规划条件，在此基础上进行基本功能和流程的规划、区域布置规划和信息系统的规划，根据规划方案制订项目进度计划、投资预算和经济效益分析等。

思考与练习

1. 简述配送中心系统规划的内容。
2. 简述配送中心系统规划的程序。
3. 配送中心系统规划要素有哪些？
4. 配送中心目标规划的内容有哪些？
5. 简述配送中心储区类别及设置方法。
6. 配送中心常用的两种布置方法是什么？说明流程法布置原理。

参考文献

[1] James A Tompkins, Jerry D Smith. Material warehouse management handbook[M]. Tompkins Associates, Inc. Raleigh, 1988.

[2] Fred E Meyers, Matthew P. Manufacturing facilities design and material handling[M]. Stephens, Prentice-Hall, Inc, 2000.

[3] Suzuki S. EIQ graph represents order picking character [C]. Proceedings of the 1995 18th International Conference on Computers and Industrial Engineering, ICC&IE, Japan, 1985.

[4] Kitaoka M, Nabeta T, Nakamura R, et al. EIQNK curve analysis for the design of distribution center and warehouse with spline function[J]. Computers & Industrial Engineering ,1996,31(3-4): 635-636.

[5] Meyers F E, Stephens M P. Manufacturing facilities design and material handling [M]. Prentice-Hall, Inc., 2000.

[6] 台北市机械工业研究所. 物流中心作业系统. 台北经济部商业司, 1998.

[7] 台北市机械工业研究所. 物流仓储设备手册. 台北经济部商业司, 1998.

[8] 台北市机械工业研究所. 物流中心储位管理. 台北经济部商业司, 1998.

[9] 台北市机械工业研究所. 物流中心拣货作业. 台北经济部商业司, 1998.

[10] 台北市机械工业研究所. 物流中心信息系统概论. 台北经济部商业司, 1998.

[11] 王转, 程国全. 配送中心系统规划[M]. 北京: 中国物资出版社, 2003.

[12] 王转, 等. 物流系统工程[M]. 北京: 中国高等教育出版社, 2005.

[13] 理查德·缪瑟. 系统布置设计[M]. 柳惠庆, 周室屏, 译. 北京: 机械工业出版社, 1989.

[14] 罗纳德·H·巴罗. 企业物流管理[M]. 王晓东, 胡瑞娟, 等译. 北京: 机械工业出版社, 2002.

[15] 爱德华·弗雷兹. 当代仓储及物料管理[M]. 刘庆林, 译. 北京: 人民邮电出版社, 2004.

[16] 王家善, 吴清一. 设施规划与设计[M]. 北京: 机械工业出版社, 2001.

[17] 杜文. 物流运输与配送管理[M]. 北京: 机械工业出版社, 2006.

[18] 《物流技术与应用》编辑部. 中外物流运作案例集[M]. 北京: 中国物资出版社, 2006.